U0686757
9787501373130

国家出版基金项目
NATIONAL PUBLICATION FOUNDATION

明清宫藏丝绸之路档案图典 7

西洋之路卷

中国第一历史档案馆　中国历史研究院◎编著

国家社会科学基金重点项目
中国历史研究院重大学术项目
国家出版基金资助项目

总主编　李国荣　鱼宏亮
副总主编　王　澈　杨海英
伍媛媛　李华川

国家图书馆出版社

[illegible]所[illegible]貢品有精巧之物[illegible][illegible]
高大若於粵東停船進京道里
遙遠運送匪易祈於天津海口
登岸等語朕嘉其遠來特允所
請該使臣去歲八月間自彼國
開舟於今歲八月初旬方抵山
莊向化之忱
可謂誠蓋豎亥橫章翰近步
淮南子載禹使太章步自東極
至於西極二億三萬三千五百
里七十五步使豎亥步自北極
至於南極二億三萬三千五百

紅毛暎咭唎國王差使臣嗎嘎爾呢等奉表貢至詩以誌事

博都雅昔修職貢（西洋博爾都嘚里雅國曾於雍正五年乾隆十八年遣使臣二次奉表修職貢）暎咭唎今效藎誠（去歲據廣東撫臣郭世勳奏紅毛暎咭唎國遣正副貢使嗎嘎爾呢嘶噹東等奉表進貢祝萬壽並

《明清宫藏丝绸之路档案图典》
编纂委员会

主　任

高　翔　中国社会科学院副院长、党组副书记（正部长级）
　　　　中国历史研究院院长、研究员

孙森林　中国第一历史档案馆馆长、研究馆员

副主任

李国荣　中国第一历史档案馆副馆长、研究馆员

李国强　中国历史研究院副院长、研究员

卜宪群　中国历史研究院古代史所所长、研究员

总主编

李国荣　鱼宏亮

副总主编

王　澈　伍媛媛　杨海英　李华川

档案统筹

王　征

陆上丝绸之路编主编

王　澈　杨海英

海上丝绸之路编主编

伍媛媛　李华川

核心作者

过江之路卷　王　澈　杨海英

高山之路卷　吴剑锋　石竞琳　徐到稳

沙漠之路卷　郭　琪　吴四伍

草原之路卷　王　征　鱼宏亮

东洋之路卷　刘文华　李立民

南洋之路卷　刘文华　解　扬

西洋之路卷　伍媛媛　李华川　李　娜

美洲之路卷　朱琼臻　王士皓

地图提要　孙靖国

明清时期的中国与世界

新解 15—19 世纪丝绸之路的八条线路

李国荣

丝绸之路是中国古代东西方著名的商贸通道，是沟通中外经济文化的重要桥梁。所谓明清宫藏丝绸之路档案，是指中国第一历史档案馆（以下简称“一史馆”）所藏明清时期中央政府档案中反映 15—19 世纪中国与世界各国通过海上航线、陆上交通进行经济文化交流的档案文献。明清两朝宫藏档案涉及53个国家，有汉、满、蒙古、藏、日、俄、英、法、德等各种中外文字，其中具有丝绸之路涵义的有关中外经济文化交往的档案 7 万余件。这些宫藏档案，从王朝角度记载了明清时期的中国与世界各国交往的历史详情，既具有中央政府的权威性，又具有原始文献的可靠性，同时也具有档案独存与价值独特的唯一性，是全面研究明清时期丝绸之路实况最为翔实的珍贵文献。对明清宫藏丝绸之路档案进行系统整理研究，具有重要的现实意义和特殊的学术价值。

一、明清宫藏丝绸之路档案整理研究的历史背景

明清时期的丝绸之路，是中国古代对外商贸文化交流的特殊形态。对明清宫藏丝绸之路档案的整理与研究，有着特定的历史背景。

一是时代背景。2013 年，国家主席习近平借用中国古代“丝绸之路”的概念，提出建设“新丝绸之路经济带”和“21 世纪海上丝绸之路”的合作倡议。这是关乎国家战略发展和人类命运共同体构建的宏远谋略，也是对社会科学工作者提出的重大命题。

二是学术背景。长期以来，学界丝绸之路研究成果甚为丰厚，但明清时期丝绸之路研究一直略显薄弱。这主要表现在：第一，谈起丝绸之路，往往认为主要存在于汉唐时期，将丝绸之路固化为中古以前的历史名片，明清时期的丝绸之路被严重弱化，甚至不认可近代中国丝绸之路的存在。第二，学界对出新疆而西行的陆上丝绸之路和出南海而西行的海上丝绸之路这两条经典线路的研究较为丰富，对其他线路的研究还不够充分，相对而言成果较少。第三，对明清时期丝路文献的挖掘，以往关注和利用的主要是地方性档案和民间文献，存在着地域性、分散性的特点，对明清中央政府这一最具权威性、系统性的档案文献却没有给予足够的利用与研究，从王朝视角和国家层面来透析明清时期丝绸之路还远远不够。整体看来，对明清时期丝绸之路个案化、碎片化和局部的研究比较多，系统的、整体的研究

还远未形成，而这恰恰有赖于明清宫藏丝绸之路档案的深层挖掘。

三是文献背景。2016年，一史馆与中国社会科学院历史研究所合作，正式启动“明清时期丝绸之路档案编研出版工程”。2019年，“明清宫藏丝绸之路档案整理与研究”列为国家社科基金重点项目，同时列为中国历史研究院重大学术项目。该课题项目成果主要包括：其一，在档案整理方面，对一史馆所藏明清丝绸之路档案进行系统化的全面梳理，建立明清宫藏丝绸之路档案专题数据库。其二，在编纂出版方面，精心组织、系统编纂《明清宫藏丝绸之路档案图典》，陆上丝绸之路四卷，海上丝绸之路四卷，由国家图书馆出版社出版。其三，在学术交流方面，一史馆与中国历史研究院自2016年开始，每年联合主办一次“一带一路”文献与历史研讨会，截至2020年已举办五次，这一研讨机制将继续推进下去。其四，在成果推介方面，核心期刊《历史档案》自2019年第1期起开设《明清丝路》专栏，持续刊发课题组系列研究成果。其五，在学术著述方面，一史馆与中国历史研究院的专家学者联合编写《明清宫藏丝绸之路档案研究》专著。明清时期丝绸之路档案的珍贵价值和独特作用越来越得以彰显。

二、明清宫藏档案中的陆上丝绸之路

陆上丝绸之路，传统意义上讲，是古代横贯亚洲连接欧亚大陆的商贸要道。它起源于西汉时期汉武帝派张骞出使西域，开辟了以都城长安（西安）为起点，经中亚、西亚，并连接地中海各国的陆上交通线路。这条通道被认为是古代东西方文明的交汇之路，而中国出产的丝绸则是最具代表性的货物，因此自19世纪末，西方学者开始称之为“丝绸之路”，作为一个专用概念，被广泛认可使用，产生了世界性的影响。一史馆档案揭示，明清时期的陆上丝绸之路并不仅仅是传统的自新疆西行亚欧的一条线路，而是分为四条线路，即东向过江之路、南向高山之路、西向沙漠之路、北向草原之路。

1. 陆上东向过江之路。这条线路主要是指横跨鸭绿江与朝鲜半岛的经济文化交流。中朝两国在地域上唇齿相依，隔江相望。明清时期，朝鲜是东亚地区与中国关系最为密切的藩属国，不仅有相沿成例的朝贡道路，也有定期开市的边境贸易。明崇祯四年（1631）正月初三日的礼部题稿非常明确地记载，从京师经辽阳东行再渡鸭绿江陆路至朝鲜的贡道。清乾隆九年（1744）四月二十三日户部尚书海望呈报中江地区朝鲜贸易纳税情形的奏折，则详细记载了朝鲜在中江采购的物品种类包括绸缎、丝帛、灰貂、棉花、毡帽等等，且有“在边门置买货物”“朝鲜人等不纳税课”的特殊优惠规定。这件奏折还记载了朝鲜为请领时宪书（当时的年历）而派遣使者的情况。又如，道光二十一年（1841）十月十五日礼部尚书色克精额的题本，反映了清政府对会宁、庆源边境贸易的管理，其中详细开列了兽类毛皮贸易的准许清单，“凡貉、獾、骚鼠、鹿、狗等皮，准其市易；貂皮、水獭、猞猁狲、江獭等皮，不准市易”。

2. 陆上南向高山之路。这条线路主要是从四川、云南、西藏等地出发，到达东南亚、南亚地区的经济文化交流，其中与安南、缅甸、印度、廓尔喀等国交流比较频繁。例一，乾隆五十七年（1792）十二月初一日，大将军福康安等大臣有一件联衔奏折，内容是与廓尔喀商议在西藏地区进行贸易通商之事，其中记载了清政府确定的对廓尔喀贸易基本原则：第一，允准贸易。“廓

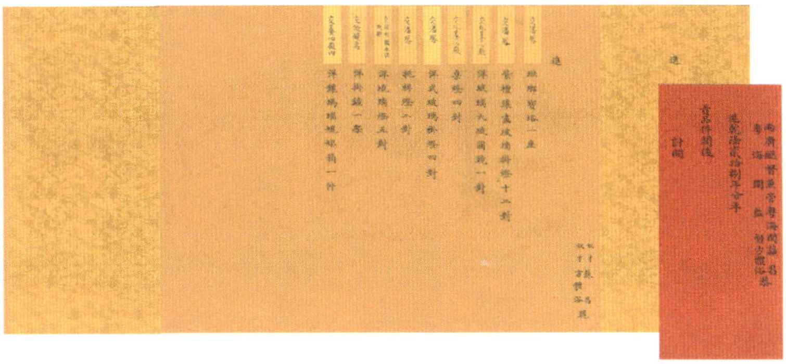

尔喀业经归命投诚，准其仍通买卖。”第二，官府统办。“所有贸易等事，竟应官为办理，不准噶布伦等私自讲说。”第三，确保公平。“一岁中酌定两次四次，予以限制。驻藏大臣仍不时稽查，亲加督察该处银钱，亦可公平定价，不致再有争执。”例二，乾隆五十八年（1793）八月初二日，署理两广总督郭世勋上奏说，安南除在原定通商贸易章程中规定的高平镇牧马庸和谅山镇驱驴庸设立市场之外，又在谅山镇花山地方设立市场。经查，花山地方确实交通便利，且人口稠密，利于双方贸易。郭世勋的奏折认为，安南“因地制宜”添设花山地方市场确是可取，并提议在贸易章程中正式添设花山地方市场。可见，清代中越边境贸易是十分频繁的。例三，光绪三十一年（1905）十二月，署理两江总督周馥向外务部递送咨呈，主要陈述了南方诸省种植的本土茶叶受到从锡兰、印度进口茶叶的冲击，将会导致茶商破产、茶户改种、本土茶叶被排挤出市场。经派员到锡兰、印度对英国人种植茶叶的方法进行考察，发现“我国茶叶，墨守旧法，厂号奇零，商情涣散，又好作伪，掺杂不纯”，如此局面必无法与进口的锡兰、印度茶叶相抗衡。同时还提出了“设机器厂，立大小公司”等应对措施。这里提出了如何在对外贸易中保护和改进民族产业的问题。

3. 陆上西向沙漠之路。这条线路是传统意义上丝绸之路的延续，它在漫长的中外交往史上发挥了巨大作用。自汉代通西域以后，中原与西北边疆的经济文化交流一直存在。唐中期以后，海上丝绸之路兴起，宋明两朝更因为不能有效掌控西域，西北的中外官方交往受到很大限制，因此学界对这条丝路的研究也往往详于唐以前而略于后。但档案揭示，在明清时期，漫漫黄沙铺出的丝绸之路一直十分活跃。明朝档案中，有一件崇祯十年（1637）八月初五日关于张家口开市买马及闭市日期的揭帖，记载了钦差御马监太监到张家口开市买马，闭市后与各部头领盟誓，“永开马市，以为彼此长久之利”，并以茶布等物品对各部头目进行犒赏。有清一代，尤其是乾隆二十二年（1757）彻底平定西北边陲后，逐步恢复西部贸易，中亚许多与新疆接壤的国家开始与清政府建立往来，并派出使者前往北京。乾隆二十七年（1762），爱乌罕（今阿富汗）汗爱哈默特沙遣使进京朝觐乾隆帝，沿途受到各地督抚的热情接待，而乾隆帝在接见使者时，得知爱哈默特沙抱恙在身，还特意赏赐药品及药方。正是在这种积极友善的氛围中，清政府与中亚诸国的来往呈现出良性化的态势，这条古老的丝绸之路再次焕发出勃勃生机。从清代档案可以看到，清政府长期从江南调集丝绸布匹经陕甘运至新疆地区，用来交换马匹等物，当时新疆地区主要的通商地点在塔尔巴哈台、喀什噶尔、库伦、伊犁等地，贸易对象除了当地部落，还有哈萨克、俄罗斯、浩罕等国。乾隆二十二年（1757）十一月二十八日，陕甘总督黄廷桂上奏朝廷说，哈萨克等地“为产马之区，则收换马匹，亦可以补内地调拨缺额”。由此可知，乾隆朝恢复西部贸易，一个重要目的是要获取哈萨克等地的马匹。乾隆二十四年（1759）十一月十一日，驻乌鲁木齐办事三等侍卫永德的满文奏折，主要内容就是呈报与哈萨克交换马匹及所用银两数目的详情。清政府与哈萨克贸易中，十分注意哈方贸易需求，如在绸缎的颜色方面，哈萨克人喜欢青、蓝、大红、酱色和古铜、茶色等，乾隆帝谕令贸易缎匹“悉照所开颜色办解”。档案还记载，乾隆四十三年（1778），理藩院侍郎索琳作为钦差前往库伦办理与“鄂啰斯”商人交易事宜，面对俄罗斯商人改变贸易地点和减少交税等情况，钦差大臣索琳草率下令关闭栅门断绝贸易。乾隆帝对索琳擅自做主关闭中俄贸易通道很是愤怒，当即将其革职。可见，乾隆帝对中俄贸易还是很看重的。在这期间，西北边陲的民间经济文化交流也很频繁，从清廷屡次颁布严查私自买卖玉石、马匹、茶叶等货物的谕令中，可看出民间商贸活动是广泛存在的。

4. 陆上北向草原之路。这条线路主要是由内地经漠北蒙古草原、中亚草原与俄罗斯等国的经济文化交流。在清代，俄皇多次派遣使团来华商谈贸易事宜。康熙时期，清政府在北京专门设立俄罗斯馆，以安置俄国使团和商队。雍正年间，还曾派出官方使团参加俄皇即位典礼。由于清朝分别在康熙和雍正年间与俄罗斯签订了划界及贸易条约，尼布楚、恰克图、库伦等地获得了合法的贸易地位，传统的草原丝绸之路进入了鼎盛时代。现存档案中有一件康熙三十八年（1699）正月十二日俄罗斯的来文档，是俄国西伯利亚事务衙门秘书长致送清朝大臣索额图的咨文，其内容就是奉俄皇旨令派遣商帮至北京贸易，“请予以优待”。康熙五十八年（1719）十一月三十日，俄国西伯利亚总督切尔卡斯基致函清廷说：俄国皇帝已得悉若干俄国商人在贵国经商确有某种越轨举动，嗣后俄商一概不容有任何损害中国政府之行为，如有任何俄国属民为非作歹，定予惩处。同时，恳请允准派往商队，照旧放行，允其进入内地直至北京。这类有关日常贸易纠纷的档案内容，说明中俄贸易已经呈现常态化，也从一个侧面反映了当时中俄贸易的广度和深度。一史馆现存的俄商来华贸易执照、运货三联执照、货物估价清册、进出口货物价值清单等档案，更详尽反映了中俄贸易的规模和内容。

三、明清宫藏档案中的海上丝绸之路

海上丝绸之路，一般说来是指从南海穿越印度洋，抵达东非，直至欧洲的航线，是古代中国与外国交通贸易和文化交往的海上通道。该路以南海为中心，所以又称“南海丝绸之路”。因海上船运大量陶瓷和香料，也称“海上陶瓷之路”或“海上香料之路”。海上丝绸之路的起点主要是广州和泉州，历史上也曾一度被称为“广州通海夷道”。一史馆档案揭示，明清时期的海上丝绸之路并不仅仅是传统的自南海下西洋的一条线，而是分为东洋、南洋、西洋、美洲四个方向。

1. 海上东洋之路。这条线路主要是与东亚各国之间的经济文化交流。东亚是明清时期朝贡体系的核心地区，自明初开始，朝鲜、琉球与中国延续了长达五百余年的宗藩关系及朝贡贸易。日本虽游离于朝贡体系边缘，但与中国也一直保持着密切的贸易往来。一史馆所藏档案中有一幅彩绘地图，墨笔竖书《山东至朝鲜运粮图》。经考证，这是康熙三十七年（1698）十二月十五日侍郎陶岱进呈的，是一幅从山东向朝鲜运送赈济粮米的地图。当时朝鲜连年饥荒，此图应是在运送赈济粮米到朝鲜后，为向朝廷呈报情况而绘制的。该图所示船只，从山东沿着海路将粮米运到鸭绿江，再转运上岸，是清代北洋海域海上交通的鲜活例证。康雍乾年间，清廷曾一直鼓励商船前往日本购运洋铜，中日间的海上贸易迅猛增长。雍正九年（1731）三月初三日江苏巡抚尹继善有一件奏折，请求派员前往日本采办洋铜，其中谈到“采办洋铜商船入洋，或遇风信不便，迟速未可预定”。尹继善同时奏报朝廷，正与各省督抚广咨博访，细心筹划，“通计各省需办之铜”。由此可见，前往日本采购洋铜的数量不在少数。档案记载，明清时期北京的国子监专门设有琉球官学，琉球国中山王“遣官生入监读书”，乘船到闽，然后登陆北上京师。琉球国派遣官生留学，在明清两朝一直没有间断，这反映了明清时期海上丝绸之路文化交流的一个侧面。

2. *海上南洋之路*。这条线路主要是与菲律宾、印度尼西亚、澳大利亚、新西兰等南洋国家的经济文化交流，以朝贡、贸易、派驻领事与商务考察等事务居多。东南亚各国是明清朝贡体系的重要组成部分，自明初以来，东南亚各国逐渐建立了对中国的朝贡关系。菲律宾古称苏禄，明清时期朝贡商贸往来一直不断，雍正十三年（1735）九月初六日福建水师提督王郡的奏折，向朝廷具体呈报苏禄国吕宋各处到厦门贸易的船只数目。乾隆二十六年（1761）十一月初一日福州将军社图肯的奏折报告说，苏禄国番目吧啰绞缎来厦，呈请在贡期内所携带货物可否照例免税，得到乾隆帝允准。清政府一直鼓励沿海福建、广东等省从暹罗、安南等东南亚国家进口稻米，以纾解粮食压力。乾隆八年（1743）九月初五日，乾隆帝传谕闽粤督抚，“米粮为民食根本”，外洋商人凡船载米粮者，概行蠲免关税，其他货物则照常征收。光绪中期以后，在驻外使臣和地方督抚的奏请之下，清政府对南洋地区事务日益重视，先后选派官员前往考查商民情形。光绪十三年（1887）十月二十四日两广总督张之洞的奏折，就是呈报派遣官员前往南洋访查华民商务情形。从这份档案来看，调查殊为细致，认为小吕宋（马尼拉）华人五万余人，“贸易最盛，受害亦最深”，“非设总领事不可”；槟榔屿则“宜添设副领事一员”；仰光自英据之后，“为中国隐患”，“宜设置副领事”；苏门答腊华民七万余人，“宜设总领事”等。光绪时期的外务部档案还记载，清政府在澳洲设总领事馆，梁澜勋任总领事；在新西兰设领事馆，黄荣良为领事。由此，晚清政府在南洋各处先后设立了领事机构，处理侨民事务，呈递商务报告。清廷也多次派遣官员随舰船前往东南亚游历考察，光绪三十三年（1907）七月初三日直隶总督袁世凯的奏折，便是奏报派舰船前往南洋各埠巡视，当地侨民“睹中国兵舰之南来”，“欢声雷动”。一史馆档案中，还有《东洋南洋海道图》和《西南洋各番针路方向图》，是清政府与东南亚各国交往而绘制的海道图，图中绘有中国沿海各口岸通往日本、越南、柬埔寨、文莱、印尼、菲律宾等国的航线、针路和需要的时间，并用文字说明当地的物产资源，是南洋区域海上丝绸之路的鲜活体现。

3. *海上西洋之路*。这条线路是传统的海上丝绸之路，主要是中国与西亚、非洲、欧洲通过海路的经济文化交流。明清时期，随着西方大国新

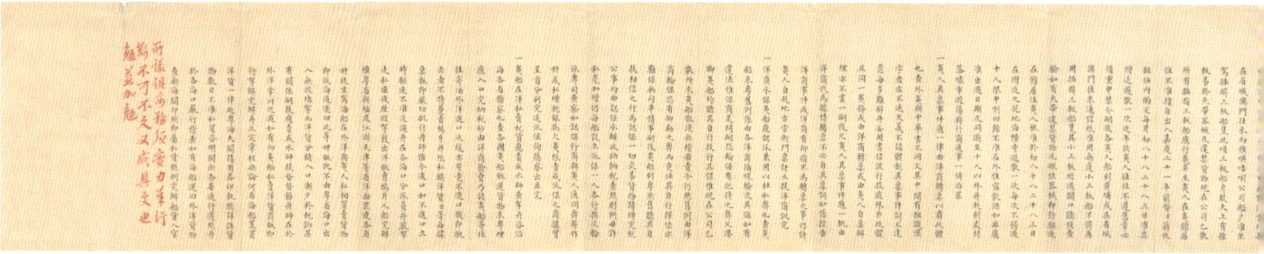

航路的开辟与地理大发现，以及借助于工业革命的技术成果，海上丝绸之路已由区域性的海上通道延伸为全球性的贸易网络。永乐三年（1405）到宣德八年（1433）间，郑和船队七下西洋，遍访亚非30多个国家，是中国古代规模最为宏大、路线最为长远的远洋航行，是海上丝绸之路在那个时代一个全程式的验证活动，也是海上丝绸之路发展史上的一次壮举。一史馆所藏明代《武职选簿》，就记载了跟随郑和下西洋船队中的随从水手等人物的情况。清初实行海禁，康熙二十三年（1684）七月十一日的《起居注册》记载，康熙帝召集朝臣商议解除海禁。次年，清政府在东南沿海创立粤海关、闽海关、浙海关、江海关四大海关，正式实行开海通商政策。由此，清代的中国通过海路与英国、法国、德国、意大利、比利时、瑞典等国的经济文化交流日益频繁。于是，法国的“安菲特里特号”商船、瑞典“哥德堡号”商船、英国马嘎尔尼使团纷纷起航来华。对西洋的科技、医药及奇异洋货等，康熙、雍正、乾隆几个皇帝都是极感兴趣。在康熙五十七年（1718）七月二十七日两广总督杨琳的奏折上，康熙帝御批：“西洋来人内，若有各样学问或行医者，必着速送至京城”，并下令为内廷采购奇异洋货“不必惜费”。大批在天文、医学、绘画等领域学有专长的传教士进入皇宫，包括意大利画家郎世宁、德国天文学家戴进贤、主持建造圆明园大水法殿的法国建筑学家蒋友仁等等。值得一提的是，乾隆二十九年（1764），清宫西洋画师郎世宁等绘制《平定西域战图》，次年海运发往西洋制作铜版画，历经种种波折，在12年后由法国承做的铜版画终于送到乾隆帝眼前，这是海上丝绸之路演绎的一起十分典型的中西文化交汇佳话。档案中还有大量外国商船和贡船遇难救助的记载，如乾隆二十六年（1761）九月十五日广东巡抚托恩多的奏折反映，瑞典商船遭风货沉，水手遇难，请求按照惯例抚恤救助。这说明明清政府已经形成了一套有关维护海上贸易秩序的措施与政策。

4. 海上美洲之路。这是海上丝绸之路最远的线路，其航线最初是从北美绕非洲好望角到印度洋，再过马六甲海峡驶往中国广州，后来也通过直航太平洋经苏门答腊到广州。明万历元年（1573），两艘载着中国丝绸和瓷器的货船由马尼拉抵达墨西哥的阿卡普尔科港，这标志着中国和美洲贸易的正式开始。从此之后的200多年，以菲律宾为中转的“大帆船贸易”是中国和美洲之间最重要的贸易通道。清乾隆四十九年（1784），美国“中国皇后号”商船首航中国，驶入广州黄埔港，船上装载的西洋参、皮货、胡椒、棉花等货物全部售出，然后购得大量中国茶叶、瓷器和丝绸等商品。次年，“中国皇后号”回到美国时，所载中国商品很快被抢购一空。中美航线的直接开通，开辟了中美间互易有无之门，促使中美之间的贸易迅速发展。道光二十三年（1843）闰七

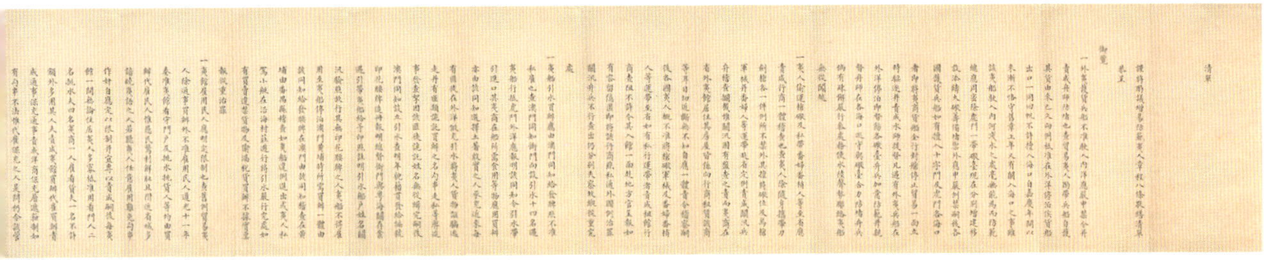

月十二日两江总督耆英等人的联衔奏折记载，“各国来粤贸易船只，惟英吉利及其所属之港脚为最多，其次则米利坚（美国），几与相埒”。这说明对华贸易，在当时美国仅次于英国。在美洲的开发和经济发展中，华侨及华工也做出了贡献。道光二十八年（1848）美国加利福尼亚州发现金矿，急需大量劳动力进行开采，大批华侨及华工涌入美国，拉丁美洲国家也在华大量招工。光绪元年（1875）七月初十日李鸿章奏报说，华工像猪仔一样运送美洲，澳门等处就设有“猪仔馆”。光绪七年中国与巴西签订《和好通商条约》，第一条就约定“彼此皆可前往侨居”，“各获保护身家财产”，从而为巴西在华招工提供了合法性。除了经济上的贸易往来，中美在文化上也相互交流，清末的“庚款留学”即是其中之一。宣统元年（1909）至宣统三年（1911），清政府共派遣三批庚款留美学生，为近代中国培养了一大批著名人才。从宫藏赴美留学生名录可以看到，后来成为清华大学终身校长的梅贻琦、中国现代物理学奠基者之一胡刚复、新文化运动倡导者胡适等均在其列。

四、明清宫藏丝绸之路档案的重要价值和独特作用

明清宫藏丝绸之路档案的系统整理，从王朝政府和国家层面为丝绸之路研究提供了更为丰富、更加权威的文献基石。透过对明清宫藏档案的考察，将有助于我们匡正和重新认识明清时期丝绸之路的历史定位。

第一，丝绸之路在明清时期并没有中断，而是实实在在地一直在延续和伸展。我们注意到，国内外学界高度认可，丝绸之路是中华民族走向世界的标志，丝绸之路的起伏与中华民族的兴衰息息相关，丝绸之路把古代的中华文化与世界各个区域的特色文化联系起来，对促进东西方之间的交流发挥了极其重要的作用。然而，在较长一段时间内，学界对丝绸之路的研究主要停留在汉唐时期，明清时期的丝绸之路被严重忽视和扭曲，甚至不认可近代中国丝绸之路的存在。为什么明清时期的丝绸之路被淡化？原因大致有两个：一是，人们受到清朝闭关锁国的传统认知的影响，一度不认可近代中国丝绸之路的存在，乃至认为丝绸之路出现了历史空白期。有的学者即使承认明清时期还有丝绸之路，也感到那是穷途末路，无足轻重。由此，往往严重弱化了明清时期丝绸之路的历史作用。二是，近代以来西方列强大肆殖民侵略带来的新的世界贸易规则和秩序，与传统中国同远近邻邦的贸易交往活动有着截然不同的内涵和影响，列强这种新的带有殖民色彩的贸易秩序逐渐推广的过程，也是传统中国互利贸易秩序被排挤并逐渐被遗忘的过程。通过挖掘与梳理，翔实的宫藏档案充分揭示，明清时期的丝绸之路并没有中断，而是一直延续下来，尽管不同时间段有起有伏。透过这些王朝档案和

历史记忆，让我们听到了明清时代的陆上丝绸之路仍是驼铃声声，看到了明清时代的海上丝绸之路仍是帆影片片。

第二，明清时期的丝绸之路并不限于传统说法的两条经典之路，而是形成了纵横交错的诸多线路，就目前档案文献研究，至少可开列出八条线路。长期以来，提起丝绸之路，大多认为只是自新疆西行的陆上丝路和自南海下西洋的海上丝路。明清丝绸之路档案的挖掘，印证了明清丝绸之路不仅存在和延续，而且还有其自身特色，乃至构成了特定历史时期的丝绸之路网络。这就是远远不限于传统的简单的陆上一条路、海上一条线，而是随着古代科技的发展、轮船时代的到来，多线并举，展现的是明清时期中国与世界交往的大格局。应该看到，近代以来，虽然海洋远程贸易逐渐成为连接世界的主要形式，但以中国为中心的东亚地区依然活跃着通过陆上线路进行的外交与贸易活动，也就是说，在明清时期，海上丝绸之路与陆上丝绸之路一直是并行的，只是不同阶段各有侧重罢了。同时，中国传统朝贡体系中的朝鲜、琉球、越南等国，在晚清中国朝贡体系解体以前，依然保留着传统的朝贡贸易，这些藩属国的传统贡道与丝绸之路的某些线路也大多契合，是丝绸之路的特殊存在形式。传承至今的档案文献为我们铺陈了明清时期的丝路轮廓，那就是陆上丝绸之路和海上丝绸之路又各分为纵横交错的四个方向。明清时期海陆丝绸之路的八条线路，是基于一史馆所藏明清档案的挖掘而得出的丝路历史阐释，是古代丝绸之路在工业时代、轮船时代的扩展。这个丝路框架，基本涵盖了明清时期所有以中国为中心的贸易路线与贸易活动，是对丝绸之路历史尾声的一个新的解读，也将大大丰富和改变学界对丝绸之路的传统认知。

第三，明清宫藏丝绸之路档案勾勒了历史与现实相通的时空走廊，为“一带一路”国家倡议提供了重要的历史依据和文献支撑。通过对明清时期丝绸之路档案的考察，让我们大致还原了明清时期中国与世界的贸易联系，并加深了我们对这块古老大地上所发生的丰富多彩的人类交往活动的历史理解，这也正是这些珍贵档案的价值所在。我们从中看到明清时期丝绸之路的万千气象，那是古代丝绸之路的延伸，那是一个纵横交错的远程贸易圈，那是一个四通八达的中外交汇网。大量明清时期中国与丝绸之路沿线国家和地区进行经济文化交流的档案记载，充分说明了东西方交流是相互的这种双向性，阐释了明清时期丝绸之路的特殊存在形式及其重要的历史地位。从某种角度上讲，作为立意高远的“一带一路”倡议，与其时间距离最近、历史关联最直接的，就是明清时期的丝绸之路。通过对明清宫藏档案的历史价值和文化内涵的深入挖掘，进一步充实了“一带一路”倡议的历史文化内容。可以说，明清时期的丝绸之路构成了与当今“一带一路”框架相贯通契合的中外海陆交通脉络，明清宫藏丝绸之路档案是对“一带一路”倡议的历史诠释。

丝绸之路与世界贸易网络

鱼宏亮

16、17 世纪起，中国历史就全面进入了世界历史研究的视野之中。17 世纪德国数学家莱布尼茨（G. W. von Leibniz，1646—1716）在《中国近事》一书中说："在这本书中，我们将带给读者一份发回欧洲的有关最近中国政府允许传播基督教的报告。此外，本书还提供许多迄今为止鲜为人知的信息：关于欧洲科学的作用，关于中国人的习俗和道德观念，特别是中国皇帝本人的道德观念，以及关于中国同俄国之间的战争与媾和。"尽管莱布尼茨通过法国来华传教士白晋（Joachim Bouvet，1656—1730）等人获得了有关中国的第一手资料，但他的重点主要在中国的道德、礼仪、经典等方面。直到 19 世纪黑格尔《历史哲学》一书，才全面考察了中国历史与世界各民族历史的诸多同异与特性。黑格尔认为："历史必须从中华帝国说起。因为根据史书的记载，中国实在是最古老的国家，它的原则又具有那一种实体性，所以它既是最古老的、同时又是最新的帝国。中国很早就已经进展到它今日的情状。但是因为它客观的存在和主观运动之间仍然缺少一种对峙，所以无从发生变化，一种终古如此的固定的东西代替了一种真正的历史的东西。"黑格尔的历史哲学以人的绝对意志和人类精神的发展作为历史发展的标尺，在他的眼中，中国历史因为在宗教和精神方面受制于专制王权，所以是停滞的，没有历史的，也是封闭的："这个帝国早就吸引了欧洲人的注意，虽然他们所听到的一切都渺茫难凭。这个帝国自己产生出来，跟外界似乎毫无关系，这是永远令人惊异的。"黑格尔对中国历史进行过深入研究，对先秦到清代的礼制、皇权、地理、北方民族都有论述。在他的《历史哲学》体系中，中国占有重要的地位。黑格尔的《历史哲学》影响了以后一个多世纪欧洲历史学对中国的历史叙事。直到 20 世纪七八十年代，人们才重新开始从世界历史的角度来重新看待中国历史，尤其是明清时期中国与世界各地的贸易联系。

一

第二次世界大战以后，欧洲汉学开始明显分化，原来欧洲中心论的一系列理论和观点遭到质疑。德国历史学家贡德·弗兰克（A. G. Frank）1998 年出版的《白银资本》认为从航海大发现直到 18 世纪末工业革命之前，是亚洲时代。欧洲之所以最终在 19 世纪成为全球经济新的中心，

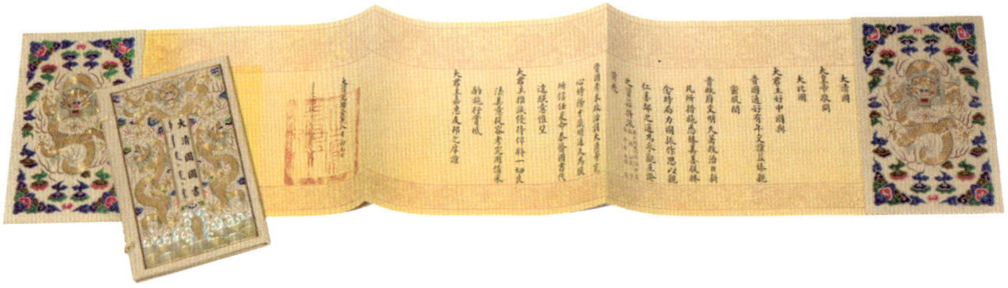

是因为欧洲征服了拉丁美洲并占有其贵金属，使得欧洲获得了进入以亚洲为中心的全球经济的机会。《白银资本》一书描绘了明清时期广阔的中外贸易的宏大画面，将中国拉回到世界历史的中心。

美国历史学家彭慕兰（Kenneth Pomeranz）于2000年出版的《大分流：欧洲、中国及世界经济的发展》一书详细考察了18世纪欧洲和东亚的社会经济状况，对欧洲的英格兰和中国的江南地区做了具体的比较，以新的论证方法提出了许多创新性见解。认为1800年以前是一个多元的世界，没有一个经济中心，西方并没有任何明显的、完全为西方自己独有的内生优势；只是19世纪欧洲工业化充分发展以后，一个占支配地位的西欧中心才具有了实际意义：“一个极为长期的观点提醒我们考虑怎样把东亚西欧之间十九世纪的分流放到全球历史的背景中。”

与此相关联，王国斌（Wong R. Bin）和罗森塔尔（J. Lauvent Rosenthal）合著的《大分流之外：中国与欧洲经济变迁中的政治》，围绕着1500—1950年之间的各种世界经济的要素进行讨论。李伯重《火枪与账簿：早期经济全球化时代的中国与东亚世界》亦从全球化的角度来描述明清以来中国与世界的贸易与政治联系。

2006年，彭慕兰与史蒂文·托皮克（Steven Topik）新出版《贸易打造的世界：1400年至今的社会、文化与世界经济》，作者通过此书表达了“中国的历史和世界贸易的历史已经通过各种途径交织在一起”的思想。

实际上，早在19世纪后期，西方汉学家已经开始利用第一手的调查资料与中西方文献来重建中古时期的中外历史了。1868年（清同治七年）11月，德国地理学家李希霍芬（Ferdinand von Richthofen）从上海出发，开始在中国境内进行地质考察。到1872年5月底，李希霍芬在中国境内总共进行了七次长短不一的地理地质考察，搜集了大量资料和数据。同年他回到德国，开始整理研究这些资料，到1877年，开始出版《中国：亲身旅行和据此所作研究的成果》（*China: Ergebnisse eigener reisen und darauf gegründeter studien*）一书。在第一卷中，他将公元前114年至127年中国与中亚、印度之间的贸易通道称为“丝绸之路”（德文Seidenstrasse或Sererstrasse）。根据俄罗斯历史学家叶莲娜·伊菲莫夫娜·库兹米娜的研究，“伟大的丝绸之路的名字第一次出现于公元4世纪早期的马赛林（Ammianus Marcellinus）的《历史》第23册中”。李希霍芬使用“丝绸之路”一词属于再发现。但是由于李希霍芬在此后的西方地理学界的重要影响和地位，他的这一用语成为学界公认的名称，从此

“丝绸之路”就被公认为指称公元前后连接中国与中亚、欧洲的交通线路的专用概念，产生世界性的影响。由此，欧亚古代的贸易与文化联系通道也引起人们的重视。

二

从古典时代起，欧亚大陆虽然从地理条件上来说是连为一体的，但是高原和大山将这块大陆分隔开来，使得古希腊地理学家将其划分为两个大洲。但是欧亚大陆中部地区拥有一块广阔的大草原，从东亚的中国东北部一直延伸到西欧的匈牙利。“它为由欧亚大陆边缘地区向外伸展的各文明中心进行交往提供了一条陆上通道。靠大草原养活的游牧民们总是赶着他们的牧群，到处迁徙，并随时准备着，一有机会，就去攫取北京、德里、巴格达和罗马的财富。肥沃的大河流域和平原创造了欧亚大陆古老的核心文明，而大草原则便利了这些文明之间的接触和联系。”贯穿在这个连接体的贸易通道，也就是为世人熟知的丝绸之路。从更广阔的范围来看，丝绸之路从亚洲东部的中国，一直延伸到西欧和北非，是建立欧亚非三个地区间最为著名的联络渠道。“沿着它，进行着贸易交往和宗教传播；沿着它，传来了亚历山大后继者们的希腊艺术和来自阿富汗地区的传播佛教的人。”中国先秦文献《管子》《山海经》《穆天子传》等书中对昆仑山、群玉之山的记载，经20世纪殷墟考古发掘对来自和田地区的玉器的鉴定，证实了古文献中记载的上古时代存在西域地区从中原获取丝绸而输出玉器的交换关系，早期的中国与中亚地区的玉石—丝绸之路为人所认知。

从16世纪中后期以来，传统上属于欧洲地区的罗斯国家逐渐开始向东殖民，进入了广袤的亚欧大陆北部西伯利亚地区活动。这样，俄罗斯的哥萨克人开始活跃于蒙古北部边界地带，与明朝、蒙古各部发生各种政治、经济联系。在官方建立正式联系前，由这些地区的人民开展的贸易活动实际上早已经存在。俄国档案显示，“俄国同中国通商是从和这个国家交往的最初年代开始的。首先是由西伯利亚的商人和哥萨克自行开始同中国进行贸易。人们发现从事这种贸易非常有利可图，于是西伯利亚各城市的行政长官也参与此项活动”。由于俄罗斯处于西欧通往中国的中间地位，所以英国也多次派使节前往俄罗斯要求开通前往中国贸易的商路。俄罗斯外交事务部保存的档案记录的1616年、1617年间英国使节麦克利与俄方会谈纪要显示，尽管俄罗斯设法阻止了英国的请求，但却下令哥萨克军人调查通往中国的商路。这些活动通过莫斯科的英国批发商约翰·麦利克传递到英国，引起王室和政治家的注意。英国地理学家佩尔基斯记录了俄罗斯人开辟的通过北方草原通往中国的商路。从官方的记录来看，除了活跃的民间贸易外，至少从明代末年起，以明朝北方卫所为节点的南北交流通道已经非常活跃。中国文献《朔方备乘》曾经记录蒙古喀尔喀、车臣二部都曾经进贡俄罗斯鸟枪一事，认为“谦河菊海之间早有通商之事”，即指叶尼塞河上游与贝加尔湖之间的贸易路线。

18世纪俄国著名的文献学家、历史学家尼古拉·班蒂什根据俄罗斯外交事务部档案编著的《俄中两国外交文献汇编1619—1792》一书，收录了两件中国明代皇帝致俄皇的“国书”，其中一件标以万历皇帝，一件标以万历皇帝之子，文书记载了两名俄罗斯使臣因通商事前往中国，中国皇帝则表达了鼓励之意。不管这两件文书的真实程度如何，该文件收录在俄皇米哈伊洛维奇的外务衙门档案中，在反映中俄早期贸易关系的文献中具有一定价值［两件文书收录在尼古拉·班蒂什·卡缅斯基编《俄中两国外交文献汇编（1619—1792）》一书中，但根据耶稣会传教士的识读，认为这两件文书时间更早，为明成祖时代致北方王公的册封诏书。但两件诏书何以保存在俄皇的外交档案中，亦为不解之谜。另外，由于明清时代中国特有的天下观，直至晚清之前，中国皇帝致外国的文书从未以国书的形式冠名。因此西方各国外交档案中的中国皇帝“国书”，都是翻译明清时代皇帝的诏书、上谕而来］。

根据俄方档案记载，第一个从莫斯科前往中国的使节团是巴依科夫使团，1654 年前往办理商务，并奉有探明“中华帝国可以购买哪些货物，可以运去哪些货物，由水路或陆路达到这个国家有多远路程”等信息的使命。可见，到 17 世纪中期官方的外交路线已经畅通。17 世纪早期的探险活动是后来《尼布楚条约》和《恰克图条约》得以签订的地理背景。到了 17 世纪中后期，通过中俄条约的形式将明末以来形成的北方贸易路线固定下来。从此，库伦和恰克图成为官方贸易的正式场所。

在中国第一历史档案馆所藏的官方档案中，从顺治到乾隆期间至少有 50 件档案内容为与俄罗斯贸易的，其中贸易线路涉及从东北的黑龙江到北京、张家口、鄂尔多斯、伊犁、哈萨克整条草原丝绸之路的商道。这反映在明清时代，传统的草原丝绸之路进入了鼎盛时代。由于清朝分别在康熙与雍正年间与俄罗斯签订了划界和贸易条约，尼布楚、恰克图、库伦等地获得了合法的贸易地位，这条线路虽然被俄罗斯所垄断，传统亚欧大陆的商道中间出现了代理商性质的梗阻，但北方丝绸之路并未衰落，甚至还更加兴盛。根据两件内阁和理藩院档案［《为遣员至蒙古会盟处传谕蒙古各众做贸易不得行骗等事（满文）》《函达俄商在中国境内所有妄为举动定加惩处请仍旧照约将俄商放行入境由》］，可以看出，中俄贸易从顺治到康熙间已经呈现常态化，中央部院题奏中这类日常贸易纠纷的内容显示了贸易的广泛和深度。

北方贸易路线上的主要商品为茶叶。据研究最早进入俄国的茶叶是崇祯十三年（1640）俄国使臣瓦西里·斯达尔科夫从中亚卡尔梅克汗廷带回的茶叶二百袋，奉献给沙皇。这是中国茶叶进入俄国之始。即使在海运大开之后，通过陆路进入欧洲的茶叶依然占有重要地位。其中一个重要原因在于，陆路运输茶叶的质量要远远高于海洋运输茶叶的质量。这一点，《海国图志》中也有解释：“因陆路所历风霜，故其茶味反佳。非如海船经过南洋暑热，致茶味亦减。”这种中国茶质量的差异，在 19 世纪的欧洲，已经成为人所共知的常识。马克思在《俄国的对华贸易》一文中专门指出，恰克图贸易中的中国茶叶“大部分是上等货，即在大陆消费者中间享有盛誉的所谓商队茶，不同于由海上进口的次等货。俄国人自己独享内地陆路贸易，成了他们没有可能参加海上贸易的一种补偿”。

三

以海洋航线为纽带的世界贸易体系的形成。新航路将欧洲与撒哈拉沙漠以南的非洲、欧洲与亚洲、美洲、大洋洲都联系在了一起。“欧洲航海者创造了一个交通、交流、交换的环球网络，跨文化之间的互动比以往更为密集和系统了。”在传统航路与新航路上，欧洲商船把波斯地毯运往印度，把印度棉花运往东南亚，再把东南亚的香料运往印度和中国，把中国的丝绸运往日本，把日本的银和铜运往中国和印度。到 16 世纪，在印度洋的贸易世界，欧洲人已经占有了一席之地。而西班牙人、荷兰人在加勒比海、美洲建立的殖民地，使得欧洲的产品越过大西洋换来墨西哥的白银、秘鲁的矿产、巴西的蔗糖和烟草进入欧洲市场和亚洲市场。非洲的土著居民则被当作奴隶而贩运到各大殖民地。

传统的地区性贸易网络“已经扩大为而且规模愈来愈大的扩大为世界市场”。根据一个从1500—1800年间7个欧洲国家抵达亚洲船只数量的统计来看，从最初的700多艘的总量增长到了6600多艘。而美洲到欧洲的金、银贩运量在这300年间则分别增长了20倍和10倍，中国的白银进口量则从1550年的2244吨增长到1700年的6951吨。葡萄牙人在记录他们的东方贸易时说：“欧洲与东洋的贸易，全归我国独占。我们每年以大帆船与圆形船结成舰队而航行至里斯本，满载上毛织物、绯衣、玻璃精制品、英国及富朗德儿出产的钟表以及葡萄牙的葡萄酒而到各地的海港上换取其他物品……最后，在澳门滞留数月，则又可满载金、绢、麝香、珍珠、象牙精制品、细工木器、漆器以及陶器（瓷器）而返回欧洲。”

这反映了无论从数量还是种类上，进入国际市场的商品都大幅增加。固定的商品交易所、证券市场开始出现亦有重要意义。1531年安特卫普商品交易所开业，“供所有国家和民族操各种语言的商人使用”。阿姆斯特丹、伦敦此后也分别成立粮食交易所和综合交易所。最后，处于新航路之上的港口开始成为世界贸易中心，取代大陆体系时代的陆路交通枢纽城市的地位，开始在世界经济体系中扮演重要角色。

起先是技术的进步带来的探险与新航路的开辟，然后是商品与人员的全球性流动，最后是法律与文化在各地区的碰撞，一个以海上贸易路线为纽带的海洋时代开始兴起并主导了世界历史的走向。

四

这样一个商品和货币、物资与人员、知识与宗教频繁而紧密往来的时代，中国明、清时期的中央与地方政府不可能自外于世界。万历时期曾任福建巡抚的许孚远在评论嘉、万时期的海禁政策时说：“然禁之当有法而绝之则难行，何者？彼其贸易往来、籴谷他处，以有余济不足，皆小民生养所需，不可因刖而废屦者也。不若明开市舶之禁，收其权而归之上，有所予而有所夺，则民之冒死越贩者固将不禁而自止。臣闻诸先民有言，市通则寇转而为商，市禁则商转而为寇。禁商犹易，禁寇实难。此诚不可不亟为之虑。且使中国商货通于暹罗、吕宋诸国，则诸国之情尝联属于我，而日本之势自孤。日本动静虚实亦因吾民往来诸国侦得其情，可谓先事之备。又商船坚固数倍兵船，临事可资调遣之用。商税二万，不烦督责，军需亦免搜括之劳。市舶一通，有此数利。不然，防一日本而并弃诸国，绝商贾之利、启寇盗之端，臣窃以为计之过矣。”明、清两代都实行过海禁政策，明代是因为倭患，清代则由于郑氏。海禁“虽禁不严，而商舶之往来亦自若也”，但长期来看，给沿海人民甚至国计民生都带来严重后果，所以地方大员多以“开洋”为主要筹划：“莫若另为立法，将商人出洋之禁稍为变通，方有大裨于国计民生也。”

通过数件珍贵的明代天启、崇祯年间兵部尚书有关海禁事宜的题行稿，可知明朝皇帝长期坚守的海禁政策至明末清初已与日益增多的对外贸易需求相悖。康熙二十三年（1684）七月十一日，在内阁起居注中有康熙帝召集朝臣商议开海贸易的记录。翌年即1685年，清政府在东南沿海创立粤、闽、浙、江四大海关，清廷实行开海通商政策。

乾隆二十六年（1761）九月十五日，广东巡抚托恩多上奏“瑞典商船遭风货沉抚恤遇难水手折”，请求按照惯例，对朝贡各国或外洋各国来中国贸易的商船予以灾难救助。从明清时代对朝贡体系和外洋贸易的维护来看，中国明确制定了有关维护这一范围广阔的贸易秩序的措施与政策。无论是陆路贡使和商客的接待、陪护、贸易纠纷、借贷的规定，还是海路贸易中由于漂风、漂海等遇难船只、人员、货物的抚恤、资助，都颁布有详细的措施和法令。《大清会典》在“朝贡”条目下设有专门的“周恤”“拯救”等内容，具体规定了朝贡贸易或者自由贸易中发生的疾病、死难、漂风、漂海等灾难事件中的救助责任与赏罚措施（参阅《嘉庆朝钦定大清会典事例》卷四百“礼部·朝贡”“周恤、拯救”等内容）。这些由中国制定、各国遵守的法令与政策，是前近代世界贸易秩序存在并得以维持、延续的重要因素。从鸦片战争以后，以海、陆丝绸之路为主体的世界贸易秩序开始被以西方近代国际法为主导的世界贸易秩序所取代，但其间蕴含的互通、平等、周济的贸易精神，在现代依然有重要的价值。

对于历史的描述，从封闭停滞的中国到世界贸易中心的中国的巨大变迁，反映了中西方历史学界不同时期的中国认识观。现在我们通过中国自身的历史文献与档案史料来重新看待这一时期的中国历史，是在这些路径之外的一种全新的中国历史观。从明清档案来看，中国与世界的贸易联系在陆路、海路都存在多条路线，陆地上除了传统的西向、北向的两条丝绸之路外，还有东向的朝鲜贸易，南向的通往印度、安南、暹罗的高山之路等四条主要线路，海上除了传统通往欧洲的海路外，尚可细分为南洋、美洲、东洋等四条海路，这样，以明清档案还原的八条丝绸之路贸易网络，重新展现了明清以来中外的联系途径。八条丝绸之路远远不能涵盖所有以中国为中心的贸易路线与贸易活动，但是这是一个新的解释框架，我们希望这个框架能够描绘一部中国本位的中外贸易与文化交流史，也为我们重新认识明清以来的中国与世界，提供一个新的视角。

前　言

李华川　伍媛媛

一

海洋对于人类来说从来都既是风险的渊薮，又是充满希望的蓝色家园。像其他文明古国一样，华夏文明发源于河流附近（黄河中下游），但是华夏民族对于广袤的蓝色世界也并不陌生。早在东周时期，齐桓公之称霸，就依赖管仲之善取鱼盐之利；越国的范蠡曾泛海北游，经商致富；孔子在人生失意之际，也曾有“乘桴浮于海”之叹。秦汉大一统之后，闽越、东粤、南粤等等均入版图，海内外并设州郡，沿海居民不避风涛，劈波斩浪，亚洲海域成了他们贸迁货物的场所，所至之地，从北至南，凡渤海、黄海、东海、南海、印度洋沿岸诸国，都曾留下国人的足迹，而中国商人所携货物，以丝产品为大宗，据《汉书·地理志》所载，武帝时商人多以“杂缯”购买南海明珠、奇石等异国之物，而所谓杂缯，便是各类丝织品，海上贸易航线被称为“海上丝绸之路”，良有以也。可以说，海上和陆上在同一时期发展出以丝绸贸易为特色的“丝绸之路”。海外贸易从来都不是单向的，当中国商人拓殖海外之际，也有众多胡商携带大量海货航海来华进行贸易。两汉时期，来自海外的奇珍异宝已云集长安、洛阳。

东汉末年，中原板荡，西北方向的“丝绸之路”断续无常，海上丝路却得到发展。从东吴、两晋至隋唐，海上南路以交州为中心的贸易从未断绝，不过，由于造船技术的限制，数百年间，南海航行的船只以外国商船为主。但唐朝政府对于经营海外相当重视，最早设立市舶使，促进对外贸易，中唐之后，中国海舶已能从事远洋航行，唐朝后期，更已驾外舶而上之，继交州之后，以广州为中心的海外贸易大为发展。广州城内外居住的胡商多达十余万人，颇能体现唐人开阔的气度。宋人继承了唐人的航海事业，将海外贸易推向繁荣。宋朝官府努力招徕外商，给予许多优待条件，不仅如此，在传统的朝贡体系之外，私人海外贸易也有很大的拓展空间，这种官方和民间并力发展海外贸易的局面，在两千年海上丝绸之路的历史中，也不多见。同时，宋人的航海技术也取得了突破，所制造的某些巨舶，仅水手和兵丁即多达千人，还不包括商人、旅客在内。而罗盘已被广泛使用。宋人的海舶不仅可达印度，更远至波斯湾，进入大食商人的传统领地。南海地区，最南至爪哇的范围，中国人受到各国的优待，已拥有良好的商业地位。借助众多的中式帆船（被外国人称为“戎克船”），大量丝绢、瓷器等销往东南亚、印度、波斯湾地区，海外的香料、珍珠、金银器等也涌入中国，东西方货物在朝贡体制的主导下，得以贸易、流通。在中原竞争中失利的南宋，之所以尚能延续一百五十余年，也因一定程度上受益于海外贸易的丰厚财力。继宋而起的元朝，本是一个草原帝国，但在其势力席卷欧亚大陆的过程中，逐渐形成了广袤的疆域和与之相称的世界意识，传统的中央王朝其实难以定义这个世界性的帝国。灭亡南宋之后，元人因袭前朝的海外贸易，并欲加以拓殖。北自朝鲜、日本，南至爪哇，元人均曾加以征讨。以元朝在世界上无与伦比的声威，中国的海外贸易本可以超越前人，跃升一个等级，但因元朝享国日浅，不足百年，便被逐回草原地区，远离了海的世界。

二

鼎革之后，明朝本来承袭了宋元海外贸易的丰厚遗产，但朱元璋未能善加利用，反而在洪武十四年（1381）后实行海禁，力图斩断已有千年以上传统的海外贸易，尽管并非事出无因，但禁海令仍是无视中国传统和沿海居民生存现状的弊政，开了明清海禁的先例。幸而海禁仅实施二十余年，永乐三年（1405），明成祖朱棣派郑和率领庞大的船队出使西洋，宣示国威。在15世纪前期，从东亚至非洲的海域，明朝的皇家船队进行了七次声威浩大的远征。无论是在船队的规模、航行的距离，还是航海技术上，在当时的世界范围内，都堪称无与伦比的壮举。这种远征将政治、外交、军事、经济意义叠加在一起，并非只具有单一的贸易功能，是朝贡体制下一种复杂的混合体，其作用不容小视。比如在贸易上，以瓷器、丝织品等为代表的大量中华物产直接销往东、西洋的三十余个国家，而海外的香料、布匹、珍宝、食品等也大量进口国内，影响到明人的日常生活。当然，这种完全由政府掌控的航海活动，其政治、外交意义远过于经济意义，更何况，民间的海外贸易仍然被禁止，所以一旦当政者的态度转变，下西洋式的远征戛然而止，明朝中期的海外贸易就不免陷入困境，反而为走私和海盗活动提供了生存空间。此后，明朝几乎一直为从事走私贸易和劫掠活动的倭寇所困扰。不过，16世纪以后，西方势力开始进入亚洲，先是在印度洋，之后在南海建立起商业和殖民网络，并且逐渐在东亚海域取得立足之处。经过葡萄牙、西班牙、荷兰、英国、法国等国的持续经营，西方在东亚地区建立起广阔的贸易网络，这种西方网络与原有的亚洲贸易网络交织、冲突，逐渐占据优势地位。亚洲原来以“朝贡体系”为特色的海外贸易，已有近两千年的历史，早就为东南亚多数国家所适应和接受。但是，西方贸易体系在亚洲具有强烈的武力征服特征，印度、马六甲、爪哇、苏门答腊、吕宋等地在不到一百年的时间中，便成为西方国家的殖民地，明朝之所以没有沦陷，在根本上还是因其强大的政治、军事实力。而在贸易的层面，明朝的商品也具有无可取代的优势，丝绸、瓷器等中国特产为西方及亚洲各国所青睐，西方商人却很少有对明人具有诱惑力的生活必需品能够用以交换，直到他们在美洲发现了大规模的银矿之后，才能维持与中国贸易的平衡。

由于明末的动乱和清人的入关，明清之际，海外贸易在数十年中摆脱了朝贡体制的束缚，变为由东南郑氏海商集团所控制的更为灵活的贸易形式。与明、清政府相比，郑芝龙、郑成功父子更重视和擅长海外贸易，郑氏集团的船队一度掌控了中国与日本和东南亚的海上航运。郑成功能够将海上强国荷兰从占据已久的台湾驱逐出去，就是他们强大实力的体现。清朝为了应对郑成功的威胁，从顺治十三年（1656）开始实行“禁海令”，两广、福建、江南、山东各省民间商船片帆不准入海，到顺治十八年，更将禁海令强化为“迁界令”，强令福建、广东、江南、浙江四省滨海居民内迁三十里，焚毁沿海三十里内房屋、船只，实际上是在沿海建立“无人区”。直至二十年之后，郑氏反清势力被消灭，康熙帝才废除“迁界令”。在“禁海”和“迁界”的二十多年中，清朝的海外贸易自然大受影响。不过，这仅是短暂的时期，一旦沿海军事威胁解除，康熙二十三年（1684），清政府设立了粤、闽、江、浙四个海关，管理海外贸易，对来华商船征收进口税。此时，民间海外贸易也趋于活跃，中国帆船又大量出现在南洋各地。遗憾的是，由于清政府对海外贸易存有严重的偏见，而且航海、造船技术落后，官方几乎没有实行过主动的海外贸易行为，这与唐宋以来的历代王朝颇有区别。进入18世纪以后，广州海关逐渐取代其他海关，成了海外贸易的绝对中心，除了中日贸易之外，各国海船云集黄埔港，与广州行商接洽贸易。“广州体制”在1700—1842年间，是清朝海外贸易的特征。直到“五口通商”之后，这一体制才走向没落。17—19世纪全球贸易体系已经建立起来，中国在其中发挥了非常重要的作用，借助海上丝绸之路，各国商品的交换空前地繁盛起来。大量的丝织品、瓷器、茶叶等商品行销世界，而外来的美洲农作物、白银、铜等也进入中国，人类的生活方式都发生了深刻的改变。

纵观“海上丝绸之路”的历史，可以说，中国从来不是一个封闭的国家，对于海外贸易一直怀有浓厚的兴趣，并且在与周边国家的商贸竞争中，长期处于优势地位。始于西汉的朝贡体系也一直在海外贸易中居于主导地位，经历近两千年的变迁、演进，这一体系已为亚洲各国普遍熟悉、认可和采用，虽然以天朝为中心的朝贡体系有很多弊端，但是该体系也具有较为和平的色彩和高度的稳定性，因此之故，才能维持庞大的亚洲海上贸易网络。从16世纪开始，西方势力闯入亚洲海域，以武力和商业手段打破原有的贸易格局，逐渐建立起一套新的贸易网络。西方网络的优势在技术方面，包括造船、航海、武器、金融等；亚洲网络的优势是商品，即丝绸、瓷器、茶叶、胡椒等。在很长一段时期内，两种网络交织在一起，既有竞争，又有妥协、合作，直到19世纪40年代，英国才借助坚船利炮击溃朝贡体制，西方贸易网络彻底取代了亚洲网络。

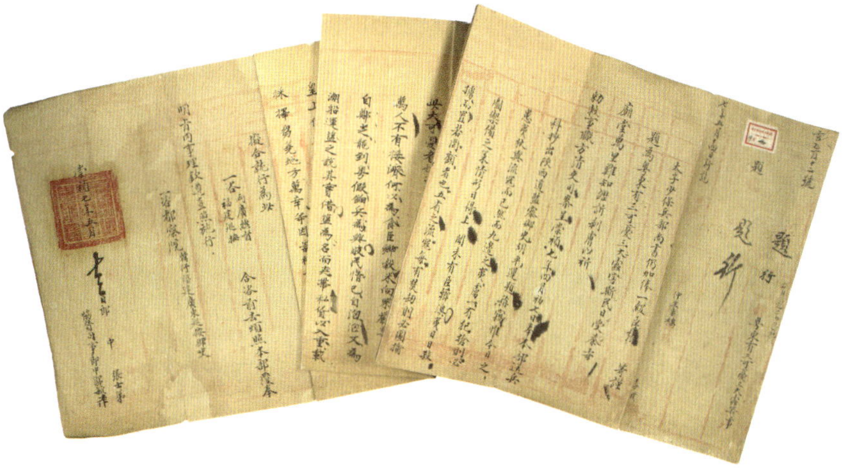

三

明清时代海路贸易的意义超过陆路贸易，对于中国和全球经济的影响变得越来越重要。在卷帙浩繁的明清档案中，发掘、研究有关“海上丝绸之路”的史料，认清明清历史中海外贸易的真相，是一件非常有吸引力和挑战性的工作，也可以在一定程度上改变存在公众和学术界中对于明清史某些习焉不察的误解。而读者能够亲见这些原始文献，仿佛与古人（从皇帝到臣僚）当面聊天一样，也是一件有趣的事情。

我们精选318件保存在中国第一历史档案馆的有关明清时期中外通过海上往来的档案，按照海上丝绸之路的指向分成四路，即东洋之路、南洋之路、西洋之路和美洲之路。

东洋之路是前往琉球、日本、朝鲜的航线，档案有70件，主要涉及明清之际郑氏海上集团的活动、琉球朝贡贸易、晚清中日朝交涉几个主题。

南洋之路是中国与东南亚之间的航线，档案有71件，清前期（嘉庆之前）以暹罗贩运稻米入华为主，晚清后以中国与吕宋、新加坡的商务、侨务为主。

西洋之路是中国与欧洲之间的航线，档案为数最多，有100件。这些档案主要涉及明代下西洋、清代海外贸易、西方传教士的文化活动等几个主题。

美洲之路是中国与南、北美洲的航线，档案有77件，时期均为晚清，以清政府与美洲国家贸易往来、文化交流、交涉华工问题为主。

虽然目前对每一份档案进行细致研究尚需时日，但是通过梳理这些档案文献，我们可以建立起一条从明朝万历时期直到清末宣统时期的时间线，在此期间，无论处于何种动荡时代，海上丝绸之路从未中断。不仅如此，海外贸易在多个方向上，以或官方，或民间，或合法，或走私的形式，沿着中国的海岸线，从南到北，持续而大量地存在着。而且，海外贸易与文化交流、外交活动相互交织，尽管有时会发生激烈的冲突，但仍然可以构成一幅细节丰富、明暗对比强烈的中外交流图景。借助这一幅历史图景，我们可以清楚地看到，从明朝开始，中国逐渐成为世界贸易体系中的重要环节，不仅对东亚、南亚世界早已如此，对于欧洲的崛起和美国独立后的资本积累也一样，从物质和精神层面都发挥了重要作用。传统上，对于明清时期“闭关锁国”的贴标签式评价，其实在学理和事实的意义上都无法成立。

西洋之路卷·导言

李 娜 伍媛媛

明清时期中国与世界的联系越来越紧密，其在诸多方面受到世界的深刻影响。早在清军入关前一百多年，哥伦布于1492年发现美洲大陆，麦哲伦船队1519年至1522年完成了人类历史上的第一次环球航行。新航路的发现使中西交通进入新的发展阶段，全球史的帷幕已经拉开。先有葡萄牙人乘时而起，霸海为雄，把持东西贸易数十年，后有西班牙人染指其中，荷兰、英国、法国等国家也逐渐加入对中国利益的角逐。在西方资本主义世界体系形成过程中，清王朝被迫卷入这股洪流。

一

清朝的海疆政策经历数次历史性转变，在此次披露的明清时期海上丝绸之路大西洋档案中可知其政策形成的内在渊源与外部成因。通过数件珍贵的明代天启、崇祯年间兵部尚书有关海禁事宜的题行稿，可知明朝皇帝长期坚守的海禁政策至明末清初已与日益增多的对外贸易需求相悖。康熙二十三年（1684）七月十一日，在内阁起居注中有康熙帝召集朝臣商议开海贸易的记录。翌年，清政府在东南沿海创立粤海、闽海、浙海、江海四大海关，清廷实行开海通商政策。凭此契机中西方海洋商贸往来有了数十年的蓬勃发展。但之后冲突事件的增多和局势的发展促使清廷的海疆政策不得不相应调整。例如乾隆年间有关宁波港口的档案就反映了清廷在“怀柔远人”的政策下的某些坚持、中西双方的相互试探以及最终决策过程。清代乾隆二十年至二十二年（1755—1757），宁波地区曾经是中西方贸易争夺的焦点，两广总督杨应琚于乾隆二十二年所上奏折中，从安全和税收两方面进行考量，认为“出口货物如丝茶磁器等类并非产自一方”，如任凭洋商自往内地各省采买而进口货物亦由其自行销售，均不得不假手洋行，“且番船收泊宁波，按之地方形式既未若粤东虎门等处之扼要严密，一应进出货物又无须由赣韶等关输纳税饷”。他的这些分析得到了乾隆帝的认可，乾隆帝遂于乾隆二十二年十一月初十日正式发布“一口通商”的上谕。本书中收录的档案史料就披露了事件的缘起、地方官员处理问题时的斟酌直到乾隆帝的最后发布上谕，系统而完整地勾勒了清代从“多口通商”到“一口通商”政策的演变轨迹。未及百年，清朝的国门因鸦片战争的失利而被迫打开，道光二十二年（1842）七月二十四日军机处档案中英

《南京条约》稿本，条约规定准许英国人于“广州、福州、厦门、宁波、上海等五处港口贸易通商无碍”。西洋之路的档案史料以其连续性和完整性，展示了清代海疆政策从海禁—多口通商——一口通商—五口通商的演变。这也是清朝二百余年国家发展的一个缩影。

二

经济互动必然带来文化互动。虽然航路艰难，商途坎坷，但神秘的东方世界还是吸引了大批怀揣不同梦想的探险者源源而来。中国的丝绸、茶叶、瓷器等作为文化的载体流传西方各国，同时西方文化也悄然潜入。康熙二十七年（1688）法兰西国王路易十四在致康熙帝的信函中称“法国耶稣会是传播法兰西科学知识及宗教信仰的最佳使者”。西方传教士东来带来的绘画技巧、天文知识、精密仪器等都深得清朝统治者的欢心，清朝皇帝对域外文化及生活方式的向往也促成中西文化的交流。

铜版画的引进是清代中西文化交流比较有代表性的事件之一。乾隆二十九年（1764），宫廷画家、西方传教士郎世宁、王致诚、艾启蒙、安泰绘制《平定西域战图》，并发往法国制作铜版画。本书中，既收录有铜版画的原貌，也载有数件文献资料，真实记录了以《平定西域战图》为媒介的中西文化交流的历史过程，表现了中西双方在商贸往来的同时带来的文化交汇，同时也能看到西方传教士在明清时期中西方文化交流中起到融合的作用。

明清时期海路大西洋档案反映了西方国家对中国从势均力敌的试探到野蛮入侵的转变过程。最先开始工业革命的英国在葡萄牙、西班牙两国衰落后迅速崛起。对利益的追逐和权利的扩张使其将目光投向了亚洲。乾隆年间英王乔治三世派遣马戛尔尼使团访华是中英交往史上不可忽略的事件。本书中有关马戛尔尼使团访华档案，没有把关注点聚焦于使团觐见的礼仪之争，而是从乾隆帝对使团发布的多道谕旨这一非常规视角进行解读。从文献可见中英双方对使团访华都给予了充分重视。在使团未到京之时，大臣的奏折和皇帝的谕旨都表明清政府为迎接使团做了相应准备。使团离开京城后，乾隆帝还颁布谕旨给负责接待的钦差大臣，无关紧要的让步和原则性的坚持都在谕旨中有所体现。尤其是乾隆帝给乔治三世的敕谕广为人知。后世学者联想晚清的民族受

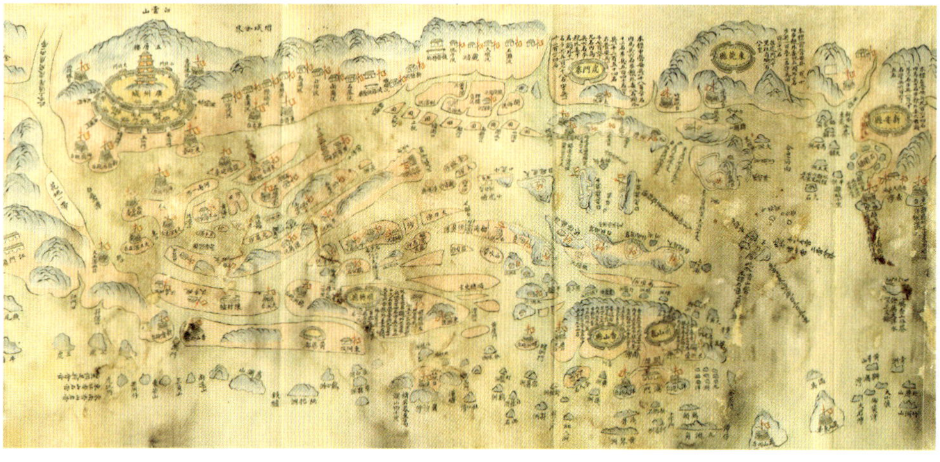

辱、主权受损，认为乾隆帝拒绝马戛尔尼带来的学习西方先进科学技术的机会是错误的决定。置身彼时的时空语境下，乾隆帝的决策囿于眼界，有失明智。从国力上讲，乾隆时期英国的工业革命尚在进行中，工业革命带来的巨大利好还未凸显。而此时的中国是一个实力强大的封建帝国。从决策者自身来讲，乾隆帝已年过八旬，自称“十全老人”，对自己将近60年的文治武功志得意满。他不认可西方社会带来的主权平等的外交观念，也没有察觉西方国家技术的进步、意识形态的觉醒都使西方社会的发展进入飞速发展时期，国家实力的差距越来越大。数十年之后，中西交往冲突不断，直到鸦片战争的战火纷飞。中国古话：“其作始也简，其将毕也必巨。”一个并不引人瞩目的开始，发展成一个无法控制的结局。

三

清廷对外交事务的焦虑与不甘相互交织，促进了自身的改良和自救。中国融入世界的潮流势不可挡，文化的冲击、磨合、交汇过程虽然坎坷不易，但清廷还具有主观选择的自主权。而清朝统治者面对西方列强步步紧逼的外交困局，却是疲于应对。第一次鸦片战争的失败预示了清廷后来的外交难度，清王朝的颓势无法阻挡，是无能君主使然？或是大厦将倾的积重难返？清朝统治者也曾多方求索，不惜进行自身的兴利除弊，寻求突破外交困境。本书中披露的资料使这段历史跃然纸上。道光二十年至二十二年（1840—1842），西方列强自恃船坚炮利进犯清朝海疆，横行海上。道光帝因中外双方船只大小相差悬殊，曾屡下谕旨令各地将军、督抚只可陆守，不可海上交锋，然收效甚微。究其原因是清军没有巨舰，中国战船不能远涉外洋与入侵船只交战。道光帝认为福建、浙江、广东等省若能建造大号战船，并在其上多安炮位，就能与敌船相抗衡。道光帝此谕旨由军机大臣密寄闽浙总督、福建巡抚、浙江巡抚、两广总督、广东巡抚等，命其秘密筹划办理，不可走漏风声，并鼓励私人捐资建造。档案中的记载将清廷急于壮大军事力量、改变外交困局的迫切心情流露笔端。“人操舟而我结筏”，为时晚矣！

第二次鸦片战争的失利使清政府强军固海与西方列强放手相搏之心消失殆尽，转而寻求自身内部的自救契机。咸丰十年（1860）十二月初十日，咸丰帝亲自批改过的军机大臣致总理衙门的密谕透露：令广东、上海选拔通晓外语的人员到总理衙门当差，明确这些人员的任务是将各海口内外商情、各国新闻纸内容交由各大臣、将军、督抚等按月奏报，“并准于八旗中挑人，学习外国语言文字，知照俄罗斯馆妥议章程，认真督课，如能熟习各国文字，即奏请奖励”。同治二年（1863）三月二十八日广州副都统库克吉泰上折，将办理情况一一秉明。这部分档案表明，清政府虽已是败局，但也开始了解西方社会、认识世界，有识之士更是提出“师夷长技以制夷”的观点。无论是国家还是个人都在进行多方探索，力图使中国在世界资本主义发展的大潮中寻求一线生机。

从明清时期海路人西洋档案还可以探索清代外交体系的重构和变迁。中国传统观点认为“君权神授”，皇帝拥有至高无上的权利。19世纪中叶以前，清承明代宗藩封贡体系，与邻邦之间只有藩属国和朝贡国的关系，没有主权平等意义上的国家外交。清代理藩院主管蒙古、西藏等民族事务，邻国邦交都归于礼部。《清朝续文献通考》的编纂者刘锦藻说过：“皇朝通考，讫乾隆五十年我为上国，率土皆臣，无所谓外交也，理藩而已。”而西方国家在1648年《威斯特伐利亚和约》签订后，主权平等的观念已被各国广泛承认，外交惯例也成为各国共同遵守的准则。乾隆朝马戛尔尼使团访华是中西双方在外交理念上的直接碰撞，不欢而散。其后中西交往中的各种冲突骤然而至，晚清西方列强的群起围攻更使清政府惊慌失措，疲惫不堪。在冲突与战争中，清政府的外交体系逐渐转变。自乾隆朝，清政府对日益增多的商船开始制定规章制度进行管理和约束，陆续制定《防范外夷规条》《增易防范夷人章程》。直至咸丰十年十二月二十四日，恭亲王奕䜣奏议，设立总理各国事务衙门。这一专门机构的设立，对晚清外交政策的制定、实施都发挥了重要作用，意味着清政府终于有了独立意义上的外交机构，有了主管外交事务的中央官署，其职能权属都有明确的规定。清代也从封贡体系的外交转为条约外交。

明清时期丝绸之路西洋档案更是清代中国从独立自主的主权国家沦为半殖民地半封建社会的历史见证。19世纪，在清朝统治下的中国尚是封建社会，经济上是以小农为基础的自然经济，政治上是封建君主专制的中央集权制度。此国情与迅猛发展的西方资本主义国家形成鲜明对比。雍乾时期，英国已经开始进行工业革命。而此时的中国正以“天朝上国”自居，没有察觉世界巨变。英国对中国先以外交手段试探，后用鸦片谋利，再凭武力入侵。道光二十二年七月二十四日中英《南京条约》稿本等文献反映了一系列不平等条约的签订使清代国家主权沦陷。其他西方国家法国、德国等也纷纷随之逐利而来，中国从此深陷半殖民地半封建社会的泥潭不能自拔。

明清时期丝绸之路西洋档案，真实再现了清政府海疆政策、对外贸易政策的演变与发展，见证了中西文化的碰撞与交汇，揭示了清代外交体系的重构与嬗变，勾勒了中国融入世界的轨迹与进程。尤其是大西洋的海上来客带来晚清纷繁复杂、风云激荡的数十年，正是中国近代史上的关键时期，诸多趋势或是终结，或是萌生，或是交替、交织发展。明清时期丝绸之路海路大西洋部分档案值得探寻。

凡　例

1. 本书所辑档案，均为中国第一历史档案馆所藏明清两朝原始档案。

2. 本书依据所辑档案涉及的国家（地区），分为陆上丝绸之路编与海上丝绸之路编。陆上丝绸之路编分为四卷，即过江之路卷、高山之路卷、沙漠之路卷、草原之路卷；海上丝绸之路编分为四卷，即东洋之路卷、南洋之路卷、西洋之路卷、美洲之路卷。

3. 本书所辑档案，大抵按照档案文件形成时间依次编排。部分关于同一事件或主题的多件档案，编为一组，以最早时间进行排序。

4. 每件档案时间，以具文时间或发文时间为准；没有具文或发文时间者，采用朱批、抄录、收文时间；有文件形成时间过程者，标注起止时间。没有明确形成时间的档案，经考证推断时间；暂难考证时间者，只标注朝代。

5. 本书所辑档案标题，简明反映各件档案的责任者、文书种类、事由、中西历时间等信息，文字尽量反映档案原貌。

6. 本书所辑档案，一般以“责任者＋文书种类＋时间”的方式命名，如遇一件档案分排多页或一件档案内含多份者，则标注“之一”“之二”等。

7. 因版面所限，本书所收个别档案为局部展示。

8. 本书所辑档案，均撰拟相应释文，简要阐释档案的主要内容和相关历史背景。

目录

《锦衣卫选簿》有关郑忠、宁原下西洋的记载

万历二十二年（1594）

永乐、宣德二朝（15世纪前期），明廷派宦官郑和率领庞大的船队七下西洋，既宣示国威，也固结邦交，更在30年中繁荣了中国与东南亚、西亚、非洲的经贸往来。郑和的船队规模巨大，大小海舶多达200余艘，人数更至27000余人。舰队从江苏刘家港起程，途经东海、南海、印度洋、红海沿岸的30余个国家，最远至东非地区。在人类航海史上，无论是在规模还是在航程上，都堪称空前壮举。不过，有关郑和下西洋的宫廷档案比较罕见。这份《锦衣卫选簿》中保存有两名锦衣卫军官郑忠、宁原下西洋的记录，已属难得。

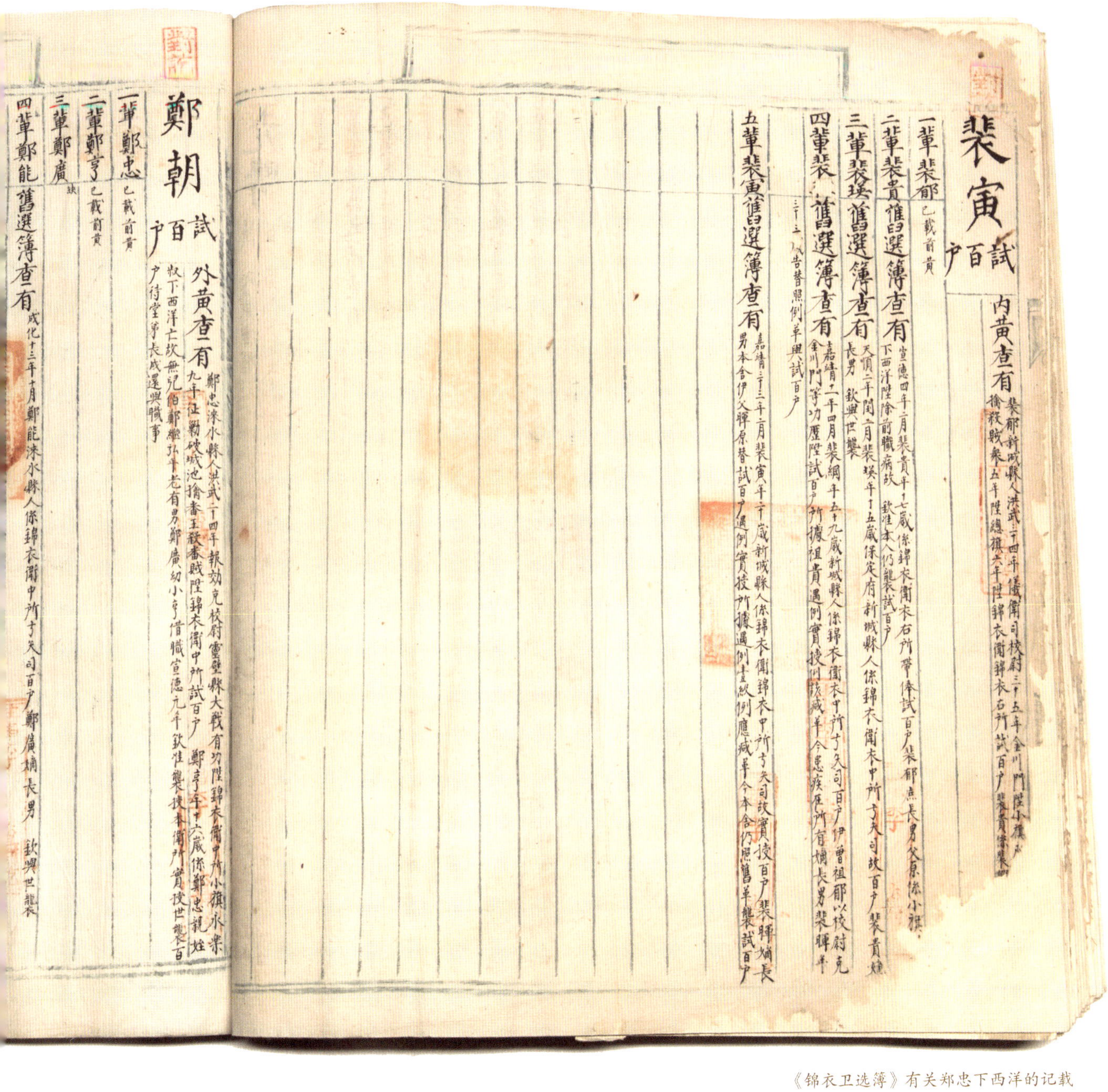

《锦衣卫选簿》有关郑忠下西洋的记载

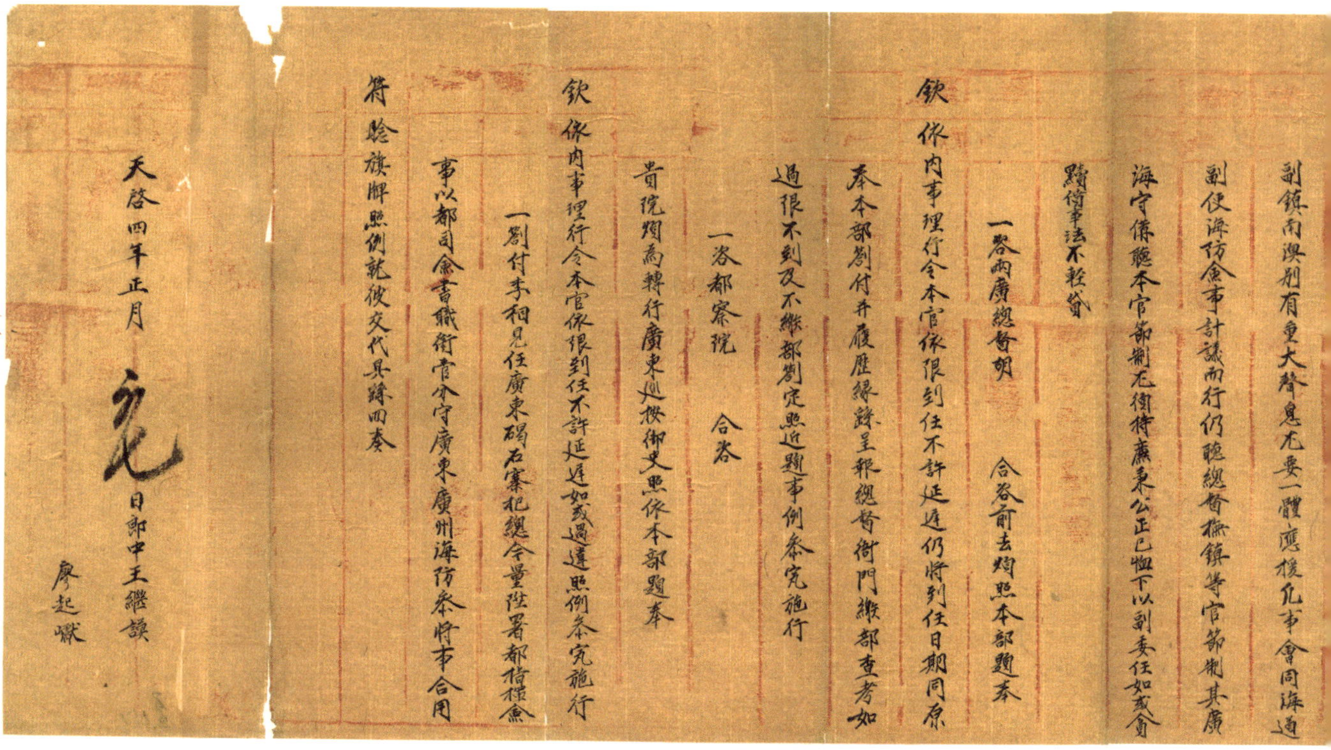

兵部尚书赵彦题行稿（天启四年正月初七日）

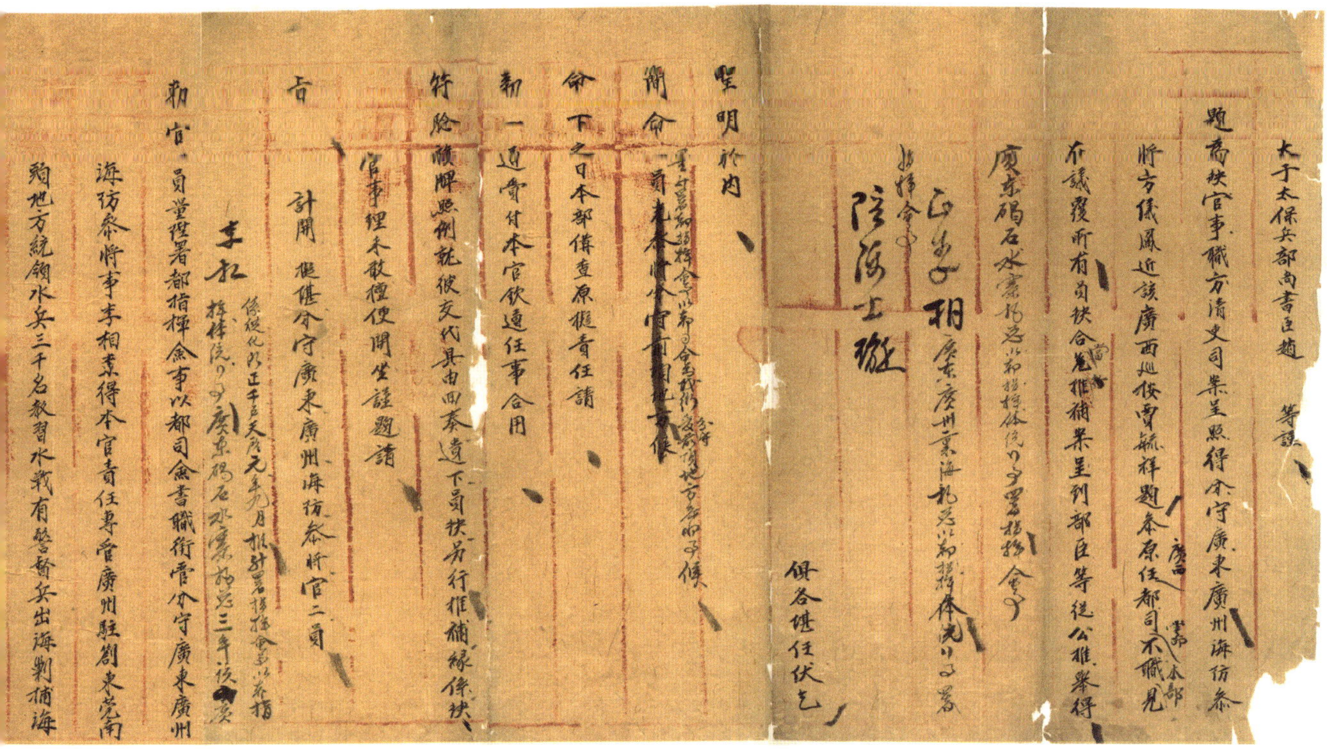

兵部尚书赵彦题行稿：

为推补广州海防参将事

天启四年正月初七日（1624 年 2 月 25 日）

明朝从立国之初，出于防卫目的，就开始厉行海禁。但这一政策严重影响沿海居民的生计，不利于中外贸易，到了明后期，海禁已是名存实亡，反而迫使一些沿海居民铤而走险，成为海盗。为了处理海防问题，广东总兵之下设有广州海防参将一职，驻扎东莞南头，统领水兵三千，负责剿捕海贼、倭寇，并弹压香山、濠境等处夷船，与海道副使、海防佥事共同处理海防事务。

副使海防僉事計議而行仍聽總督撫鎮等官節制其廣

海守備聽本官節制尤須持廉秉公正己恤下以副委任如或貪

黷僨事法不輕貸

一咨兩廣總督胡　　　合咨前去煩照本部題奉

欽

依內事理行令本官依限到任不許延遲仍將到任日期同原

奉本部劄付并履歷緣繇呈報總督衙門繳部查考如

過限不到及不繳部劄定照近題事例參究施行

係從化所正千戶天啟元年九月推升署指揮僉事以本衛指
揮使陞、劄廣東碣石水寨把總三年後[illegible]廣

李札

勑官一員量陞署都指揮僉事以都司僉書職銜管分守廣東廣州
海防參將事李相素得本官責任專管廣州駐劄東莞
苐地方統領水兵三千名教習水戰有警督兵出海剿捕海
倭賊盜仍往來肖城波羅東洲官窯上下緝捕衆水行刼
賊船及禪壓香山濠境等處夷船并巡緝接濟私通船隻
副鎮南澳別有重大聲息尤要一體應援凡事會同海道

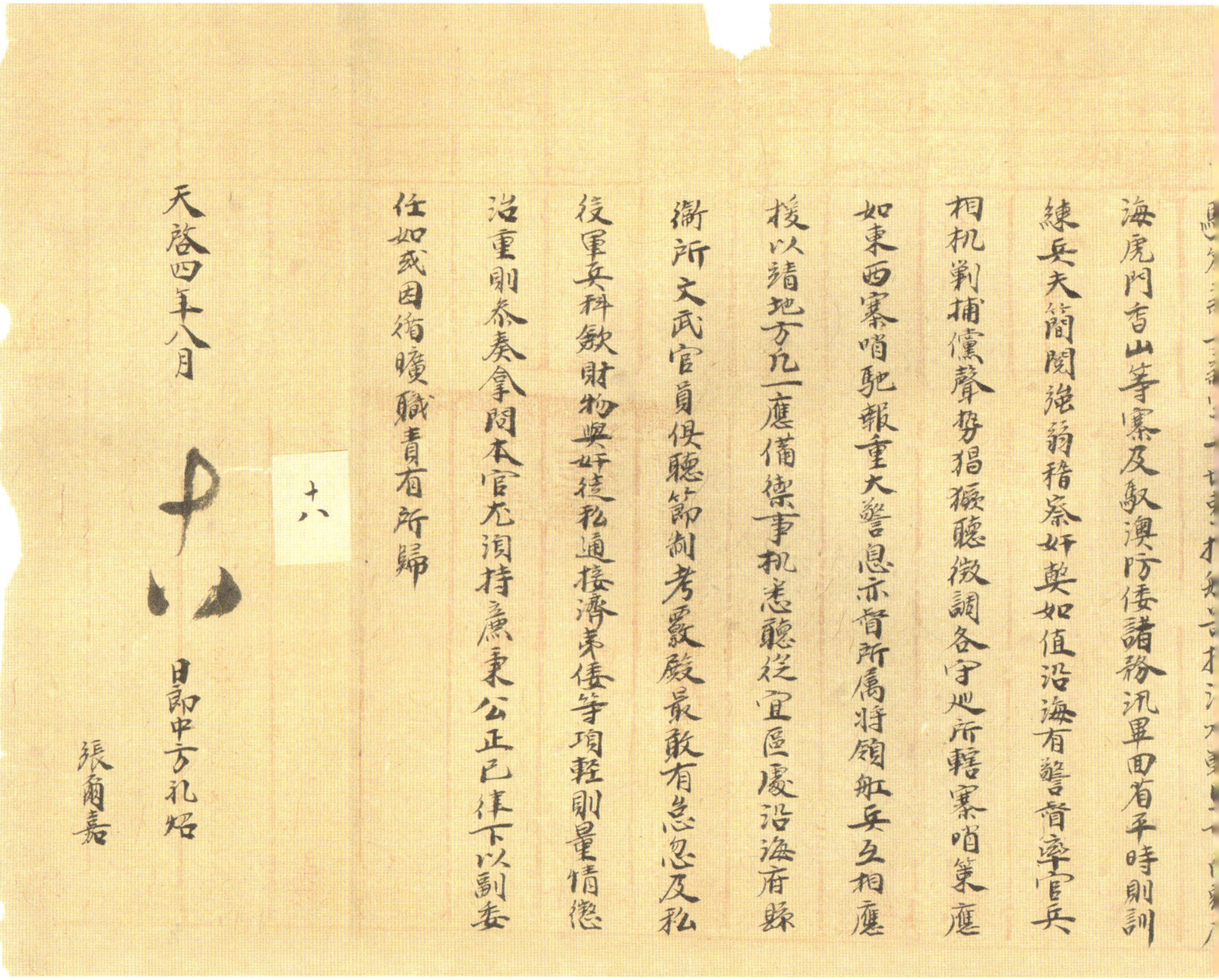

海虎門香山等寨及敘澳防倭諸務汛畢回省平時則訓
練兵夫簡閱强弱稽察奸弊如值沿海有警督率官兵
相机剿捕儻聲勢猖獗聽徵調各守把所轄寨哨策應
如東西寨哨馳報重大警息亦督所屬將領舡兵互相應
援以靖地方凡一應備倭事机悉聽從宜區處沿海府縣
衛所文武官員俱聽節制考覈殿最敢有怠忽及私
役軍兵科歛財物與奸徒私通接濟番倭等項輕則量情懲
治重則參奏拿問本官尤須持廉秉公正己律下以副委
任如或因循曠職責有所歸

十八

天啓四年八月 十八 日郎中方孔炤

張爾嘉

兵部行稿（天启四年八月十八日）

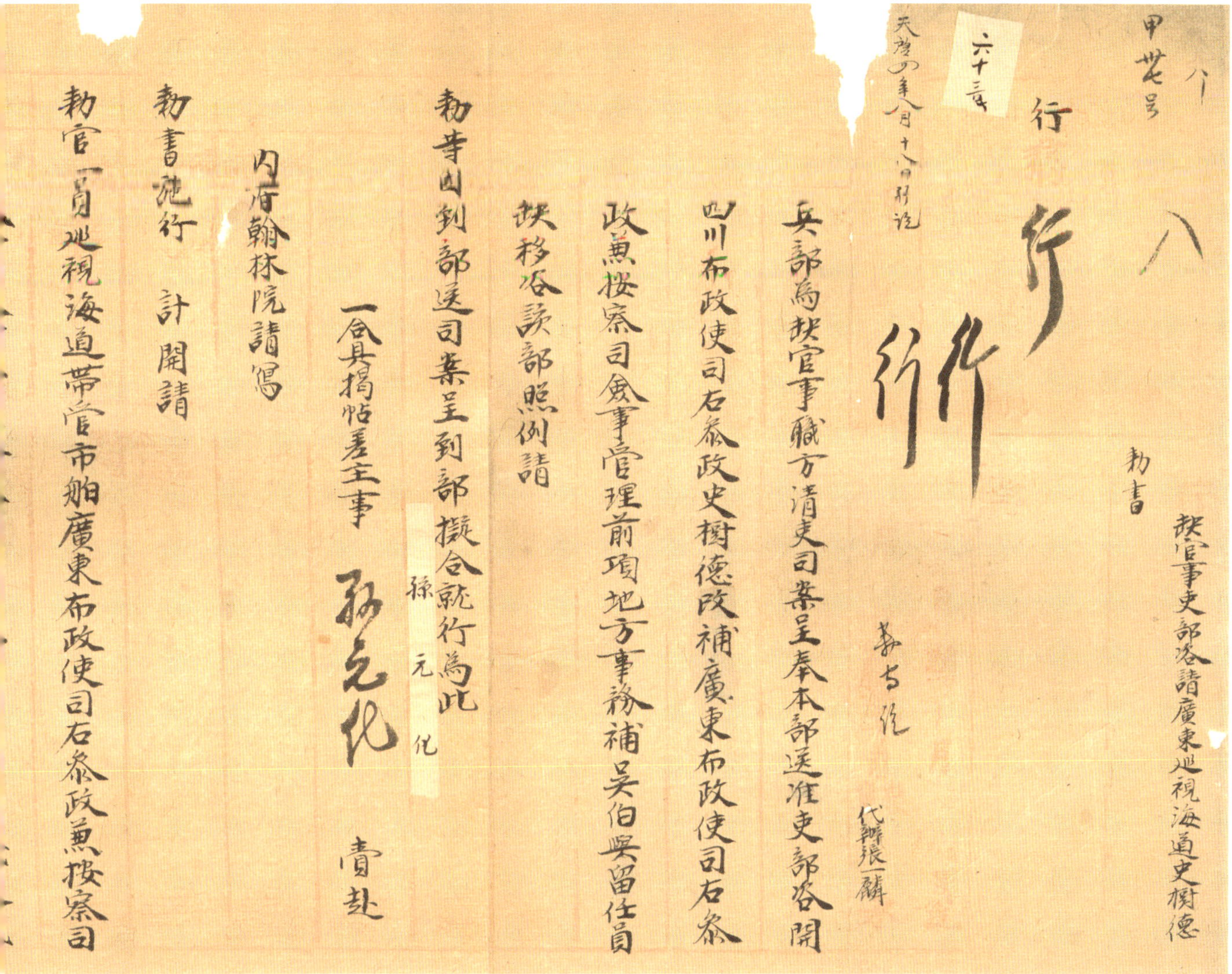
甲字号 八
行
勅書
推官事吏部咨請廣東巡視海道史樹德
天啓四年八月十八日行訖
六十三号
兵部爲推官事職方清吏司案呈奉本部送准吏部咨開
代辦張一鵬
四川布政使司右參政史樹德改補廣東布政使司右參
政兼按察司僉事管理前項地方事務補吳伯與留任員
缺移咨該部照例請
勅寺由到部送司案呈到部擬合就行爲此
一合具揭帖差主事 孫元化 賫赴
孫元化
内府翰林院請寫
勅書施行 計開請
勅官一員巡視海道帶管市舶廣東布政使司右參政兼按察司

兵部行稿：

为调补官员巡视粤海管理市舶事

天启四年八月十八日（1624年9月30日）

明朝正德以后，中欧航路开通，西方海舶纷至沓来，东西方贸易逐渐繁盛起来，而海防的局面也空前复杂，既要抗击倭寇的侵扰，也要应对新兴殖民国家强势的叩关求市。明朝在东南沿海数省设置海道副使，负责海上防务，而广东的海道副使更须在对外关系和海外贸易中担负重任。本件档案即记载了朝廷委派官员史树德担任粤海道副使，“巡视海道，带管市舶”。

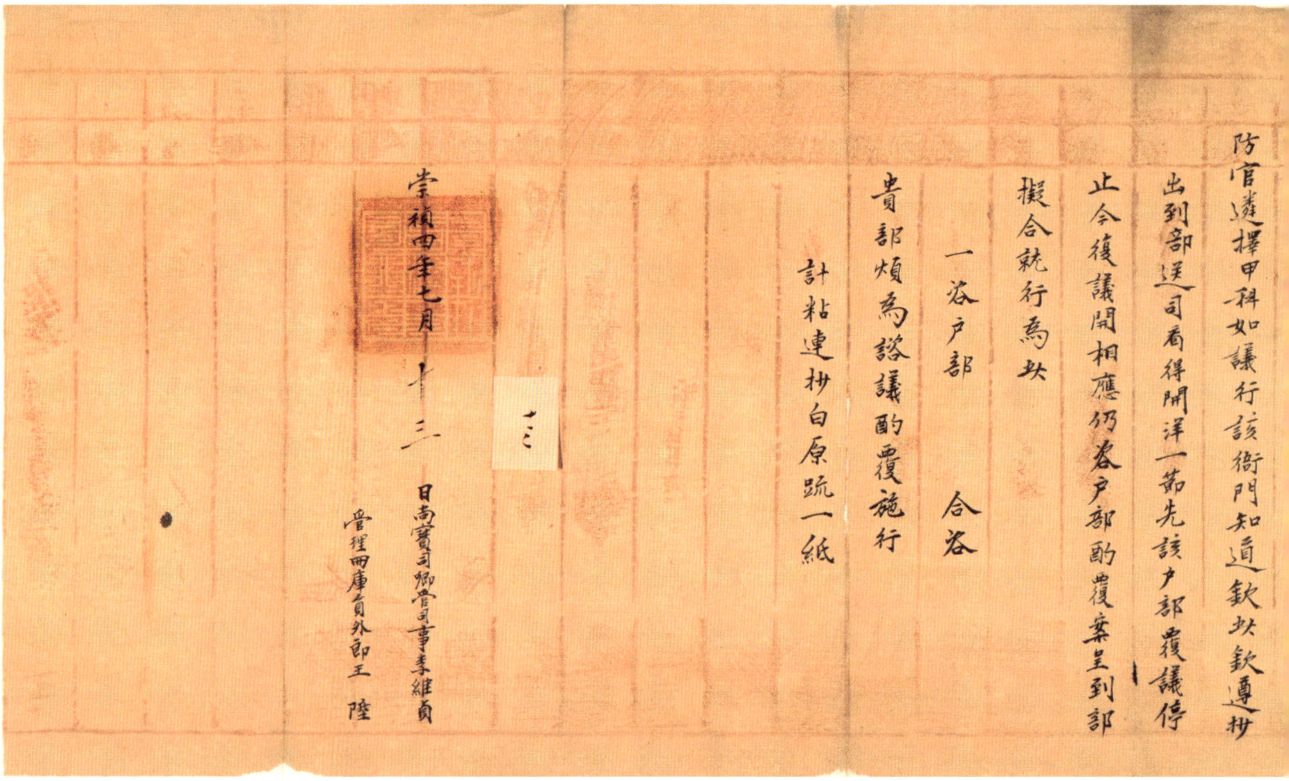

防官遴擇甲科如議行該衙門知道欽此欽遵抄
出到部送司看得開洋一節先該戶部覆議停
止今復議開相應仍咨戶部酌覆案呈到部
擬合就行為此
一咨戶部　合咨
貴部煩為諮議酌覆施行
計粘連抄白原疏一紙
崇禎四年七月十三
日尚寶司卿管司事李維貞
管理四庫員外郎王　陞

兵部行稿（崇祯四年七月十三日）

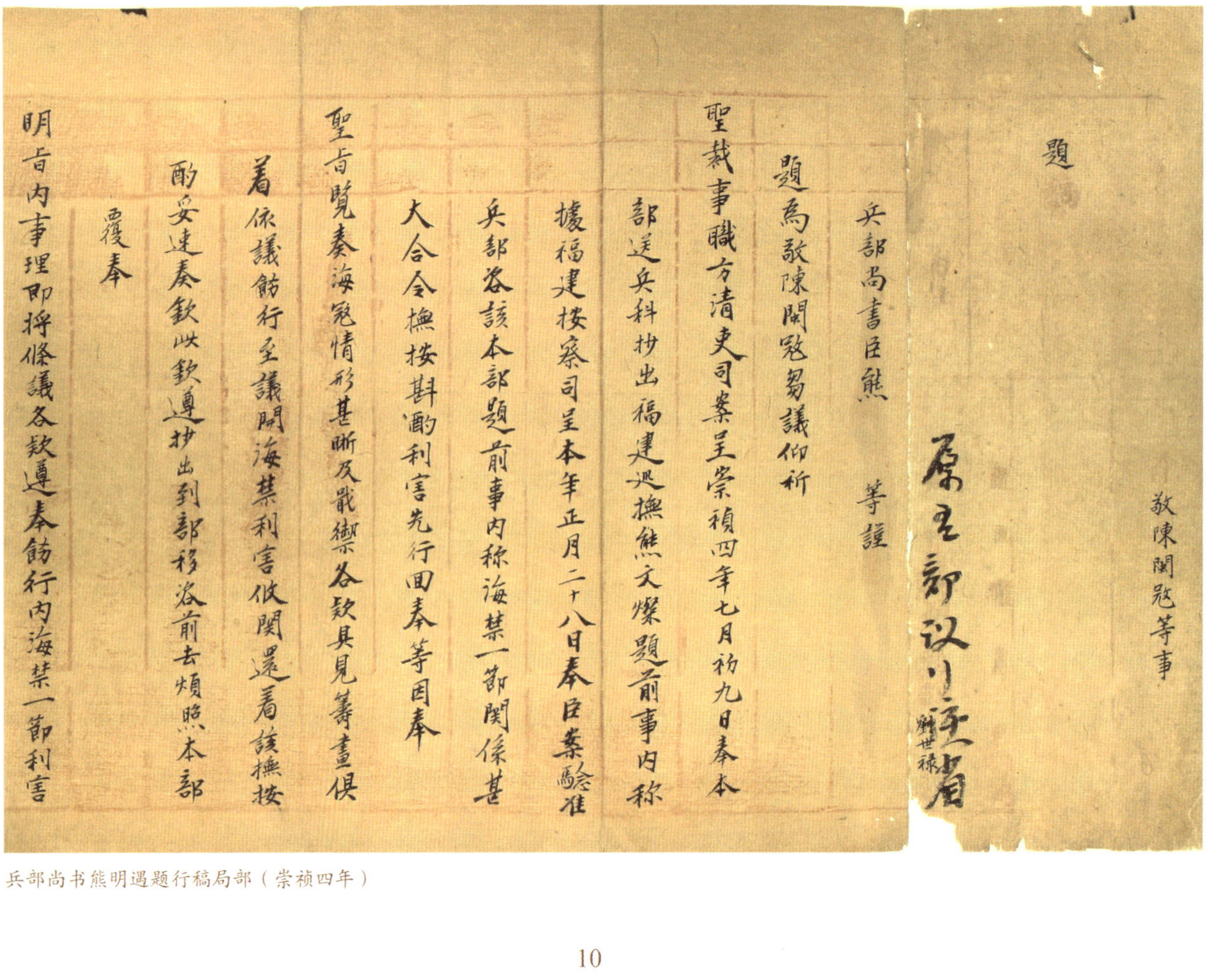

題
敬陳閩冦等事
解世祿

兵部尚書臣熊　等謹
題為敬陳閩冦芻議仰祈
聖裁事職方清吏司案呈崇禎四年七月初九日奉本
部送兵科抄出福建巡撫熊文燦題前事內稱
據福建按察司呈本年正月二十八日奉臣案驗准
兵部咨該本部題前事內稱海禁一節關係甚
大合令撫按斟酌利害先行回奏等因奉
聖旨覽奏海冦情形甚晰及戢禦各款具見籌畫俱
著依議飭行至議開海禁利害做閩還著該撫按
酌妥速奏欽此欽遵抄出到部移咨前去煩照本部
覆奏
明旨內事理即將條議各款遵奉飭行內海禁一節利害

兵部尚书熊明遇题行稿局部（崇祯四年）

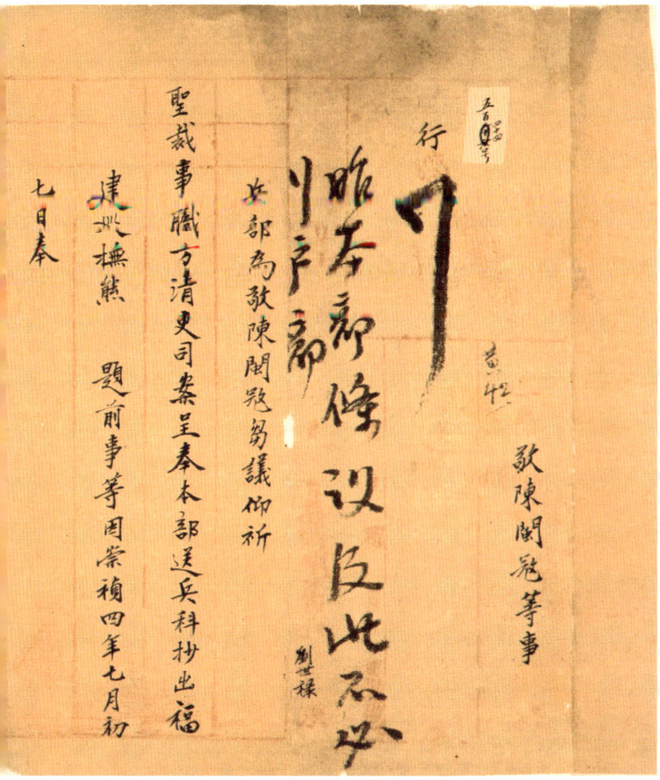

兵部行稿：为敬陈闽寇事

崇祯四年七月十三日（1631年8月10日）

兵部尚书熊明遇题行稿：为敬陈闽寇刍议仰祈圣裁事

崇祯四年（1631）

明朝立国之初，为了应对东南沿海地区的叛乱，太祖朱元璋创设了空前严厉的海禁，“片板不准入海”，这一政策对沿海居民的生计造成极大影响。永乐、宣德时期，虽有庞大的皇家船队七下西洋，但明廷对于民间出海贸易仍不放松。到了明中后期，解除海禁的呼声自下而上愈益高涨。从隆庆元年（1567）开始，明朝逐渐放松海禁，但又时禁时弛。崇祯四年，由于福建刚刚剿灭了几伙海盗，崇祯帝又一次开放海禁，允许私人船舶出海捕鱼、贸易。不过，仅过了一年，海寇刘香老骚扰闽、浙，崇祯帝又不得不重启海禁政策，直至崇祯十一年，为了福建百姓生计，再次开放福建海禁。不过，此时明王朝已是日薄西山。

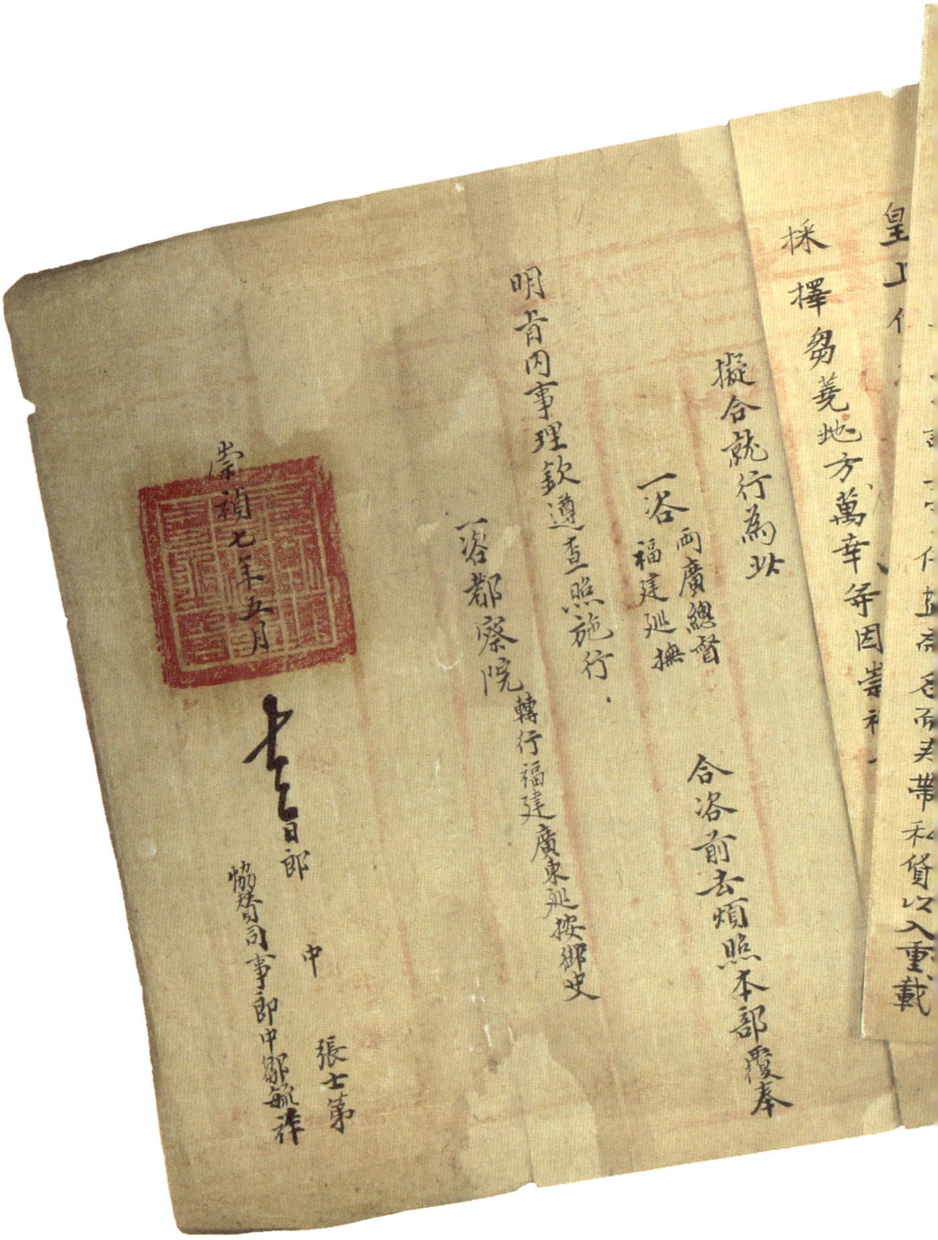

兵部尚书张凤翼题行稿：

为粤东三可忧等事

崇祯七年五月十三日（1634年6月8日）

明末崇祯时期，政府的社会控制力渐趋衰退，东南沿海局势不安。一向富庶的广东此时出现了“三可忧”，即澳夷、洋寇、海盗的扰乱。三种祸患都在不同程度上与海外贸易相关联，而且有一个共同特点，就是内外串通。因此，广东一些官员重申实施海禁，加强海防。然而，广东沿海居民为了生计，已广泛参与到海外商贸活动之中，非政府所能掌控。明朝的海禁政策已彻底失败。

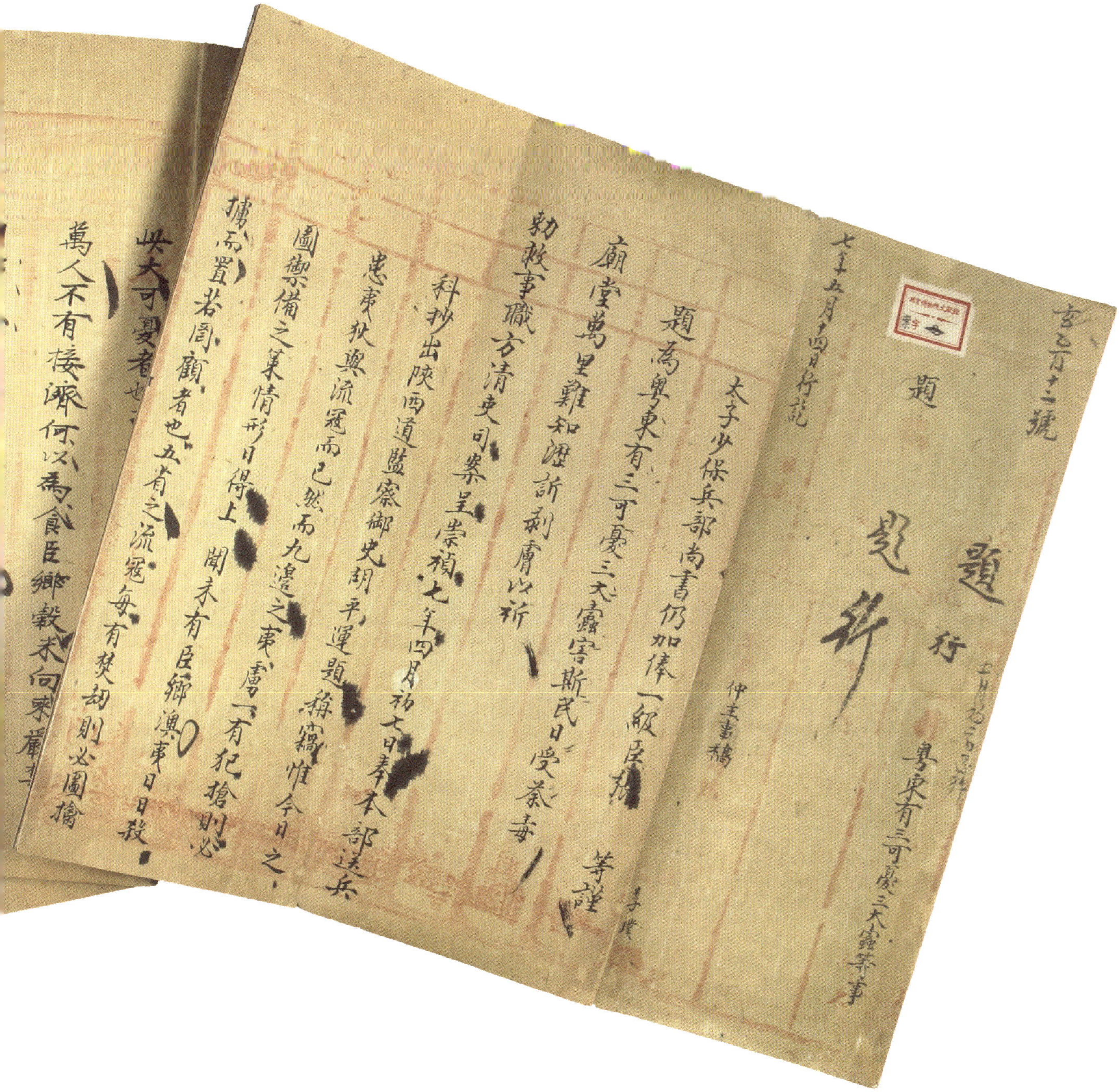

兵部尚书张凤翼题行稿（崇祯七年五月十三日）

广东巡抚李栖凤题本：
为荷兰商船贸易事

顺治十年三月初三日（1653 年 3 月 31 日）

15 世纪末，大航海时代开启。16—17 世纪，葡萄牙、西班牙、荷兰、英国、法国等欧洲国家的炮舰和商船陆续东来，打破了亚洲国家原有海洋贸易格局。亚洲的香料、丝绸、瓷器、茶叶等销往欧洲，而美洲的白银也大量涌入东方，这一条“海上丝绸之路”空前繁荣。东西方的生活方式因而也发生了巨大的变化。这份顺治十年的题本是关于荷兰商船来华贸易的文献。17 世纪上半叶，荷兰东印度公司借助船坚炮利在东南亚大肆扩张，已占领苏门答腊、爪哇、马六甲、台湾岛等战略要地，建立起一个从西欧到日本的海洋商业殖民帝国。不过，清政府此时还没有批准荷兰商船来华贸易，两年之后，才允许荷兰八年一贡。

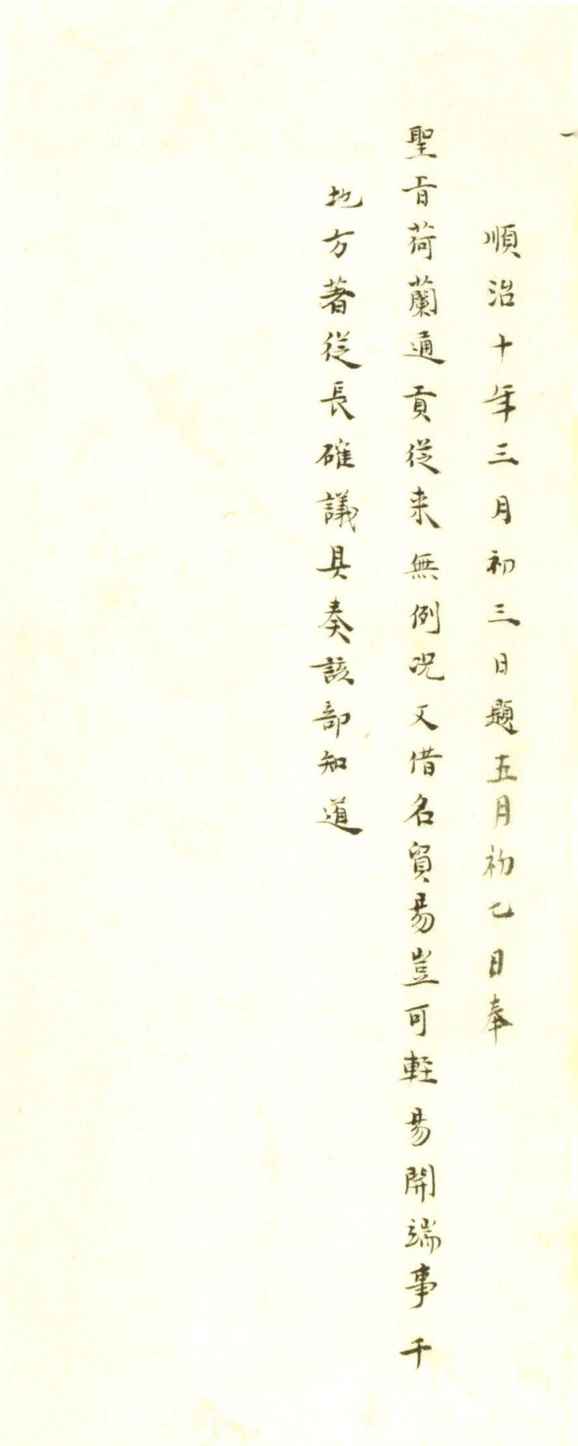
順治十年三月初三日題五月初七日奉
聖旨荷蘭通貢從來無例況又借名貿易豈可輕易開端事干
地方著從長確議具奏該部知道

欽差巡撫廣東等處地方提督軍務兼管糧餉鹽法都察院右
僉都御史臣李棲鳳謹
題為酌議外國向化事本年二月十一日據署巡視海道沈
時呈蒙臣批據本道呈詳看得外夷之入
貢也入必由其道
貢必有定期金葉
表文所以道其誠繳文納勅所以徵其信古今定体違則卻
之若荷蘭一國從來聲教不通今慕義來歸願奉
正朔此曠代所無者本道遵奉王令前往虎門押帶至省首
詢其有無
表文方物進貢
朝廷祇稱朝見兩王通貢貿易隨奉行查向來入貢之例依經
題伏祈
勅下該部覈議上
請行臣等遵奉施行因備述情由字有溢格併祈鑒宥緣係酌

广东巡抚李栖凤题本（顺治十年三月初三日）

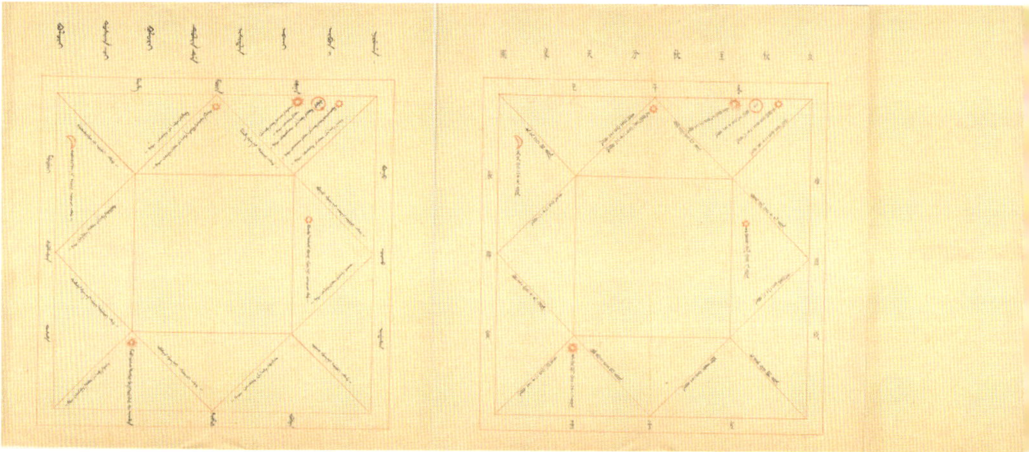

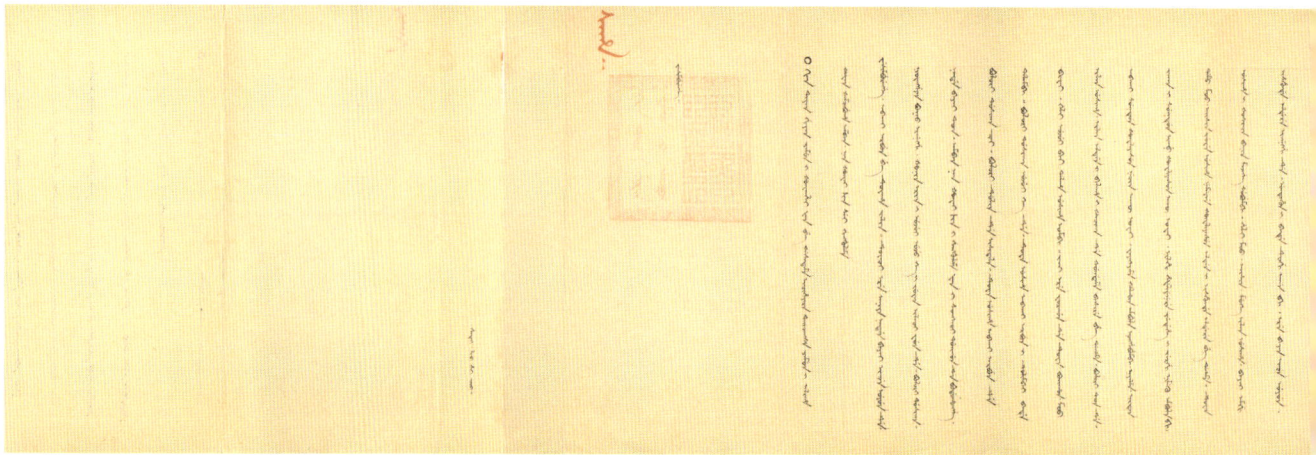

钦天监监修南怀仁等题本：

为呈天象图事

康熙十六年七月初九日（1677 年 8 月 7 日）

铜镀金嵌珐琅日晷

清代北京观象台

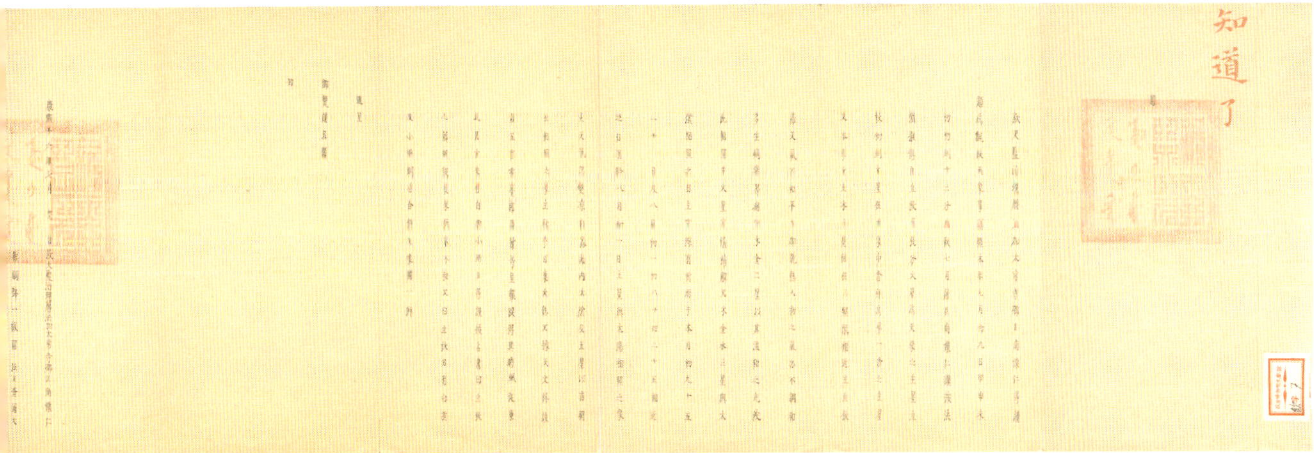

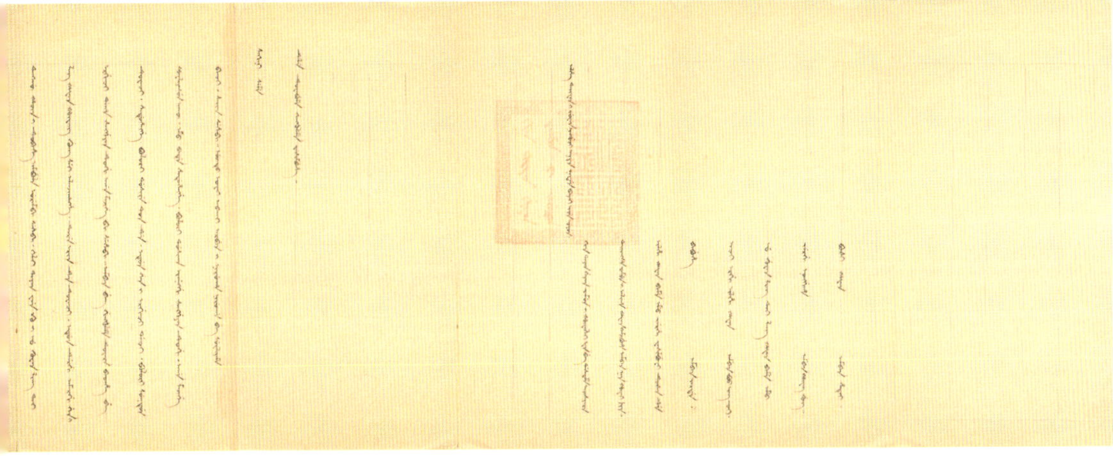

钦天监监修南怀仁等题本（康熙十六年七月初九日）

南怀仁（1623—1688），字敦伯，又字勋卿，比利时籍天文学家、科学家，拉丁人。顺治十五年（1658）来华，是清初最有影响的来华传教士之一，他精通天文历法、擅长铸炮，为近代西方科学知识在中国的传播做出了重要贡献。康熙八年（1669），清廷任命南怀仁为钦天监监修。钦天监是清代主管观测天文气象、编制历书等事的机构，清廷令“历法天文，概第南怀仁料理”。南怀仁供职后着手改造观象台，重造适用于西洋新法的天文仪器。经过四年多努力，于康熙十二年用铜铸成六件大型天文仪器，安装在北京观象台。按立春、立夏、立秋、立冬各规定日期和时节验风验雷。此件档案为南怀仁观候天象，进呈立秋至秋分天象图一事。

铜镀金嵌珐琅日晷（故宫博物院藏）

清代北京观象台（台北故宫博物院藏）

康熙帝《起居注册》：

为九卿会议准海洋贸易并设官收税事

康熙二十三年六月初五日（1684 年 7 月 16 日）

顺治时期，为了镇压东南郑氏集团的反清势力，清政府实行坚壁清野政策，先后颁布了《禁海令》和《迁海令》，后者令沿海六省直隶、山东、江苏、浙江、福建、广东的居民内迁 30—50 里。虽然，这一政策沉重打击了郑氏集团，但是也给世代靠捕鱼、贸易为生的沿海数百万居民造成了极大的生计困难。这是清初的“三大弊政”之一。康熙二十二年（1683），台湾郑氏集团投降清朝，实行了二十多年的《迁海令》已无存在的必要。次年，康熙帝允许原来的沿海居民回归故土，并开放海洋贸易，由政府设专官收税。

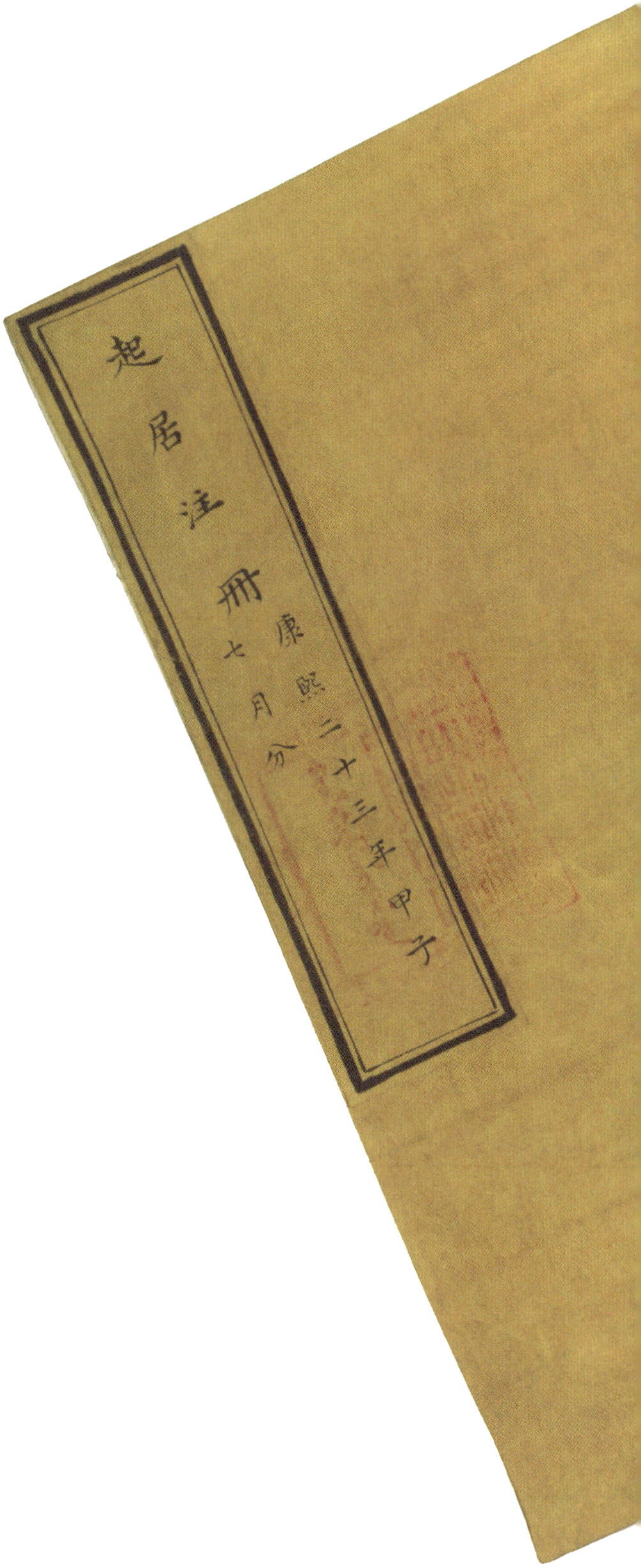

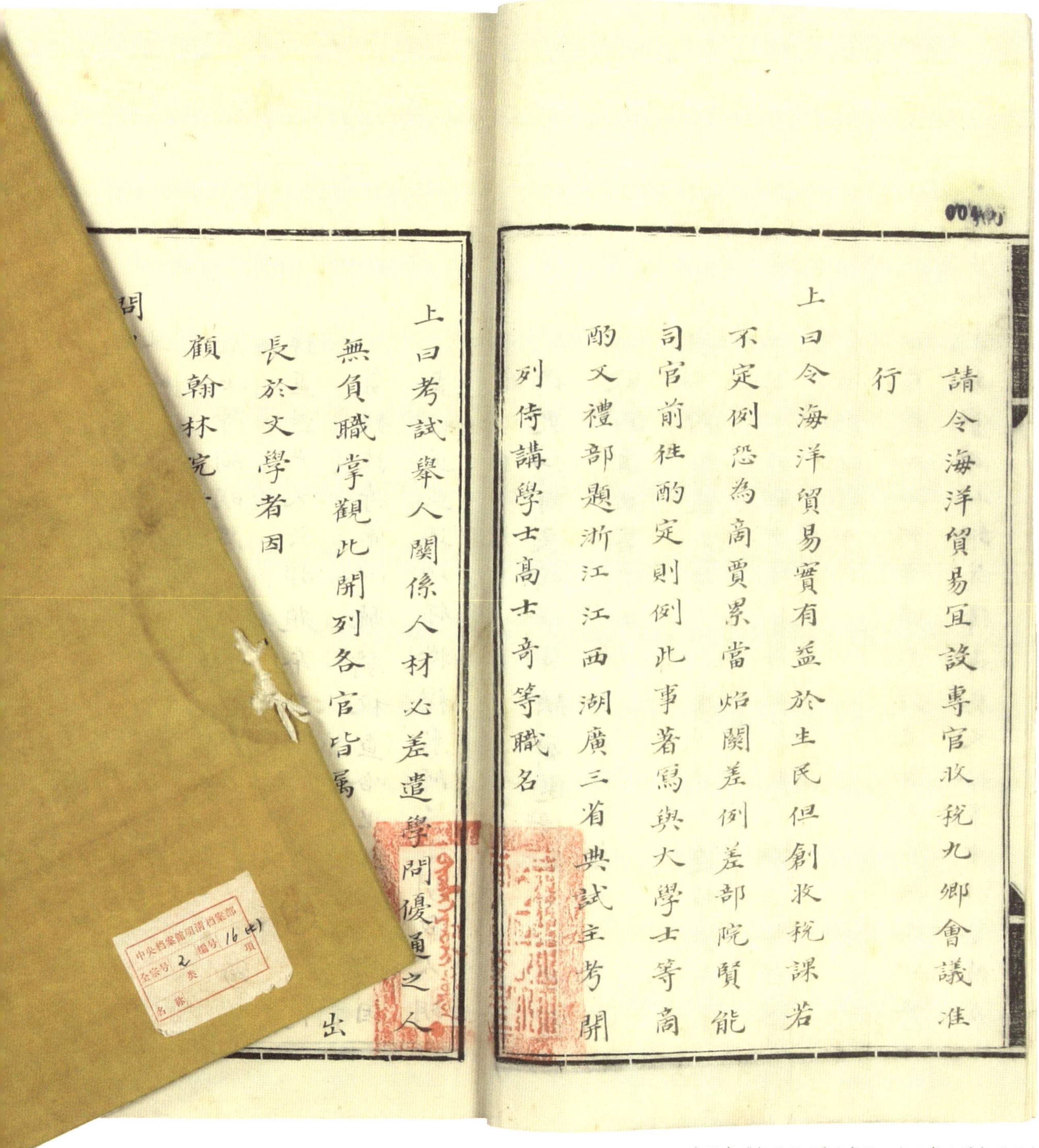
請令海洋貿易宜設專官收稅九卿會議准
行
上曰令海洋貿易實有益於生民但創收稅課若
不定例恐為商賈累當炤關差例差部院賢能
司官前往酌定則例此事著寫與大學士等商
酌又禮部題浙江江西湖廣三省典試主考開
列侍講學士高士奇等職名

上曰考試舉人關係人材必差遣學問優通之人
無負職掌觀此開列各官皆屬
長於文學者因
顧翰林院
問

康熙帝《起居注册》（康熙二十三年六月初五日）

康熙帝朱谕：

着详察多罗上书违制及三教士来华事

康熙四十九年（1710）

从16世纪开始的中西交流，传教士在其间扮演了重要的角色。他们来华的目的固然在于传教，但在文化、政治、经贸交往中的作用也不容小觑。利玛窦去世以后即已开始的基督教内部的“礼仪之争”，在百年之间，愈演愈烈，至康熙四十四年（1705）之后，达于顶峰。不仅在华的各派传教士都参与进来，罗马教宗、欧洲的天主教国王和康熙帝也被卷入其中。权力的介入，使得一个宗教问题成为政治角力的战场。这份文献中的多罗（Carlo Tommaso Maillard de Tournon）是教宗特使，本来受到康熙帝的礼遇，后因执意发布禁止中国教民祭祖、敬孔等行为的教谕，激怒了康熙帝，被软禁于澳门。多罗在澳门病重期间，被教宗册封为枢机主教。他呈上康熙帝的奏折使用了印有五爪龙边的信纸，而受到后者指责。朱谕中提到新来的三人，即德理格(Theodoricus Pedrini 1671—1746）、马国贤（Matteo Ripa 1671—1746）、山遥瞻（Fabre Bonjour 1692—1745），都是在后来的中西文化交流中做出过贡献的著名传教士。

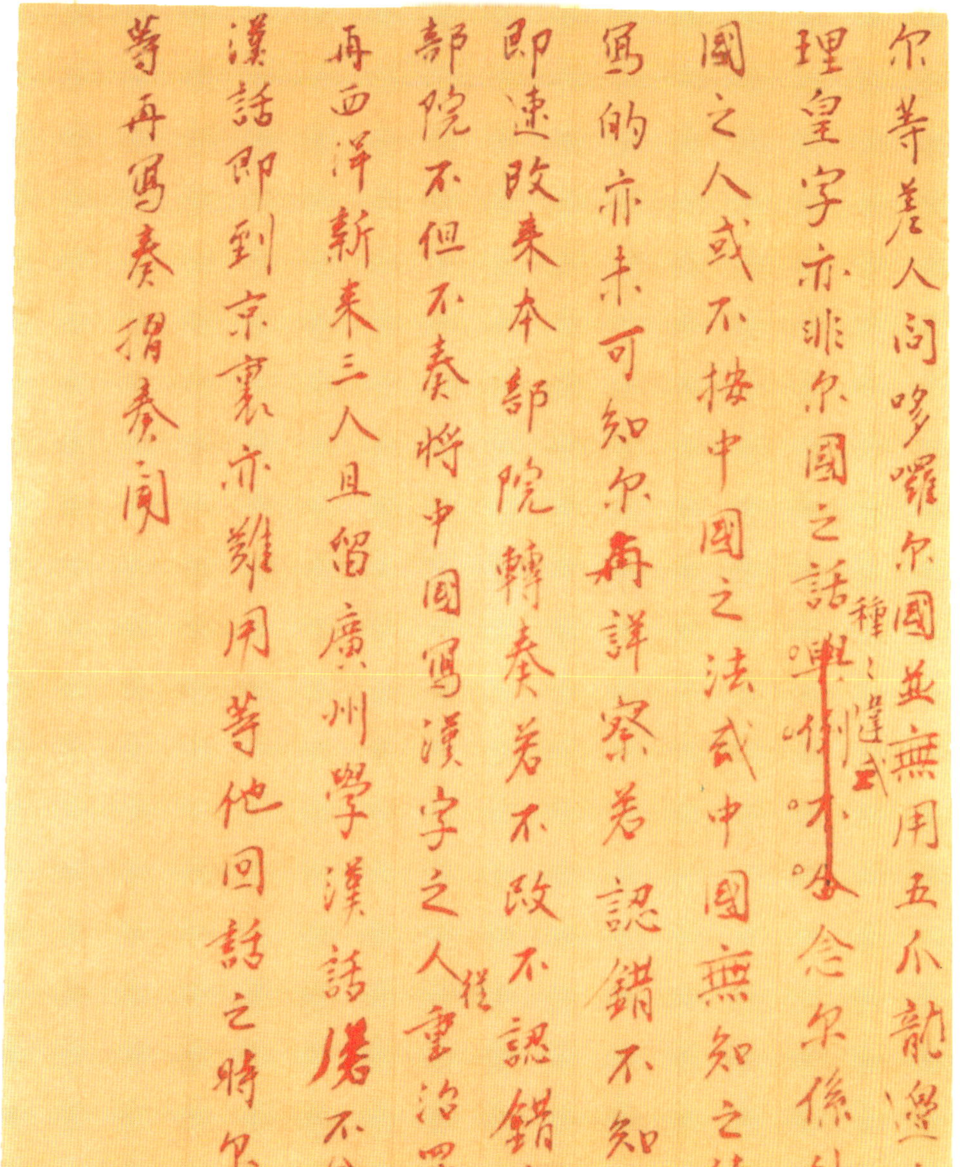

爾等差人問多羅爾國並無用五爪龍邊之
理皇字亦非爾國之話種種艱澀不念爾係外
國之人或不按中國之法或中國無知之徒
寫的亦未可知爾再詳察若認錯不知
即速改來本部院轉奏若不改不認錯本
部院不但不奏將中國寫漢字之人從重治罪
再西洋新來三人且留廣州學漢話若不會
漢話即到京裏亦難用等他回話之時爾
等再寫奏摺奏聞

康熙帝朱谕（康熙四十九年）

广东巡抚杨琳奏折：

为郎世宁等传教士来华及洋船贸易事

康熙五十四年八月十六日（1715 年 9 月 13 日）

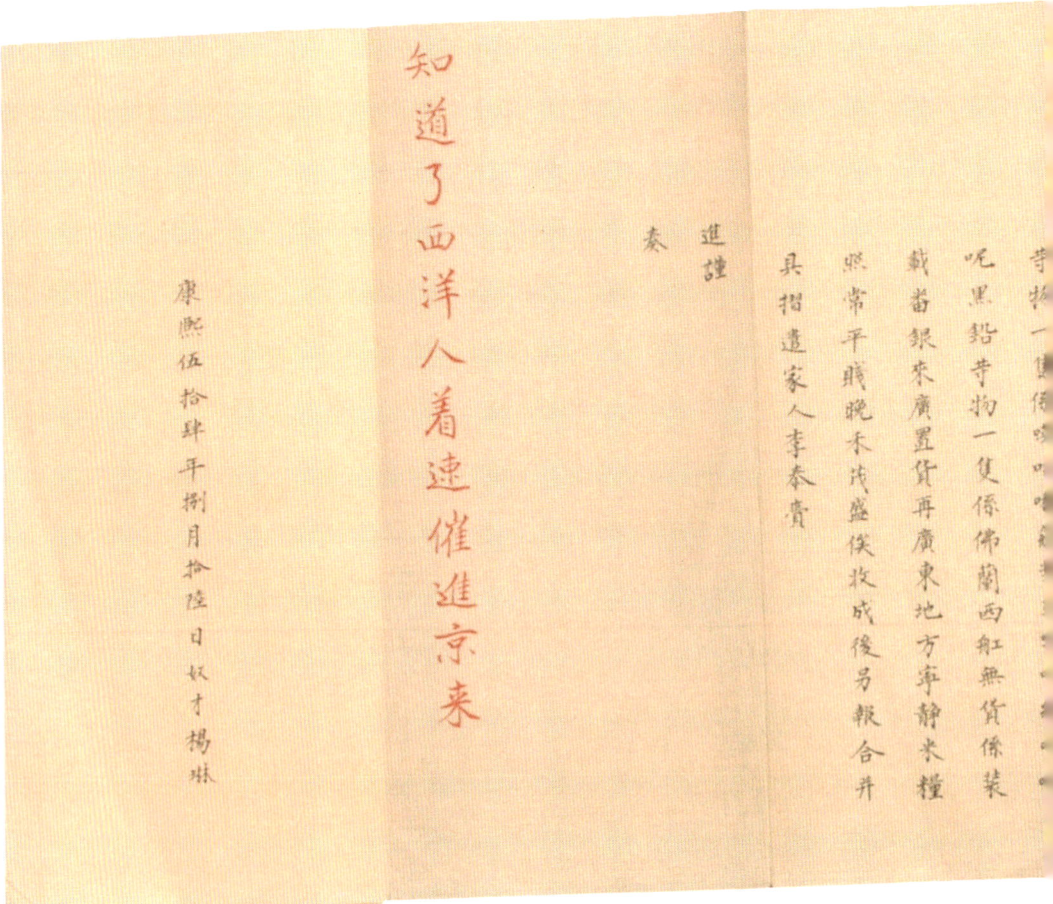
呢黑鉛等物一隻係佛蘭西舡無貨係裝
載番銀來廣置貨再廣東地方寧靜米糧
照常平賤晚禾茂盛俟收成後另報合并
具摺遣家人李奉賫
進謹
奏
知道了西洋人着速催進京来
康熙伍拾肆年捌月拾陸日奴才楊琳

这份朱批奏折包含两方面的内容。一是意大利传教士郎世宁（Joseph Castiglione，初名郎宁石）来华，作为一位杰出的西洋画家，此后的50多年，历经康、雍、乾三朝，他都在北京宫中服务，受到清帝的赏识，在中西文化、宗教交流上贡献良多。二是有关康熙晚期的中西贸易状况。此时，虽然沿海地区已有多处港口向洋船开放，但是广州仍然是最繁荣的贸易口岸。每年夏季，都有欧洲国家，包括英国、法国、葡萄牙的商船前来黄埔贸易。当时进入中国的货物主要是药材、香料、鱼翅、紫檀、铅、毛织品等，当然还有大量的白银。

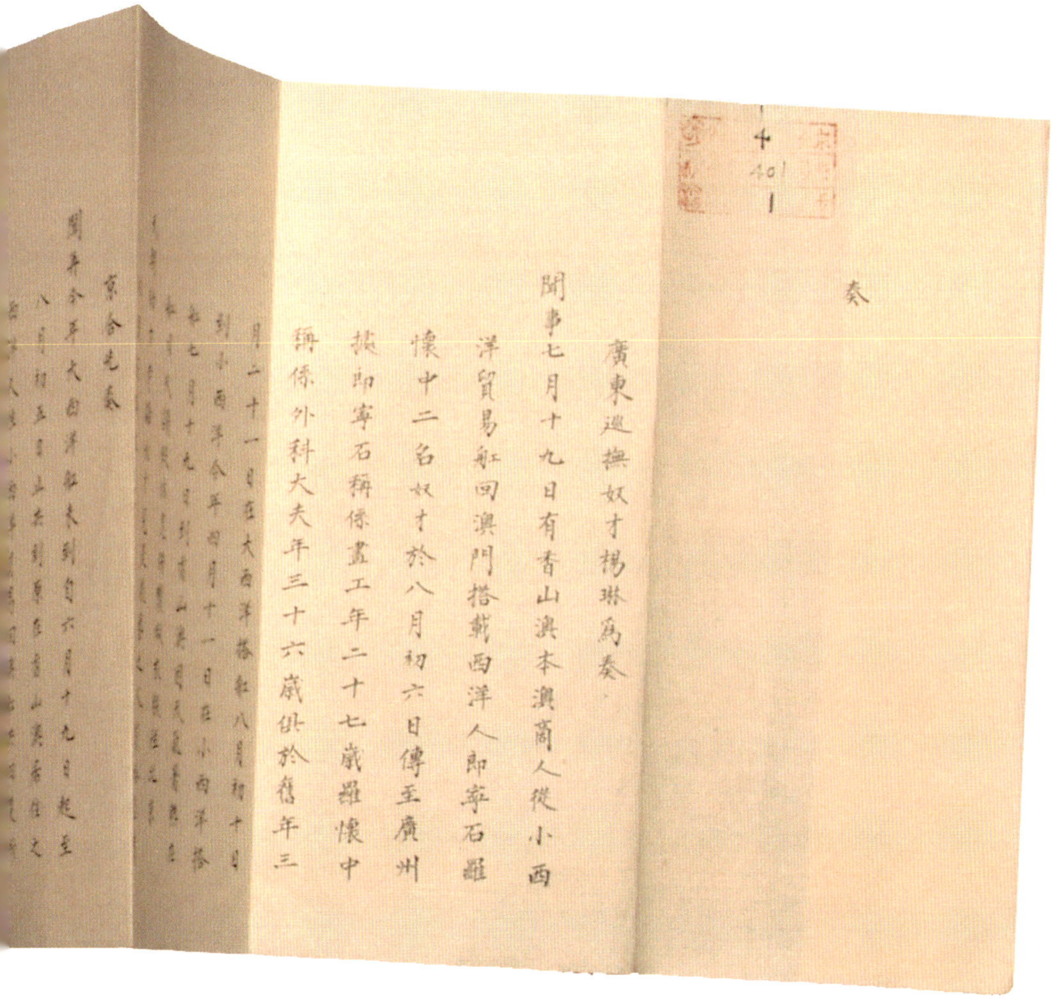
奏
廣東巡撫奴才楊琳爲奏
聞事七月十九日有香山澳本澳商人從小西
洋貿易船回澳門搭載西洋人郎寧石羅
懷中二名奴才於八月初六日傳至廣州
據郎寧石稱係畫工年二十七歲羅懷中
稱係外科大夫年三十六歲俱於舊年三
月二十一日在大西洋搭船八月初十日
到小西洋今年四月十一日在小西洋搭

广东巡抚杨琳奏折（康熙五十四年八月十六日）

广东巡抚杨琳奏折：
为洋船到粤带有洋货并西洋人严嘉乐戴进贤等事

康熙五十五年八月初十日（1716年9月25日）

广东巡抚杨琳奏折：
为洋船到粤带有西洋人进京效力事

康熙五十五年九月初十日（1716年10月24日）

广东巡抚杨琳奏折：
为洋船到粤带有西洋珐琅料等事

康熙五十五年九月二十八日（1716年11月11日）

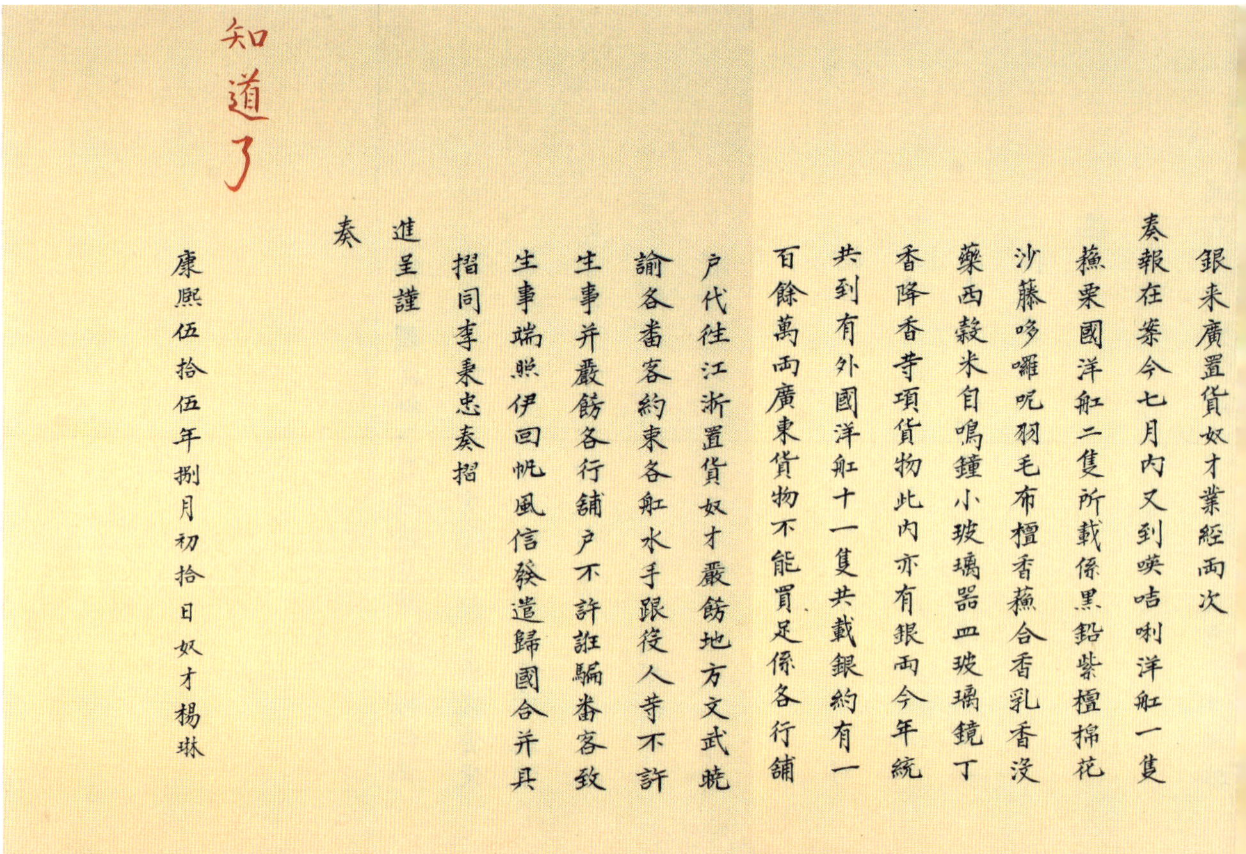
銀来廣置貨奴才業經兩次
奏報在案今七月内又到暎咭唎洋船一隻
撫栗國洋船二隻所載係黑鉛紫檀棉花
沙藤哆囉呢羽毛布檀香蘇合香乳香沒
藥西穀米自鳴鐘小玻璃器皿玻璃鏡丁
香降香等項貨物此内亦有銀兩今年統
共到有外國洋船十一隻共載銀約有一
百餘萬兩廣東貨物不能買足係各行舖
戶代往江浙置貨奴才嚴飭地方文武曉
諭各番客約束各船水手跟役人等不許
生事并嚴飭各行舖戶不許誆騙番客致
生事端照伊回帆風信發遣歸國合并具
摺同李秉忠奏摺
進呈謹
奏
康熙伍拾伍年捌月初拾日奴才楊琳
知道了

康熙后期，由于法国传教士的居间联络，中国与法国建立了良好的关系。康熙三十七年（1698），第一艘法国商船昂菲特里特号首航广州。中法两个东西方大国的商贸交往及文化交流从此络绎不绝。这几件奏折记载，康熙五十五年有外国商船11艘抵达广州，其中法国商船便有6艘，可见，中法贸易在当时广州的对外贸易中占有很大比重。三份奏折中还提到三位传教士来华，分别是德国的戴进贤（Ignace Kogler，1680-1746）、波西米亚（今捷克共和国）的严嘉乐（Charles Slaviczek，1678-1735）、法国的倪天爵（Jean-Baptiste Gravereau，1690-?）。戴神父精通天文历算，在钦天监供职近30年；严神父妙解音律，常以六弦琴供奉帝侧；倪修士擅绘画、雕塑，均为有技艺之人，因而为清帝所招徕。

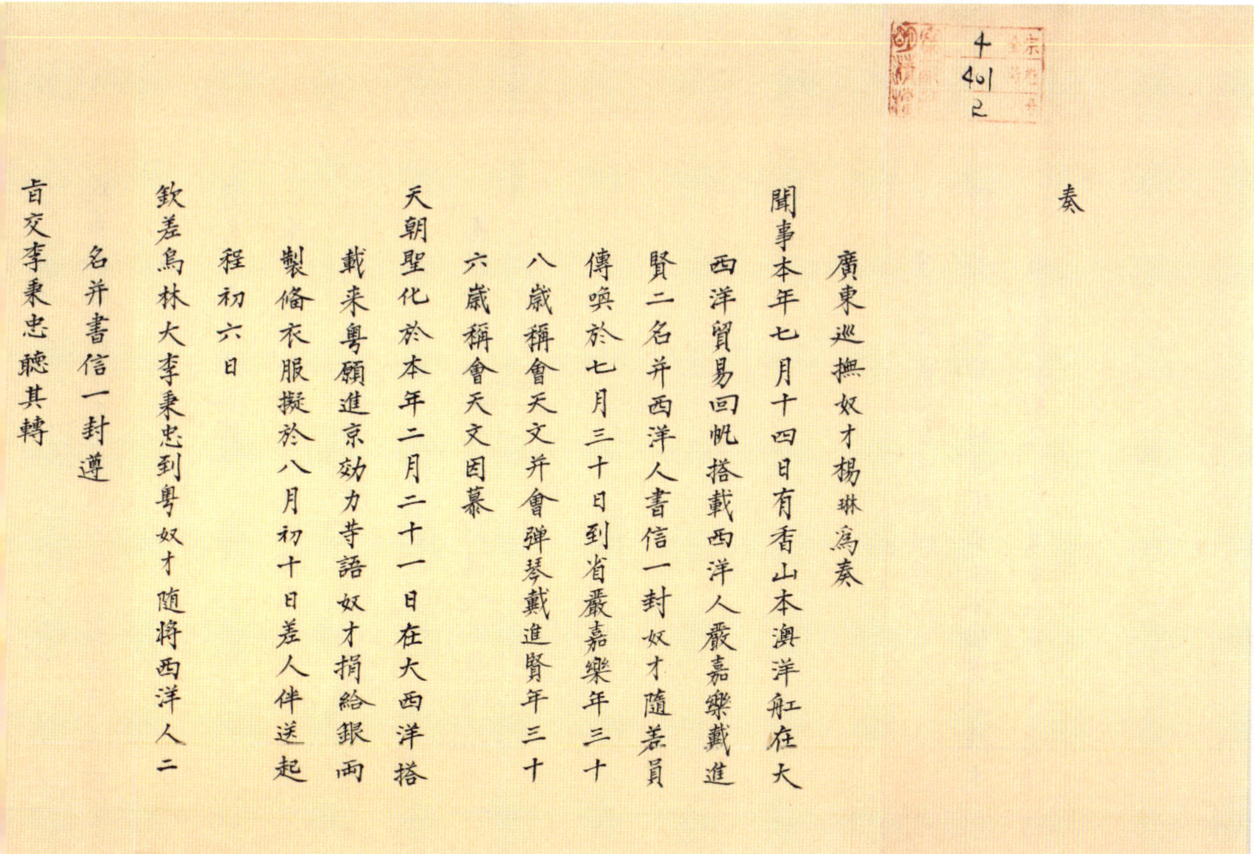

奏

廣東巡撫奴才楊琳為奏
聞事本年七月十四日有香山本澳洋舡在大
西洋貿易回帆搭載西洋人嚴嘉樂戴進
賢二名并西洋人書信一封奴才隨差員
傳喚於七月三十日到省嚴嘉樂年三十
八歲稱會天文并會彈琴戴進賢年三十
六歲稱會天文因慕
天朝聖化於本年二月二十一日在大西洋搭
載來粵願進京効力等語奴才捐給銀兩
製備衣服擬於八月初十日差人伴送起
程初六日
欽差烏林大李秉忠到粵奴才隨將西洋人二
名并書信一封遵
旨交李秉忠聽其轉

广东巡抚杨琳奏折（康熙五十五年八月初十日）

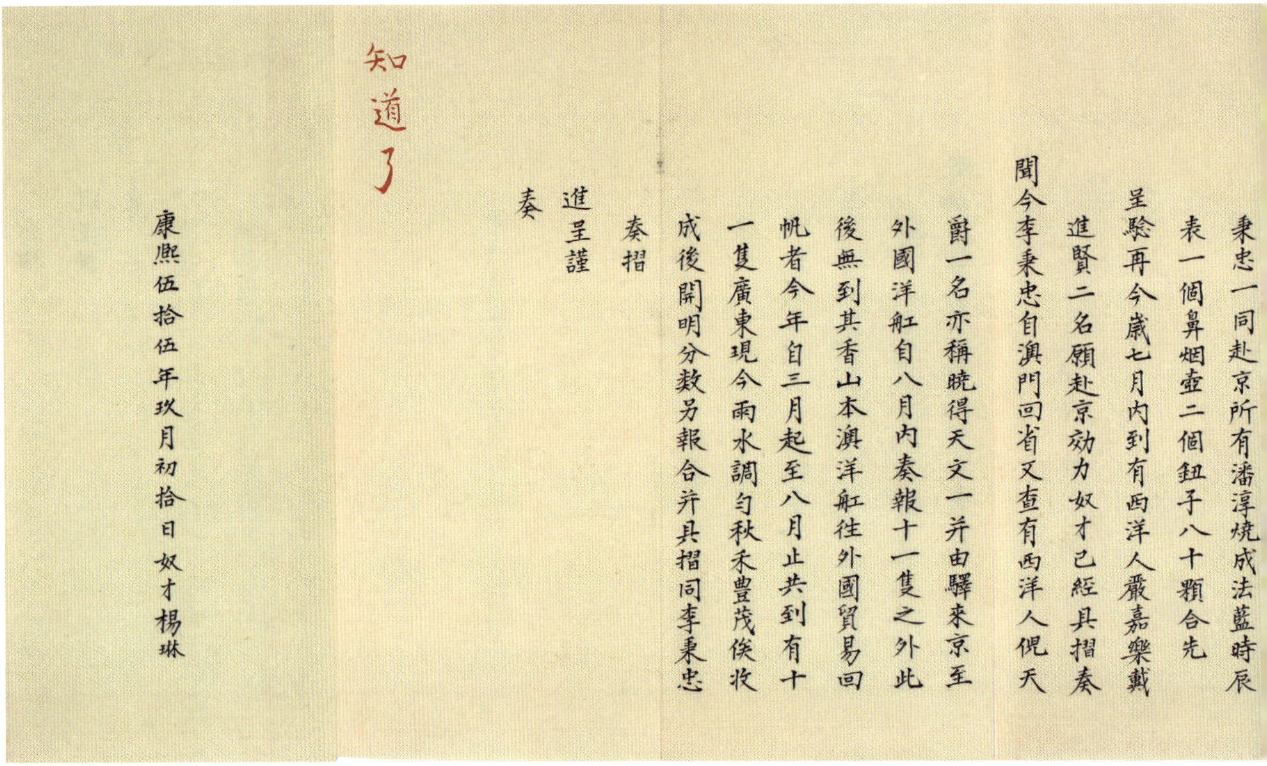
秉忠一同赴京所有潘淳燒成法藍時辰
表一個鼻烟壺二個鈕子八十顆合先
呈驗再今歲七月内到有西洋人嚴嘉樂戴
進賢二名願赴京効力奴才已經具摺奏
聞今李秉忠自澳門回省又查有西洋人倪天
爵一名亦稱曉得天文一并由驛來京至
外國洋舡自八月内奏報十一隻之外此
後無到其香山本澳洋舡往外國貿易回
帆者今年自三月起至八月止共到有十
一隻廣東現今雨水調匀秋禾豊茂俟收
成後開明分數另報合并具摺同李秉忠
奏摺
進呈謹
奏
知道了
康熙伍拾伍年玖月初拾日奴才楊琳

广东巡抚杨琳奏折（康熙五十五年九月初十日）

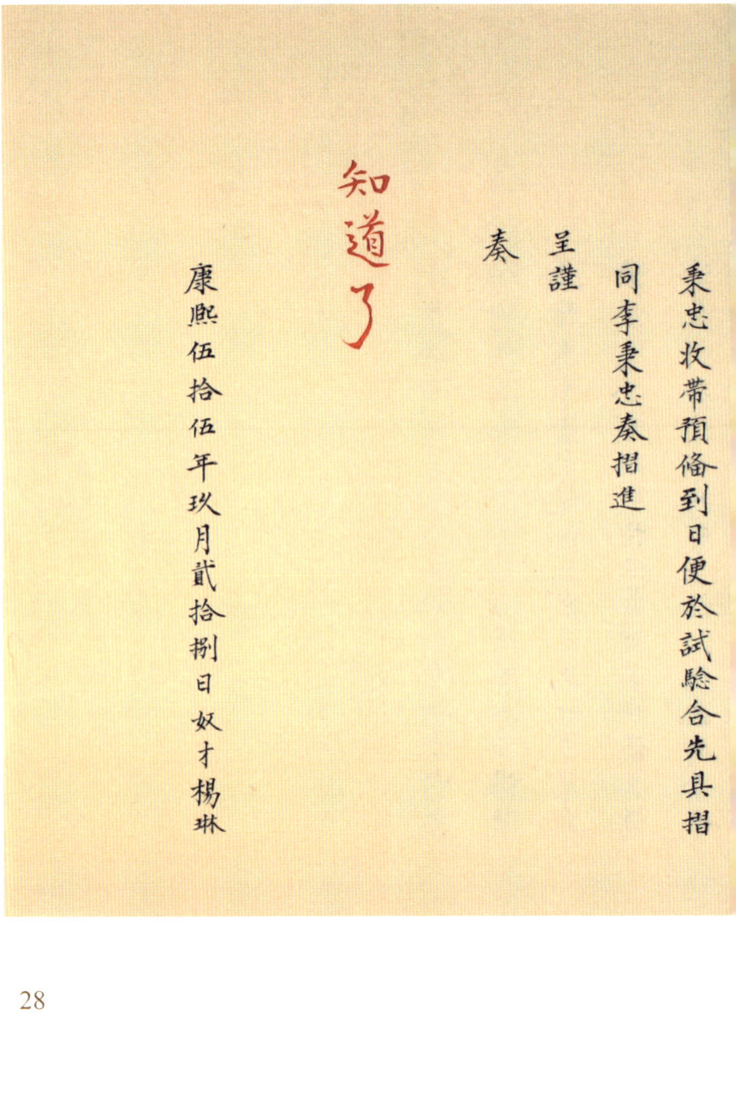
秉忠收帶預備到日便於試驗合先具摺
同李秉忠奏摺進
呈謹
奏
知道了
康熙伍拾伍年玖月貳拾捌日奴才楊琳

广东巡抚杨琳奏折（康熙五十五年九月二十八日）

奏

廣東巡撫奴才楊琳爲
呈驗事奴才訪得廣城能燒法藍人一名潘
淳原籍福建住家廣東試驗所製物件頗
好奴才令其製造法藍金鈕欲連人進呈
內廷効力值烏林大李秉忠奉

4
401
3

奏

廣東巡撫奴才楊琳爲奏
聞事西洋人嚴嘉樂戴進賢倪天爵三名俱會
天文廣東人潘淳能燒法藍物件奴才業
經具摺
奏明今又查有能燒法藍楊士章一名驗其
技藝較之潘淳次等亦可相帮潘淳製造
奴才并捐給安家盤費於九月二十六日
西洋人三名法藍匠二名徒弟二名俱隨
烏林大李秉忠起程赴京訖再奴才覓有
法藍表金剛石戒指法藍銅畫片儀器洋
法藍料并潘淳所製法桃紅顏色的金子

两广总督杨琳奏折：

为出使罗马教廷四教士消息事

康熙五十七年六月二十八日（1718 年 7 月 25 日）

两广总督杨琳等奏折：

为教宗遣使复命事

康熙五十九年七月二十四日（1720 年 8 月 27 日）

康熙与罗马使节关系文书

康熙四十四年及五十九年（1705—1720）

西洋新法历书

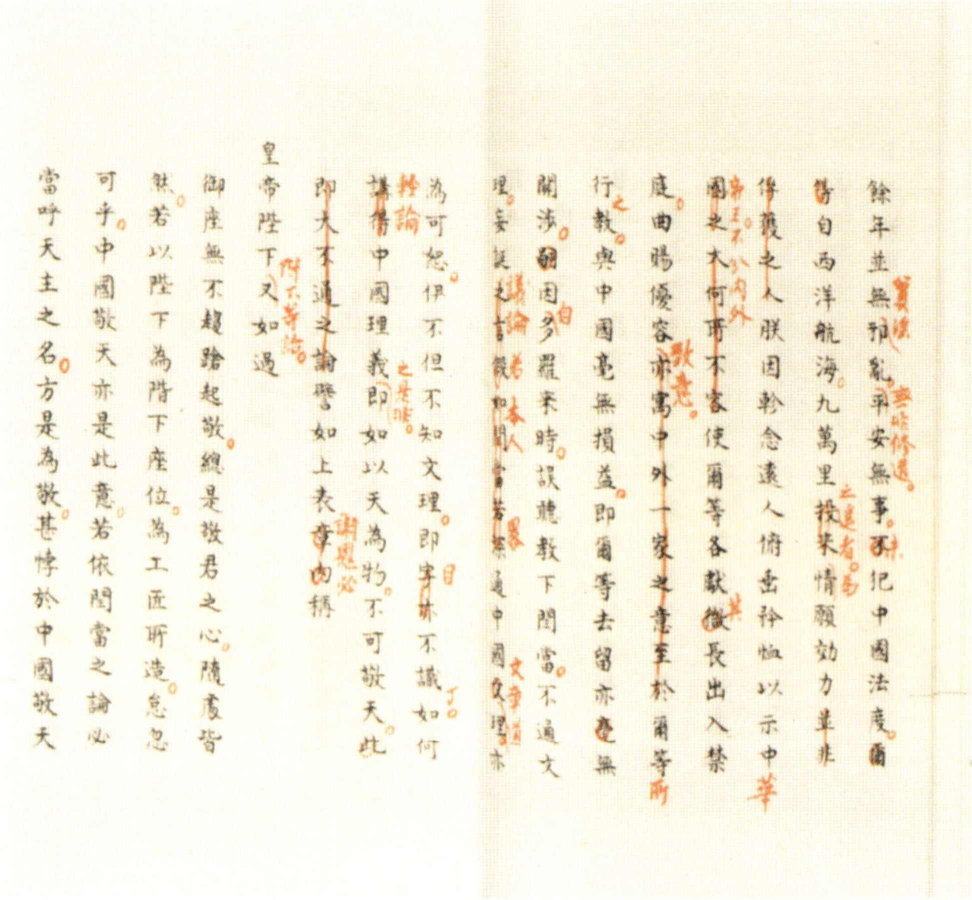

餘年並無犯亂平安無事不犯中國法度爾等自西洋航海九萬里投來情願効力並非作亂之人朕因軫念遠人俯垂矜恤以示中華國之大何所不容使爾等各數微長出入禁庭曲賜優容亦寓中外一家之意至於爾等行教與中國毫無損益即爾等去留亦無關涉因多羅來時誤聽教下閻當不通文理妄誕之言假如爾人當若禁止中國文理亦為可恕伊不但不知文理即字亦不識如何議論中國理義即如以天為物不可敬天此即大不通之論譬如上表章內稱
皇帝陛下又如過
御座無不起踏起敬總是敬君之心隨處皆然若以陛下為階下座位為工匠所造怠忽可乎中國敬天亦是此意若依閻當之論必當呼天主之名方是為敬甚悖於中國敬天

康熙与罗马使节关系文书（康熙四十四年及五十九年）

西洋新法历书（故宫博物院藏）

明清之际中外文化交流逐渐频繁起来，传教士在其间扮演了重要的角色。但天主教入华以来，应如何对待中国礼仪，一直存在论争。由于罗马教廷反对中国教民尊孔、祭祖习俗，干涉中国内政，康熙帝为维护传统道德，屡次致书罗马教廷，并于康熙四十六年（1707），派艾若瑟作为清廷特使西行，面见教皇，转达康熙帝的立场，抗议教皇对中国内政的粗暴干涉。康熙五十九年，教皇派遣费理伯、何济格二位教士来华，携带教皇复函进呈康熙帝。中西“礼仪之争”的结果是清廷最终实行禁教，令在华西洋人领取内务府颁发的印票，并保证尊重中国风俗，在华定居，永不西归，否则一律驱逐。“康熙与罗马使节关系文书”，为康熙四十四年及五十九年罗马教宗格勒门两次派使节来华之汉文文书，其中有很多康熙帝朱笔删改的记录，如康熙帝对教皇特使多罗的朱谕，经康熙帝删改过的传教士闵明我奏折及传教士德理格、马国贤致教皇的书稿等，反映出康熙帝对西方天主教及传教士由宽容到禁止的态度转变。

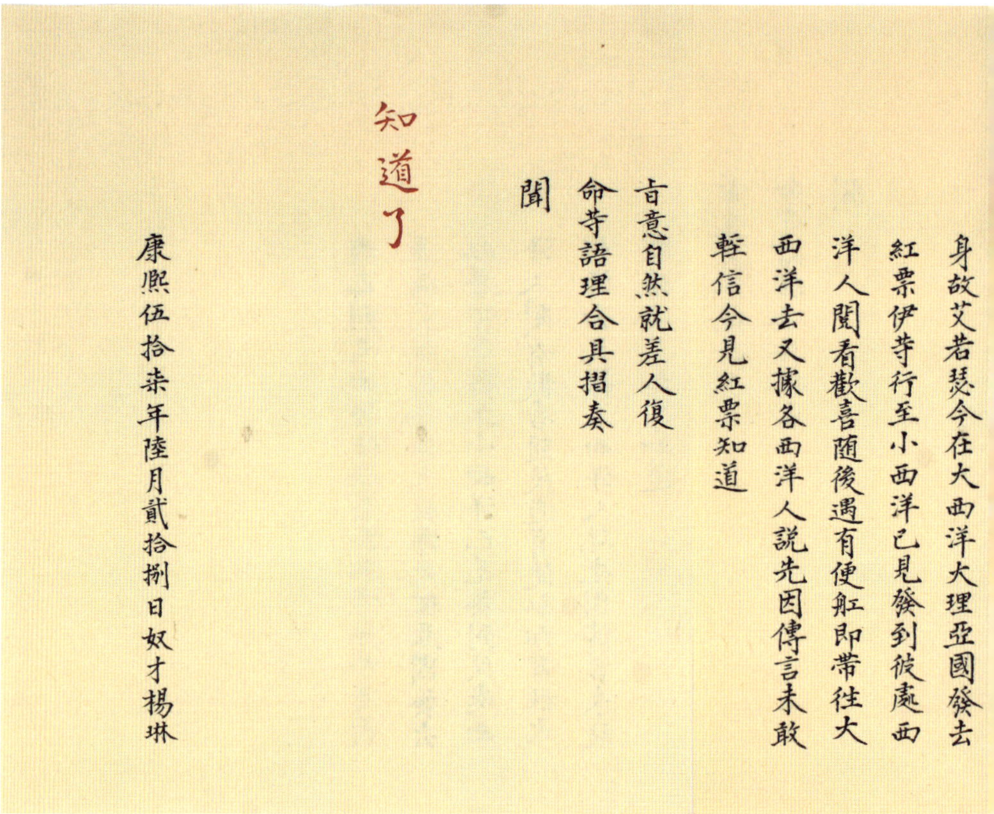
身故艾若瑟今在大西洋大理亞國發去
紅票伊等行至小西洋已見發到彼處西
洋人閲看歡喜隨後遇有便舡即帶往大
西洋去又據各西洋人説先因傳言未敢
輕信今見紅票知道
旨意自然就差人復
命等語理合具摺奏
聞
知道了
康熙伍拾柒年陸月貳拾捌日奴才楊琳

两广总督杨琳奏折
（康熙五十七年六月二十八日）

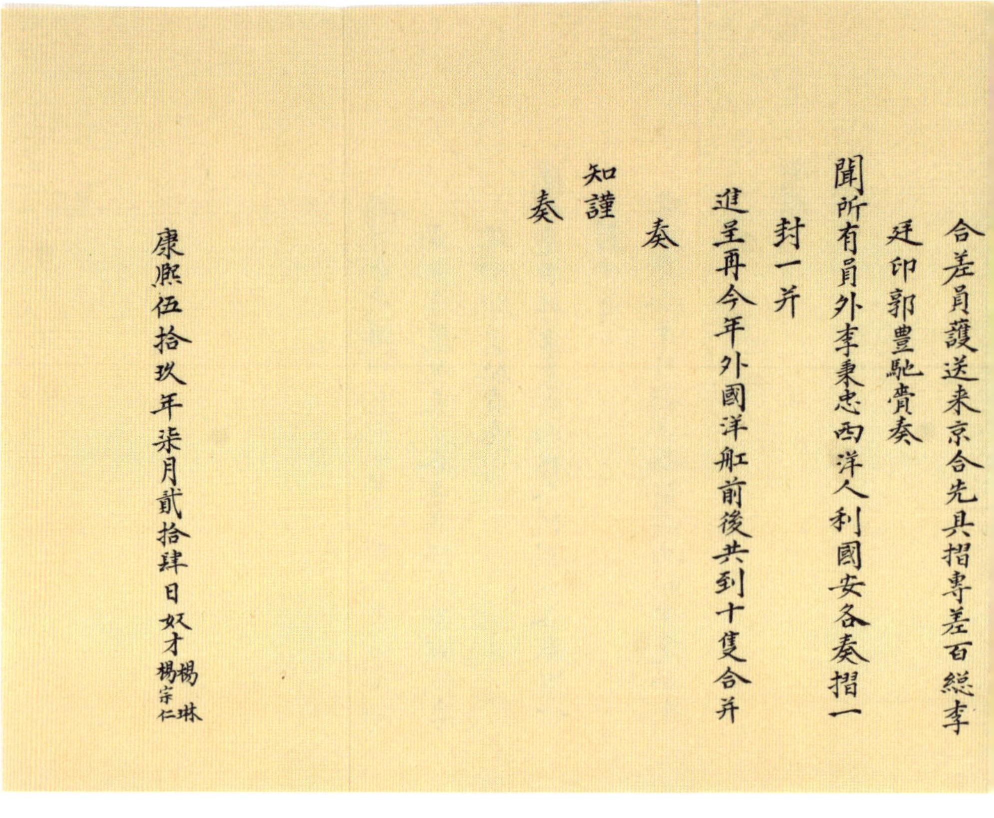
合差員護送來京合先具摺專差百總李
廷印郭豐馳賫奏
聞所有員外李秉忠西洋人利國安各奏摺一
封一并
進呈再今年外國洋舡前後共到十隻合并
奏
知謹
奏
康熙伍拾玖年柒月貳拾肆日奴才楊琳 楊宗仁

两广总督杨琳等奏折
（康熙五十九年七月二十四日）

全宗号 4
卷号 373
号 2

奏

兩廣總督奴才楊琳爲奏
聞到粵洋船事本年五月內到有大西洋船二
隻一隻是載葡萄酒烏木海菜等粗貨一
隻是新兵頭來澳換班並無貨物亦無技
藝之人六月內又到暎咭黎洋船一隻裝
載哆囉嗶吱洋布番錢等物又香山本澳
夷人回棹洋船四隻所載是胡椒小茴香
檳榔鹿筋海菜等項再五十五年十月內
奴才接武英殿監修書官伊都立等奉
旨發來紅字票着用巡撫関防發與各洋船上
船頭體面人帶與西洋教化王去奴才先
聞在粵西洋人據稱四十五年差往西洋
去之龍安國薄賢士二人於四十六年十
二月內將到大西洋遭風壞船淹斃查已
經前撫臣范時崇奏
聞在案今詢據現到之西洋船上人所言無異
又查問四十七年差往西洋去之艾若瑟

全宗号 4
卷号 373
号 5

奏

兩廣總督奴才楊琳
廣東巡撫奴才楊宗仁爲奏
聞事本年七月二十二日到暎咭唎洋船一隻
內搭載西洋人二名稱係教化王差來復
命賫有教化王進
上表文奴才等隨即公同傳詢據二人說一名
賫理伯一名何濟各教化王感戴
萬歲爺恩典先差我等賫表來復
命隨後差大臣一員選帶能精天文技藝的人
同來我等自上年正月起身從馬上赶到
日児瑪爾呢亞國搭船水陸行了十九個
月方到廣東等語奴才等恐其不能馳驛
行走令將教化王表文取來先差人賫
進據賫理伯等說教化王着我等親賫表文
進呈
萬歲爺陛下以表恭敬之誠我等在洋船上日
久歇息數天就可馳驛前去等語奴才等
隨驗表文係金線所縫又用金鎖封固遠

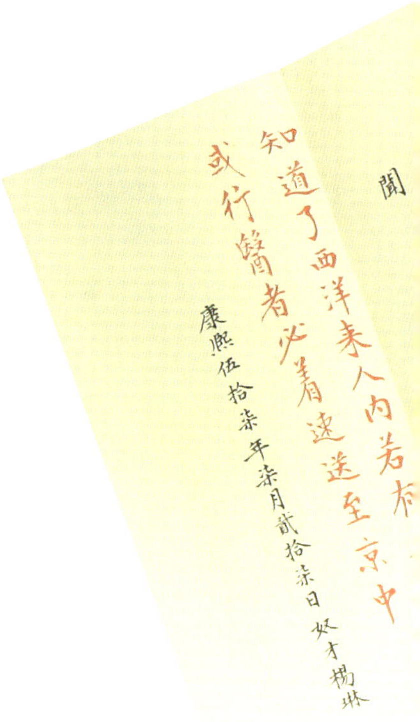

两广总督杨琳奏折：

为英法商船到粤及教宗使节来华事

康熙五十七年七月二十七日（1718 年 8 月 23 日）

两广总督杨琳等奏折：

为法兰西商船到广州内有外科医生及珐琅匠师事

康熙五十八年六月初二日（1719 年 7 月 18 日）

两广总督杨琳等奏折：

为法兰西外科医生及珐琅艺人起程赴京事

康熙五十八年六月十八日（1719 年 8 月 3 日）

中国与法国之间直接的贸易往来始于康熙三十七年（1698）。此后，不时有法国商船来华。这份档案中涉及康熙晚期前来广东的一艘法国商船，此船搭载的货物以燕窝、胡椒、绒毡为主，表明当时中西贸易的一个特点：欧洲商船出售给中国的货物多是来自海外殖民地的产品。值得注意的是，康熙帝十分看重西方技艺，对于懂得医术、烧制珐琅的欧洲传教士着力延揽。此外，该文献还包含了一个重要信息，即康熙帝派往罗马教廷的特使艾若瑟即将返华复命。

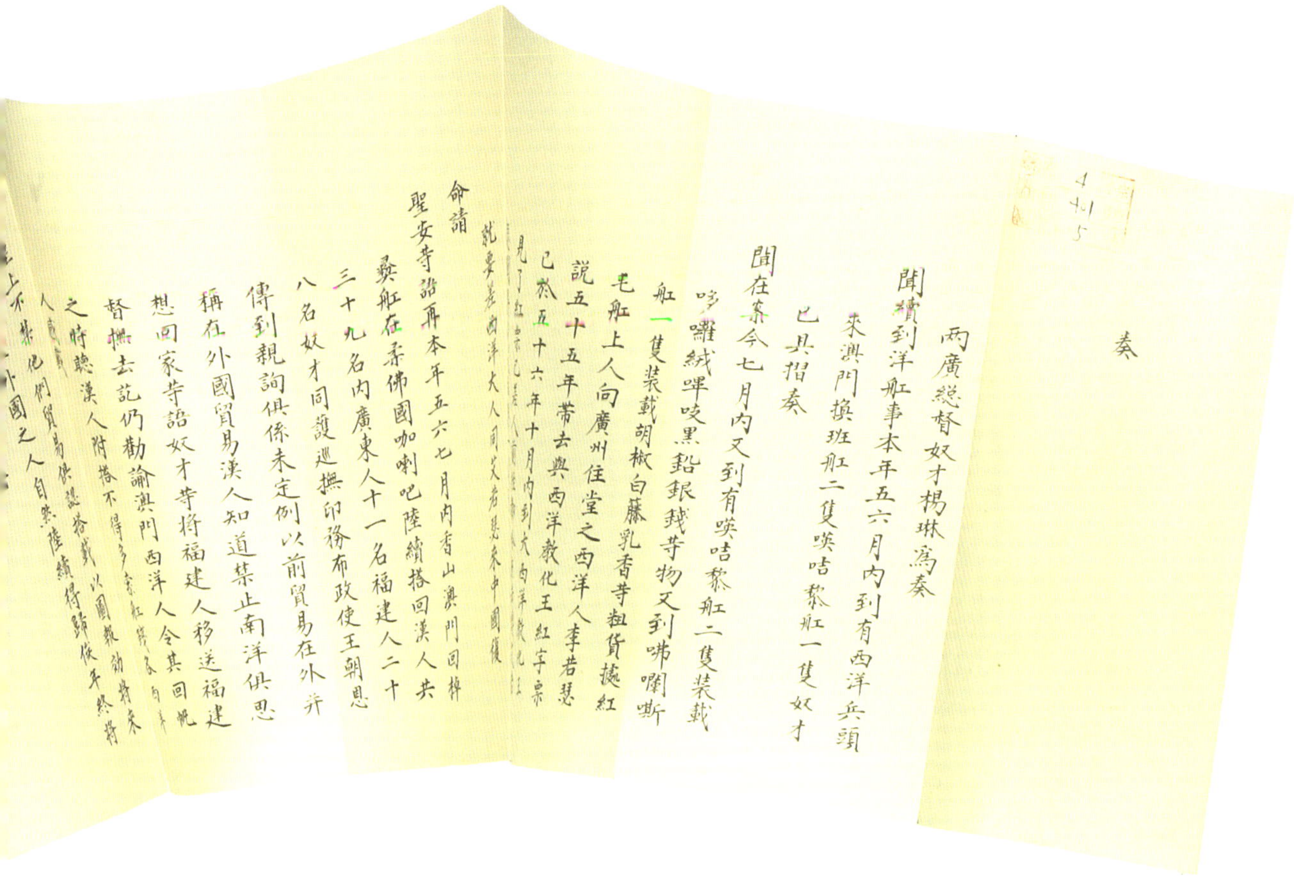

奏

兩廣總督奴才楊琳爲奏
聞續到洋船事本年五六月內到有西洋兵頭
來澳門換班船二隻暎咭黎船一隻奴才
已具摺奏
聞在案今七月內又到有暎咭黎船二隻裝載
哆囉絨嗶吱黑鉛銀錢等物又到咈囒哂
船一隻裝載胡椒白藤乳香等粗貨據紅
毛船上人向廣州住堂之西洋人李若瑟
說五十五年帶去與西洋教化王紅字票
已於五十六年十月內到大西洋教化王
見了紅字票
就要差西洋大人同艾若瑟來中國復
命請
聖安等語再本年五六七月內香山澳門回棹
夷船在柔佛國咖喇吧陸續搭回漢人共
三十九名內廣東人十一名福建人二十
八名奴才同護巡撫印務布政使王朝恩
傳到親詢俱係未定例以前貿易在外并
稱在外國貿易漢人知道禁止南洋俱思
想回家等語奴才等將福建人移送福建
督撫去訖仍勸諭澳門西洋人令其回帆
之時聽漢人附搭不得多索船價各自來
人商賈他們貿易俱說蒙戴以圖報効將來
皇上不禁外國之人自然陸續得歸依年終將

两广总督杨琳奏折（康熙五十七年七月二十七日）

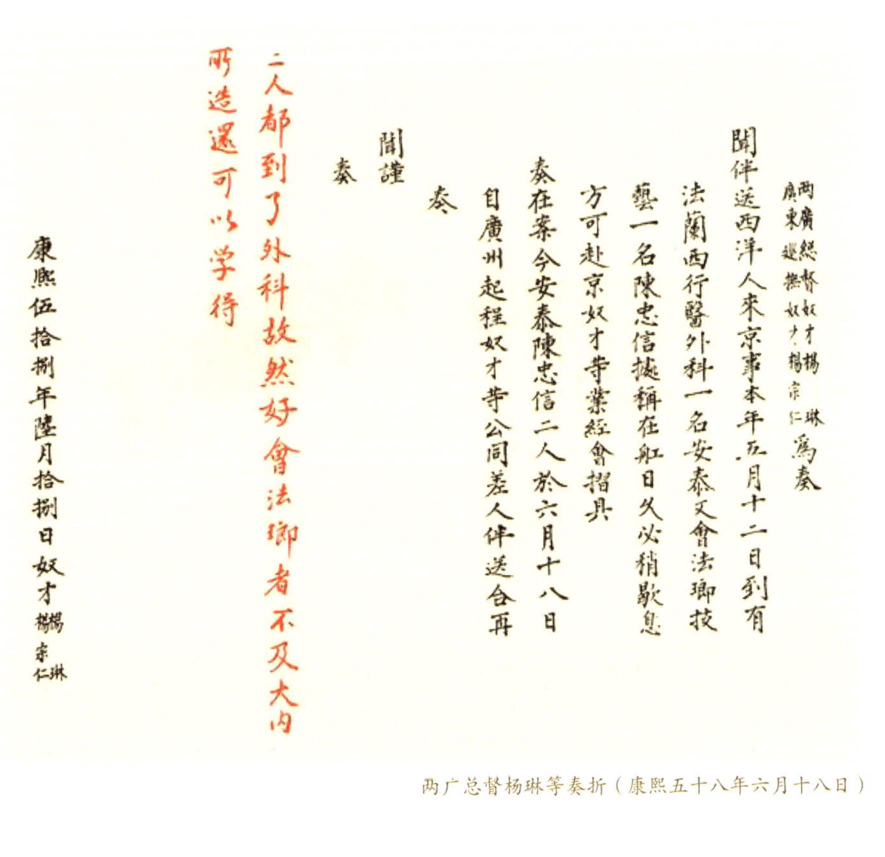

兩廣總督奴才楊琳
廣東巡撫奴才楊宗仁爲奏
聞伴送西洋人來京事本年五月十二日到有
法蘭西行醫外科一名安泰又會法瑯技
藝一名陳忠信據稱在船日久必稍歇息
方可赴京奴才等業經會摺具
奏在案今安泰陳忠信二人於六月十八日
自廣州起程奴才等公同差人伴送合再
奏
聞
謹
奏

二人都到了外科故然好會法瑯者不及大內
所造還可以学得

康熙伍拾捌年陸月拾捌日奴才楊琳 楊宗仁

两广总督杨琳等奏折（康熙五十八年六月十八日）

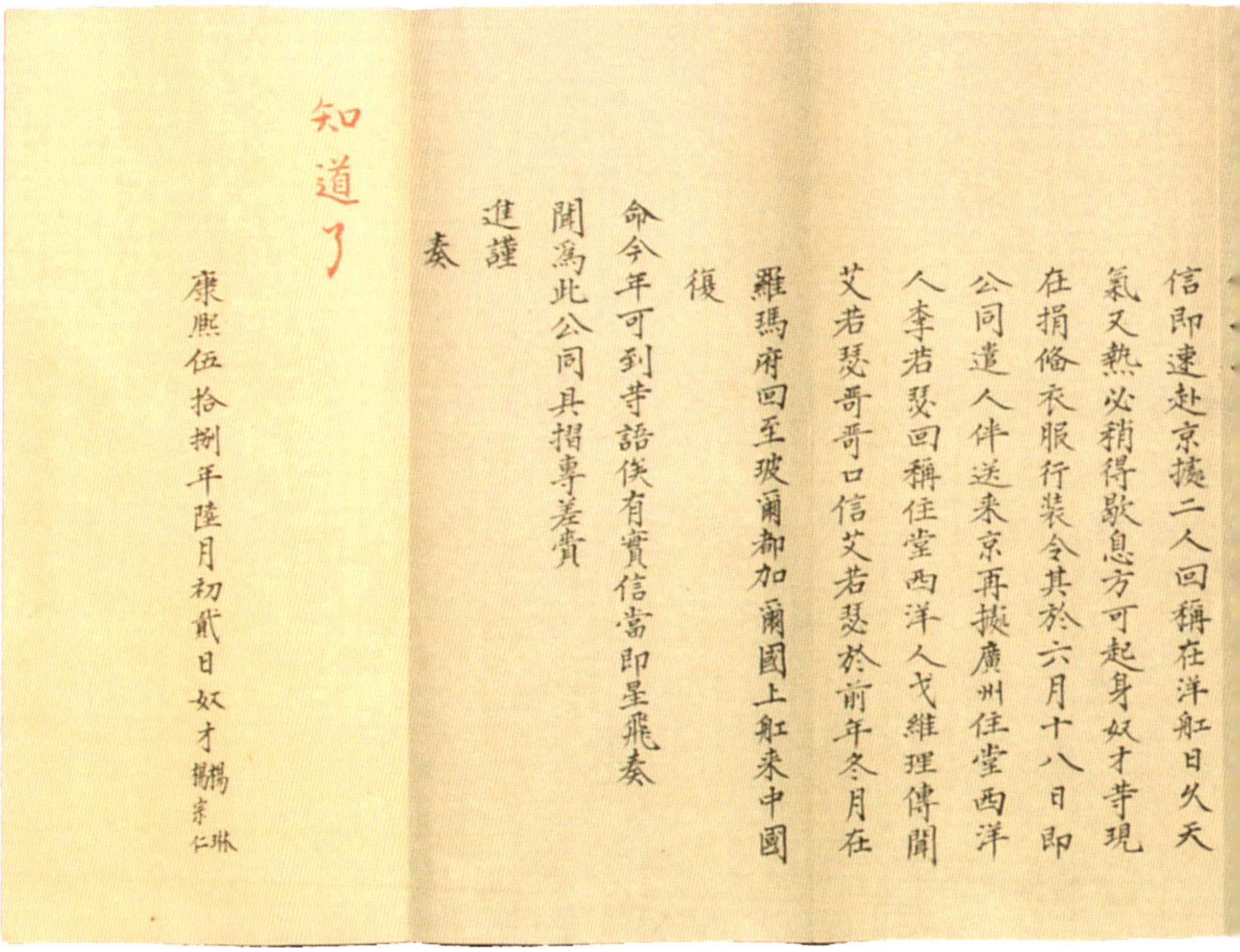

信即速赴京據二人回稱在洋船日久天
氣又熱必稍得歇息方可起身奴才等現
在捐備衣服行裝令其於六月十八日即
公同遣人伴送來京再據廣州住堂西洋
人李若瑟回稱住堂西洋人戈維理傳聞
艾若瑟哥哥口信艾若瑟於前年冬月在
羅瑪府回至玻爾都加爾國上船來中國
復
命今年可到等語俟有實信當即星飛奏
聞爲此公同具摺專差賫
進謹
奏

知道了

康熙伍拾捌年陸月初貳日奴才楊琳 宗仁

两广总督杨琳等奏折（康熙五十八年六月初二日）

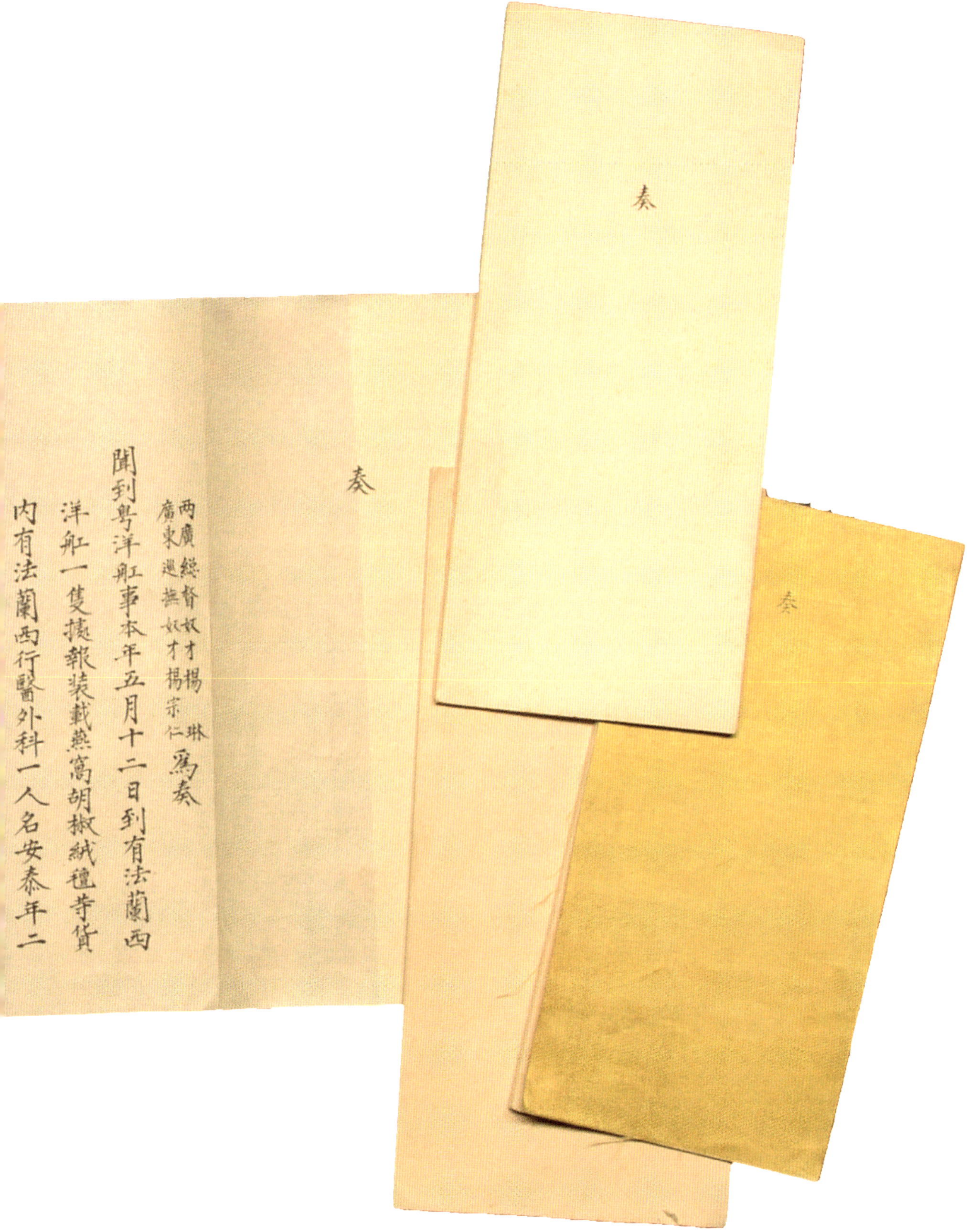
奏
奏
奏
兩廣總督奴才楊琳
廣東巡撫奴才楊宗仁為奏
聞到粵洋舡事本年五月十二日到有法蘭西
洋舡一隻據報裝載燕窩胡椒絨氊等貨
內有法蘭西行醫外科一人名安泰年二

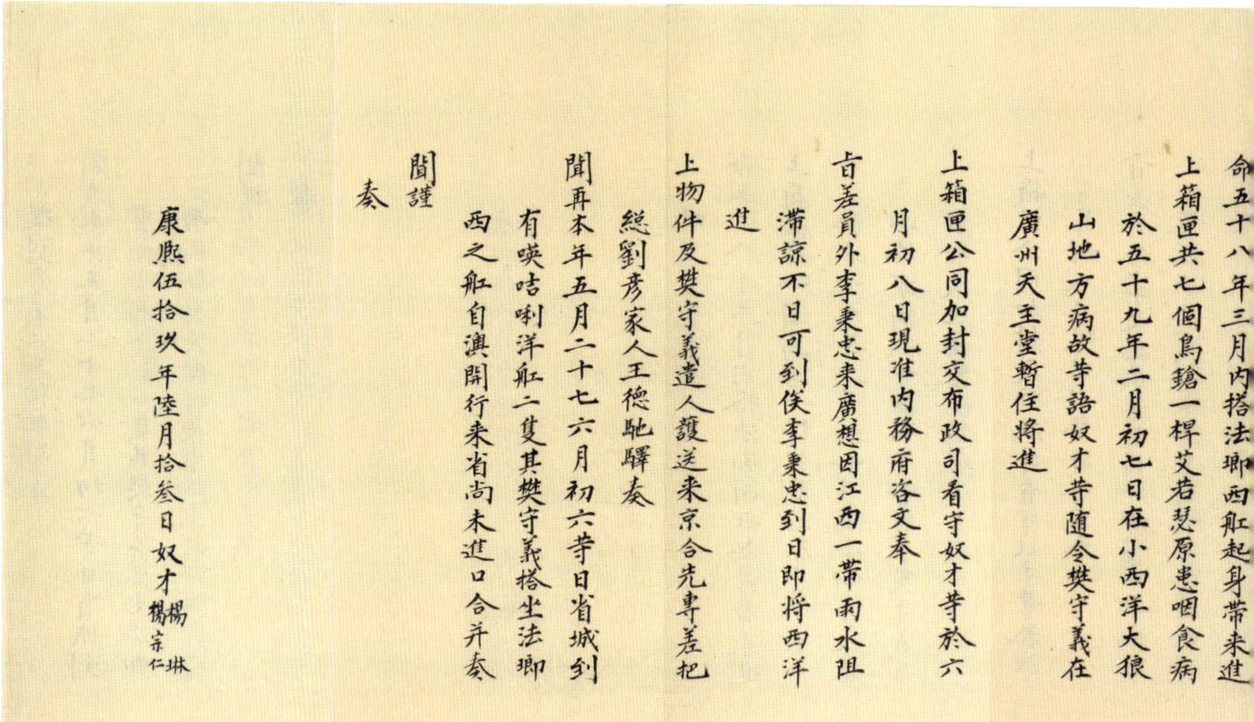
命五十八年三月内搭法瑯西舡起身帶来進
上箱匣共七個烏鎗一桿艾若瑟原患咽食病
於五十九年二月初七日在小西洋大狼
山地方病故等語奴才等随令樊守義在
廣州天主堂暫住将進
上箱匣公同加封交布政司看守奴才等於六
月初八日現准内務府咨文奉
旨差員外李秉忠来廣想因江西一帶雨水阻
滯諒不日可到俟李秉忠到日即将西洋
進
上物件及樊守義遣人護送来京合先専差把
総劉彦家人王德馳驛奏
聞再本年五月二十七六月初六等日省城到
有暎咭唎洋舡二隻其樊守義搭坐法瑯
西之舡自澳開行来省尚未進口合并奏
聞謹
奏
康熙伍拾玖年陸月拾叁日奴才楊琳 楊宗仁

两广总督杨琳等奏折（康熙五十九年六月十三日）

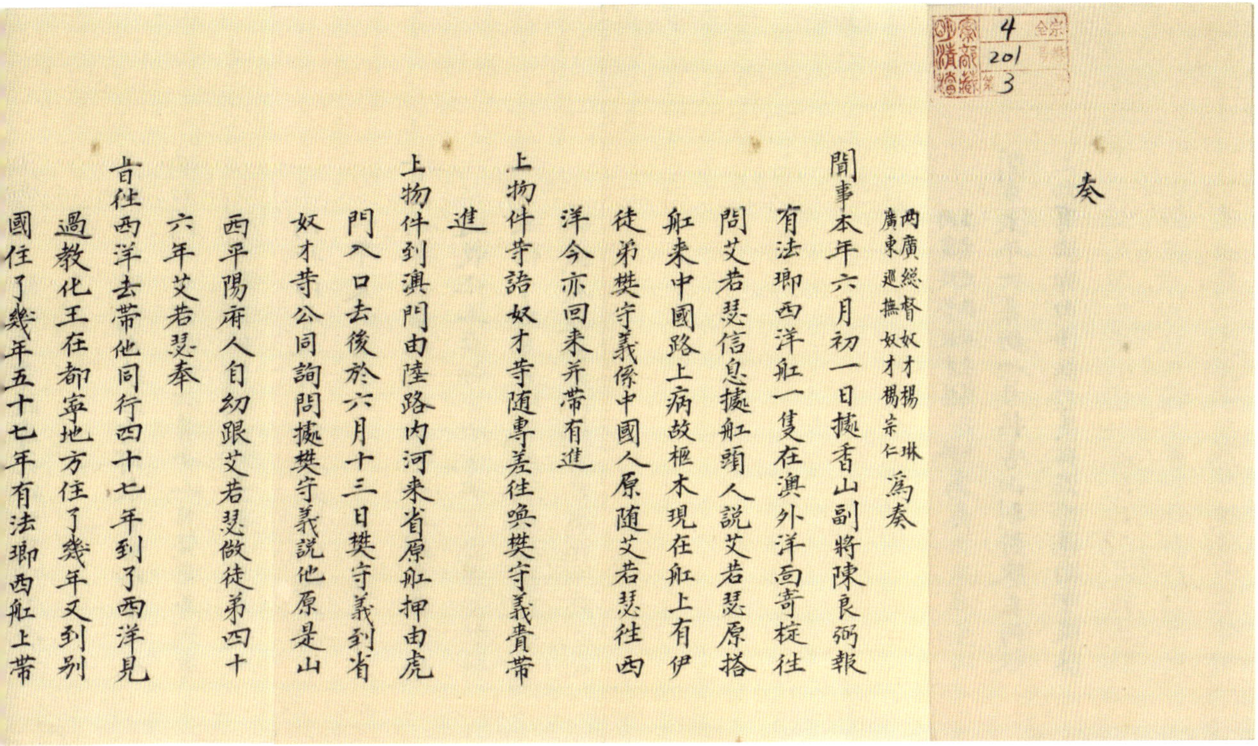
4 201 3

奏

兩廣總督奴才楊琳
廣東巡撫奴才楊宗仁爲奏
聞事本年六月初一日據香山副將陳良弼報
有法郎西洋舡一隻在澳外洋面寄椗往
問艾若瑟信息據舡頭人說艾若瑟原搭
舡來中國路上病故柩木現在舡上有伊
徒弟樊守義係中國人原随艾若瑟往西
洋今亦回来并帶有進
上物件等語奴才等随專差往喚樊守義賫帶
進
上物件到澳門由陸路内河来省原舡押由虎
門入口去後於六月十三日樊守義到省
奴才等公同詢問據樊守義說他原是山
西平陽府人自幼跟艾若瑟做徒弟四十
六年艾若瑟奉
旨往西洋去帶他同行四十七年到了西洋見
過教化王在都寧地方住了幾年又到別
國住了幾年五十七年有法郎西舡上帶

两广总督杨琳等奏折：

为中国教徒樊守义回国事

康熙五十九年六月十三日（1720 年 7 月 17 日）

因为“礼仪之争”的问题，康熙帝曾于四十六年（1707）派遣意大利耶稣会士艾若瑟作为特使出使罗马教廷。艾若瑟偕其弟子、山西平阳年轻教徒樊守义一同出洋。樊守义抵达罗马后，受到教宗接见，之后，游历葡萄牙、西班牙、意大利、法国、英国等欧洲诸国。五十九年，艾若瑟与樊守义回国复命，途中，艾氏于海船中病故。樊守义独自护送艾若瑟进献之七箱礼物及鸟枪，乘法国商船回粤，又前往北京，于热河避暑山庄受到召见。康熙帝详细询问樊守义在海外的所见所闻，并命其撰写游记。樊守义撰《身见录》进呈康熙帝。这是中国人最早的一篇欧美游记。

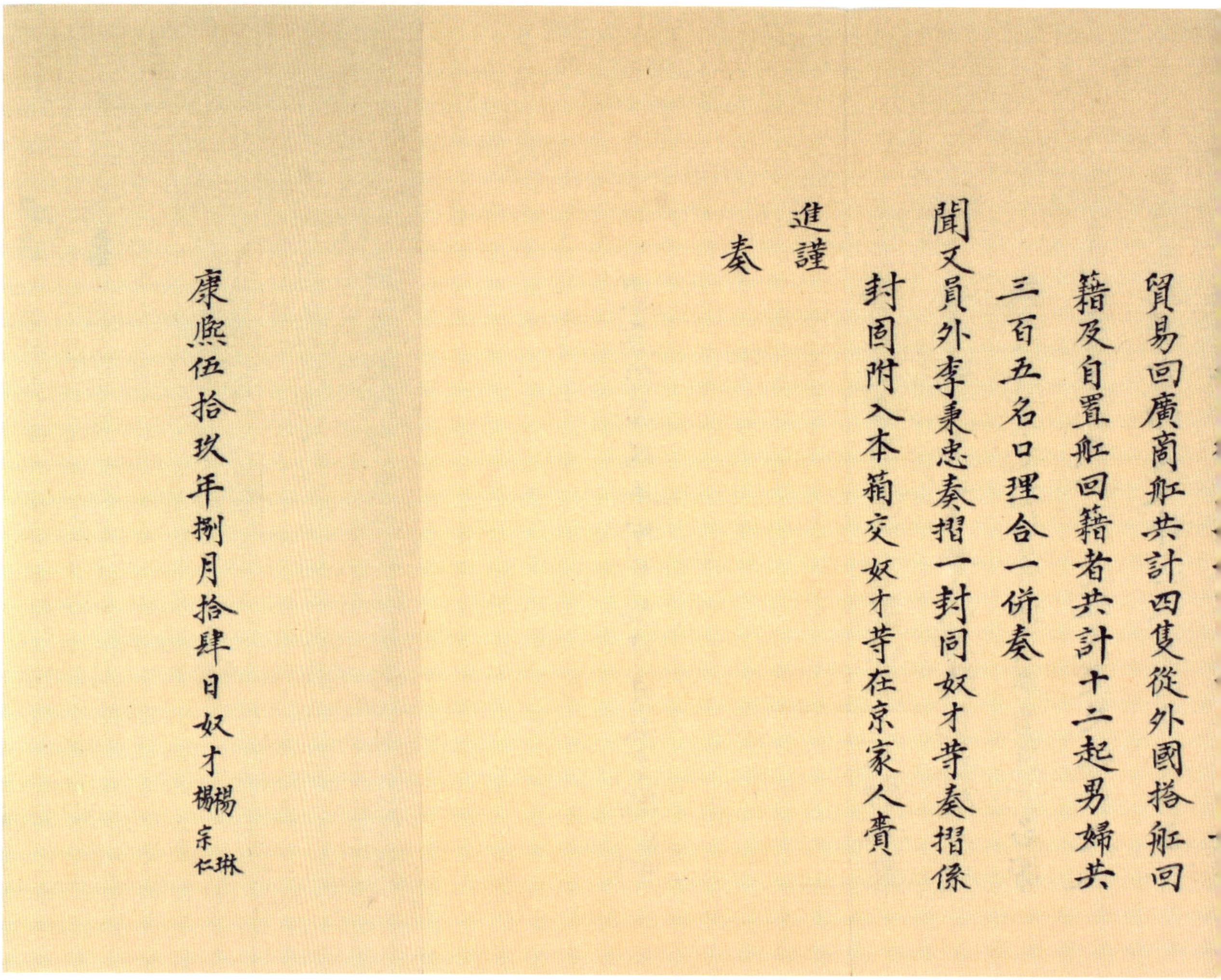

貿易回廣商舡共計四隻從外國搭舡回
籍及自置舡回籍者共計十二起男婦共
三百五名口理合一併奏
聞又員外李秉忠奏摺一封同奴才等奏摺係
封固附入本箱交奴才等在京家人賫
進謹
奏
康熙伍拾玖年捌月拾肆日奴才楊琳 楊宗仁

两广总督杨琳等奏折：

为洋船载西洋教皇所派传教士到港事

康熙五十九年八月十四日（1720 年 9 月 15 日）

两广总督杨琳等奏折：

为洋船到港并法国识天文人安顿在省城天主堂事

康熙六十一年六月二十五日（1722 年 8 月 6 日）

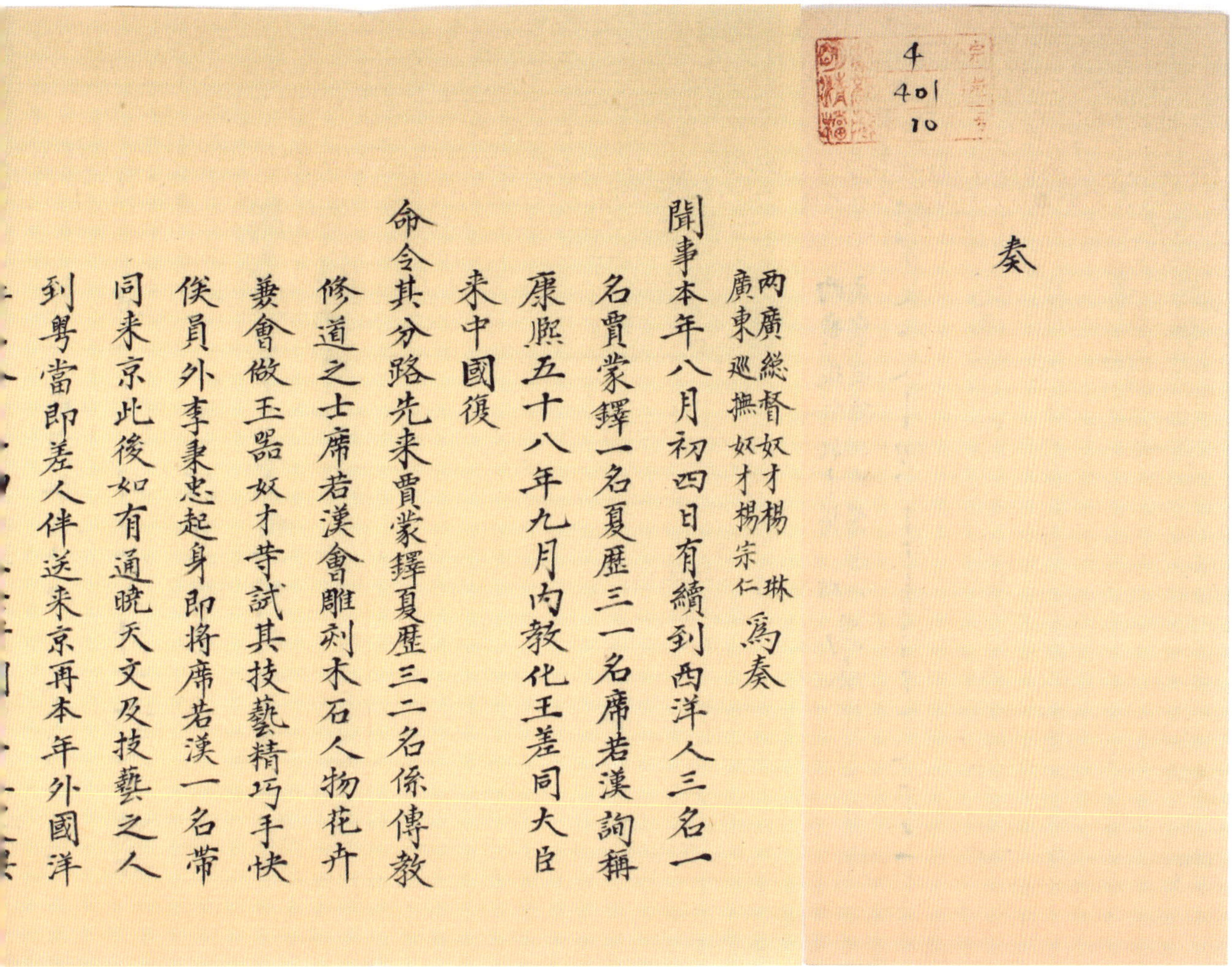

奏

兩廣總督奴才楊琳
廣東巡撫奴才楊宗仁　為奏
聞事本年八月初四日有續到西洋人三名一
名賈蒙鐸一名夏歷三一名席若漢詢稱
康熙五十八年九月內教化王差同大臣
来中國復
命令其分路先来賈蒙鐸夏歷三二名係傳教
修道之士席若漢會雕刻木石人物花卉
兼會做玉器奴才等試其技藝精巧手快
俟員外李秉忠起身即將席若漢一名帶
同来京此後如有通曉天文及技藝之人
到粵當即差人伴送来京再本年外國洋

两广总督杨琳等奏折（康熙五十九年八月十四日）

康熙帝酷爱西学，由于他的大力倡导以及东方文明的魅力，大批西洋学者以传教士的身份东来，据《中国天主教传教史》载，康熙三十九年（1700）在华天主教徒已达30万人。他们大多学有专长，有天文历数家、医生、画家、建筑师、手艺人等等，登陆广州港后，希望以自己的才华取得进入皇宫的通行证。中西文化交流进入空前繁荣的黄金时代。这些档案里分别提到西洋人席若汉因会雕刻木石、做玉器，遂准进京任用；法国杨保年、宋君荣二人因识天文，随船到广东，情愿进京效力。

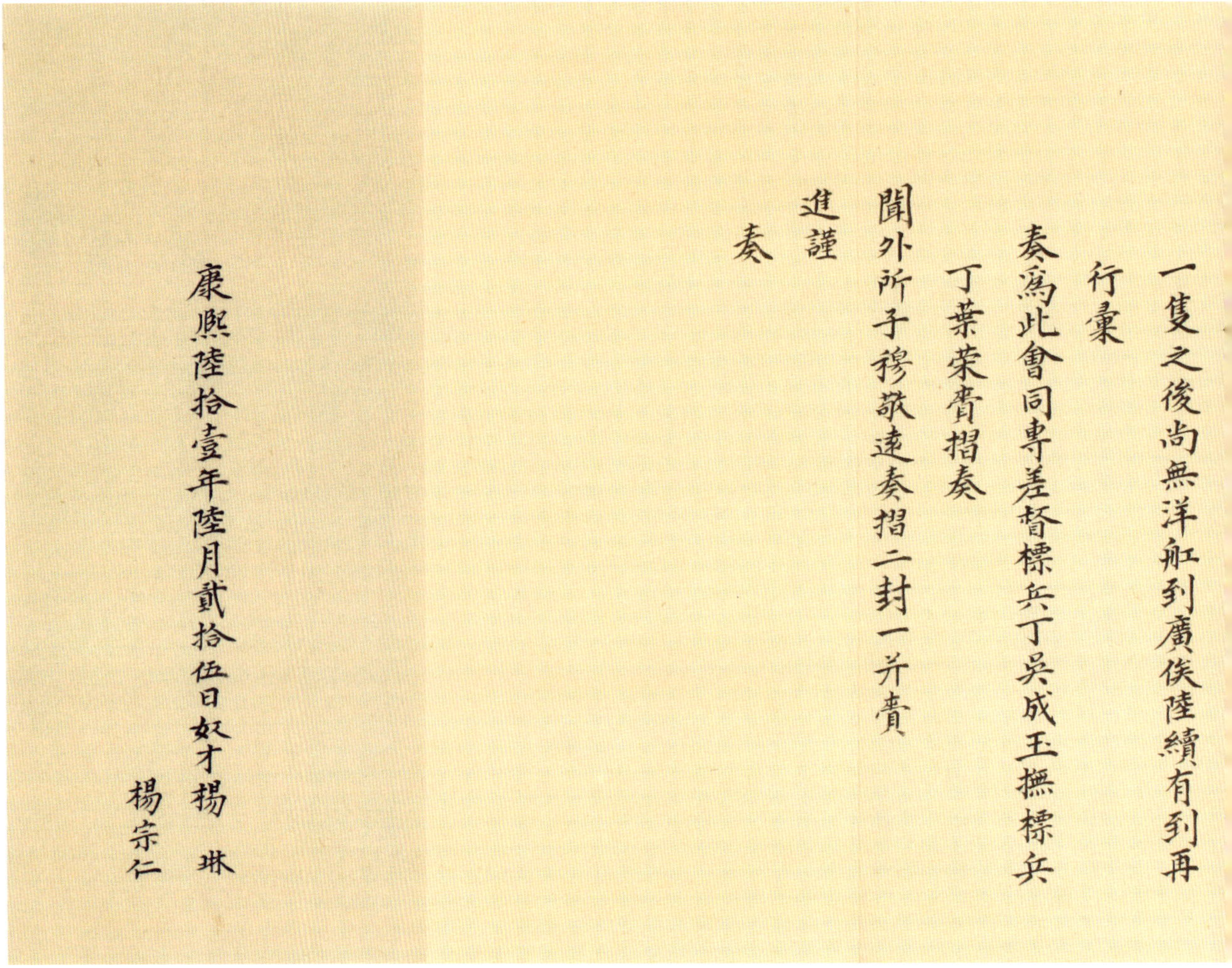
一隻之後尚無洋舡到廣俟陸續有到再
行稟
奏爲此會同專差督標兵丁吳成王撫標兵
丁葉榮賫摺奏
聞外所子穆敬遠奏摺二封一并賫
進謹
奏
康熙陸拾壹年陸月貳拾伍日奴才楊 琳
楊宗仁

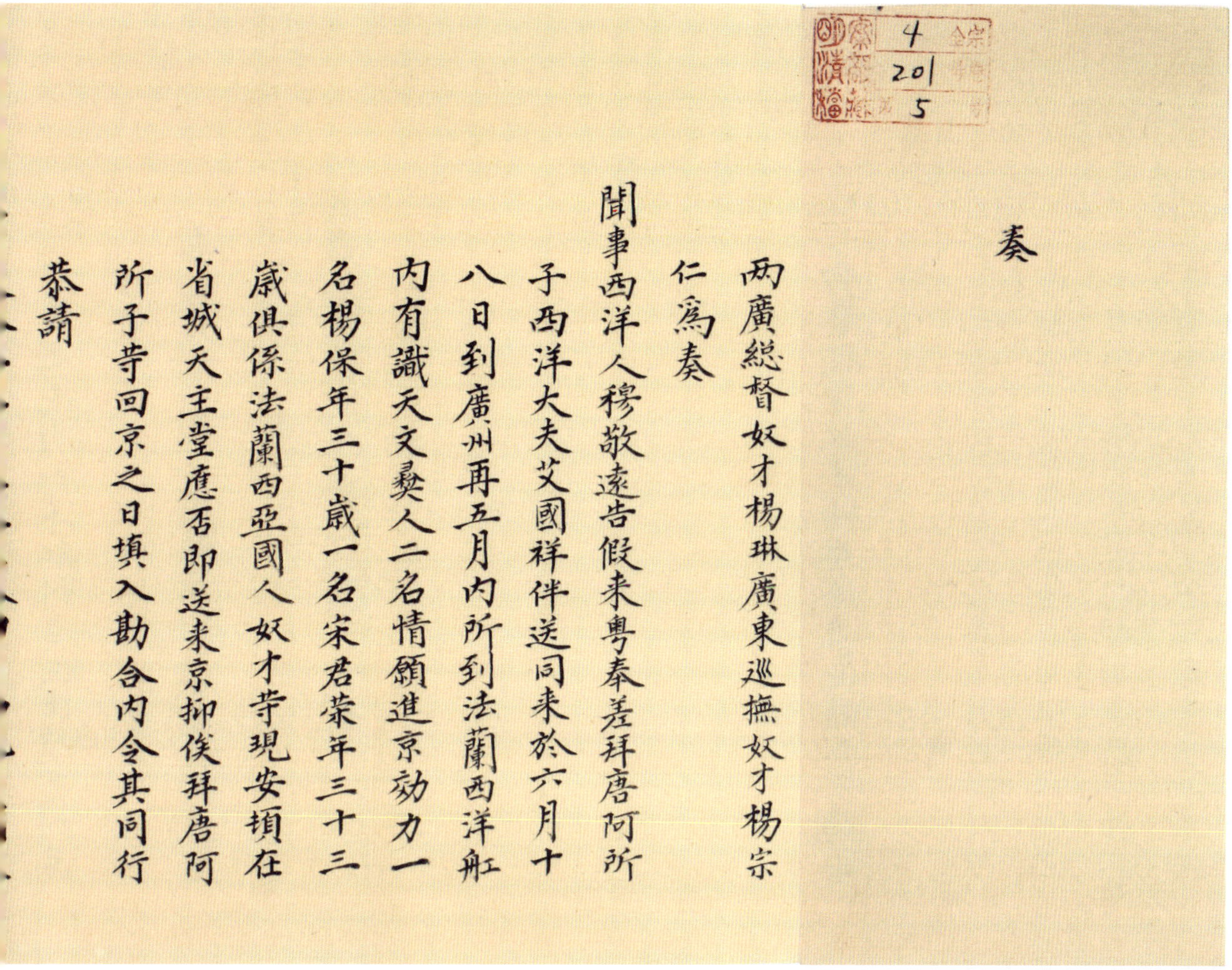
奏

兩廣總督奴才楊琳廣東巡撫奴才楊宗
仁爲奏
聞事西洋人穆敬遠告假來粵奉差拜唐阿所
子西洋大夫艾國祥伴送同來於六月十
八日到廣州再五月內所到法蘭西洋舡
內有識天文㬢人二名情願進京効力一
名楊保年三十歲一名宋君榮年三十三
歲俱係法蘭西亞國人奴才等現安頓在
省城天主堂應否即送來京抑俟拜唐阿
所子等回京之日填入勘合內令其同行
恭請

两广总督杨琳等奏折（康熙六十一年六月二十五日）

《皇舆全览图》

康熙朝（1662—1722）

康熙朝《皇舆全览图》是由康熙帝下令开始编绘的一幅中国地图，该地图经过十年的实地测绘，于康熙五十七年初步完成。这幅地图以天文观测与星象三角测量方式进行，采用梯形投影法绘制，比例为一百四十万分之一。地图描绘范围东北至库页岛，东南至台湾，西至伊犁河，北至北海（贝加尔湖），南至崖州（今海南岛）。绘图人士有耶稣会的欧洲人士雷孝思、马国贤、白晋、杜德美及中国学者何国栋、索柱、白映棠、贡额、明安图以及钦天监的喇嘛楚尔沁藏布兰木占巴、理藩院主事胜住等十余人。《皇舆全览图》绘有经纬网的全国地图。该图在中国地图发展史上具有划时代的意义，自清朝中叶至中华民国初年国内外出版的各种中国地图基本上都渊源于此。

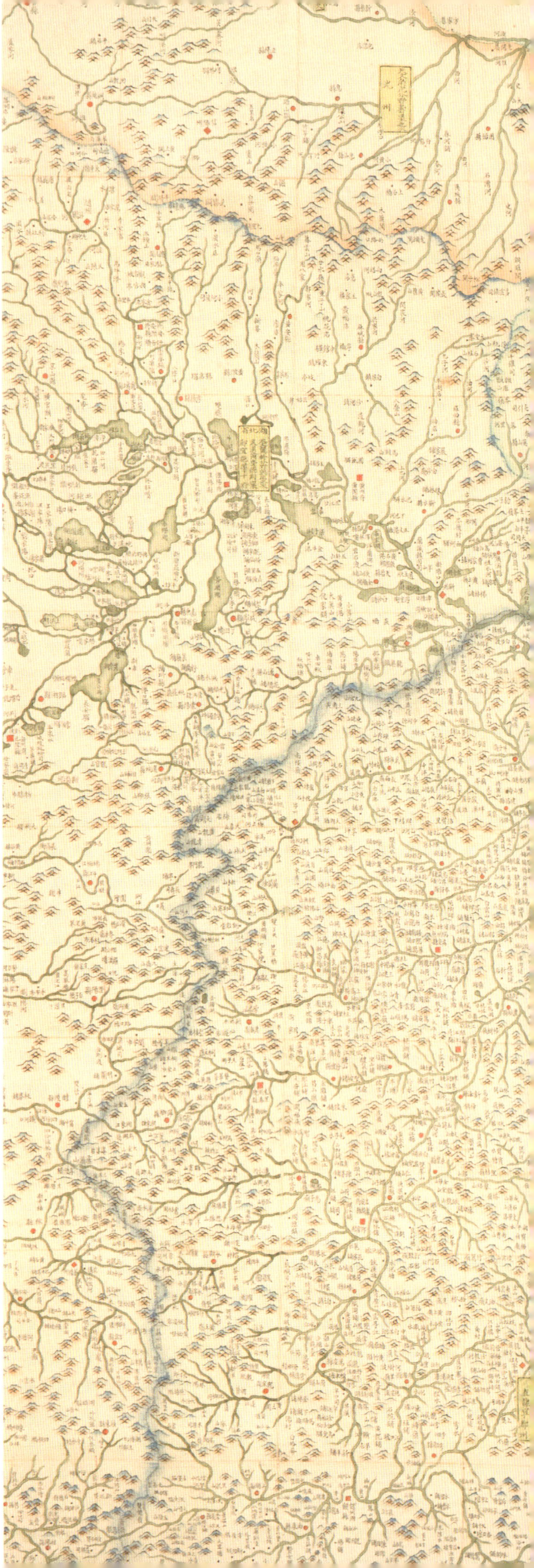

《皇舆全览图》局部

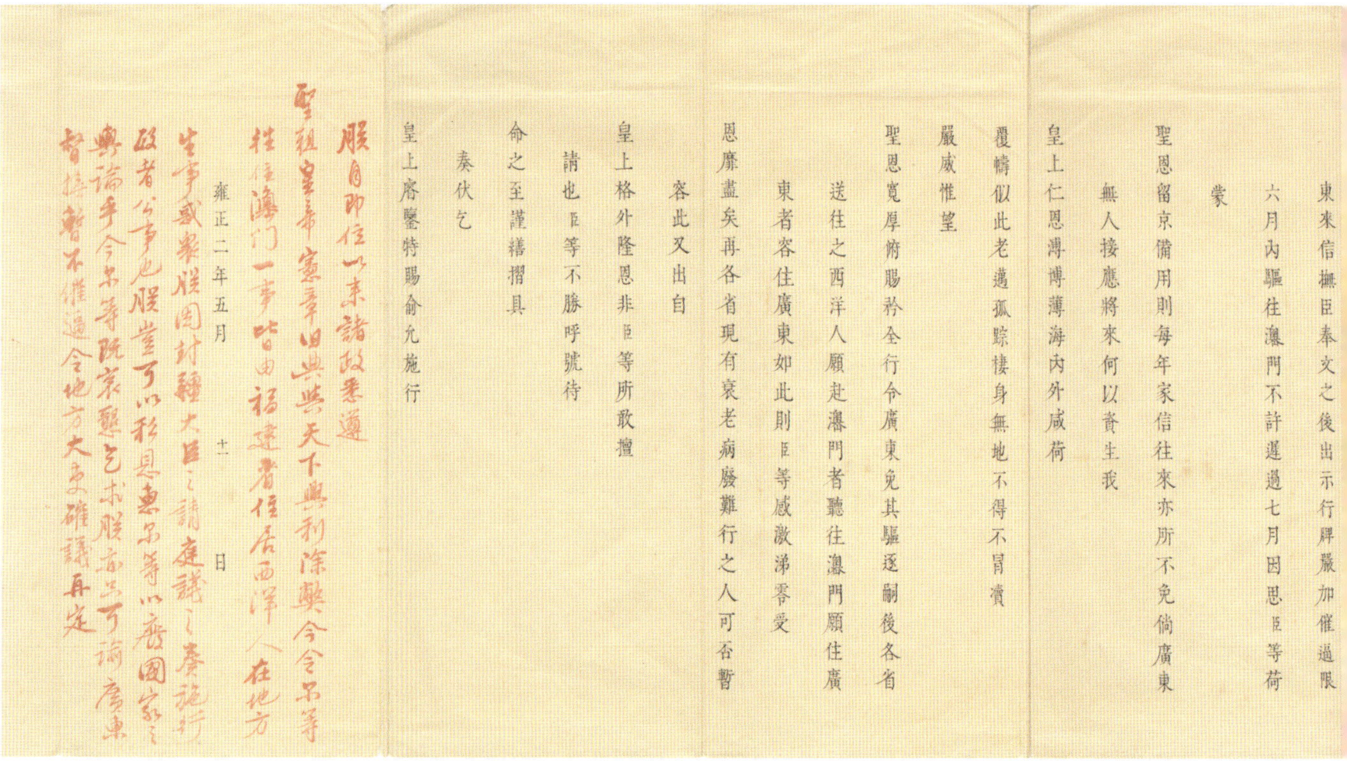
東來信撫臣奉文之後出示行牌嚴加催逼限
六月內驅往澳門不許遲遲七月因思臣等荷
蒙
聖恩留京備用則每年家信往來亦所不免倘廣東
無人接應將來何以資生我
皇上仁恩溥博薄海內外咸荷
覆幬似此老邁孤蹤棲身無地不得不冒瀆
嚴威惟望
聖恩寬厚俯賜矜全行令廣東免其驅逐嗣後各省
送往之西洋人願赴澳門者聽往澳門願住廣
東者容住廣東如此則臣等感激涕零受
恩靡盡矣再各省現有衰老病廢難行之人可否暫
容此又出自
皇上格外隆恩非臣等所敢擅
請也臣等不勝呼號待
命之至謹繕摺具
奏伏乞
皇上睿鑒特賜俞允施行
雍正二年五月　十一　日

朕自即位以来諸政悉遵
聖祖皇帝憲章舊典與天下興利除弊今令爾等
往住澳门一事皆由福建省住居西洋人在地方
生事惑衆朕因封疆大臣之請廷議之奏施行
政者公事也朕岂可以私恩惠爾等以廢國家之
輿論乎今爾等既哀懇乞求朕亦只可諭廣東
督撫暫不催逼令地方大吏確議再定

德国传教士戴进贤奏折：

为请准洋人继续留住广州城事

雍正二年五月十一日（1724 年 7 月 1 日）

康熙末年，来华西洋人散处各省，行教收徒。为维持封建秩序的稳定，雍正帝谕令，将西洋人中通晓技艺又愿赴京效力的送到北京，其余的一律遣往澳门。在执行过程中，传教士戴进贤提出不同意见。他具折说，澳门不是洋船常到的地方，且洋教士来自不同的国家，若将他们都赶到澳门弹丸之地，彼此无依无靠，“诚日暮途穷之苦也”，希望再开广州一地容留洋教士。对戴进贤的奏请，雍正帝很重视，他一面批复驱逐洋教士，是根据封疆大臣奏请廷臣商议而施行的国家“公事”，不可讲“私恩”，一面饬令广东督抚等大员进行讨论，拿出意见。

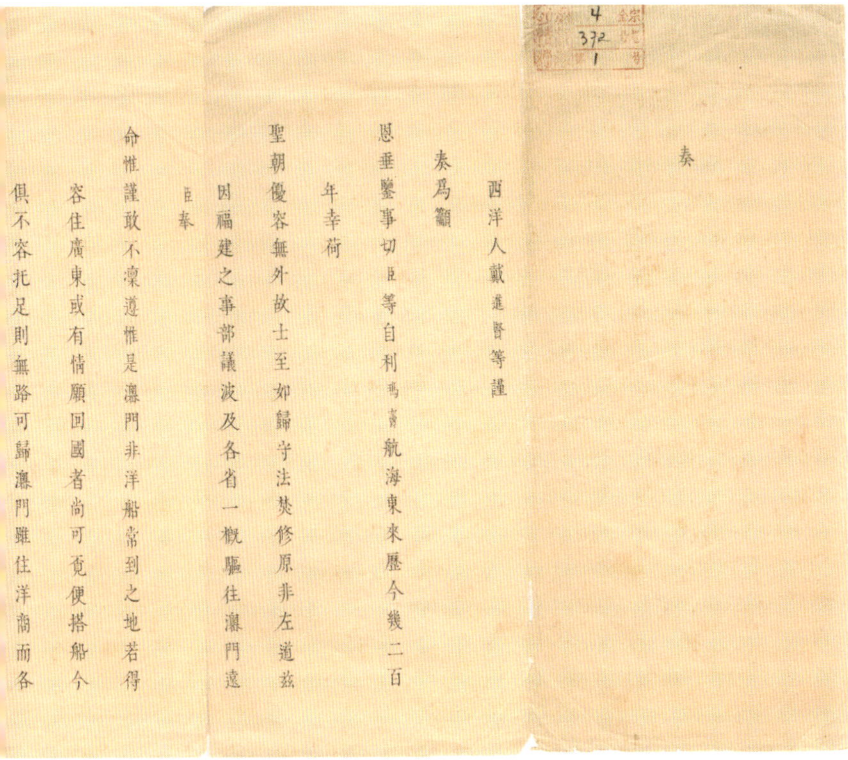

奏

西洋人戴進賢等謹

奏為籲

恩垂鑒事切臣等自利瑪竇航海東來歷今幾二百

年幸荷

聖朝優容無外故士至如歸守法焚修原非左道茲

因福建之事部議波及各省一槪驅往澳門遠

臣奉

命惟謹敢不凜遵惟是澳門非洋船常到之地若得

容住廣東或有情願回國者尚可覔便搭船今

俱不容托足則無路可歸澳門雖住洋商而各

德国传教士戴进贤奏折（雍正二年五月十一日）

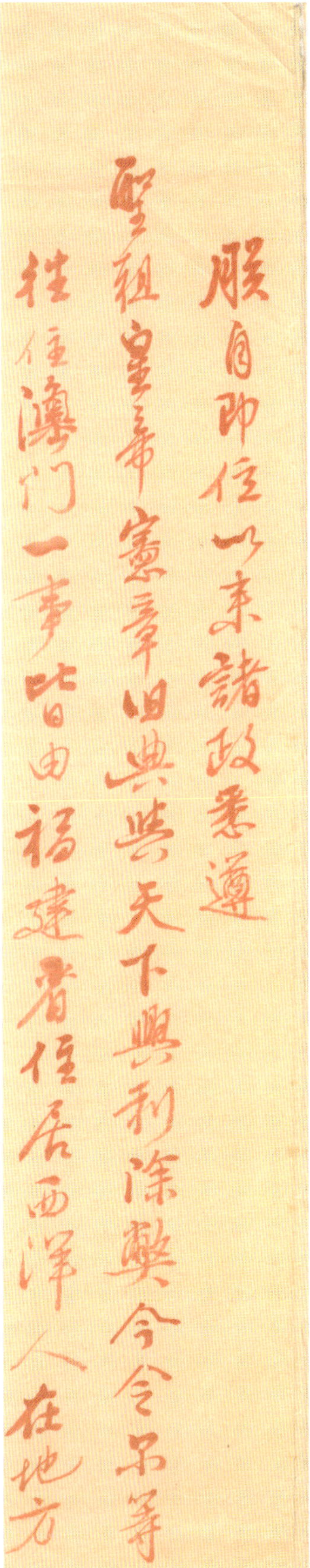

朕自即位以來諸政悉遵

聖祖皇帝憲章舊典與天下興利除弊今令爾等

往住澳門一事皆由福建省住居西洋人在地方

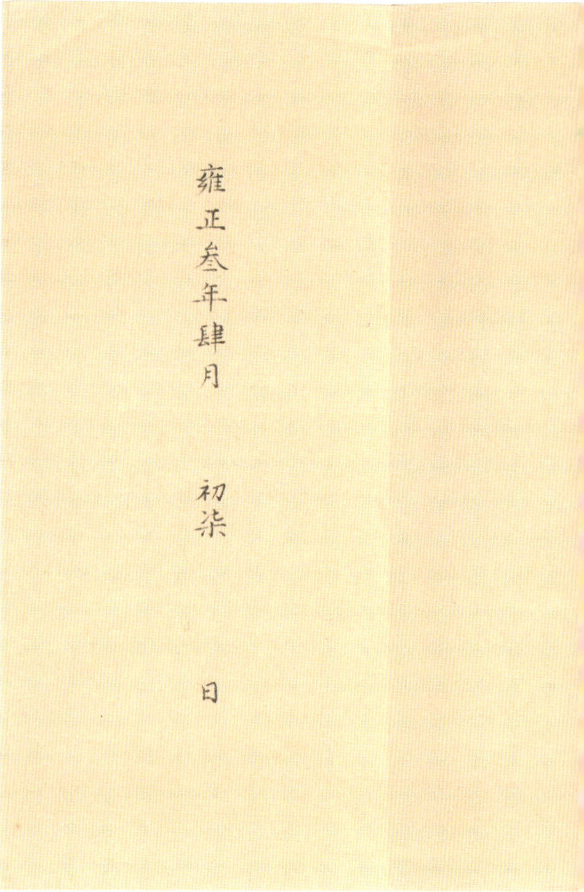

广东巡抚年希尧奏折：
为遵旨于省城洋行及澳门货店购寻西洋布恭进内廷事
雍正三年四月初七日（1725年5月18日）

广东巡抚杨文乾进单：
为进呈洋货事
雍正四年（1726）

为了规范与外商的贸易和保证税收，广东官府、粤海关公开招募较有实力的商家，指定他们与洋船上的外商做生意，同时代海关征缴关税。从此，中国早期外贸代理洋行——广州十三行组织得以建立。十三行是粤海关征税的总枢纽，行商是唯一得到官方承认的外贸代理商。他们控制着广州口岸全部的外贸，内地货物必须通过他们买进运出，用他们的名义报关，并替官方管理广州商馆的外国人和停泊黄埔的外国船。同时，广州洋行每年为宫廷输送洋货，当时称为“采办官物”，其中有紫檀、象牙、珐琅、鼻烟、钟表、玻璃器、金银器、毛织品及宠物等等。洋行商人根据帝后的具体要求，按照内廷出具的清单，从洋船上逐件采买。

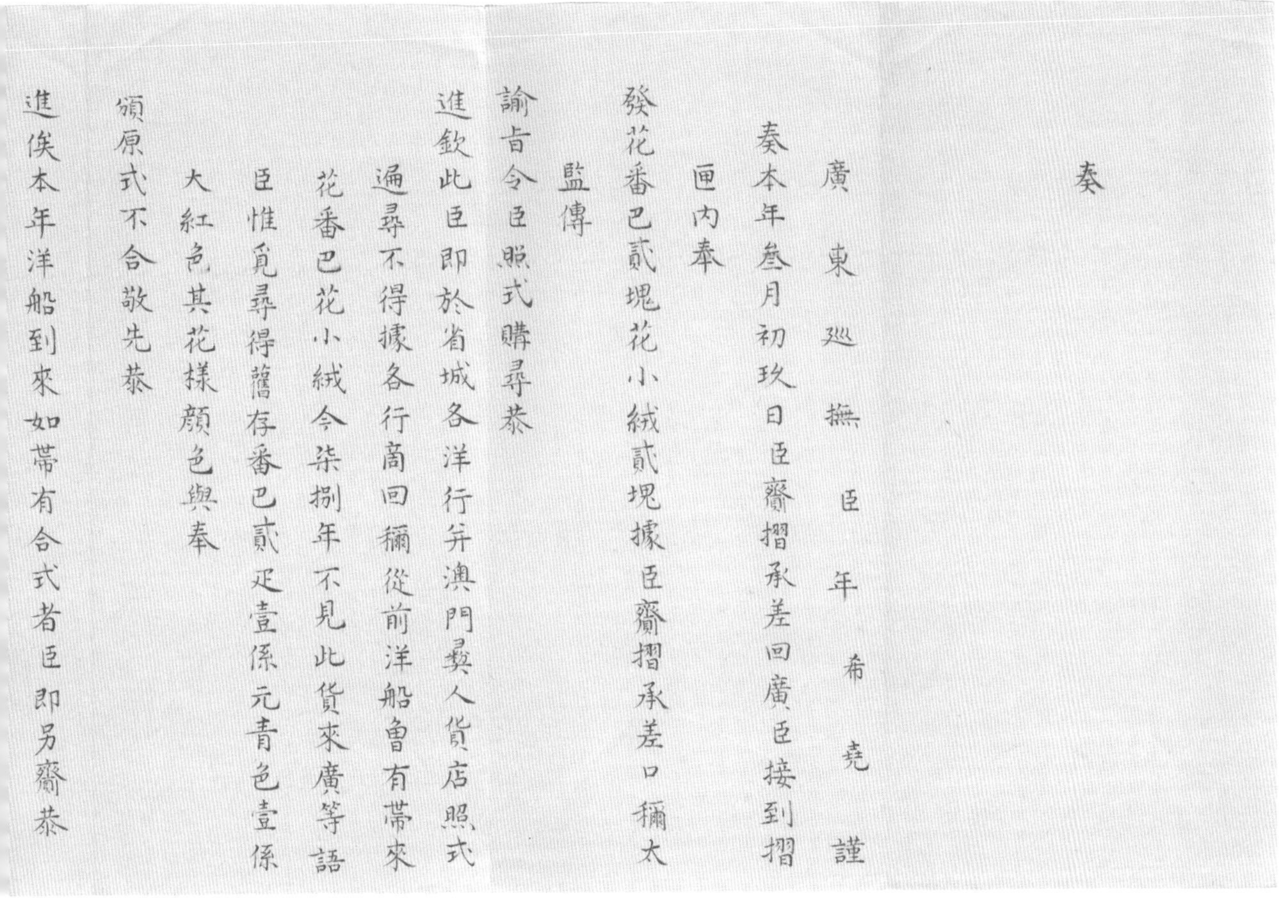

奏

廣東巡撫臣年希堯謹
奏本年叁月初玖日臣齎摺承差回廣臣接到摺
匣內奉
發花番巴貳塊花小絨貳塊據臣齎摺承差口稱太
監傳
諭旨令臣照式購尋恭
進欽此臣即於省城各洋行并澳門夷人貨店照式
遍尋不得據各行商回稱從前洋船曾有帶來
花番巴花小絨今柒捌年不見此貨來廣等語
臣惟覓尋得舊存番巴貳疋壹係元青色壹係
大紅色其花樣顏色與奉
頒原式不合敬先恭
進俟本年洋船到來如帶有合式者臣即另齎恭

广东巡抚年希尧奏折（雍正三年四月初七日）

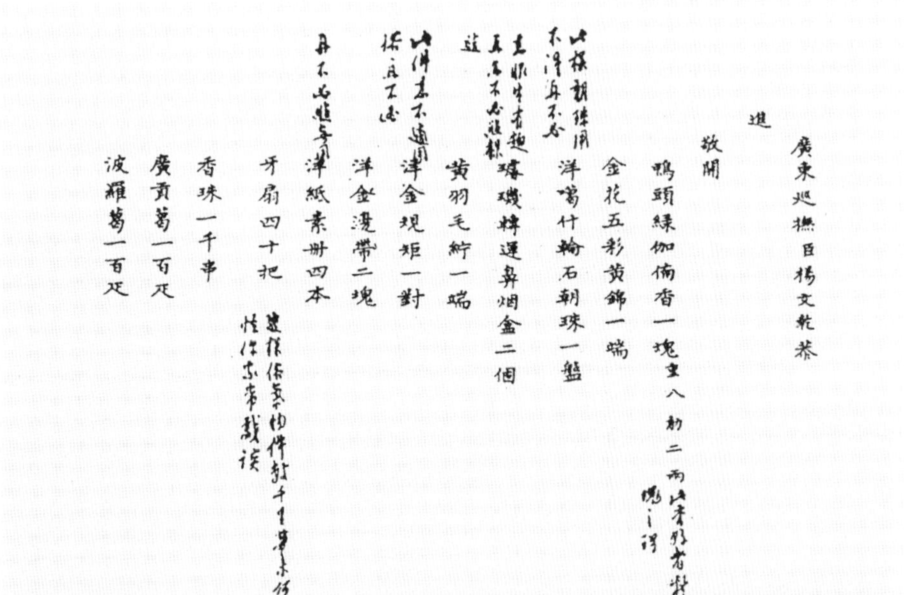

廣東巡撫臣楊文乾恭
進
敬開
鴨頭綠伽倆香一塊
金花五彩黃錦一端
洋葛什輪石朝珠一盤
琺瑯鑲轉運鼻烟盒二個
黃羽毛紗一端
洋金規矩一對
洋金漫帶二塊
洋紙素冊四本
牙扇四十把
香珠一千串
廣貢葛一百疋
波羅葛一百疋

广东巡抚杨文乾进单（雍正四年）

广东海关监督祖秉圭奏折：

为法英荷等国洋船进泊黄埔洋货少银两多事

雍正八年十月初一日（1730年11月10日）

17、18世纪，西方商人到中国贸易，船舱里90%的货物都是白银。广东海关监督祖秉圭在奏折中报告有法国、英国、荷兰等国洋船共13只进泊黄埔，但所载货物甚少，银两颇多。此时，中国与西方世界的贸易处于严重的出超地位，白银在滚滚流入。清政府把对外贸易向来看作是“怀柔远人”的天朝政治活动，档案里提到来华的一艘船在肇庆府阳江县海面遇台风沉没，船货银两全部沉没大海。粤海关当即派人到出事地点协助打捞货物，共捞出白银13000余两，受伤水手被送回省城由洋行安置。并宣布，免其出口进口货物税，每人赐给盘费，安排水手附搭本国船回国。雍正帝在这份奏折上的朱批也体现了这一理念：“览。应赏赐者赏给，以广朕垂念远商之意。”

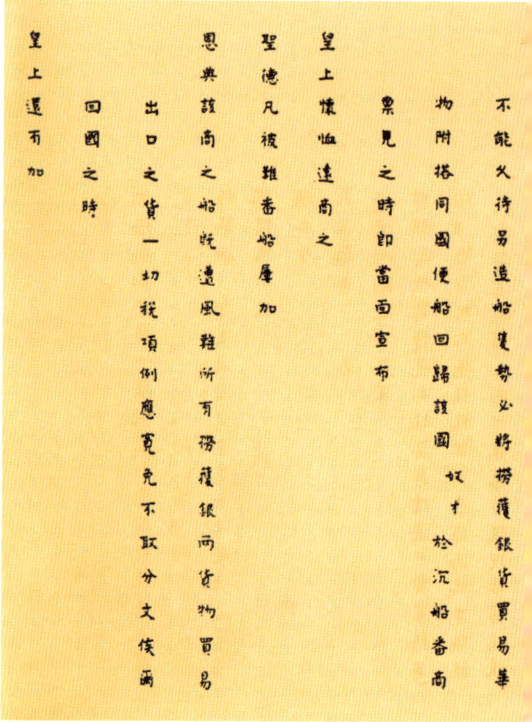
不能久待另造船隻勢必將撈獲銀貨買易華
物附搭同國便船回歸該國 奴才於沉船番商
稟見之時即當面宣布
皇上懷恤遠商之
聖德凡被難番船屢加
恩典該商之船既遭風難所有撈獲銀兩貨物買易
出口之貨一切稅項例應寬免不取分文俾爾
回國之時
皇上還有加

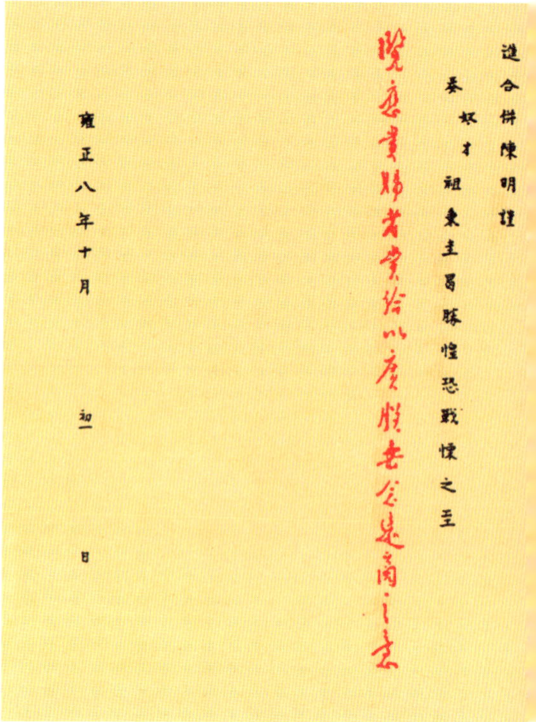
遵合併陳明謹
奏 奴才祖秉圭曷勝惶恐戰慄之至
覽應賞賜者賞給以廣朕垂念遠商之意
雍正八年十月初一日

廣東海關監督監察御史奴才祖秉圭謹
奏爲恭報海外洋船到關事竊照本年五月二十
九日以後海外各洋法蘭西暎咭唎河蘭甲需
吮洗嗎吧喇等國商船大小陸續共到一十三
隻歷考從前實爲僅見是皆
聖主
仁恩遠播重譯聞風向化是以爭來恐後其已經入
口住泊黃埔者共十一隻尚有二隻因在彼開
行稍遲以致風信欠順不能收口其暎咭唎國
船一隻駛至高州府電白縣地方已經攏岸船
貨完固專候風信便可到關其嗎吧喇國船一
隻駛至肇慶府陽江縣地方將及攏岸因遇風
暴將船打沉所載銀貨悉沒深淵共傷番商水
手五十餘人其餘五十餘人悉皆登岸當在沉
船處所撈獲得銀一萬三十餘兩已由陸路齎
到廣州省城奴才隨將難商安置行家住歇犒
賞酒米食物俱經得所先是奴才接見該船沉
沒之報一面咨會督臣撫臣嚴飭附近居民不
許搶奪一面遴選書役帶同沉沒商船同國番
人十餘名賫給番人盤纏銀一百兩前往沉船
處所督率僱募打撈所沉銀箱併堅重貨物設

恩賞賜番衆聞之感各免冠頓首以手指心歡忻稱
謝所有番船到關以及被風船隻情事理合奏
聞請
旨恭候加
恩賞賜仰祈
批示遵行奴才更有請者番船貨物現在紛紛驗下
大約十一月內俱要開行倘未奉
諭旨之先沉船商衆搭附之船急欲趁風回帆奴才
擬臨時與撫臣相商酌動關庫羨餘銀二三千
兩同至公所傳齊番衆宣諭欽奉
聖旨垂念該商船隻沉沒資本拋失其進口出口貨
物稅項一概免征外又
命賜給盤費將
恩賞之銀公同當面
頒發以推廣
皇上懷柔遠方
聖心之萬一廣東隔京遼遠番船趁風心切奴才故
敢冒昧瀆請仰祈
睿鑒至已經入口番船一十一隻載來貨物甚少銀
兩頗多目今起驗上行之銀業有四十萬兩外
洋方物來者更少玻璃大鏡並無一面所有剔

广东海关监督祖秉圭奏折（雍正八年十月初一日）

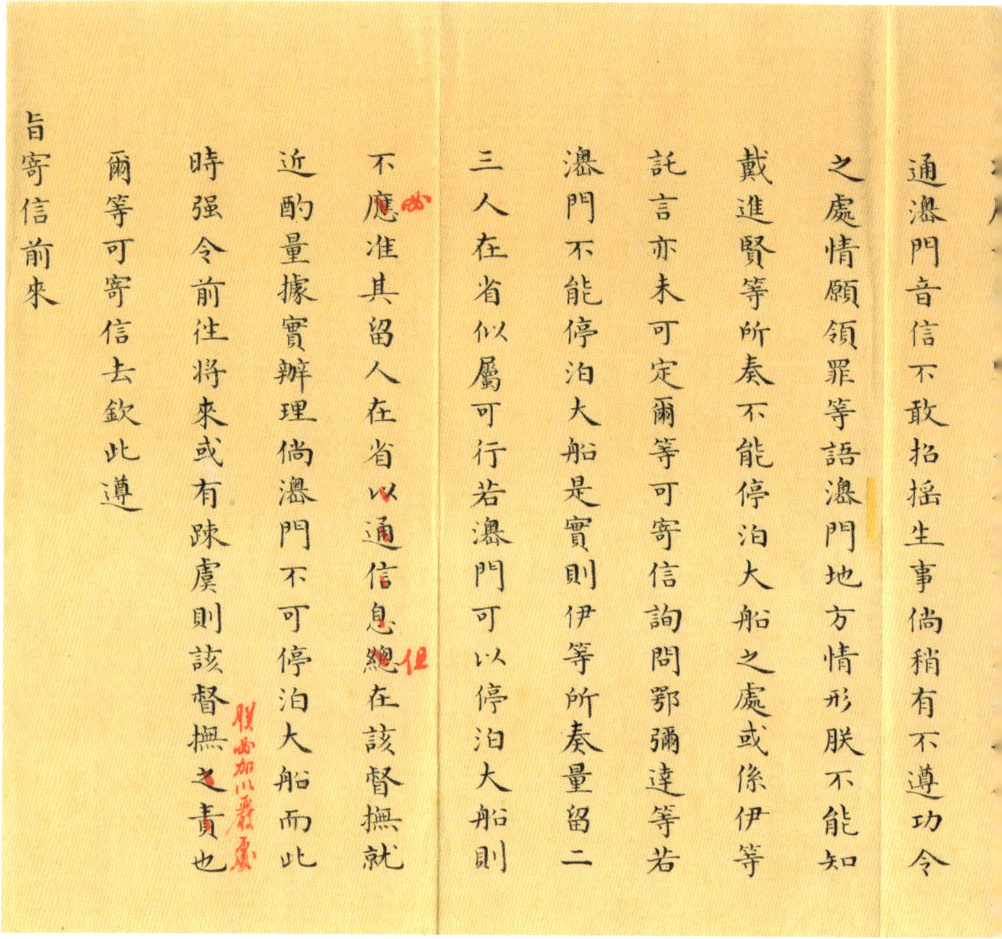

通澳門音信不敢招搖生事倘稍有不遵功令
之處情願領罪等語澳門地方情形朕不能知
戴進賢等所奏不能停泊大船之處或係伊等
託言亦未可定爾等可寄信詢問鄂彌達等若
澳門不能停泊大船是實則伊等所奏量留二
三人在省似屬可行若澳門可以停泊大船則
不應准其留人在省以通信息總在該督撫就
近酌量據實辦理倘澳門不可停泊大船而此
時强令前往將來或有疎虞則該督撫之責也
爾等可寄信去欽此遵
旨寄信前來

雍正帝谕旨：

着令广东总督鄂弥达查明洋船是否湾泊黄埔

雍正十年八月二十八日（1732 年 10 月 16 日）

两广总督鄂弥达奏折：

为洋船湾泊地应仍在黄埔事

乾隆二年二月十六日（1737 年 3 月 16 日）

广东巡抚王安国奏折：

为洋船湾泊黄埔不得逗留澳门事

乾隆六年九月初六日（1741 年 10 月 15 日）

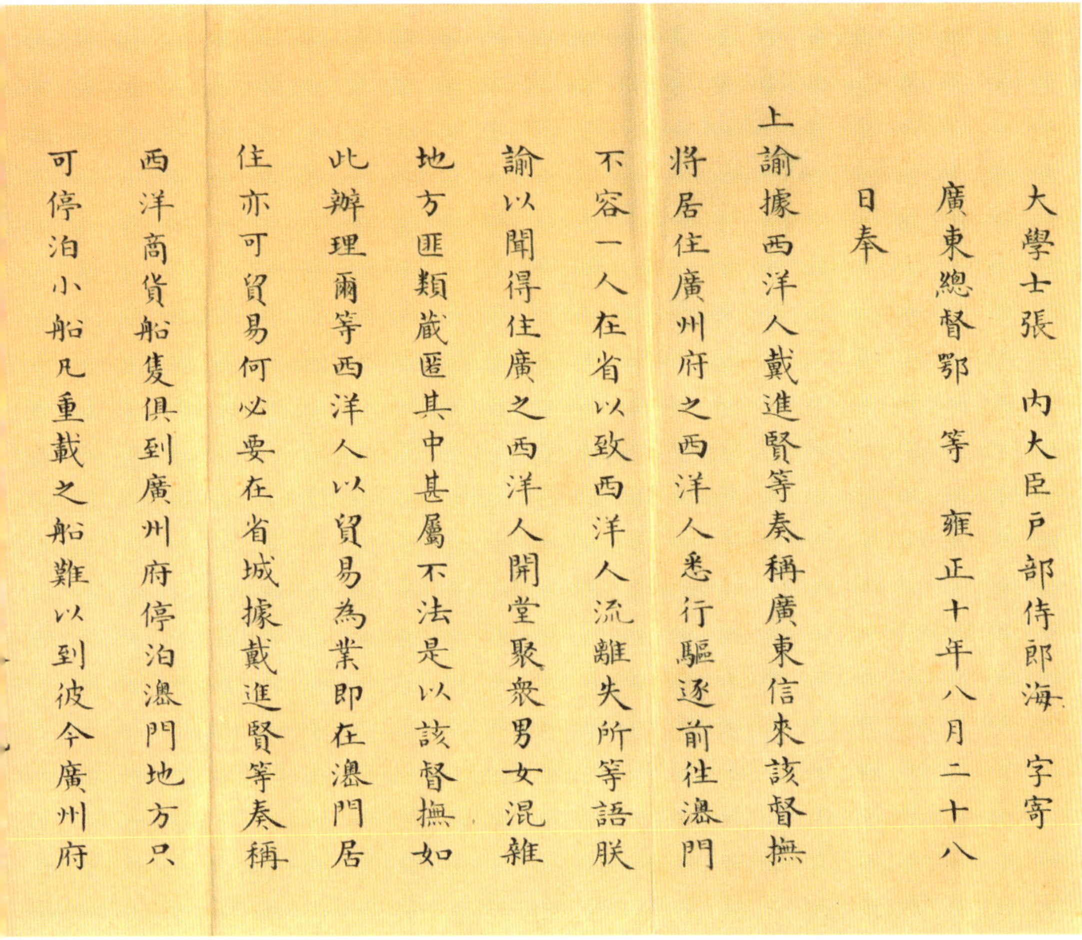
大學士張 內大臣戶部侍郎海 字寄
廣東總督鄂 等 雍正十年八月二十八
日奉
上諭據西洋人戴進賢等奏稱廣東信來該督撫
將居住廣州府之西洋人悉行驅逐前往澳門
不容一人在省以致西洋人流離失所等語朕
諭以聞得住廣之西洋人開堂聚衆男女混雜
地方匪類藏匿其中甚屬不法是以該督撫如
此辦理爾等西洋人以貿易為業即在澳門居
住亦可貿易何必要在省城據戴進賢等奏稱
西洋商貨船隻俱到廣州府停泊澳門地方只
可停泊小船凡重載之船難以到彼今廣州府

雍正帝谕旨（雍正十年八月二十八日）

雍正十年（1732），德国传教士戴进贤奏称，澳门地方只可停泊小船，凡重载之船难以到港，以致贸易废弃。雍正帝遂谕令广东总督鄂弥达查明澳门能否停泊大船，以定洋船是否湾泊黄埔。自此以后，一直到乾隆二年，对于海外通商口岸是设在黄埔还是开在澳门，清廷内部开始了一场长达五年的争论，双方都各持己见，分别上奏。乾隆二年，出现了波兰船主在黄埔仑头村误伤村民事件。对此，两广总督鄂弥达认为：数十年来，澳门只停葡萄牙国船只，而黄埔才是“诸国来广贸易湾泊之所，俱各相安无异”。而且黄埔鹿步等处都有官兵把守，外商进口安分交易，从来不敢滋事。至于波兰船主伤人事件，实为误伤，“不便因此不容湾泊黄埔”。最终，由乾隆帝裁定，黄埔仍作为唯一通洋商港。

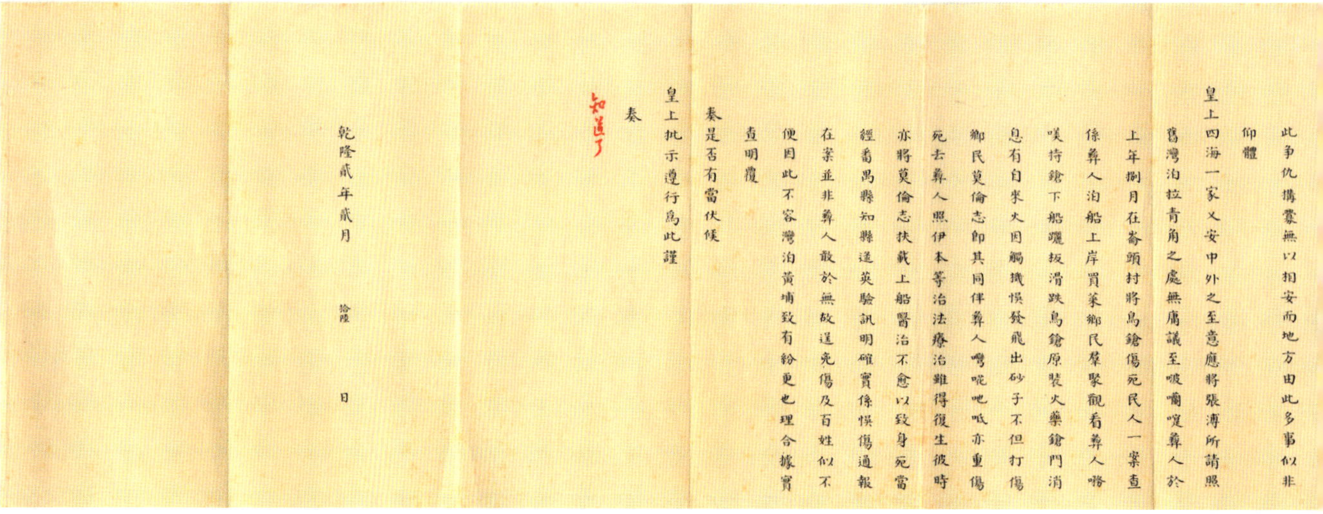
此事仇携釁無以相安而地方由此多事似非
仰體
皇上四海一家乂安中外之至意應將張溥所請照
舊灣泊拉青角之處無庸議至啵囒嚏彝人於
上年捌月在崙頭封將鳥鎗傷死民人一案查
係彝人泊船上岸買菜鄉民羣聚觀看彝人喀
嘆持鎗下船躧扳滑跌鳥鎗原裝火藥鎗門消
息有自來火因觸機悞發飛出砂子不但打傷
鄉民莫倫志即其同伴彝人嚤啶吧呧亦重傷
死去彝人照伊本等治法療治雖得復生彼時
亦將莫倫志扶載上船醫治不愈以致身死當
經番禺縣知縣逯英驗訊明確實係悞傷通報
在案並非彝人敢於無故逞兇傷及百姓似不
便因此不容灣泊黃埔致有紛更也理合據實
查明覆
奏是否有當伏候
皇上批示遵行為此謹
奏
知道了
乾隆貳年貳月　拾陸　日

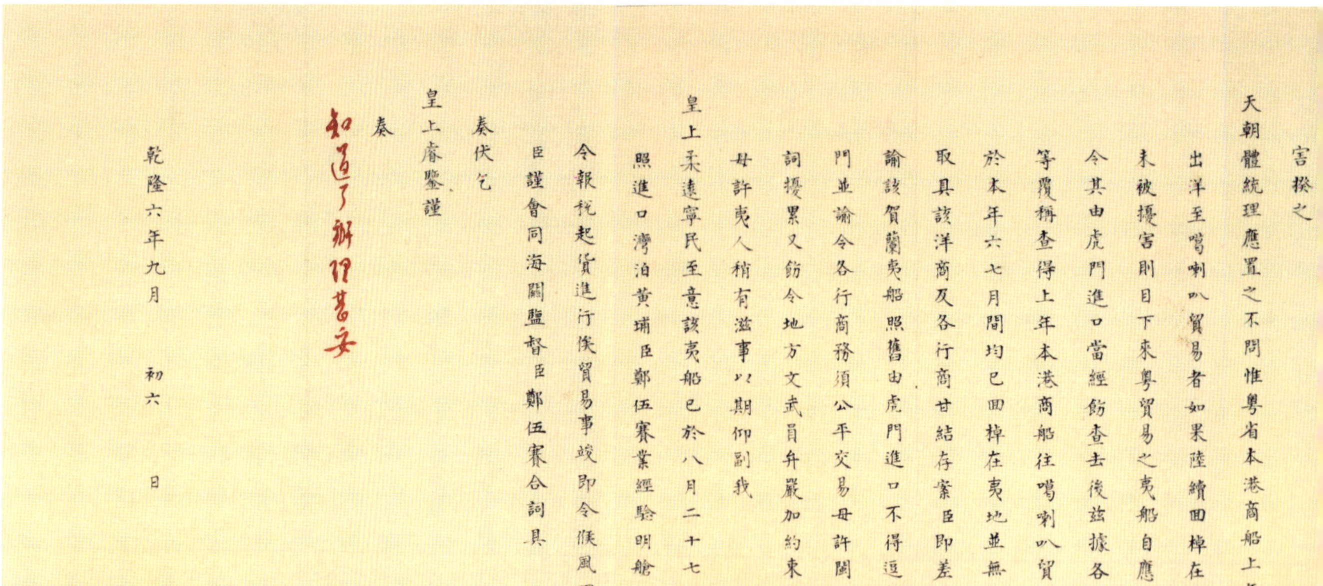
害擾之
天朝體統理應置之不問惟粵省本港商船上年有
出洋至噶喇吧貿易者如果陸續回棹在夷地
未被擾害則目下來粵貿易之夷船自應照常
令其由虎門進口當經飭查去後茲據各行商
等覆稱查得上年本港商船往噶喇吧貿易者
於本年六七月間均已回棹在夷地並無擾害
取具該洋商及各行商甘結存案臣即差通事
諭該賀蘭夷船照舊由虎門進口不得逗留澳
門並諭令各行商務須公平交易毋許閩人藉
詞擾累又飭令地方文武員弁嚴加約束巡查
毋許夷人稍有滋事以期仰副我
皇上柔遠寧民至意該夷船已於八月二十七日遵
照進口灣泊黃埔臣鄭伍賽業經驗明艙口着
令報稅起貨進行俟貿易事竣即令候風回國
臣謹會同海關監督臣鄭伍賽合詞具
奏伏乞
皇上睿鑒謹
奏
知道了辦理甚妥
乾隆六年九月　初六　日

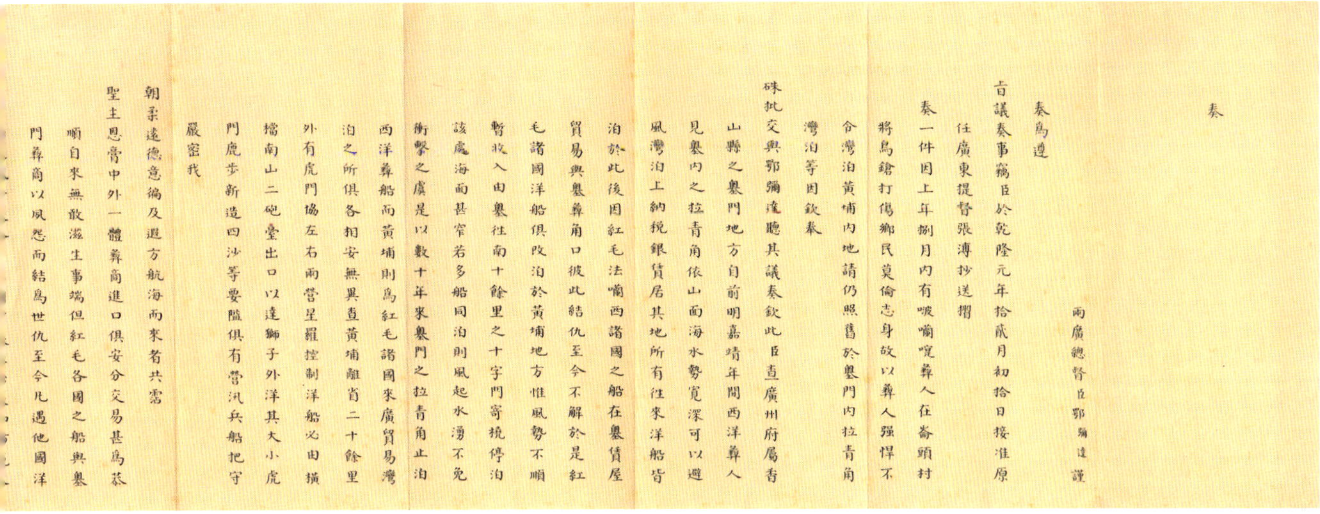
奏
兩廣總督臣鄂彌達謹
奏爲遵
旨議奏事竊臣於乾隆元年拾貳月初拾日接准原
任廣東提督張溥抄送摺
奏一件因上年捌月内有嘓嚼嚊彛人在嵛頭村
將烏鎗打傷鄉民莫倫志身故以彛人强悍不
合灣泊黄埔内地請仍照舊於澳門内拉青角
灣泊等因欽奉
硃批交與鄂彌達聽其議奏欽此臣查廣州府屬香
山縣之澳門地方自前明嘉靖年間西洋彛人
見澳内之拉青角依山面海水勢寬深可以避
風灣泊上納税銀賃居其地所有往來洋船皆
泊於此後因紅毛法嘓西諸國之船在澳賃屋
貿易與澳彛角口彼此結仇至今不解於是紅
毛諸國洋船俱改泊於黄埔地方惟風勢不順
暫收入由澳往南十餘里之十字門寄椗停泊
該處海面甚窄若多船同泊則風起水湧不免
衝擊之虞是以數十年來澳門之拉青角止泊
西洋彛船而黄埔則爲紅毛諸國來廣貿易灣
泊之所俱各相安無異查黄埔離省二十餘里
外有虎門協左右兩營星羅控制洋船必由横
檔南山二砲臺出口以達獅子外洋其大小虎
門鹿步新造四沙等要隘俱有營汛兵船把守
嚴密我
朝柔遠德意徧及遐方航海而來者共需
聖主恩膏中外一體彛商進口俱安分交易甚爲恭
順自來無敢滋生事端但紅毛各國之船與澳
門彛商以夙怨而結爲世仇至今凡遇他國洋

两广总督鄂弥达奏折（乾隆二年二月十六日）

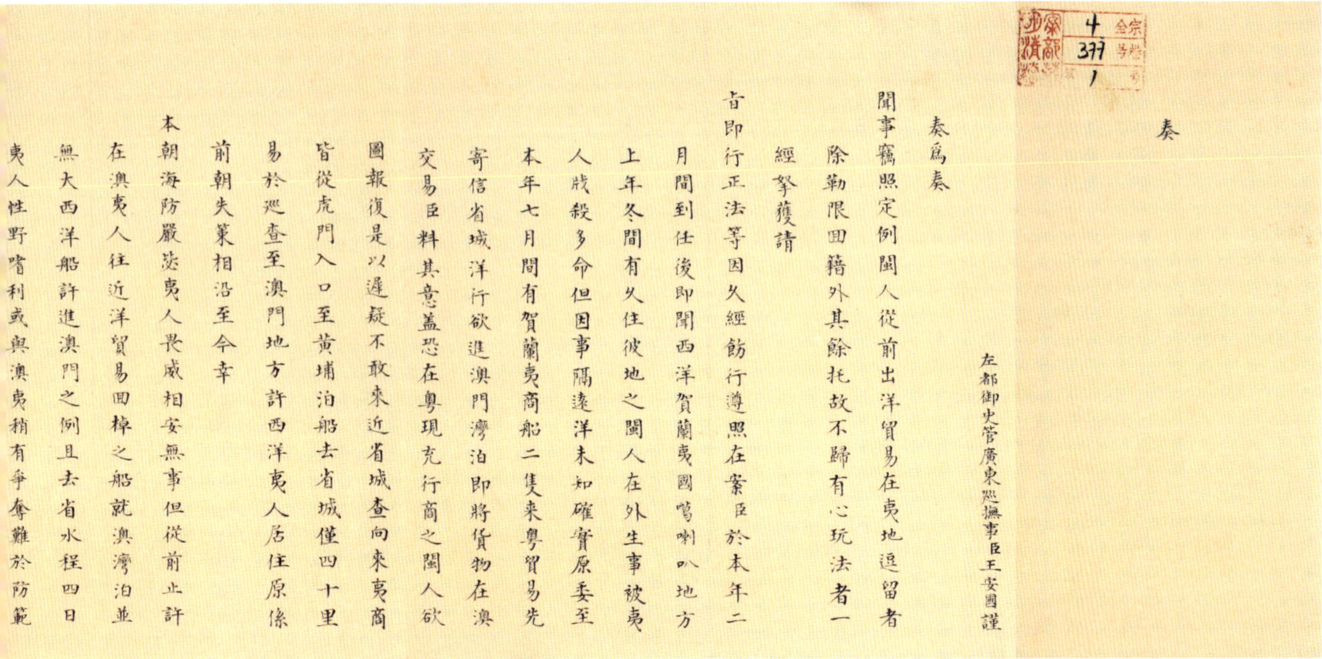
奏
左都御史管廣東巡撫事臣王安國謹
奏爲奏
聞事竊照定例閩人從前出洋貿易在夷地逗留者
除勒限回籍外其餘托故不歸有心玩法者一
經拏獲請
旨即行正法等因久經飭行遵照在案臣於本年二
月間到任後即聞西洋賀蘭夷國噶喇叭地方
上年冬間有久住彼地之閩人在外生事被夷
人戕殺多命但因事隔遠洋未知確實原委至
本年七月間有賀蘭夷商船二隻來粵貿易先
寄信省城洋行欲進澳門灣泊即將貨物在澳
交易臣料其意蓋恐在粵現充行商之閩人欲
圖報復是以遲疑不敢來近省城查向來夷商
皆從虎門入口至黄埔泊船去省城僅四十里
易於巡查至澳門地方許西洋夷人居住原係
前朝失策相沿至今幸
本朝海防嚴毖夷人畏威相安無事但從前止許
在澳夷人往近洋貿易回棹之船就澳灣泊並
無大西洋船許進澳門之例且去省水程四日
夷人性野嗜利或與澳夷稍有爭奪難於防範

广东巡抚王安国奏折（乾隆六年九月初六日）

粤海关监督毛克明进单：

为进献洋货事

雍正十一年二月二十六日（1733年4月10日）

广东巡抚杨永斌进单：

为进呈贡品事

雍正十一年八月二十九日（1733年10月6日）

清制，逢元旦、冬至、万寿，官员将进贡礼品祝贺。礼品清单要呈皇帝御览，称进单。官员的进单，通常以黄绫或黄绢制成折底折面，封面写有“进”字，有些进单封面还织有云龙和云山寿海图样。广州被誉为“金山珠海”，是皇家的“天子南库”。在清宫的大量贡品中，广州的洋货是最有特色的。从黄埔的洋船上采购稀世洋玩，是粤海关的重要使命。

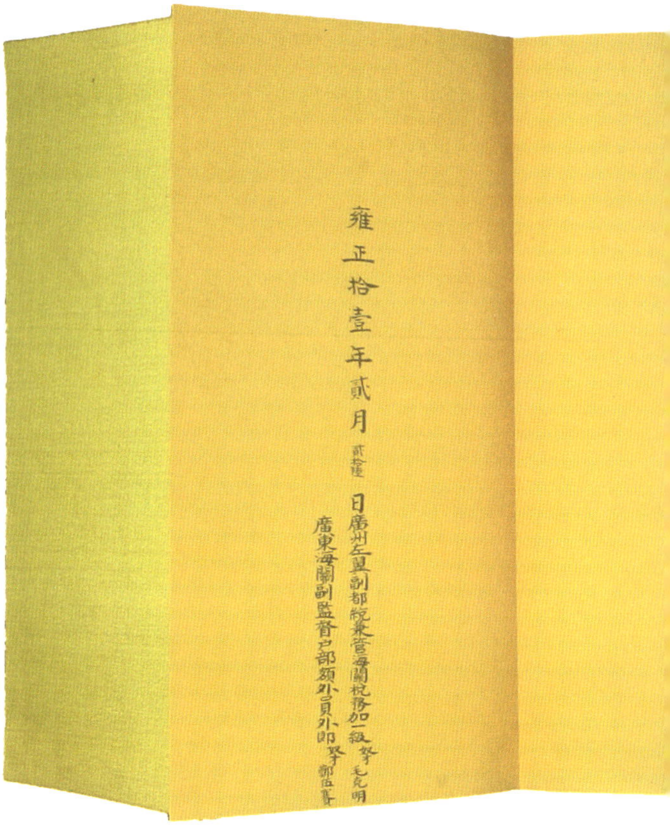

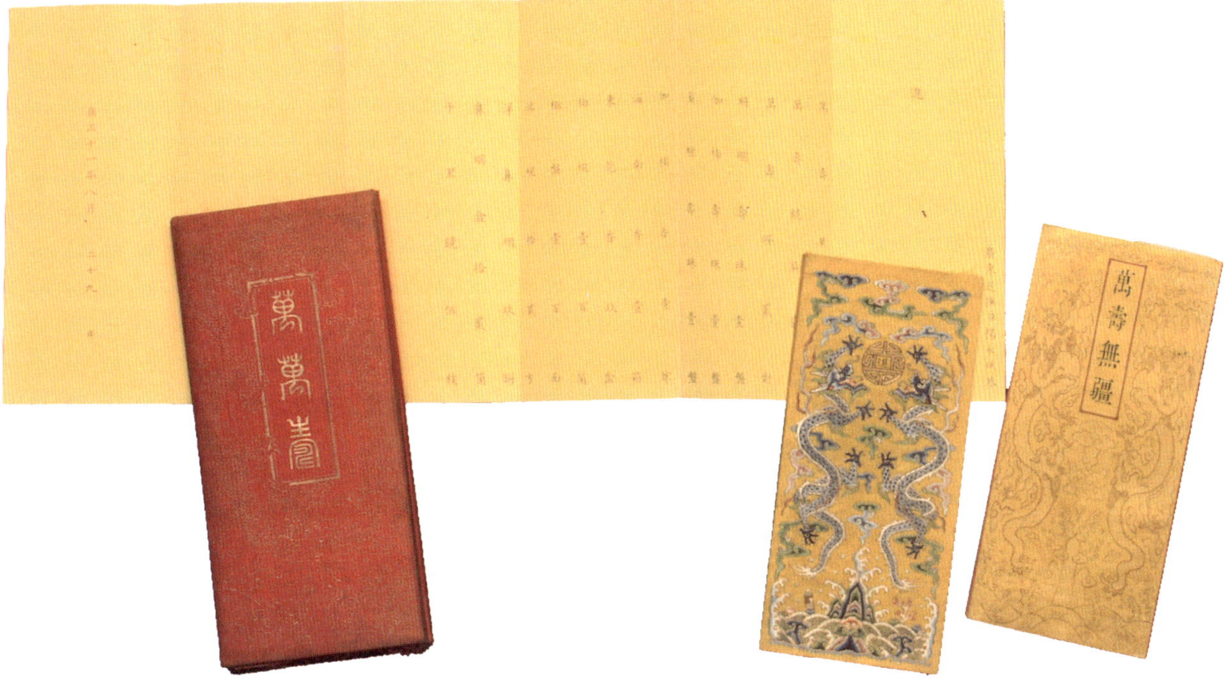

广东巡抚杨永斌进单（雍正十一年八月二十九日）

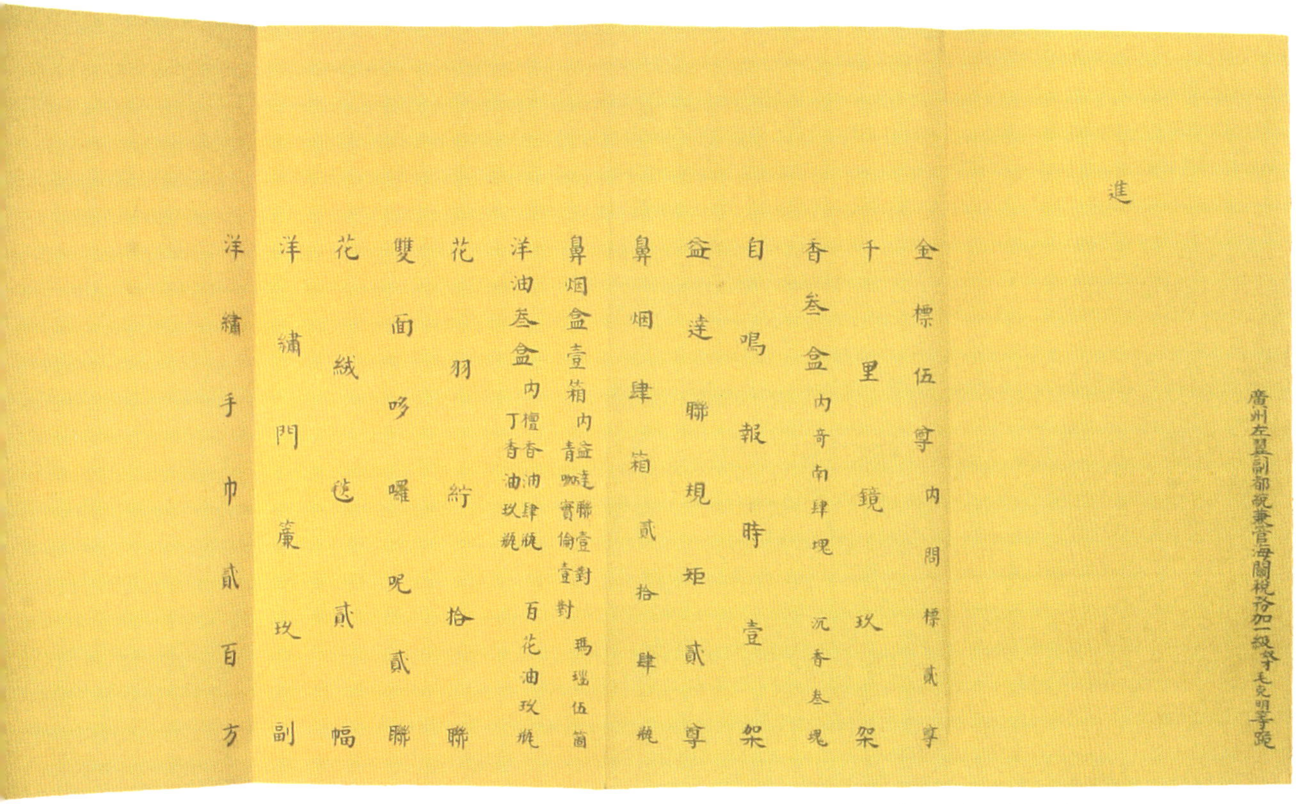

廣州左翼副都統兼管海關稅務加一級奴才毛克明謹跪

進

金標伍寶 内問標貳寶

千里鏡玖架

香叁盒 内奇南肆塊 沉香叁塊

自鳴報時壹架

鉣達聯規矩貳寶

鼻烟肆箱貳拾肆瓶

鼻烟盒壹箱 内鉣達聯壹對 青咖實倫壹對 瑪瑙伍箇

洋油叁盒 内檀香油肆瓶 丁香油玖瓶 百花油玖瓶

花羽紵拾聯

雙面吩囉呢貳聯

花絨毯貳幅

洋繡門簾玖副

洋繡手巾貳百方

粤海关监督毛克明进单（雍正十一年二月二十六日）

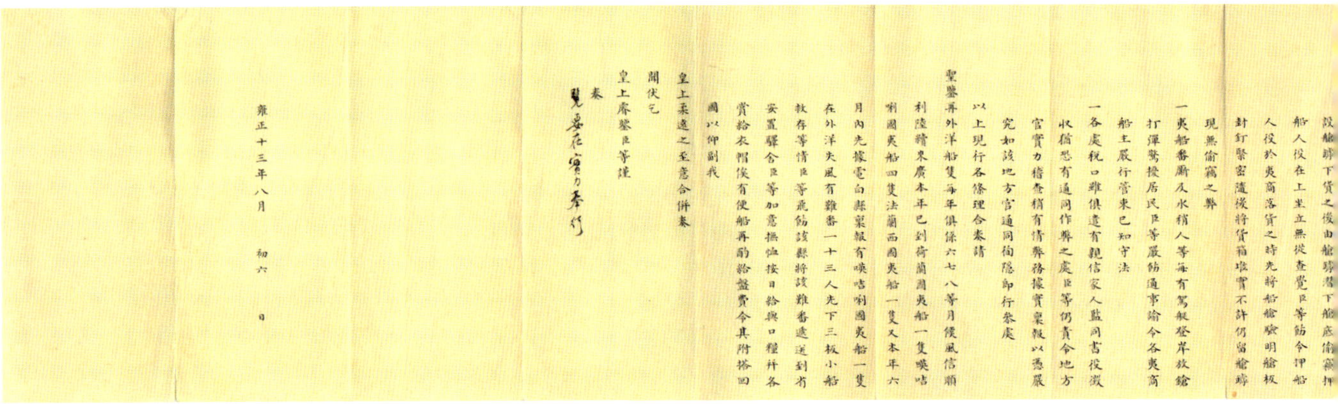

广东巡抚杨永斌等奏折：

为粤海关查禁走私漏税酌行办法事

雍正十三年八月初六日（1735 年 9 月 21 日）

随着外国船只前来贸易逐渐增多，广州附近村民多会外语，从而出现村民与洋商私自交易，致有偷税之弊。为此，粤海关制定了严防外船勾结内地商民走私漏税八项措施：（一）令虎门口对进出船只一律严查，以杜走私之径。（二）禁止黄埔深井村民搭盖篷寮与外商买卖货物。（三）禁止外商私雇中国仆役，如查出连行商一并追究。（四）凡

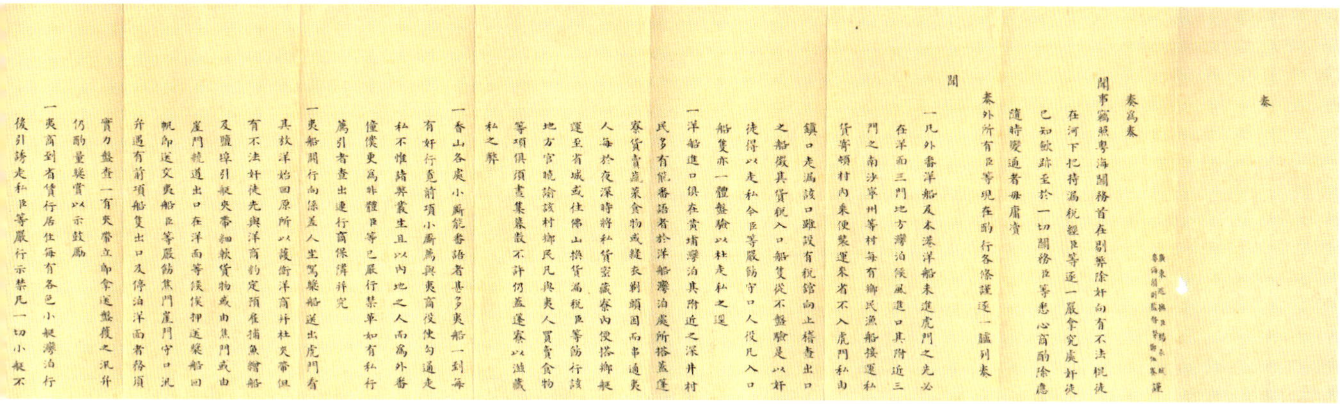
奏
廣東巡撫臣楊永斌 粵海關副監督臣鄭伍賽 謹
奏為奏
聞事竊照粵海關務首在剔弊除奸向有不法棍徒
在河下把持漏税經臣等逐一嚴拿究處奸徒
已知斂跡至於一切關務臣等悉心商酌除應
隨時變通者毋庸瀆
奏外所有臣等現在酌行各條謹逐一臚列奏
聞
一凡外番洋船及本港洋船未進虎門之先必
在洋面三門地方灣泊候風進口其附近三
門之南沙寧州等村每有鄉民漁船接運私
貨寄頓村内乘便裝運來者不入虎門私由
鎮口走漏該口雖設有税館向上稽查出口
之船徵其貨税入口船隻從不盤驗是以奸
徒得以走私今臣等嚴飭守口人役凡入口
船隻亦一體盤驗以杜走私之逕
一洋船進口俱在黃埔灣泊其附近之深井村
民多有能番語者於洋船灣泊處所搭蓋篷
寮貨賣蔬菜食物或縫衣剃頭因而串通夷
人每於夜深時將私貨密藏寮内便搭鄉艇
運至省城或往佛山換貨漏税臣等飭行該
地方官曉諭該村鄉民凡與夷人買賣食物
等項俱須晝集暮散不許仍蓋篷寮以滋藏
私之弊
一香山各處小廝能番語者甚多夷船一到每
有奸行覔前項小廝薦與夷商役使勾通走
私不惟諸弊叢生且以内地之人而爲外番
僮僕更爲非體臣等已嚴行禁革如有私行
薦引者查出連行商保攬并究
一夷船開行向係差人坐駕槳船送出虎門看
其放洋始回原所以護衛洋商并杜夾帶但
有不法奸徒先與洋商約定預雇捕魚繒船
及鹽埠引艇夾帶細軟貨物或由焦門或由
崖門繞道出口在洋面等候俟押送槳船回
帆即送交夷船臣等嚴飭焦門崖門守口汛
弁遇有前項船隻出口及停泊洋面者務須
實力盤查一有夾帶立即拿送盤獲之汛弁
仍酌量獎賞以示鼓勵
一夷商到省賃行居住每有各色小艇灣泊行
後引誘走私臣等嚴行示禁凡一切小艇不

广东巡抚杨永斌等奏折（雍正十三年八月初六日）

检举、盘查外商雇请渔船，绕过关口在洋面与外船交易，海关将酌量奖赏以示鼓励。（五）不准省城商馆区湾泊小艇，以防引诱走私。（六）凡商船到黄埔卸货，押船人役在外商落货之前先验明船舱，随后将货箱堆实，不许留有舱罅。（七）严令外商管束水手，禁止水手上岸放枪打弹惊扰居民。（八）地方官员如串通外商走私即行严处。此件奏折缮写时间是八月初六日，雍正帝于八月二十三日暴亡。折子由刚刚登基的乾隆帝批示：“览。要在实力奉行。”因在大丧期间，乾隆帝的御批是用墨笔书写的。

人每於夜深時將私貨窑藏寮內便搭鄉艇運至省城或往佛山換貨漏稅臣等飭行該地方官曉諭該村鄉民凡與夷人買賣食物等項俱須晝集暮散不許仍蓋蓬寮以滋藏私之弊

一香山各處小廝能番語者甚多夷船一到每有奸行覓前項小廝薦與夷商役使勾通走私不惟諸弊叢生且以內地之人而爲外番僮僕更爲非體臣等已嚴行禁革如有私行薦引者查出連行商保隣并究

一夷船開行向係差人坐駕槳船送出虎門看其放洋始回原所以護衛洋商并杜夾帶但有不法奸徒先與洋商約定預雇捕魚繒船及鹽埠引艇夾帶細軟貨物或由焦門或由崖門繞道出口在洋面等候俟押送槳船回帆即送交夷船臣等嚴飭焦門崖門守口汛弁遇有前項船隻出口及停泊洋面者務須實力盤查一有夾帶立即拿送盤獲之汛弁仍酌量獎賞以示鼓勵

一夷商到省賃行居住每有各色小艇灣泊行後引誘走私臣等嚴行示禁凡一切小艇不許附近洋行灣泊以杜弊端

一夷商置齊貨物必雇西瓜扁艇運赴黃埔下

聞伏乞

皇上睿鑒臣等謹

奏

覽要在實力奉行

雍正十三年八月　初六　日

奏

廣東巡撫臣楊永斌
粵海關副監督芬鄭伍賽 謹

奏爲奏
聞事竊照粵海關務首在剔弊除奸向有不法棍徒
在河下把持漏稅經臣等逐一嚴拿究處奸徒
已知斂跡至於一切關務臣等悉心商酌除應
隨時變通者毋庸瀆
奏外所有臣等現在酌行各條謹逐一臚列奏
聞
一凡外番洋船及本港洋船未進虎門之先必
在洋面三門地方灣泊候風進口其附近三
門之南沙寧州等村每有鄉民漁船接運私
貨寄頓村內乘便裝運來省不入虎門私由
鎮口走漏該口雖設有稅館向止稽查出口
之船徵其貨稅入口船隻從不盤驗是以奸
徒得以走私今臣等嚴飭守口人役凡入口
船隻亦一體盤驗以杜走私之逕
一洋船進口俱在黃埔灣泊其附近之深井村
船每有偷竊之弊臣等留心密查緣夷商落
貨時一切箱槓任船户堆放該船户預先開
設艙罅下貨之後由艙罅潛下艙底偷竊押
船人役在上坐立無從查覺臣等飭令押船
人役於夷商落貨之時先將船艙驗明艙板
封釘緊密隨後將貨箱堆實不許仍留艙罅
現無偷竊之弊
一夷船番廝及水稍人等每有駕艇登岸放鎗
打彈驚擾居民臣等嚴飭通事諭令各夷商
船主嚴行管束已知守法
一各處稅口雖俱遣有親信家人監同書役徵
收猶恐有通同作弊之處臣等仍責令地方
官實力稽查稍有情弊務據實稟報以憑嚴
究如該地方官通同徇隱即行參處
以上現行各條理合奏請
聖鑒再外洋船隻每年俱係六七八等月候風信順
利陸續來廣本年已到荷蘭國夷船一隻暎咭
唎國夷船四隻法蘭西國夷船一隻又本年六
月內先據電白縣稟報有暎咭唎國夷船一隻
在外洋失風有難番一十三人先下三板小船
救存等情臣等飛飭該縣將該難番遞送到省
安置驛舍臣等加意撫恤按日給與口糧并各
賞給衣帽俟有便船再酌給盤費令其附搭回

广东巡抚杨永斌等奏折（雍正十三年八月初六日）

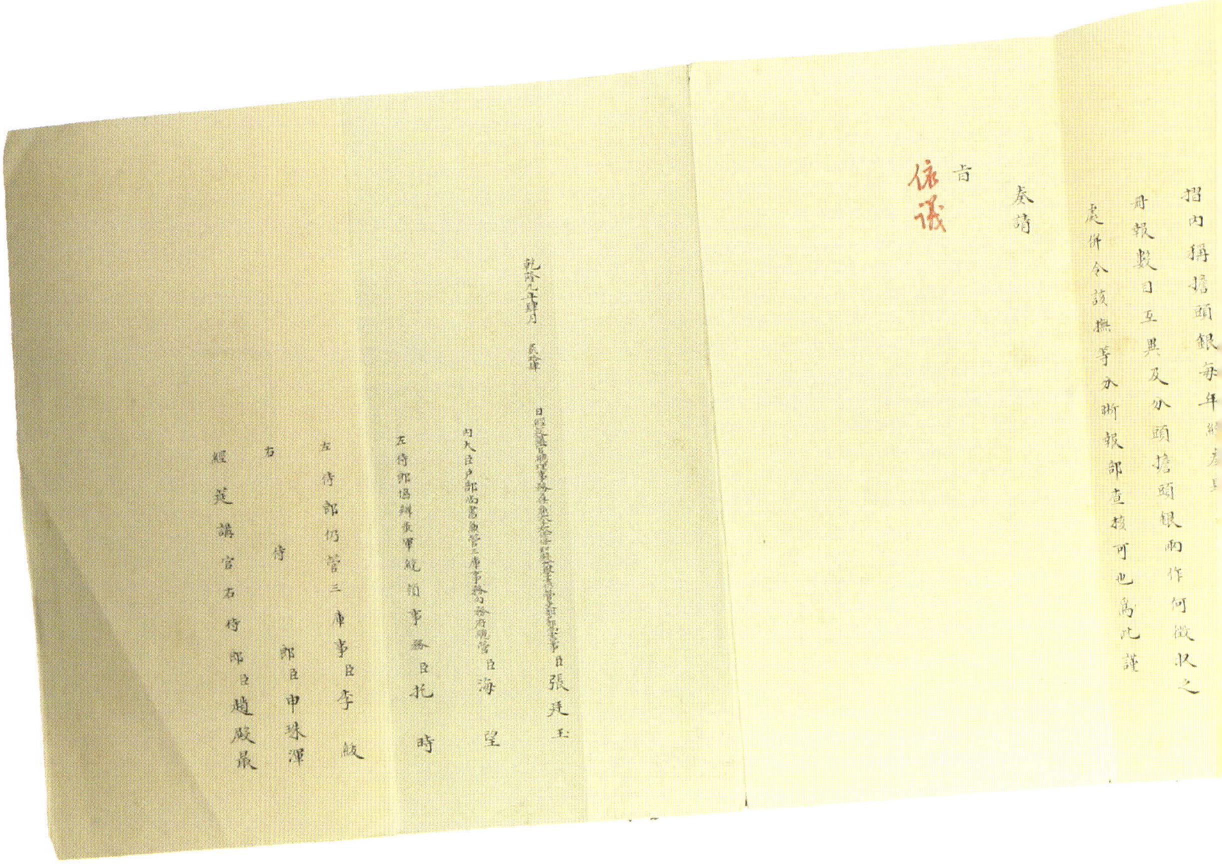

户部尚书张廷玉等奏折：

为遵议减免粤海关各稽查口杂税事

乾隆元年四月二十四日（1736 年 6 月 3 日）

由于粤海关税费日益增高，中外商人与粤海关矛盾日益尖锐。大学士张廷玉、户部尚书兼内务府总管海望、步军统领托时、左侍郎李绂、右侍郎申珠浑、右侍郎赵殿最等大臣集体上奏乾隆帝，要求减免粤海关税费，他们提出："归公是以遵循照收解部，但既收正税，又收缴送规礼，未免重叠，似应敬请邀恩，悉予减免以上各项，每年约共免银捌玖万两不等。"经过内阁议准，乾隆元年（1736）十月

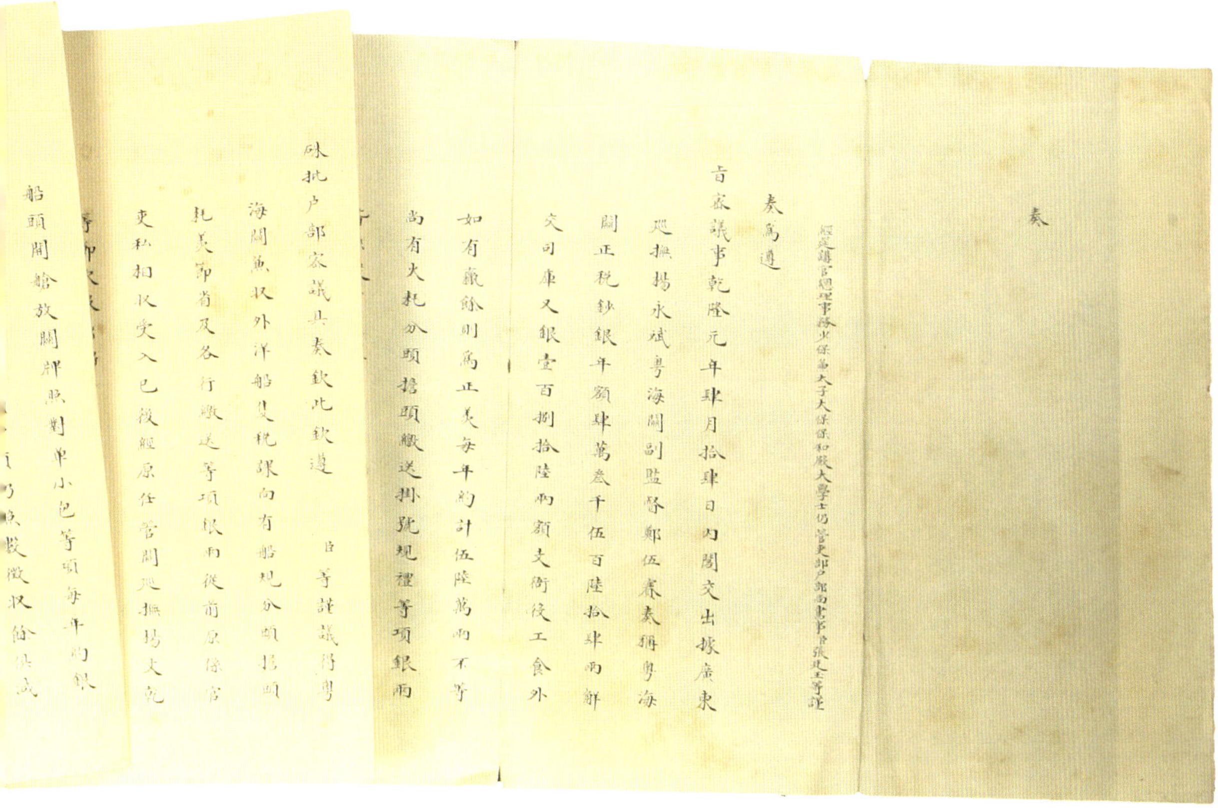
奏
經筵講官總理事務少保兼太子太保保和殿大學士仍管吏部戶部尚書事臣張廷玉等謹
奏爲遵
旨會議事乾隆元年肆月拾肆日內閣交出據廣東
巡撫楊永斌粵海關副監督鄭伍賽奏稱粵海
關正稅鈔銀年額肆萬叁千伍百陸拾肆兩零
又司庫又銀壹百捌拾陸兩額支衙役工食外
如有贏餘則爲正羨每年約計伍陸萬兩不等
尚有火耗分頭搭頭繳送掛號規禮等項銀兩
硃批戶部議具奏欽此欽遵
臣等謹議得粵
海關征收外洋船隻稅課向有船規分頭搭頭
耗羨節省及各行繳送等項銀兩從前原係官
吏私相收受入己後經原任管關巡撫楊文乾
船頭閘艙放關牌照對單小包等項每年約銀

户部尚书张廷玉等奏折（乾隆元年四月二十四日）

初四日乾隆帝决定废除雍正时期所增加的全部额外税，并下令出入口关税不得超过其祖父康熙年间所定的税率。乾隆帝谕称：“朕闻外洋红毛夹板船到广时，泊于黄埔地方，起其带炮位，然后交易。俟交易事竣，再行给还。至输税之法，每船按梁头征银二千两左右，再照则抽其货物之税，此向来之例也。乃近来夷人所带之炮，听其安放船中，而于额税之外，将伊所携置货现银另抽加一之税，名曰‘缴送’，亦与旧例不符。朕思以前洋船到广，既有起炮之例，此时仍当遵行，何得改易？至于加添‘缴送’银两，尤非朕嘉惠远人之意。着该督查照旧例按数裁减，并将朕旨宣谕各夷人知之。”

广东海关副监督郑伍赛奏折：为报告到港洋船名称事

乾隆三年八月初十日（1738年9月23日）

由于海禁的放开，外国船只前来贸易逐渐增多。据统计，从康熙二十四年至乾隆二十二年（1685—1757），西方国家来中国的江、浙、闽、粤四海关贸易的船只共有312艘，其中到黄埔港的有279艘，占总数的89%。在郑伍赛的这份奏折里，就详述了乾隆三年14只进口的具体船只情况。

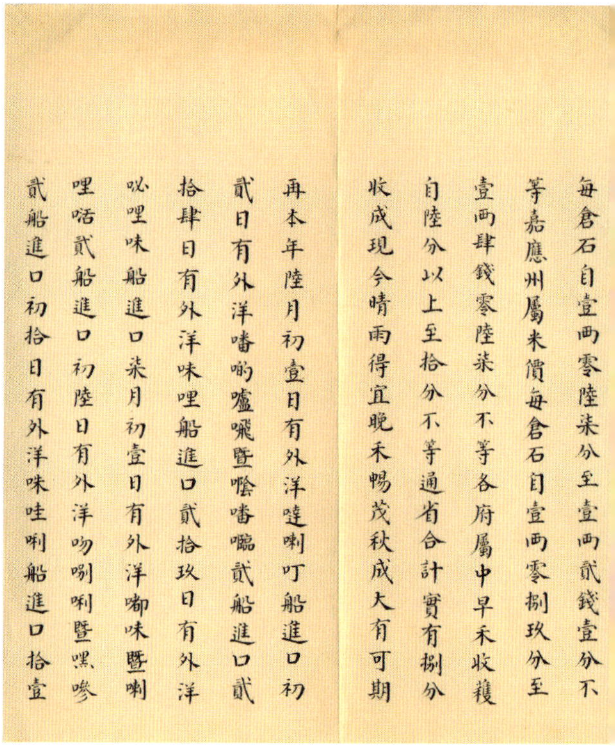
每倉石自壹兩零陸柒分至壹兩貳錢壹分不
等嘉應州屬米價每倉石自壹兩零捌玖分至
壹兩肆錢零陸柒分不等各府屬中早禾收穫
自陸分以上至拾分不等通省合計實有捌分
收成現今晴雨得宜晚禾暢茂秋成大有可期
再本年陸月初壹日有外洋嗹喇叮船進口初
貳日有外洋嗜哟嚧囉暨噲嗜嚙貳船進口貳
拾肆日有外洋味哩船進口貳拾玖日有外洋
吣哩味船進口柒月初壹日有外洋嘟味暨喇
哩啱貳船進口初陸日有外洋吻唎唎暨嘿嘇
貳船進口初拾日有外洋味哇喇船進口拾壹

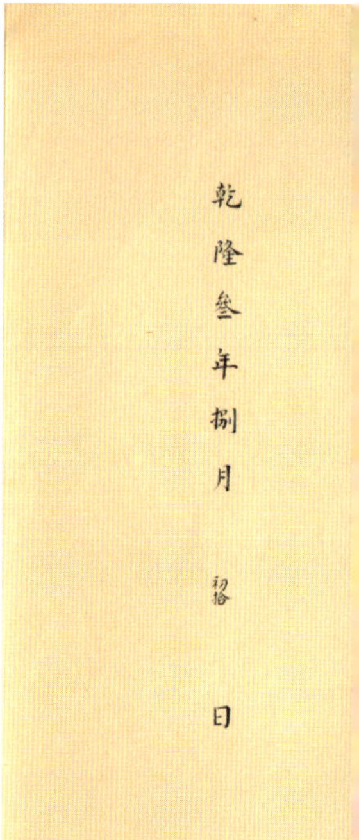
乾隆叁年捌月初拾日

广东海关副监督郑伍赛奏折
（乾隆三年八月初十日）

奏

廣東海關副監督戶部員外郎奴才鄭伍賽跪

奏爲奏

聞事竊照廣東省城自春徂夏雨暘時若禾苗茂盛

茲早稻登場米有高下之分價有低昂之數查

廣州府屬市米每倉石價銀自玖錢叁分至壹

兩叁錢壹貳分不等南雄府屬米價每倉石自

玖錢壹貳分至壹兩壹錢貳叁分不等韶州府

屬米價每倉石自捌錢肆伍分至壹兩壹錢叁

肆分不等惠州府屬每米倉石價銀自捌錢叁

肆分至壹兩貳錢壹貳分不等潮州府屬米價

每倉石自捌錢柒捌分至壹兩零捌玖分不等

肇慶府屬每倉石米價自捌錢伍陸分至壹兩

伍錢壹貳分不等高州府屬米價每倉石自捌

錢伍分至壹兩不等雷州府屬米每倉石價銀

自捌錢貳叁分至壹兩壹錢叁分不等廉州府

屬米價每倉石自柒錢壹分至玖錢貳叁分不

等瓊州府屬米每倉石價銀自柒錢伍陸分至

日有外洋哈喇嗹船進口拾肆日有外洋吡咭

唎船進口拾伍日有外洋噲吣唎船進口拾玖

日有外洋啞咱嘮船進口共先到外洋船拾肆

隻照例灣泊黄埔地方一面起貨輸稅嗣有續

到另行具

奏再墺門有本港大西洋船壹隻自康熙陸拾年

間開往經今十有八年旋復向風遠至於本年

柒月拾壹日到墺門灣泊現在起貨輸稅此皆

我

皇上聖德遐孚免徵纖送以致洋人輸誠慕化益集

梯航也理合繕摺奏

聞伏祈

皇上睿鑒謹

奏

知道了

乾隆帝谕旨：

着浙海关照粤海关例加税

乾隆二十一年闰九月初十日（1756年11月2日）

暂署闽浙总督新柱奏折：

为英船不愿赴广东澳门驶至浙江定海贸易事

乾隆二十二年七月二十二日（1757年9月5日）

18世纪中叶，就在庞大而古老的清帝国以"天朝物产丰盈，无所不有"的巨大满足走向全盛的时候，欧洲大陆正孕育着一场日新月异、突飞猛进的产业革命。对华贸易方面，英国东印度公司商船的吨位从最初的200吨增至500吨，此时，对于占据对华贸易最大份额的英国而言，打开中国市场的渴望变得尤为热切。由于利益的驱使，洋商不甘于只在传统的广州口岸贸易，纷纷寻找新的商站。据两广总督杨应琚统计，乾隆二十一年（1756）到广州的洋船仅有14只，较往年甚为稀少。究其原因，是因宁波税额较轻，洋商多赴浙交易。出于对浙江海防的忧虑，乾隆帝下令浙江海关照粤海关例加税，让外商无利可图，迫使洋商仍赴广州一带通商贸易，且便于稽查。如此费尽心思，是想用不禁自绝的手段限制开往浙江的洋船。然而奇怪的是，浙海关税额的增加并没有吓跑英国商人，不久乾隆帝得到信息，英商表示，宁可多交税也要到浙江贸易。英商这种急于打开中国内地大门的试探，也为日后"一口通商"政策的提出埋下伏笔。

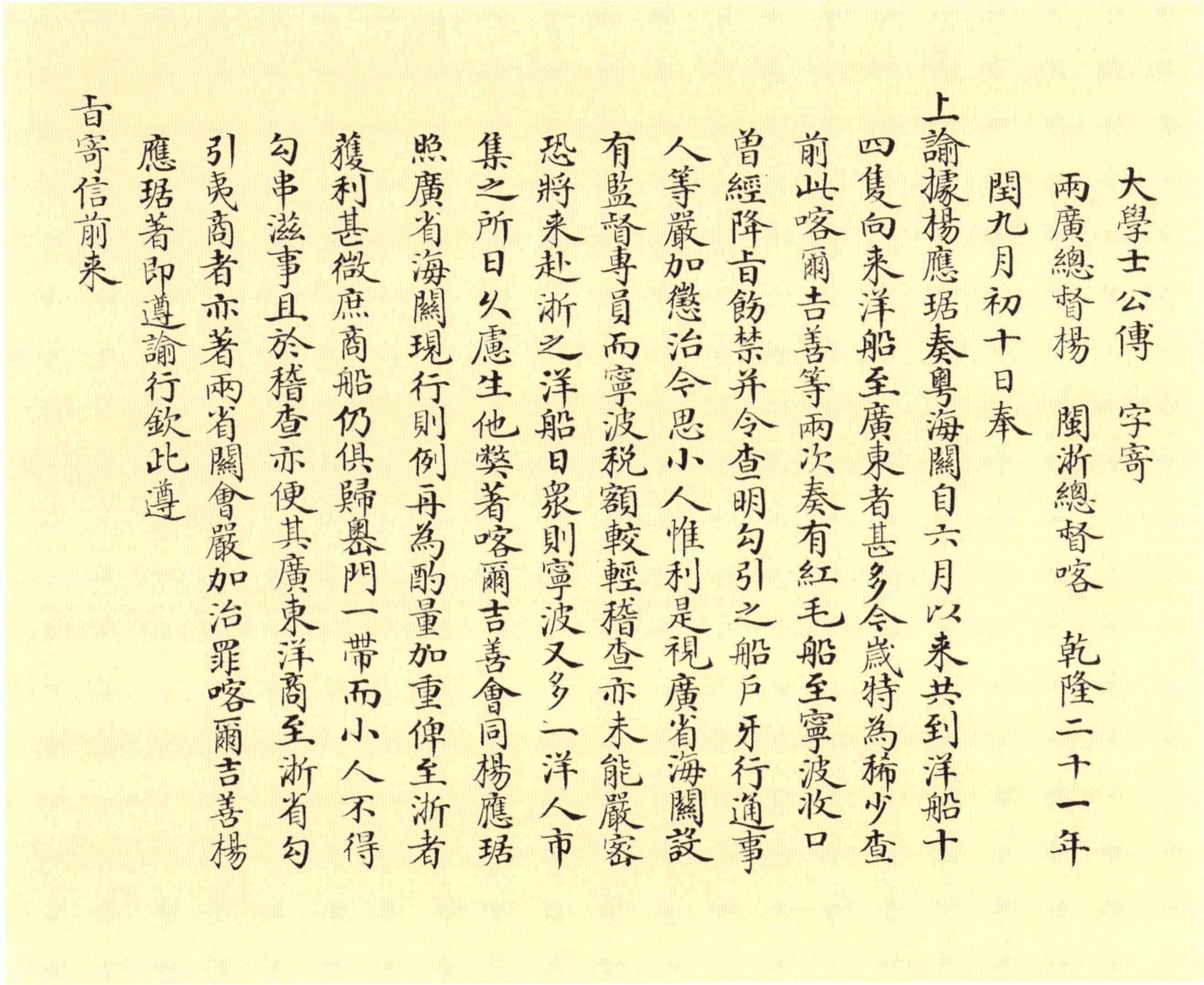

大學士公傅　字寄
兩廣總督楊　閩浙總督喀　乾隆二十一年
閏九月初十日奉
上諭據楊應琚奏粵海關自六月以来共到洋船十
四隻向来洋船至廣東者甚多今歲特為稀少查
前此喀爾吉善等兩次奏有紅毛船至寧波收口
曾經降旨飭禁并令查明勾引之船戶牙行通事
人等嚴加懲治今思小人惟利是視廣省海關設
有監督專員而寧波稅額較輕稽查亦未能嚴密
恐將来赴浙之洋船日衆則寧波又多一洋人市
集之所日久慮生他弊著喀爾吉善會同楊應琚
照廣省海關現行則例再為酌量加重俾至浙者
獲利甚微庶商船仍俱歸奧門一帶而小人不得
勾串滋事且於稽查亦便其廣東洋商至浙省勾
引夷商者亦著兩省關會嚴加治罪喀爾吉善楊
應琚著即遵諭行欽此遵
旨寄信前来

乾隆帝谕旨（乾隆二十一年闰九月初十日）

實爲貿易而來番情難信不可不預籌杜漸防
微之計仰荷
皇上聖明遠燭俯准前督臣喀爾吉善等之請另定
稅則俾其無所希冀自爲引退法至善也但查
該番船係上年十二月初八日回棹新定稅則
尚未奉文行知此次既經來寧若必嚴加拒絕
殊非
天朝柔懷遠人之意臣隨批令該道親至定海傳喚

弁兵役巡查彈壓勿使滋生事端臣復念番人
惟利是嗜內地既有加稅之條該番恐不無壟
價之弊併諭寧紹台道明白開導務須公平交
易不得昂價居奇以致貨物難銷自虧資本至
此次雖暫准其貿易誠慮源源而至寧波又成
一洋人市集之所俯容體察此番貿易實在情
形果否廣東牙行包攬把持不願再去詳細查
明與撫臣楊廷璋另行籌議具
奏外所有紅毛番船來寧臣現在飭辦緣由理合
繕摺奏
聞伏乞
皇上聖鑒謹
奏

告之楊亦告之張可也

乾隆二十二年七月　二十二　日

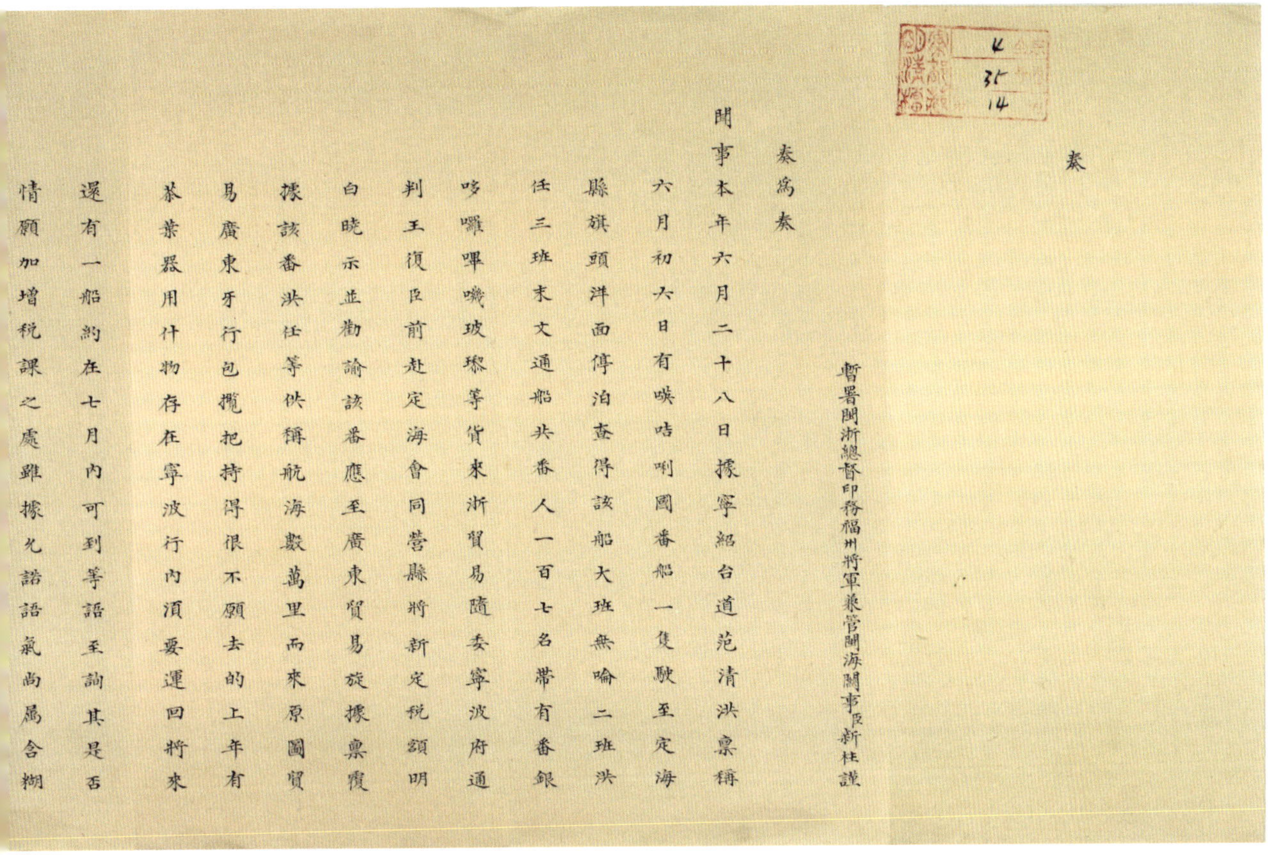

奏

暫署閩浙總督印務福州將軍兼管閩海關事臣新柱謹

奏為奏

聞事本年六月二十八日據寧紹台道范清洪稟稱

六月初六日有暎咭唎國番船一隻駛至定海

縣旗頭洋面停泊查得該船大班無喻二班洪

任三班未文通船共番人一百七名帶有番銀

哆囉嗶嘰玻瓈等貨來浙貿易隨委寧波府通

判王復臣前赴定海會同營縣將新定稅額明

白曉示並勸諭該番應至廣東貿易旋據稟覆

據該番洪任等供稱航海數萬里而來原圖貿

易廣東牙行包攬把持得很不願去的上年有

茶葉器用什物存在寧波行內須要運回將來

還有一船約在七月內可到等語至詢其是否

情願加增稅課之處雖據允諾語氣尚屬含糊

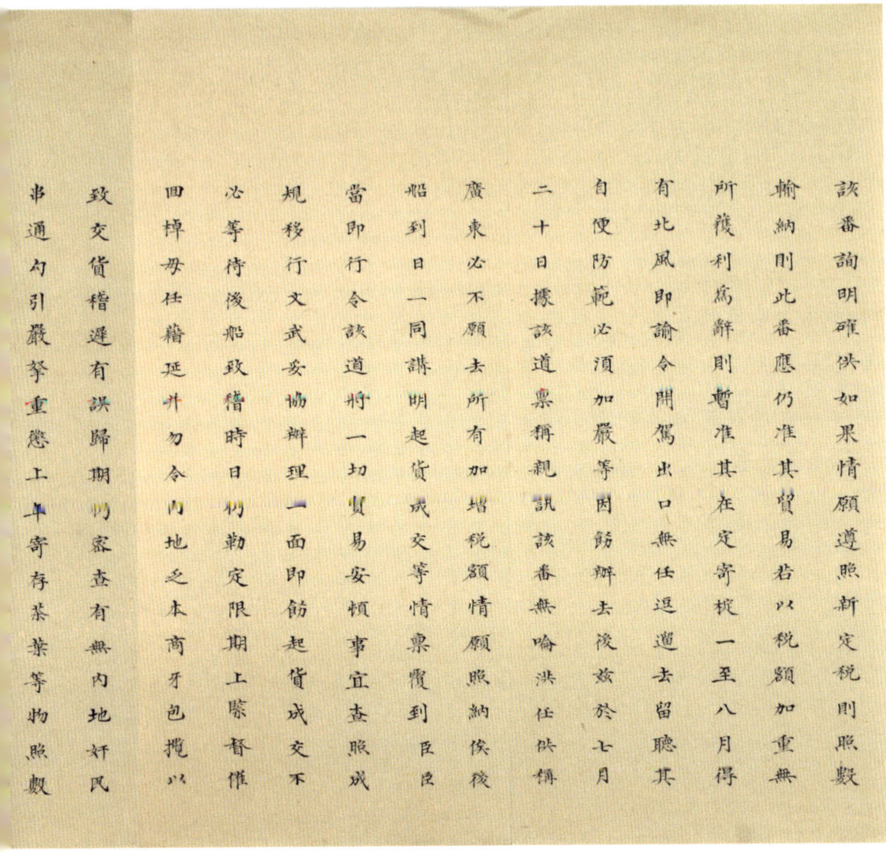

該番詢明確供如果情願遵照新定稅則照數

輸納則此番應仍准其貿易若以稅額加重無

所獲利為辭則暫准其在定寄桅一至八月得

有北風即諭令開駕出口無任逗遛去留聽其

自便防範必須加嚴等因飭辦去後茲於七月

二十日據該道稟稱親訊該番無喻洪任供稱

廣東必不願去所有加增稅額情願照納俟後

船到日一同講明起貨成交等情稟覆到臣臣

當即行令該道將一切貿易安頓事宜查照成

規移行文武妥協辦理一面即飭起貨成交不

必等待後船致稽時日仍勒定限期上緊督催

回棹毋任藉延并勿令內地之本商牙包攬以

致交貨稽遲有誤歸期仍密查有無內地奸民

串通勾引嚴拏重懲上年寄存茶葉等物照數

暂署闽浙总督新柱奏折
（乾隆二十二年七月二十二日）

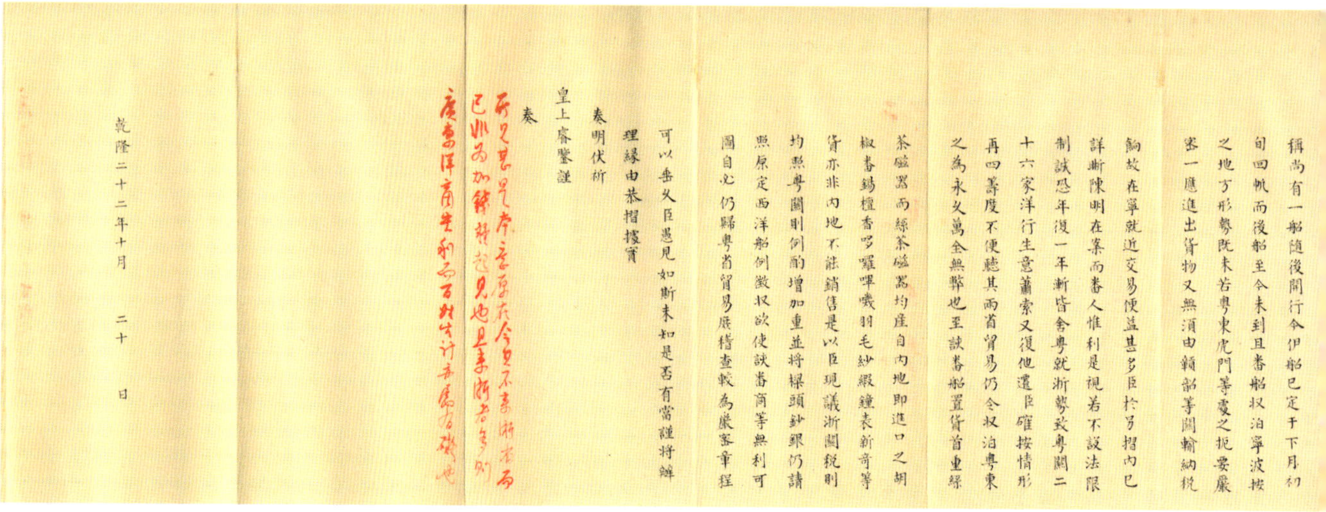

稱尚有一船隨後開行今伊船已定于下月初
旬回帆而後船至今未到且番船収泊寧波按
之地方形勢既未若粵東虎門等處之扼要嚴
密一應進出貨物又無須由韶贛等關輸納稅
餉故在寧就近交易便益甚多臣於另摺内已
詳晰陳明在案而番人惟利是視若不設法限
制誠恐年復一年漸皆舍粵就浙勢致粵關二
十六家洋行生意蕭索又復他遷臣確按情形
再四籌度不便聽其兩省貿易仍令収泊粵東
之爲永久萬全無弊也至該番船置貨首重絲
茶磁器而絲茶磁器均產自内地即進口之胡
椒番錫檀香哆囉嗶嘰羽毛紗緞鐘表新奇等
貨亦非内地不能銷售是以臣現議浙關稅則
均照粵關則例酌增加重並將樑頭鈔銀仍請
照原定西洋船例徵収欲使該番商等無利可
圖自必仍歸粵省貿易庶稽查較爲嚴密章程
可以垂久臣愚見如斯未知是否有當謹將辦
理緣由恭摺據實
奏明伏祈
皇上睿鑒謹
奏
所見甚是本意原在令其不來浙省而
已非為加錢糧起見也且來浙者多則
廣東洋商失利而百姓生計亦屬有碍也
乾隆二十二年十月　二十　日

闽浙总督杨应琚奏折：
为洋船应湾泊黄埔一地事

乾隆二十二年十月二十日（1757年12月1日）

广州历来是清政府的外贸中心，乾隆二十二年（1757），为避免洋船北上浙江贸易，清廷加重浙海关税额，并调两广总督杨应琚赴浙江办理海关事宜。刚刚离开广东的杨应琚在这份给皇帝的奏折中，回顾了广州十三行设立的原因和经营情况，并考察了虎门、黄埔一路的地理形势，最后认为对外通商应仅限于粤海关。乾隆帝采纳了他的建议，当即用朱笔批示道：“所见甚是。本意原在令其不来浙省而已，非为加钱粮起见也。且来浙者多，则广东洋商失利，而百姓生计亦属有碍也。”

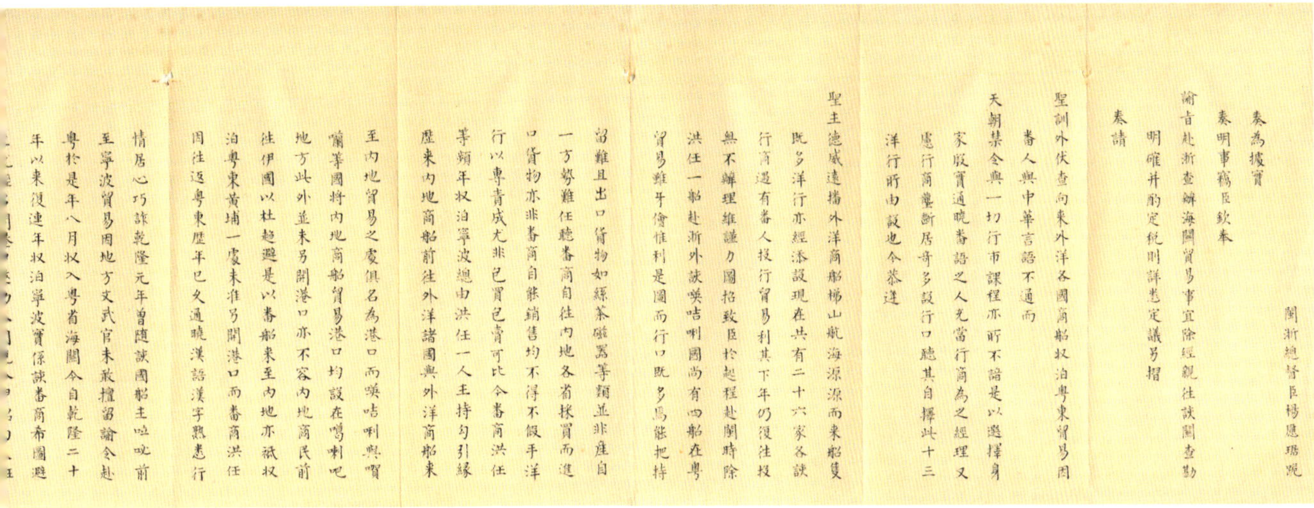
閩浙總督臣楊應琚跪
奏為據實
奏明事竊臣欽奉
諭旨赴浙查辦海關貿易事宜除經親往該關查勘
明確并酌定税則詳悉定議另摺
奏請
聖訓外伏查向來外洋各國商船収泊粵東貿易因
番人與中華言語不通而
天朝禁令與一切行市課程亦所不諳是以選擇身
家殷實通曉番語之人充當行商為之經理又
慮行商壟斷居奇多設行口聽其自擇此十三
洋行所由設也今恭逢
聖主德威遠播外洋商船梯山航海源源而來船隻
既多洋行亦經添設現在共有二十六家各該
行商遇有番人投行貿易利其下年仍復往投
無不輸理維謹力圖招致臣於起程赴閩時除
洪任一船赴浙外該暎咭唎國尚有四船在粵
貿易雖牙儈惟利是圖而行口既多焉能把持
留難且出口貨物如絲茶磁器等類並非產自
一方勢難任聽番商自往內地各省採買而進
口貨物亦非番商自能銷售均不得不假手洋
行以專責成尤非已買已賣可比今番商洪任
等頻年収泊寧波總由洪任一人主持勾引緣
歷來內地商船前往外洋諸國與外洋商船來
至內地貿易之處俱名為港口而暎咭唎與嘓
嚹等國將內地商船貿易港口均設在噶喇吧
地方此外並未另開港口亦不容內地商民前
往伊國以杜趨避是以番船來至內地亦祇収
泊粵東黃埔一處未准另開港口而番商洪任
因往返粵東歷年已久通曉漢語漢字熟悉行
情居心巧詐乾隆元年曾隨該國船主哋哋前
至寧波貿易因地方文武官未敢擅留諭令赴
粵於是年八月収入粵省海關今自乾隆二十
年以來復連年収泊寧波實係該番商希圖避

闽浙总督杨应琚奏折（乾隆二十二年十月二十日）

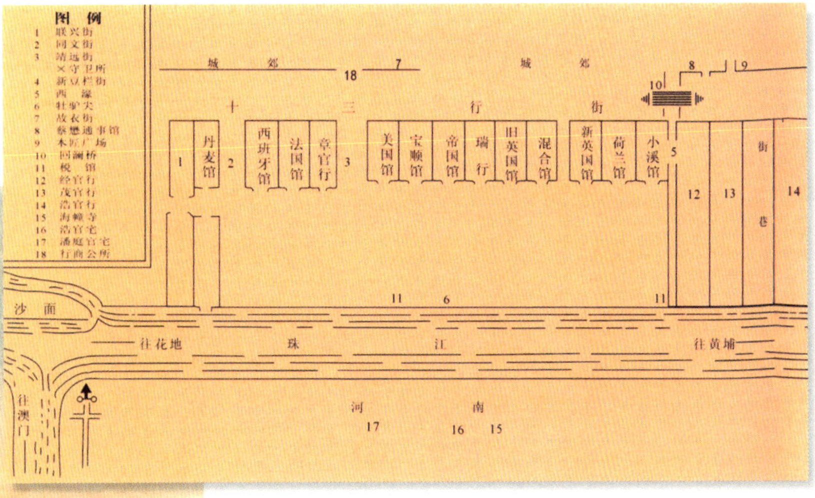

广州十三行商馆图

乾隆帝谕旨：

着令洋船只准在广东停泊交易

乾隆二十二年十一月初十日（1757 年 12 月 20 日）

闽浙总督杨应琚奏折：

为已晓谕外商洋船只准在广东收泊交易事

乾隆二十二年十二月十一日（1758 年 1 月 20 日）

暂署两广总督李侍尧奏折：

为传谕外商口岸定于广东不得赴浙省贸易事

乾隆二十二年十二月十九日（1758 年 1 月 28 日）

面对接踵而至的外国商船，乾隆帝断然在沿海实行防范洋人、隔绝中外的限关政策，下令外商“将来只许在广东收泊交易，不得再赴宁波”，他认为只有这样，“不特浙省海防得以肃清，且与粤民生计，并赣、韶等关均有裨益”。这就是给大清国的海疆政策带来划时代变动的“一口通商”上谕。从此，清廷仅留粤海关一口对外通商，沿海各关向西方商船关上了大门。广州成为清政府唯一合法的外贸特区，中国与世界的贸易全部聚集于此。特殊的政策环境，使黄埔港迎来了百舸争流的辉煌盛况。乾隆帝“一口通商”决策是继康熙晚年禁海和雍正初年禁教之后，清朝以禁为防海疆政策的延续和发展，亦是中国对外贸易史上的一大转折，它使粤海关独揽外贸持续了 85 年，直至鸦片战争侵略者用炮舰轰开中国大门为止。

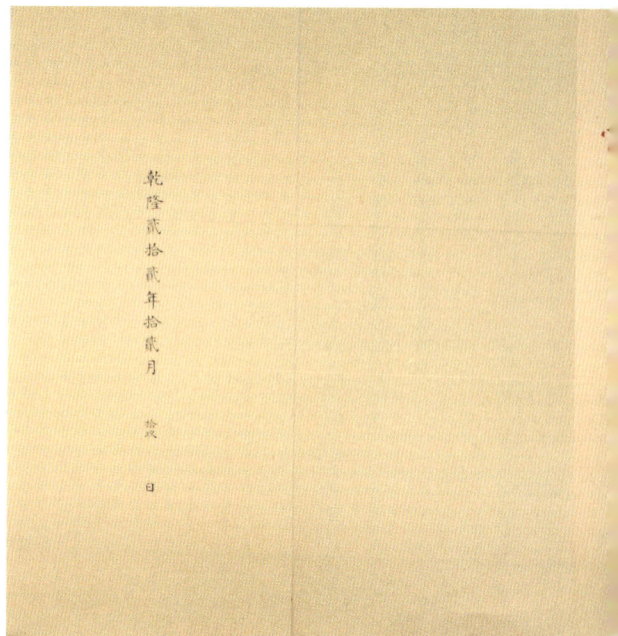

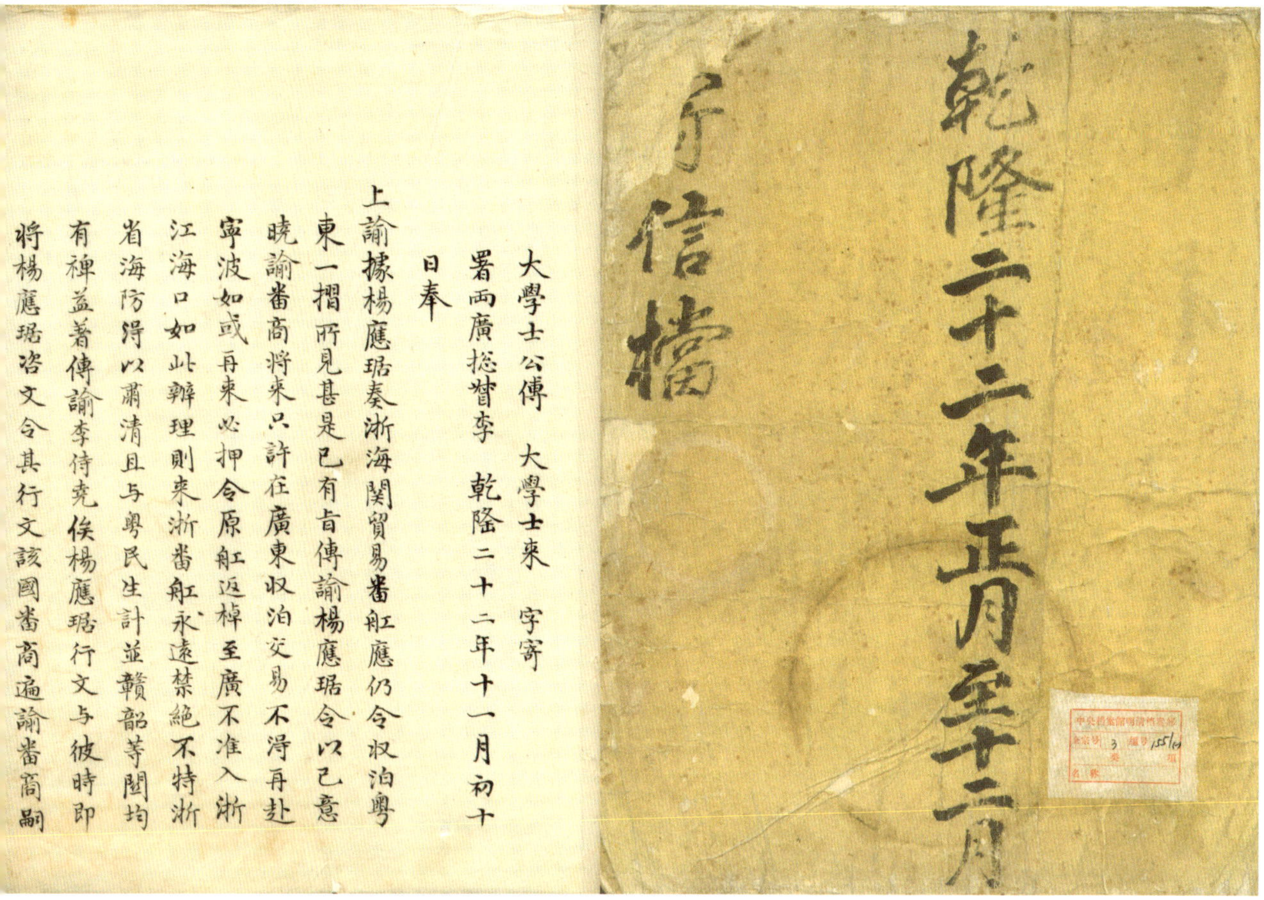

大學士公傅　大學士來　字寄
署兩廣總督李　乾隆二十二年十一月初十
日奉

乾隆帝谕旨（乾隆二十二年十一月初十日）

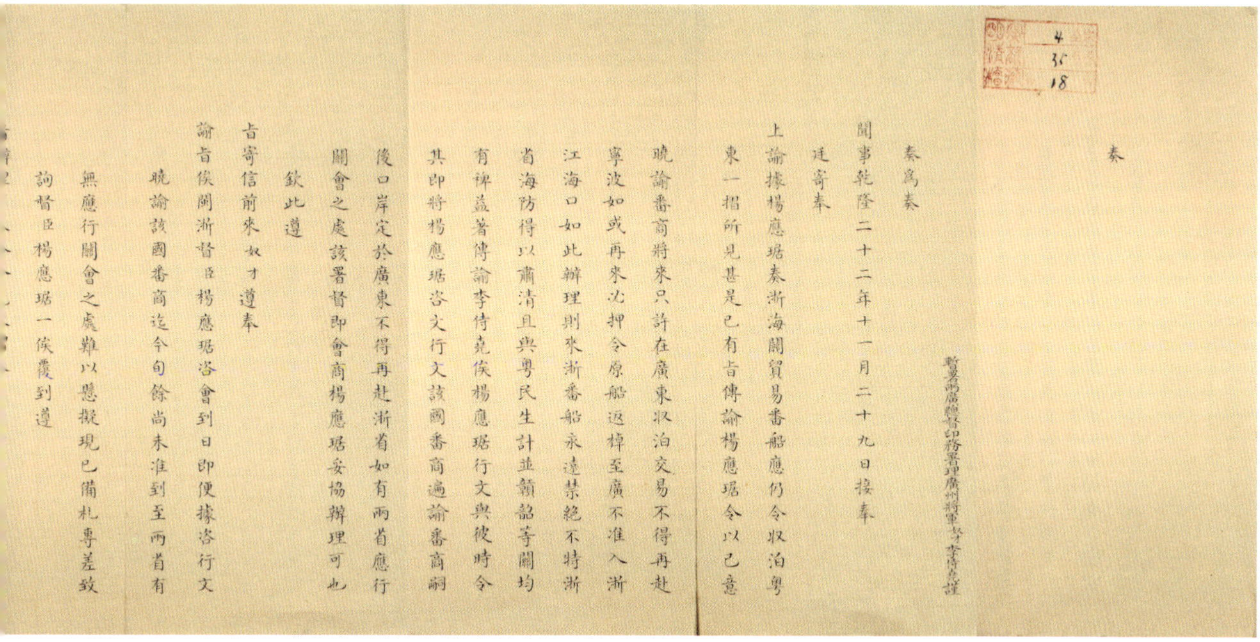

奏
暫署兩廣總督印務署理廣州將軍奴才李侍堯謹
奏為奏
聞事乾隆二十二年十一月二十九日接奉
廷寄奉
上諭據楊應琚奏浙海關貿易番船應仍令収泊粵
東一摺所見甚是已有旨傳諭楊應琚令以己意
曉諭番商將來只許在廣東収泊交易不得再赴
寧波如或再來必押令原船返棹至廣不准入浙
江海口如此辦理則來浙番船永遠禁絶不特浙
省海防得以肅清且與粵民生計並贛韶等關均
有裨益著傳諭李侍堯俟楊應琚行文與彼時令
其即將楊應琚咨文行文該國番商遍諭番商嗣
後口岸定於廣東不得再赴浙省如有兩省應行
關會之處該署督即會商楊應琚妥協辦理可也
欽此遵
旨寄信前來奴才遵奉
諭旨俟閩浙督臣楊應琚咨會到日即便據咨行文
曉諭該國番商迄今旬餘尚未准到至兩省有
無應行關會之處難以懸擬現已備札專差致
詢督臣楊應琚一俟覆到遵

暂署两广总督李侍尧（乾隆二十二年十二月十九日）

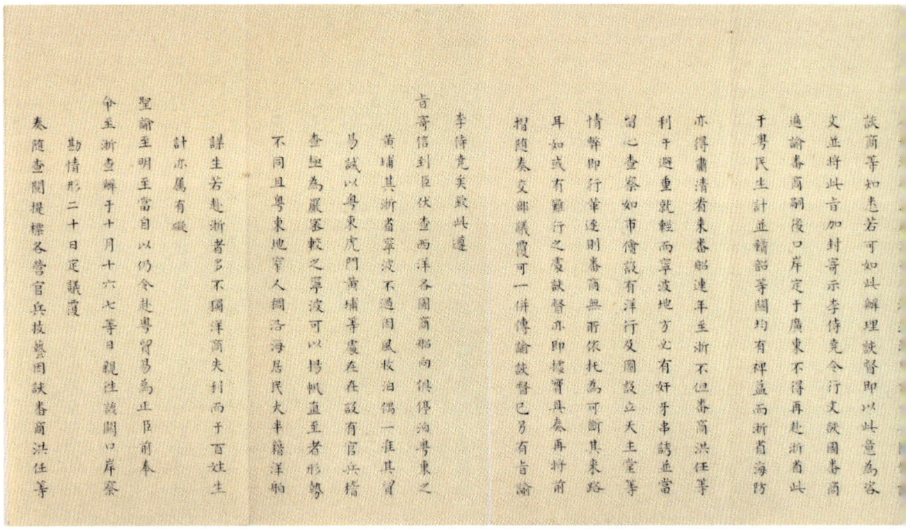
該商等如恵若可如此辦理該督即以此意為咨
文並將此旨加封寄示李侍堯令行文該國番商
遍諭番商嗣後口岸定于廣東不得再赴浙省此
于粵民生計並贛韶等關均有裨益而浙省海防
亦得肅清看來番船連年至浙不但番商洪任等
利于避重就輕而寧波地方必有奸牙串誘並當
留心查察如市儈設有洋行及圖設立天主堂等
情弊即行革逐則番商無所依托為可斷其來路
耳如或有難行之處該督亦即據實具奏再將前
摺隨奏交部議覆可一併傳諭該督已另有旨諭
李侍堯矣欽此遵
旨寄信到臣伏查西洋各國商船向俱停泊粵東之
黄埔其浙省寧波不過因風伏泊偶一准其貿
易誠以粵東虎門黄埔等處在在設有官兵稽
查經為嚴密較之寧波可以揚帆直至者形勢
不同且粵東地窄人稠沿海居民大半藉洋船
謀生若赴浙者多不獨洋商失利而于百姓生
計亦屬有礙
聖諭至明至當自以仍令赴粵貿易為正臣前奉
命至浙查辦于十月十六七等日親往該關口岸察
勘情形二十日定議覆
奏隨查閱提標各營官兵技藝因該番商洪任等

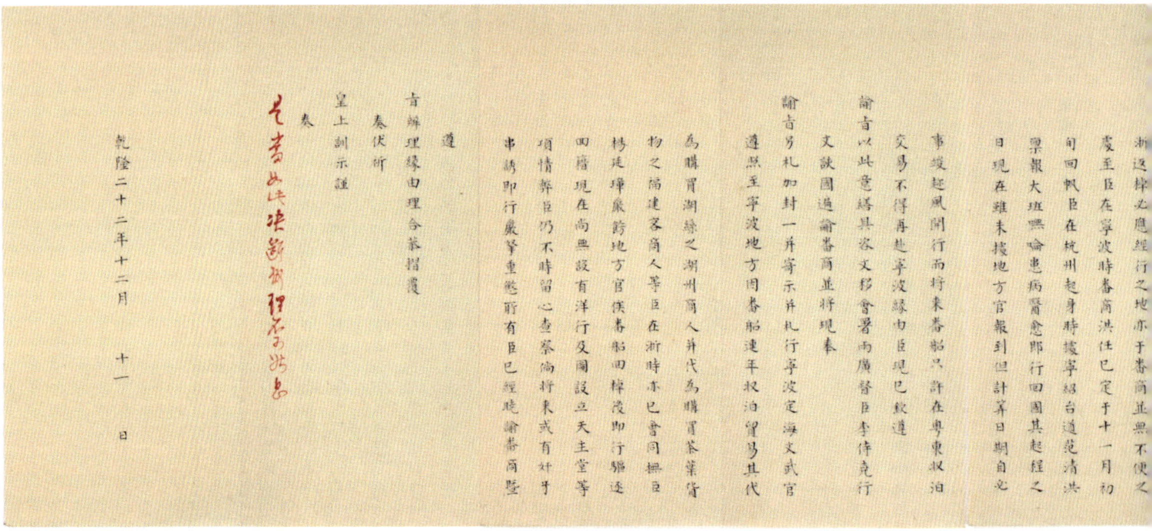
浙返棹必應經行之地亦于番商並無不便之
處至臣在寧波時番商洪任已定于十一月初
旬回帆臣在杭州起身時據寧紹台道范清洪
稟報大班嘸噲患病醫愈即行回國其起程之
日現在雖未據地方官報到但計算日期自必
事竣趁風開行而將來番船只許在粵東收泊
交易不得再赴寧波緣由臣現已欽遵
諭旨以此意繕具咨文移會署兩廣督臣李侍堯行
文該國遍諭番商並將現奉
諭旨另札加封一并寄示并札行寧波定海文武官
遵照至寧波地方因番船連年收泊貿易其代
為購買湖絲之湖州商人并代為購買茶葉貨
物之福建客商人等臣在浙時亦已會同撫臣
楊廷璋嚴飭地方官俟番船回棹後即行驅逐
回籍現在尚無設有洋行及圖設立天主堂等
項情弊臣仍不時留心查察倘將來或有奸牙
串誘即行嚴拏重懲所有臣已經曉諭番商暨
遵
旨辦理緣由理合恭摺覆
奏伏祈
皇上訓示謹
奏
已有旨如此決斷料理[illegible]
乾隆二十二年十二月　十一　日

闽浙总督杨应琚奏折（乾隆二十二年十二月十一日）

奏
閩浙總督臣楊應琚跪
奏為欽奉
上諭事乾隆二十二年十二月初八日承准
內廷寄字十一月初十日奉
上諭楊應琚所奏勘定浙海關徵收洋船貨物酌補
贛船關稅及樑頭等款并請用內府司員督理關
務一摺已批該部議奏及觀另摺所奏所見甚是
前摺竟不必交議從前令浙省加定稅則原非為
增添稅額起見不過以洋商意在圖利使其無利
可圖則自歸粵省收泊乃不禁之禁耳今浙省出
洋之貨物價值既賤於廣東而廣東收口之路稽
查又加嚴密即使補徵關稅樑頭而官辦祇能得
其大槩商人計析秋毫但予以可乘終不能強其
舍浙而就廣也粵省地窄人稠沿海居民大半藉
洋舶謀生不獨洋行之二十六家而已且虎門黃
埔在在設有官兵較之寧波之可以揚帆直至者
形勢亦異自以仍令赴粵貿易為正本年來船雖
已照上年則例辦理而明歲赴浙之船必當嚴為
禁絕但此等貿易細故無煩重以綸音可傳諭楊
應琚令以己意曉諭番商以該督前任廣東總督
時兼管關務深悉爾等情形凡番船至廣即嚴飭
行戶善為料理並無與爾等不便之處此該商等
所素知今經調任浙閩在粵在浙均所管轄原無
現任郡城知臣在波即于二十一日令寧紹台
道范清洪詳加曉諭言臣前于廣東總督任內
兼管關務備悉番商貿易情形凡遇番船至廣
即仰體
聖主懷柔遠人至意嚴飭行戶善為料理而各國番
商亦俱頻年往來貿易歷久相安此該商等所
素知今因調任浙閩東浙閩兵適閩爾等又在
寧貿易但此地向非西洋貨船聚集之所是以
歷來祇准收泊廣東即如內地商民前往外洋
除收泊該國嘈喇吧馬頭之外未容另闢港口
豈
天朝地方轉容爾等各處貿易明年仍赴廣東交易
為是若仍來浙江我必照例辦理查原定樑頭
鈔銀西洋較東洋為重粵關西洋船鈔准照東
洋徵收係特奉
恩綸並非通例浙省自應仍照原定西洋船例徵鈔
洪任因往返粵東年久又識漢字西洋樑頭稅
重伊所深知即云督院在廣我見過數次既如
此吩咐明歲不來寧波但上年伊國共有兩船
來浙回棹後伊船係就近由嘈喇吧復來尚有
一船已回本國水程較遠恐未悉原委或明年
仍來倘來浙省祈即曉諭赴廣等語是該番商
等臣于定議覆
奏之後業經詳悉曉諭而大概與現奉
聖諭內意指相符即該番商洪任等亦無他辭所有
將來番船只許在粵東收泊交易似無格礙難
行且查乾隆元年洪任隨該國船主啞吡前至
寧波因地方文武官未嚴擅留諭令赴粵即于

乾隆帝谕旨：

着令粤海关采办西洋奇异陈设不必惜费

乾隆二十三年正月初四日（1758 年 2 月 11 日）

两广总督苏昌等进单：

为向皇家进献年节洋货贡品事

乾隆二十八年十二月十八日（1764 年 1 月 20 日）

铜镀金珐琅转花葫芦式钟

来自广东的洋货贡品，为宫廷带进前所未见的新东西，增添了许多奢侈与休闲。为了满足皇帝后妃对舶来品的欲望，为天子办理内廷供应成了粤海关的重要职责。“一口通商”上谕发布后仅两个月，乾隆帝便指示粤海关采办西洋奇异陈设，尤其是宫廷里酷爱的钟表及西洋金珠奇异陈设、新样器物，且“皆可不必惜费”。乾隆时期广东洋货贡品数量之庞大和质量之上乘达到巅峰，堪称奢靡至极。

铜镀金珐琅转花葫芦式钟（故宫博物院藏）

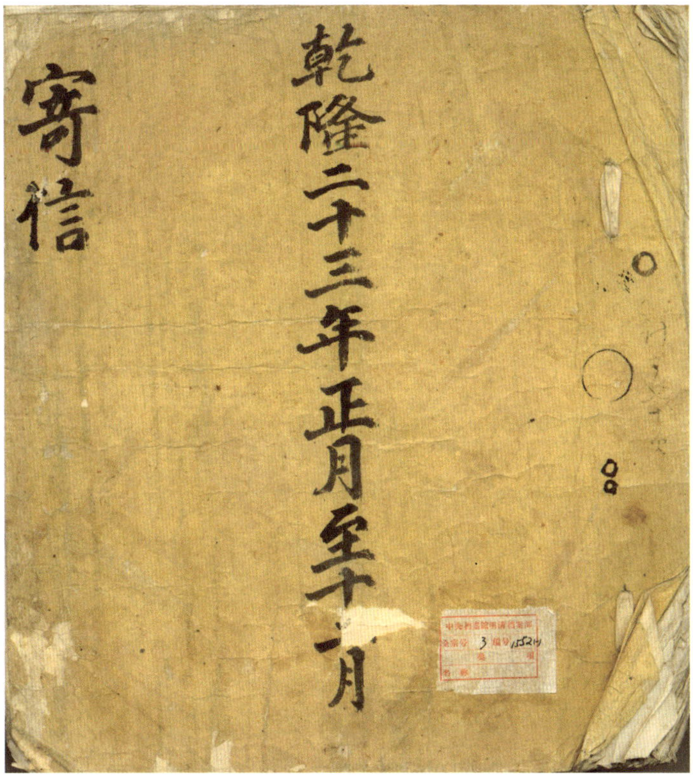
寄信
乾隆二十三年正月至十二月

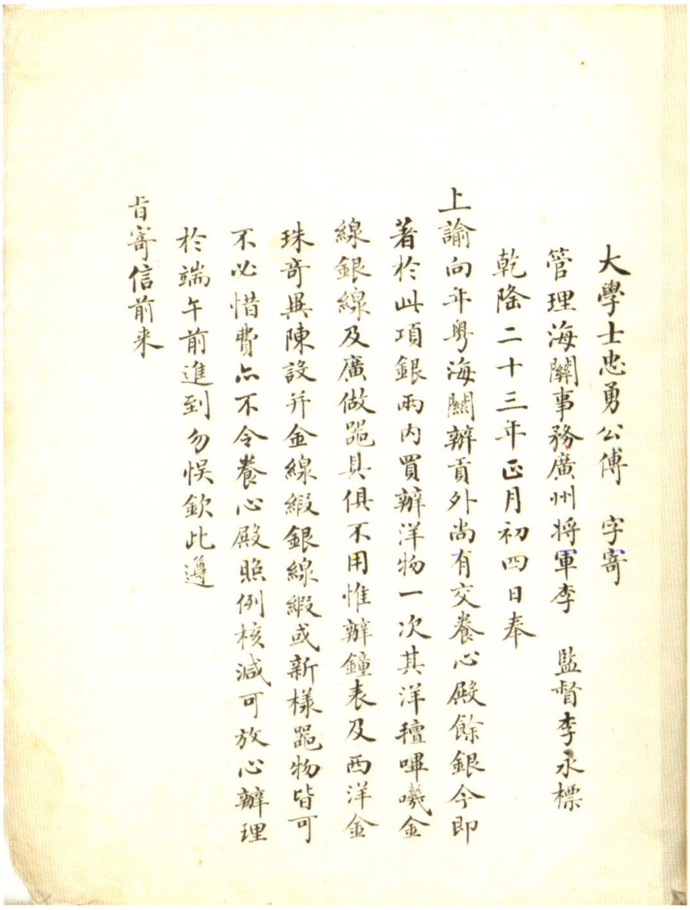
大學士忠勇公傅　字寄
管理海關事務廣州將軍李　監督李永標
乾隆二十三年正月初四日奉
上諭向年粵海關辦貢外尚有交養心殿餘銀今即
著於此項銀兩內買辦洋物一次其洋氈嗶嘰金
線銀線及廣做器具俱不用惟辦鐘表及西洋金
珠奇異陳設并金線緞銀線緞或新樣器物皆可
不必惜費亦不令養心殿照例核減可放心辦理
於端午前進到勿悞欽此遵
旨寄信前來

乾隆帝谕旨
（乾隆二十三年正月初四日）

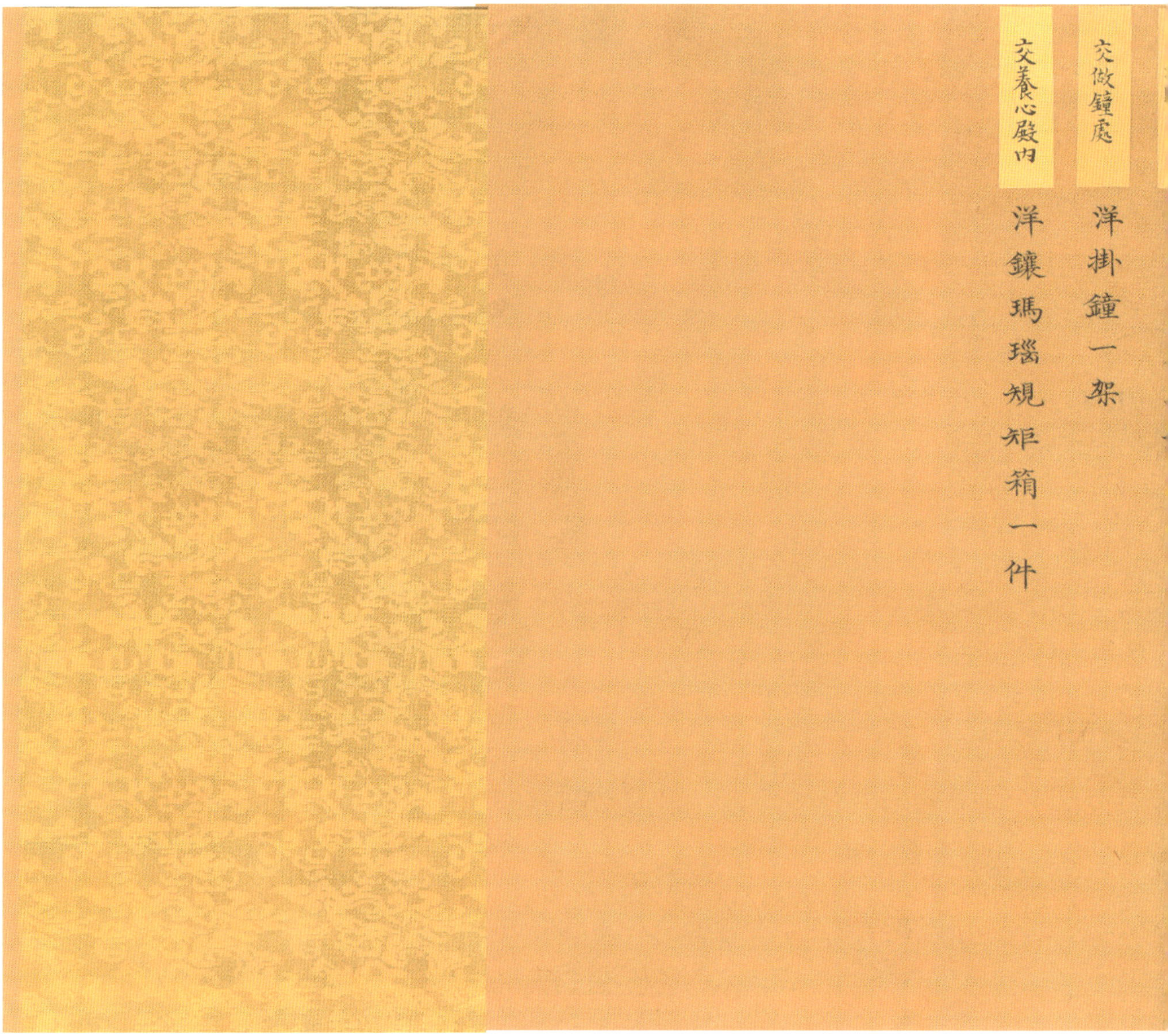

交做鐘處　洋掛鐘一架

交養心殿內　洋鑲瑪瑙規矩箱一件

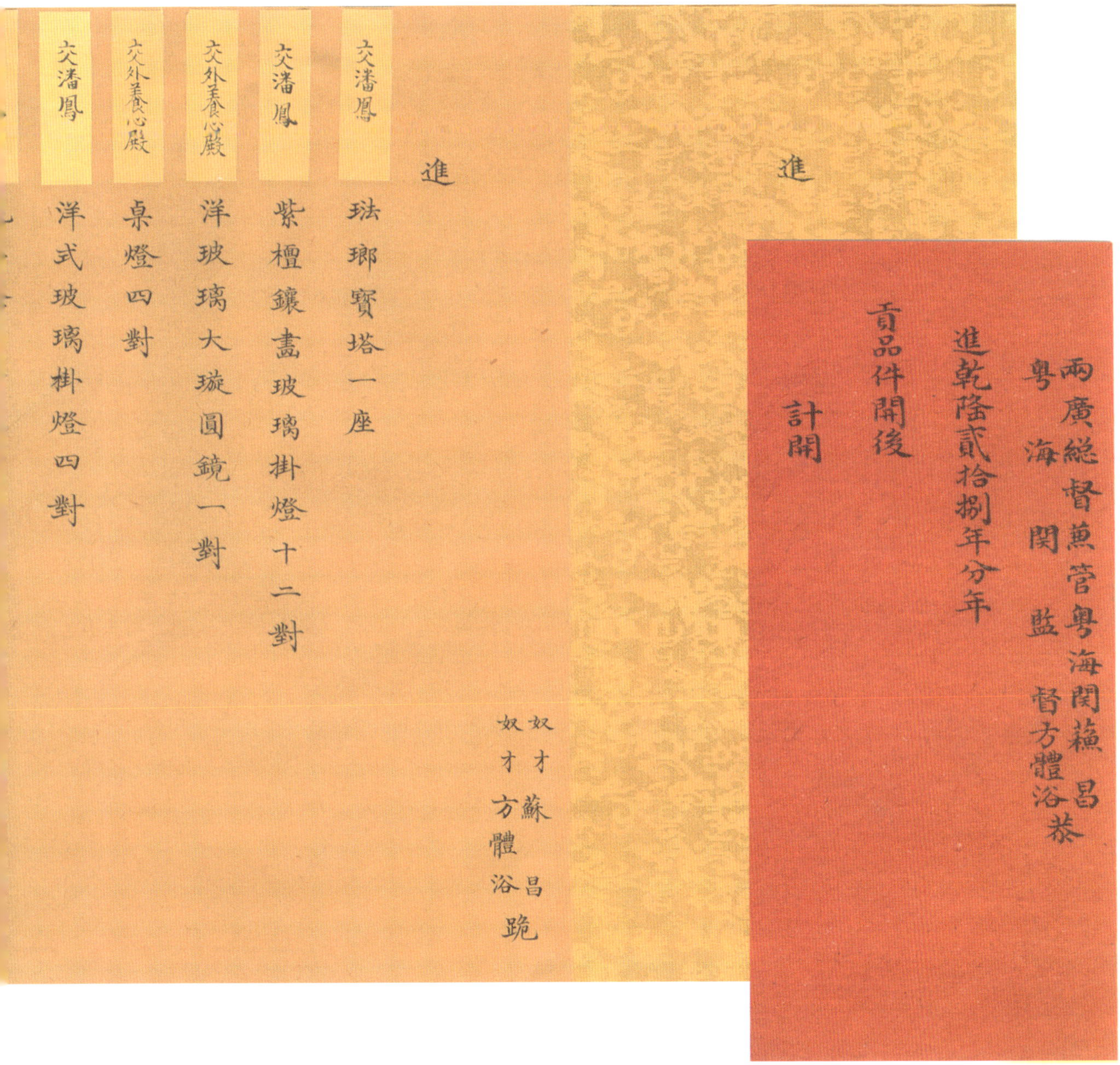

两广总督苏昌等进单（乾隆二十八年十二月十八日）

钦差大臣新柱清单：

为粤海关口岸征收洋船各项银两事

乾隆二十四年八月十九日（1759年10月9日）

两广总督李侍尧等奏折：

为粤海关关税通年征收总数事

乾隆二十四年十一月初七日（1759年12月25日）

粤海关行船执照

粤海关诸多职责中，当以税收为重。粤海关负责征收进口船只的税费，在黄埔泊地设有税馆。税费一般分为三大类：船钞，丈量船只的大小，按等级收费；正税，对进出口货物根据税则征收货税；规银，分进、出口规银，所有船只均要缴纳。船只开舱之前，必须先缴纳“规礼”和“船钞”。“规礼”是从最早的外国船只为获得进口许可所缴纳的礼银沿袭下来的；“船钞”相当于吨位税。规礼和船钞办妥后，海关即发开舱准许证，然后开始卸货，用舶艇将货物从水路运到省城十三行商馆。回程货物从十三行运到黄埔装船，由行商向海关申请离港执照。海关查明各项手续完备，关税已缴纳，便可放行。粤海关大量的关税收入，源源不断地进入皇帝个人的金库，在清宫所藏乾隆时期的奏折中存有为数众多的粤海关关于贸易税收的奏报。据档案记载，乾隆二十三年（1758）收税370037两，乾隆二十四年收税354668两。

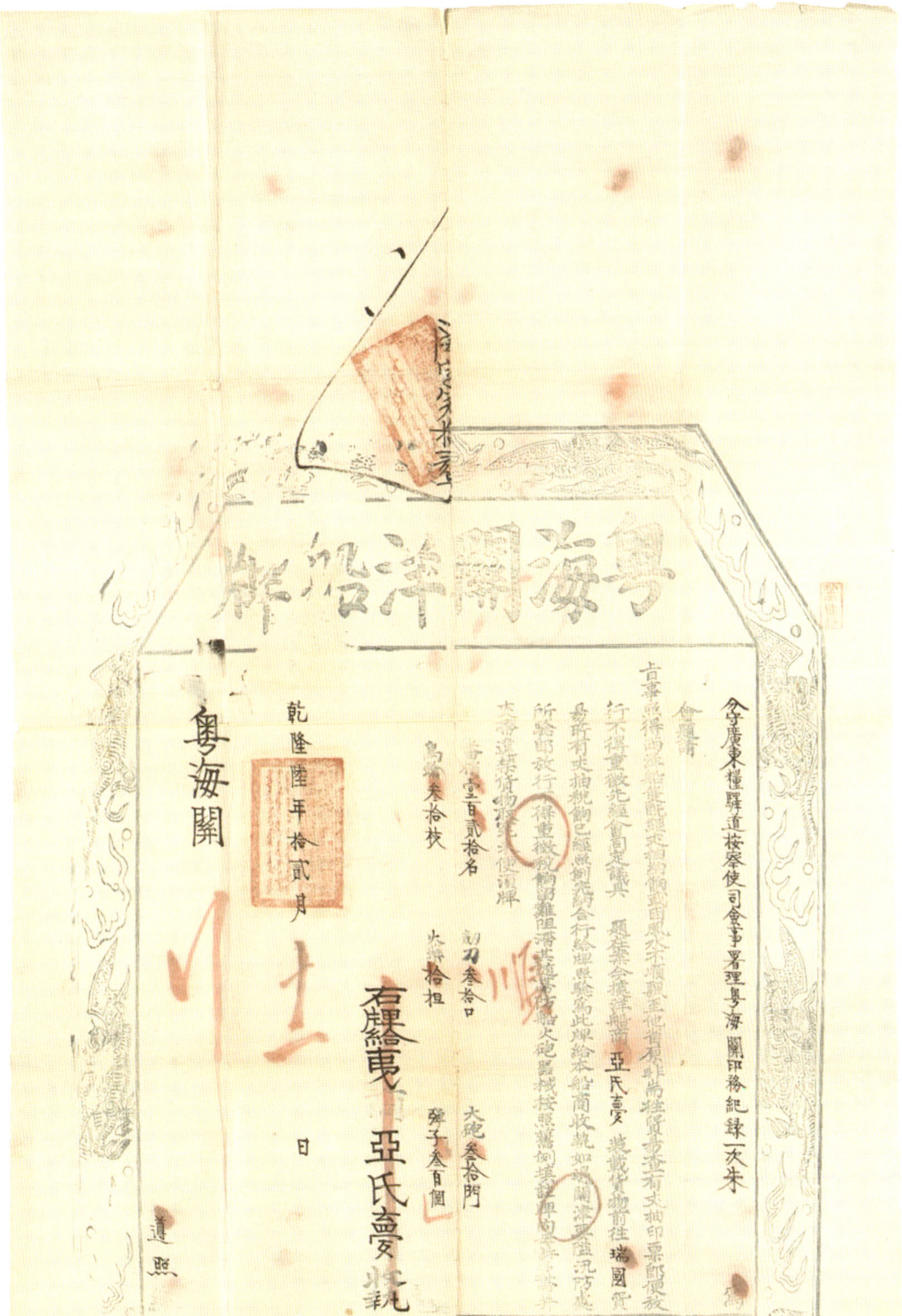

粤海關洋船牌

欽命廣東糧驛道按察使司僉事署理粤海關印務紀錄一次朱 為

會議請

旨事照得西洋船隻既經丈抽稅餉或因風水不順飄至他省[illegible]非商牲貿易查有丈抽印票即便放

行不得重徵先經會同定議具 題奉[illegible]令據洋船商 亞氏亶 裝載貨物前往瑞國貿

易所有丈抽稅餉已經照例完納合行給牌照驗爲此牌給本船商收執如遇關津要隘汛防處

所驗即放行毋得重徵稅餉留難阻滯其[illegible]船火砲器械按照舊例填註牌內毋許

夾帶違禁貨物[illegible]致干未便須牌

舵水壹百貳拾名　腰刀叁拾口　大砲叁拾門

鳥鎗叁拾枝　火藥拾担　彈子叁百個

右牌給船商 亞氏亶 收執

乾隆陸年拾貳月　日

粤海關

遵照

粤海关行船执照

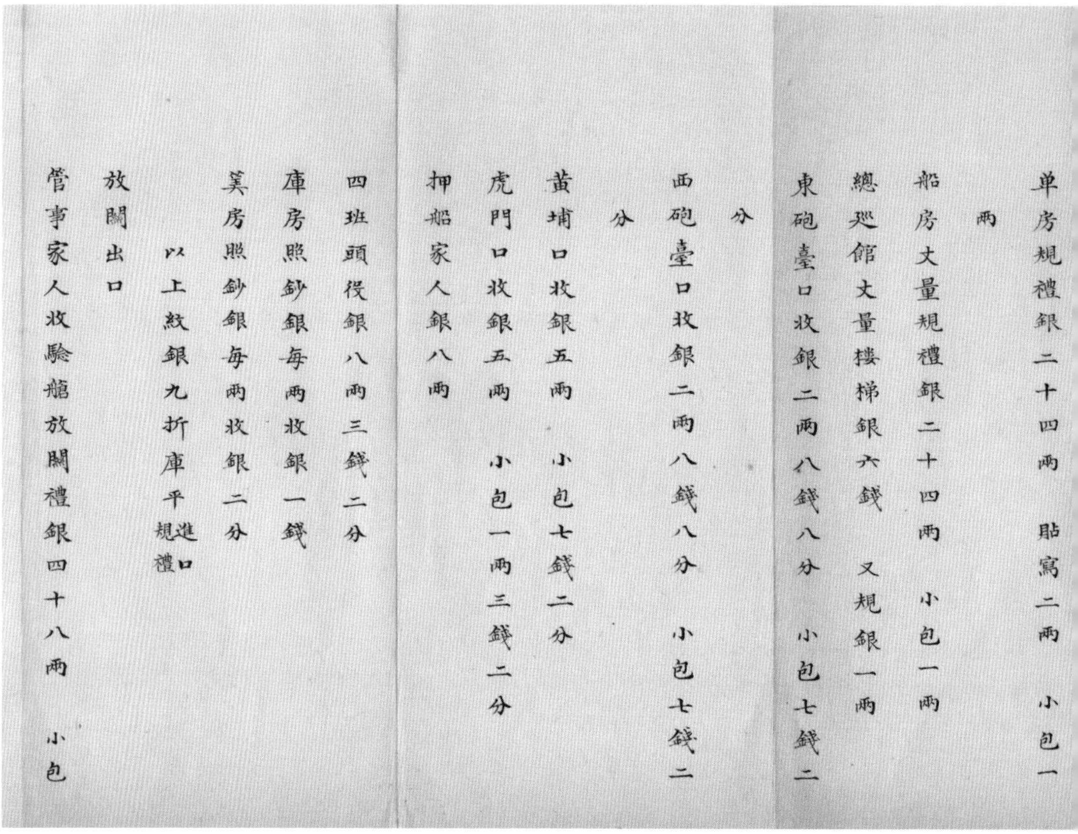
单房規禮銀二十四兩　貼寫二兩　小包一
兩
船房丈量規禮銀二十四兩　小包一兩
總巡館丈量樓梯銀六錢　又規銀一兩
東砲臺口收銀二兩八錢八分　小包七錢二
分
西砲臺口收銀二兩八錢八分　小包七錢二
分
黃埔口收銀五兩　小包七錢二分
虎門口收銀五兩　小包一兩三錢二分
押船家人銀八兩
四班頭役銀八兩三錢二分
庫房照鈔銀每兩收銀一錢
筭房照鈔銀每兩收銀二分
以上紋銀九折庫平進口規禮
放關出口
管事家人收驗艙放關禮銀四十八兩　小包

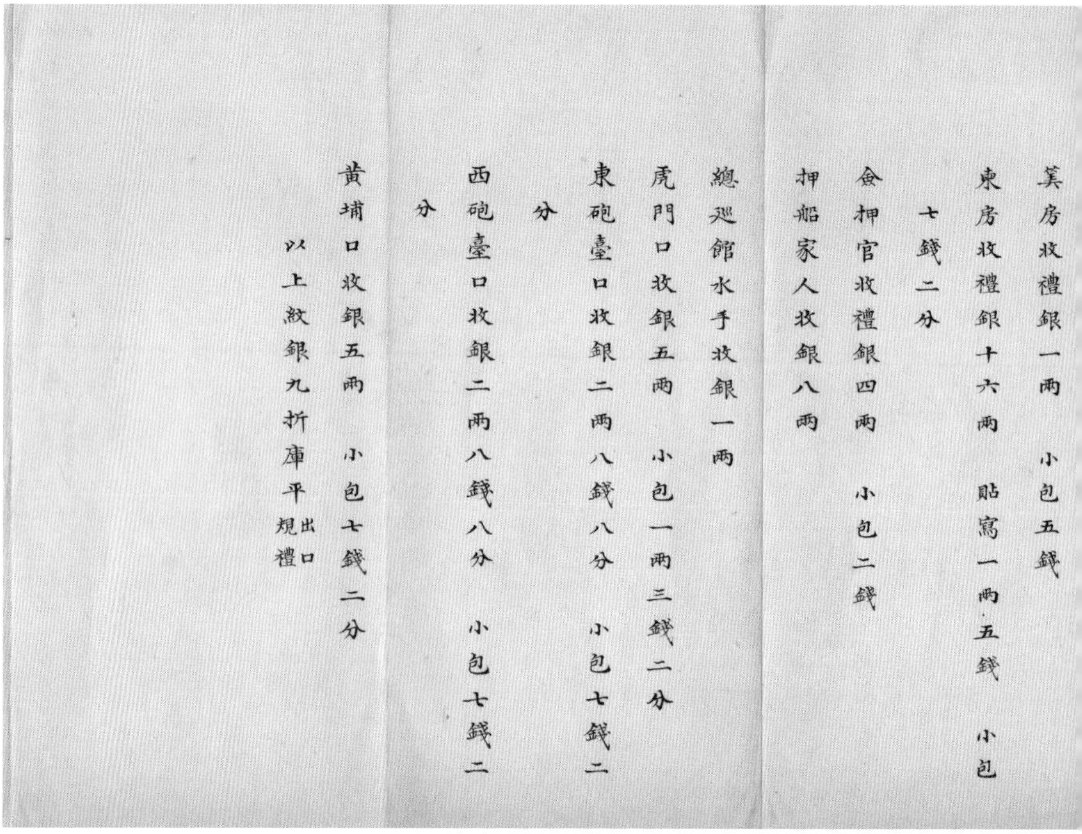
筭房收禮銀一兩　小包五錢
東房收禮銀十六兩　貼寫一兩五錢　小包
七錢二分
僉押官收禮銀四兩　小包二錢
押船家人收銀八兩
總巡館水手收銀一兩
虎門口收銀五兩　小包一兩三錢二分
東砲臺口收銀二兩八錢八分　小包七錢二
分
西砲臺口收銀二兩八錢八分　小包七錢二
分
黃埔口收銀五兩　小包七錢二分
以上紋銀九折庫平出口規禮

钦差大臣新柱清单（乾隆二十四年八月十九日）

清单

謹將粵海關徵收外洋番船進口出口各項歸
公規禮名色查照現行則例開具清单恭呈
御覽

計開

丈量洋船收大尺准船銀三十二兩

官禮銀六百兩 法蘭西加一百兩 囌喇[illegible]一百兩

通事禮銀一百兩

管事家人丈量開艙禮銀四十八兩　小包四
兩

庫房規禮銀一百二十兩　貼寫十兩　小包
四兩

四兩

庫房收禮銀一百二十兩　貼寫二十四兩
小包四兩

稿房收禮銀一百一十二兩　貼寫二十四兩
小包二兩

稿房收領牌銀一兩　小包二錢

承發房收禮銀四十兩　小包一兩四錢四分

单房收禮銀二十四兩　貼寫十二兩　小包
一兩

船房收禮銀二十四兩　貼寫八兩　小包一
兩

任扣足一年期滿通關各口共報收正雜等銀三十五萬四千六百六十八兩零比較二十三年分計少銀一萬五千三百六十九兩零查粵關每年徵收稅數向視洋船多寡以定贏絀玆二十四年分到洋船二十三隻比二十三年多到八隻但本年洋船進口較遲又因連閏扣算滿關月分趲前一月扣滿年限之時洋船俱未下貨出口其出口稅現未曾徵收應歸下年奏報是以本年稅數轉比上屆少收今奴才等循例將現收總數會同查核恭摺

奏明伏乞

皇上睿鑒謹

奏

該部核議具奏

乾隆二十四年十一月　初七　日

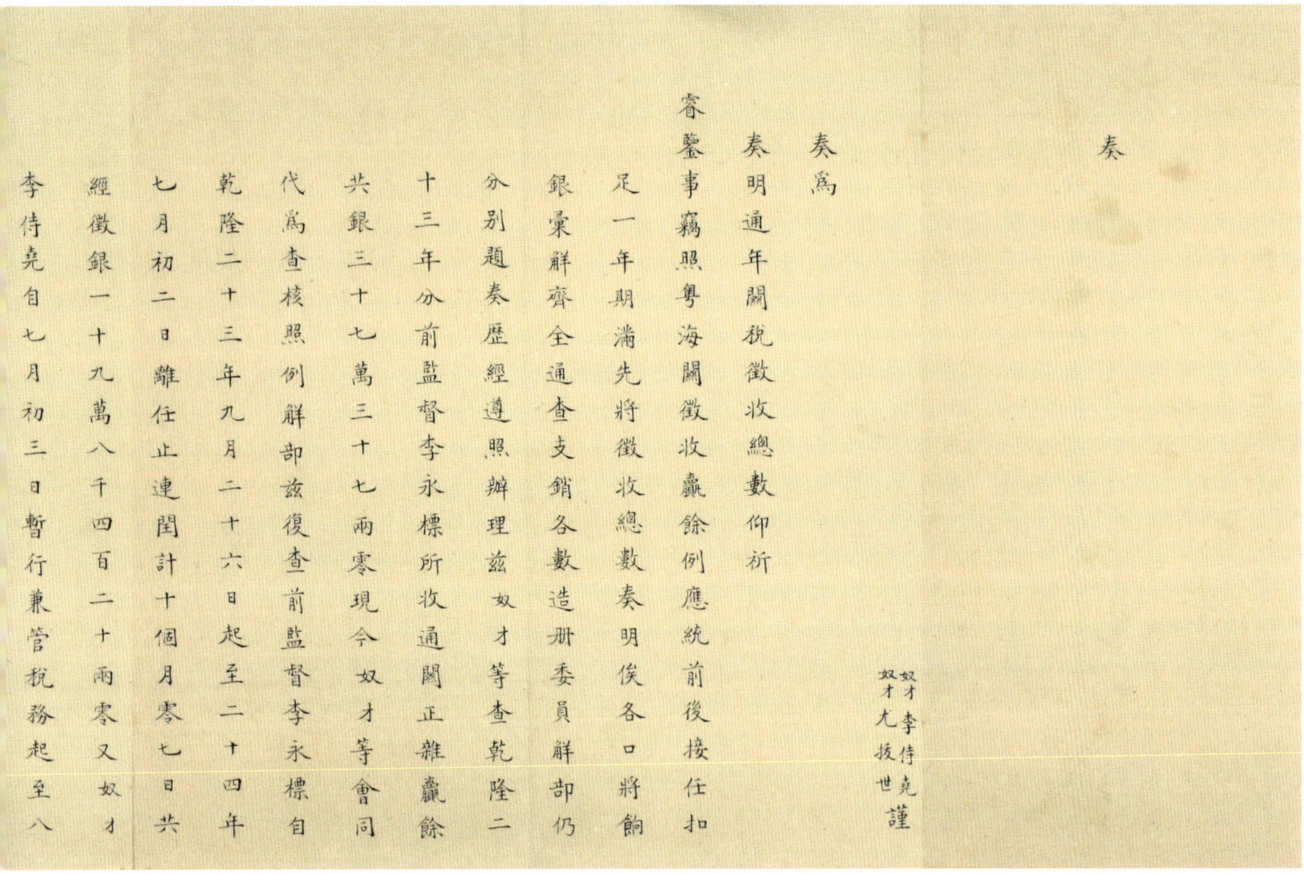

奏

奴才李侍堯
奴才尤拔世 謹

奏爲

奏明通年關稅徵收總數仰祈

睿鑒事竊照粵海關徵收贏餘例應統前後接任扣足一年期滿先將徵收總數奏明俟各口將餉銀彙解齊全通查支銷各數造冊委員解部仍分別題奏歷經遵照辦理茲奴才等查乾隆二十三年分前監督李永標所收通關正雜贏餘共銀三十七萬三十七兩零現今奴才等會同代爲查核照例解部茲復查前監督李永標自乾隆二十三年九月二十六日起至二十四年七月初二日離任止連閏計十個月零七日共經徵銀一十九萬八千四百二十兩零又奴才李侍堯自七月初三日暫行兼管稅務起至八

两广总督李侍尧等奏折（乾隆二十四年十一月初七日）

两广总督李侍尧奏折：

为酌定《防范外夷规条》事

乾隆二十四年十月二十五日（1759 年 12 月 14 日）

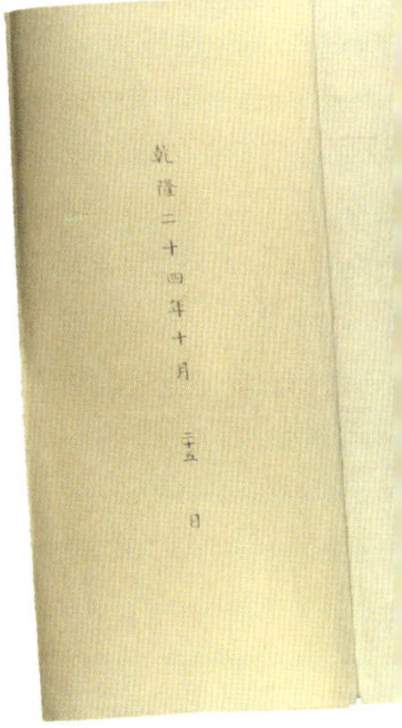

英国东印度公司通事洪任辉呈文：

为状告粤海关口岸勒索事

乾隆二十四年六月二十四日（1759 年 7 月 18 日）

“一口通商”之后，外商在中国的贸易大大受限，为了扩大在广州的通商权利，东印度公司派英国的第一位“中国通”洪任辉北上京师，向清廷控告粤海关腐败勒索和广州洋行垄断贸易。清廷受理了这桩洋人诉讼案，但最后的结果却是双方各打五十大板，粤海关监督李永标被撤职查办，洪任辉以“违例别通海口罪”，被遣送澳门圈禁三年。洪任辉事件后，清廷认识到，对于外商的稽查管理迫在眉睫。两广总督李侍尧遂制定进呈了《防范外夷规条》，加强对外商的约束和管理，得到乾隆帝批准施行。《防范外夷规条》的内容包括：禁止外商在粤省过冬；洋人事务由洋行商人管理；禁止行商借领外债和外商雇佣华人；中国民人不得与洋人私自往来；洋船停泊黄埔，添派官兵稽查。该规条也成为清朝全面管理外商、规范华洋交往方式的最初文本。在以后的嘉庆、道光时期，根据外贸形势的变化，清朝管理外商的条文几经修订，形成了一套特有的涉外通商制度。

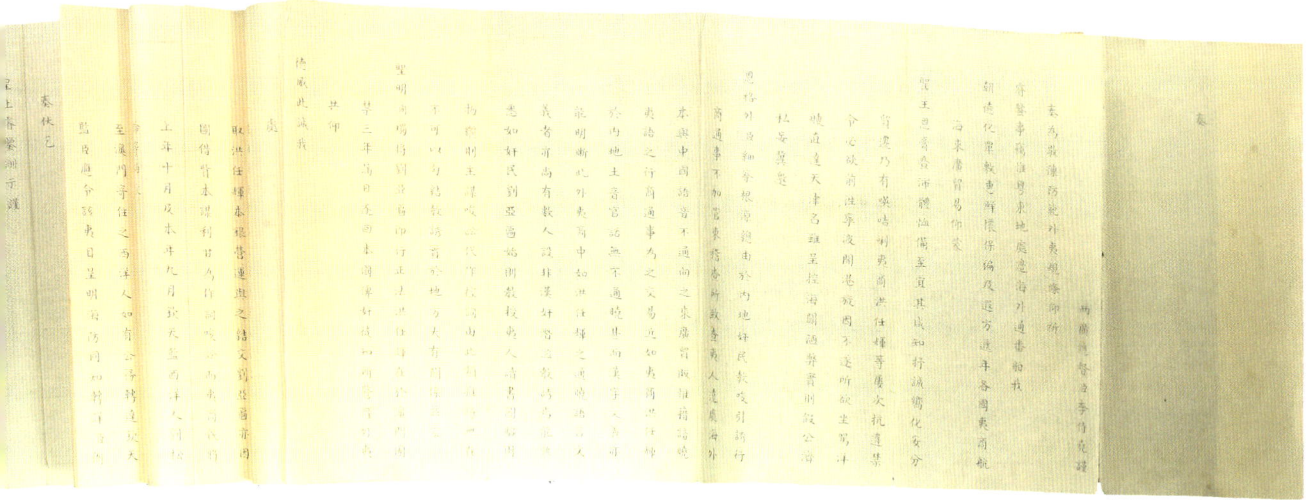

两广总督李侍尧奏折（乾隆二十四年十月二十五日）

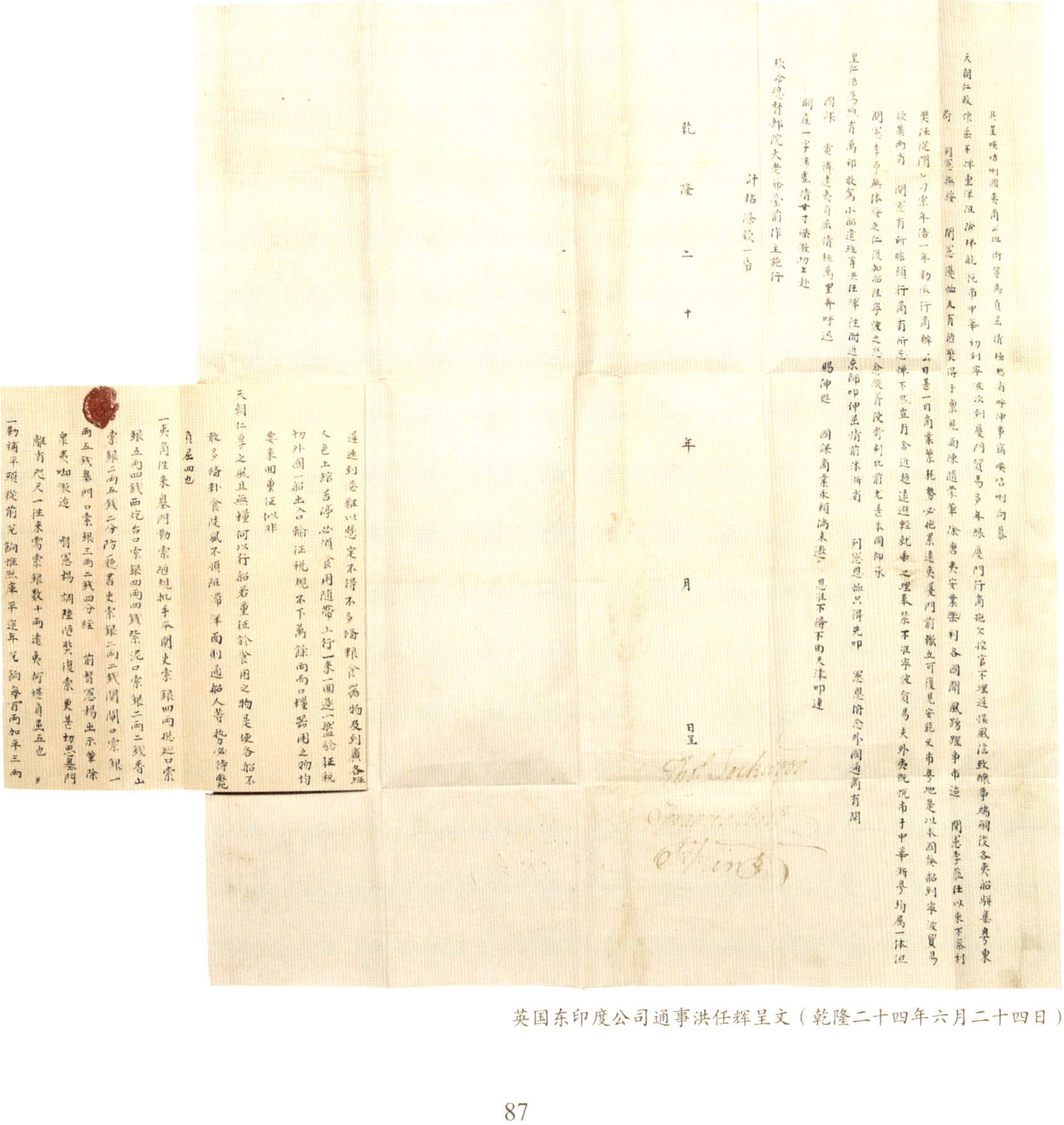

英国东印度公司通事洪任辉呈文（乾隆二十四年六月二十四日）

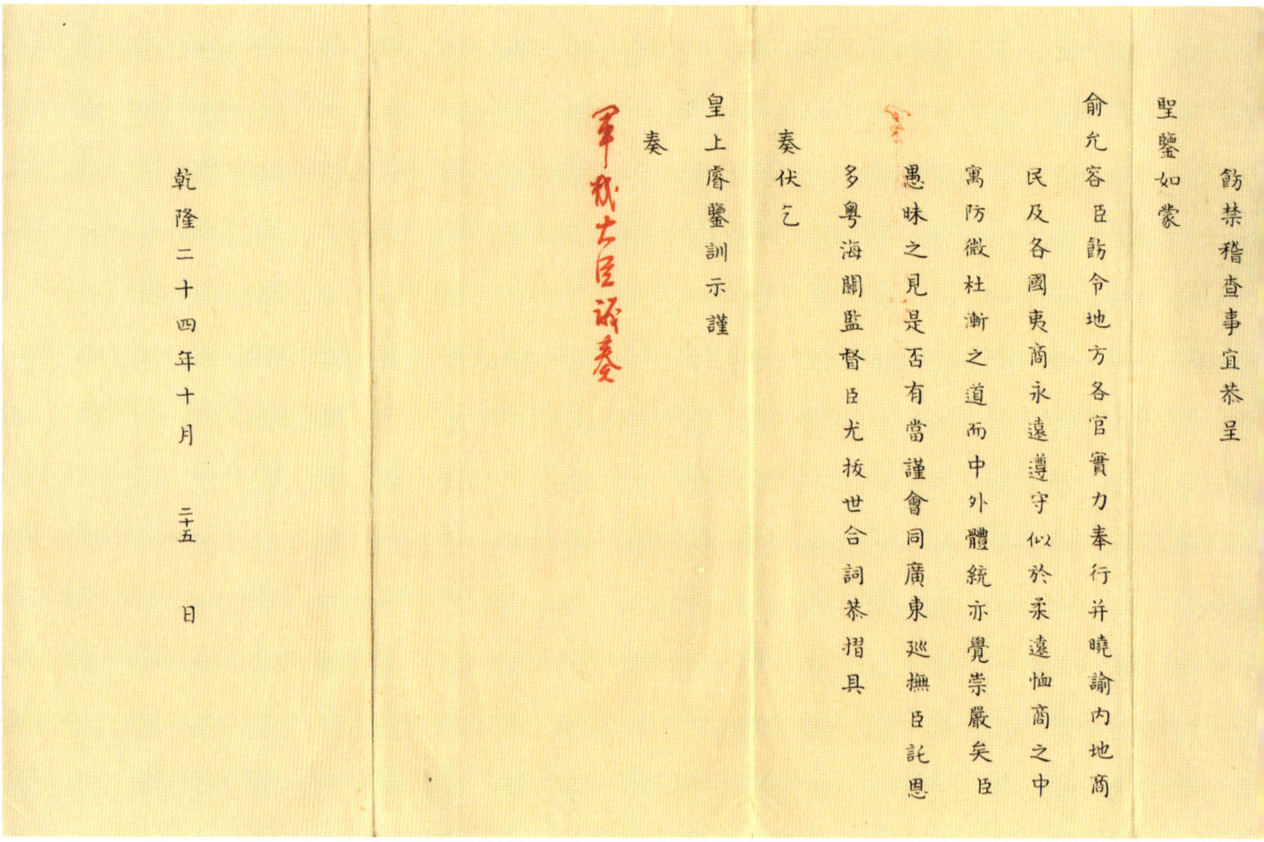

飭禁稽查事宜恭呈
聖鑒如蒙
俞允容臣飭令地方各官實力奉行并曉諭內地商
民及各國夷商永遠遵守似於柔遠恤商之中
寓防微杜漸之道而中外體統亦覺崇嚴矣臣
愚昧之見是否有當謹會同廣東巡撫臣託恩
多粵海關監督臣尤拔世合詞恭摺具
奏伏乞
皇上睿鑒訓示謹
奏
軍機大臣議奏
乾隆二十四年十月 二十五 日

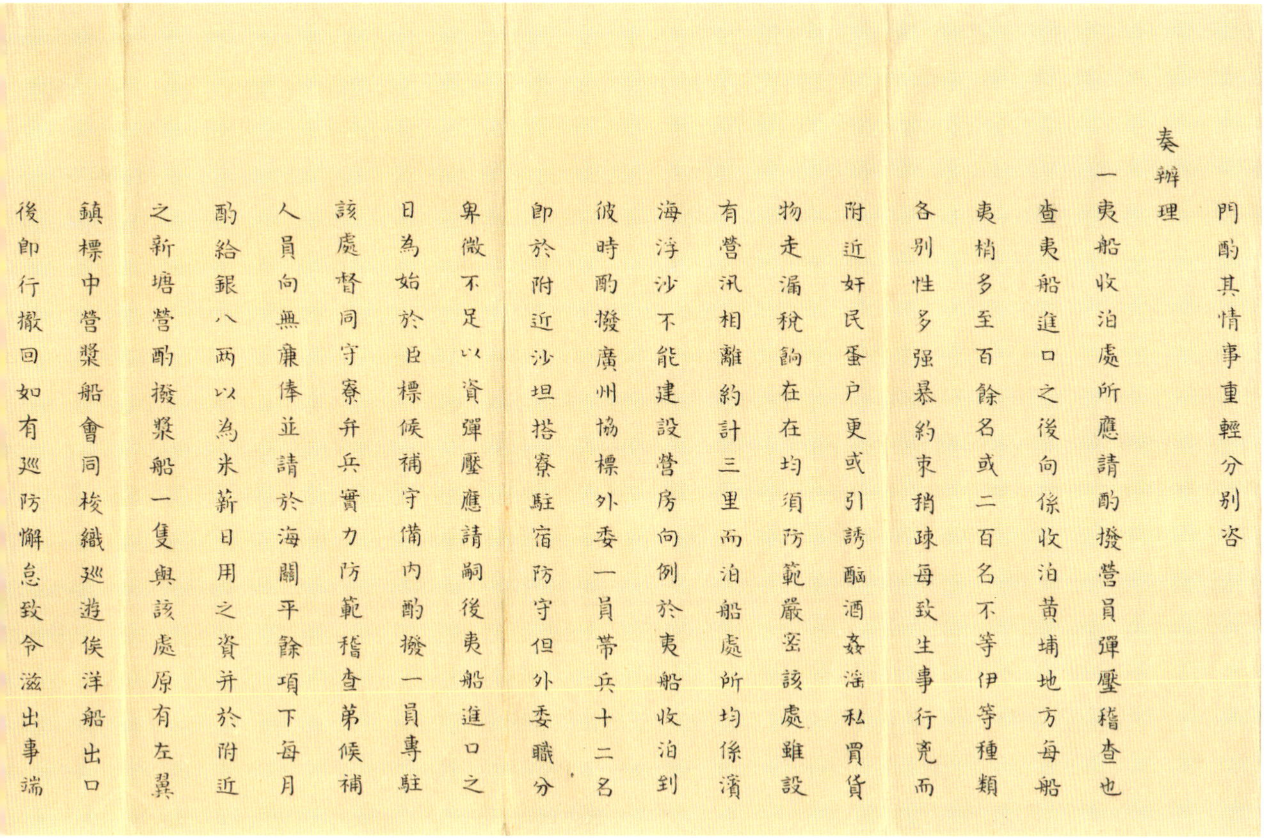

門酌其情事重輕分別咨
奏辦理
一夷船收泊處所應請酌撥營員彈壓稽查也
查夷船進口之後向係收泊黄埔地方每船
夷梢多至百餘名或二百名不等伊等種類
各別性多强暴約束稍疎每致生事行兇而
附近奸民蛋户更或引誘酗酒姦淫私買貨
物走漏稅餉在在均須防範嚴密該處雖設
有營汛相離約計三里而泊船處所均係濱
海浮沙不能建設營房向例於夷船收泊到
彼時酌撥廣州協標外委一員帶兵十二名
即於附近沙坦搭寮駐宿防守但外委職分
卑微不足以資彈壓應請嗣後夷船進口之
日為始於臣標候補守備内酌撥一員專駐
該處督同守寮弁兵實力防範稽查第候補
人員向無廉俸並請於海關平餘項下每月
酌給銀八兩以為米薪日用之資并於附近
之新塘營酌撥槳船一隻與該處原有左翼
鎮標中營槳船會同梭織巡遊俟洋船出口
後即行撤回如有巡防懈怠致令滋出事端

两广总督李侍尧奏折局部（乾隆二十四年十月二十五日）

两广总督苏昌等奏折：
为英商恳请购买丝斤回国事

乾隆二十七年四月初十日（1762年5月3日）

乾隆帝谕旨：
着准外国商船搭配购买丝斤

乾隆二十七年五月十一日（1762年6月3日）

两广总督苏昌等奏折：
为代外商答谢天朝允准购买丝斤事

乾隆二十七年八月二十日（1762年10月7日）

蓝地斜万字小团寿纹织金锦

神秘高贵的中国丝绸，以轻薄飘柔成为欧洲上流社会不惜以重金争购的奢侈品。18世纪以前，丝绸一直是海外通商的主要动力，各国商人均请求收买丝斤出洋。据档案记载，外商船只进口，“每年贩回丝斤并绸缎等货约计二十余万斤”，从而导致了内地丝价日渐上涨。因此乾隆二十四年（1759）定例，严禁丝斤出口。这一禁令使洋货无法成造，外商们纷纷递呈，请求允准购买生丝。两广总督参考东洋办铜商船之例，请求略为放宽出口限制，建议“每船配买土丝五千斤，二蚕湖丝三千斤，专供组织绒匹及女工之用”，而对于“头蚕湖丝及绸绫缎匹，仍照旧禁止，严行察验，不许丝毫夹带”。乾隆二十七年五月十一日，乾隆帝允准施行。外商知悉后，莫不“欢喜感激之至”。

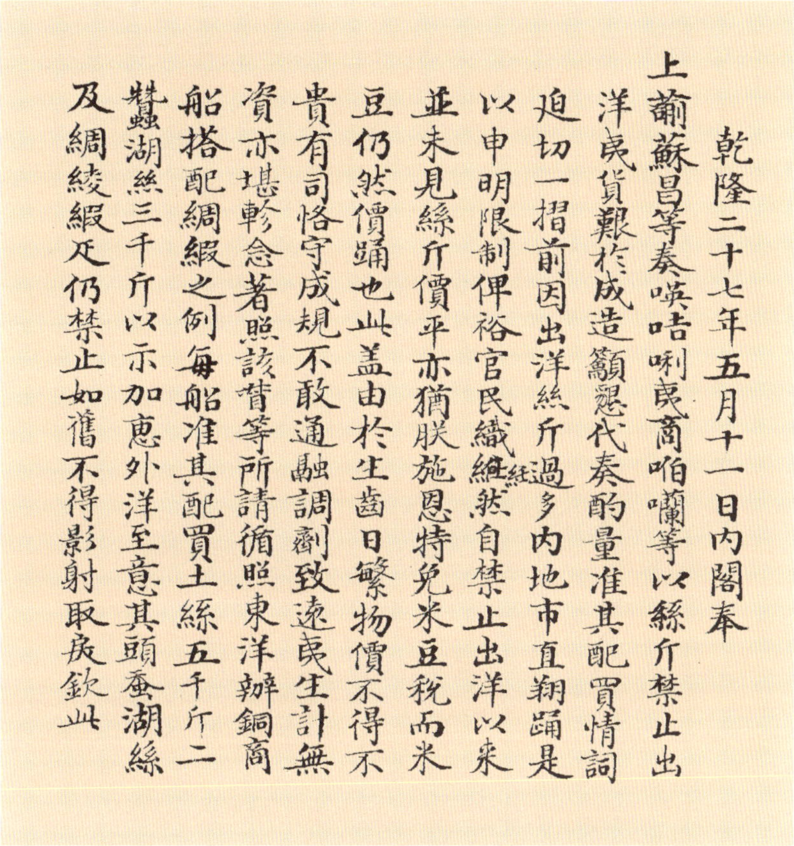

乾隆二十七年五月十一日内閣奉
上諭蘇昌等奏嘆咭唎夷商咱囒等以絲斤禁止出洋夷貨艱於成造籲懇代奏酌量准其配買情詞迫切一指前因出洋絲斤過多内地市直翔踊是以申明限制俾裕官民織紝然自禁止出洋以來並未見絲斤價平亦猶朕施恩特免米豆稅而米豆仍然價踊也此盖由於生齒日繁物價不得不貴有司恪守成規不敢通融調劑致遠夷生計無資亦堪軫念著照該督等所請循照東洋辦銅商船搭配綢緞之例每船准其配買土絲五千斤二蠶湖絲三千斤以示加恵外洋至意其頭蠶湖絲及綢綾緞疋仍禁止如舊不得影射取戾欽此

乾隆帝谕旨（乾隆二十七年五月十一日）

蓝地斜万字小团寿纹织金锦（故宫博物院藏）

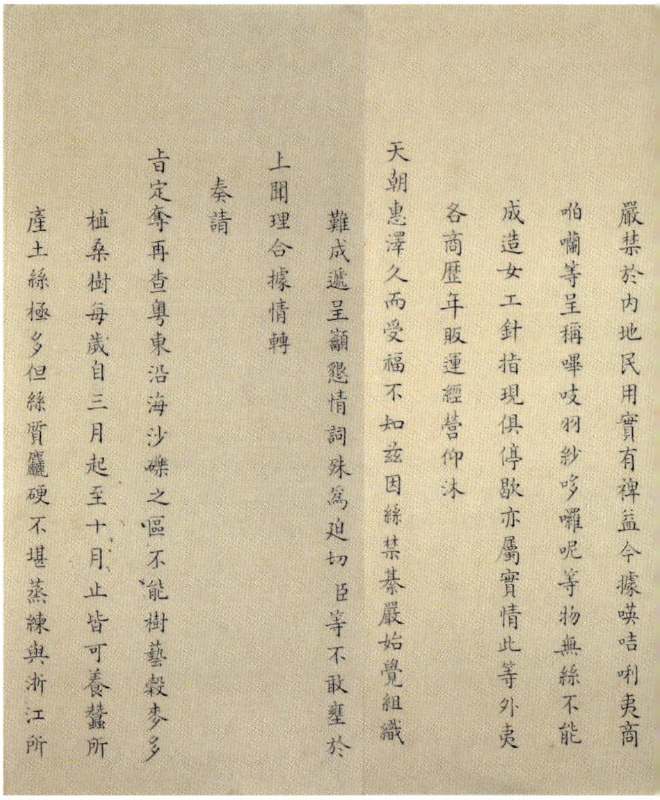

嚴禁於內地民用實有裨益今據暎咭唎夷商
咱嘣等呈稱嗶吱羽紗哆囉呢等物無絲不能
成造女工針指現俱停歇亦屬實情此等外夷
各商歷年販運經營仰沐
天朝恩澤久而受福不知茲因絲禁綦嚴始覺組織
難成遞呈籲懇情詞殊為迫切臣等不敢壅於
上聞理合據情轉
奏請
旨定奪再查粵東沿海沙磧之區不能樹藝穀麥多
植桑樹每歲自三月起至十月止皆可養蠶所
產土絲極多但絲質麤硬不堪蒸練與浙江所

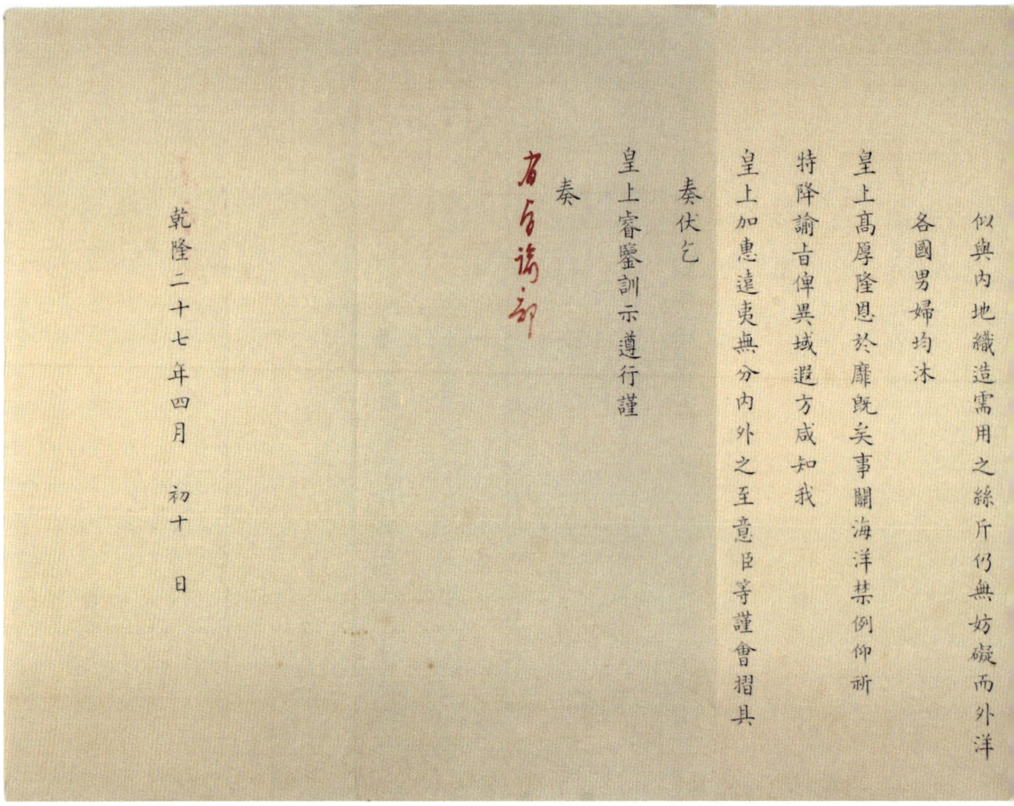

似與內地織造需用之絲斤仍無妨礙而外洋
各國男婦均沐
皇上高厚隆恩於靡既矣事關海洋禁例仰祈
特降諭旨俾異域遐方咸知我
皇上加惠遠夷無分內外之至意臣等謹會摺具
奏伏乞
皇上睿鑒訓示遵行謹
奏
有旨諭部
乾隆二十七年四月　初十　日

两广总督苏昌等奏折（乾隆二十七年四月初十日）

4 43 1

奏

廣東巡撫臣託恩多
兩廣總督臣蘇昌
粵海關監督臣尤拔世 謹

奏為據情奏

聞事乾隆二十七年三月二十三日據嘆咭唎夷商

咱囒等呈遞番稟一扣隨交通事林成譯漢內

稱夷等來至

天朝貿易十分路遠受盡許多波浪原想買些湖絲

回去奉禁兩年不能買得夷等帶來羽紗哆囉

呢嗶吱等物都要湖絲添配做緯方能織得光

亮若無湖絲實實不能織得況買湖絲回去織

成絨足又來

天朝應用就是婦女也要做些手作工夫無湖絲亦

各都沒針指夷等就是

天朝使喚小廝一樣懇求憐恤為夷等

奏明

皇上准夷等買些湖絲緞匹回去等情據此臣等伏

查絲斤未禁出洋以前外洋夷船進口每年販

回絲斤并綢緞等貨約計二十餘萬斤其餘本

産之二蠶絲相仿難為織造緞匹之用價值較

賤各國夷船收買配織嗶吱羽紗大呢等物最

為相宜現在一體嚴禁於沿海瘠土貧民未免

稍有拮据查上年户部議覆蘇州撫臣陳弘謀

奏請東洋辦銅商船十六隻每船搭配綢緞約

四千斤欽奉

恩旨准行在案今南洋夷船較辦銅商船倍大其所

帶洋錫白鉛亦供鼓鑄之用倘荷

皇上一視同仁

恩施格外援照東洋辦銅商船之例准予搭配絲斤

應請每船配買土絲五千斤二蠶湖絲三千斤

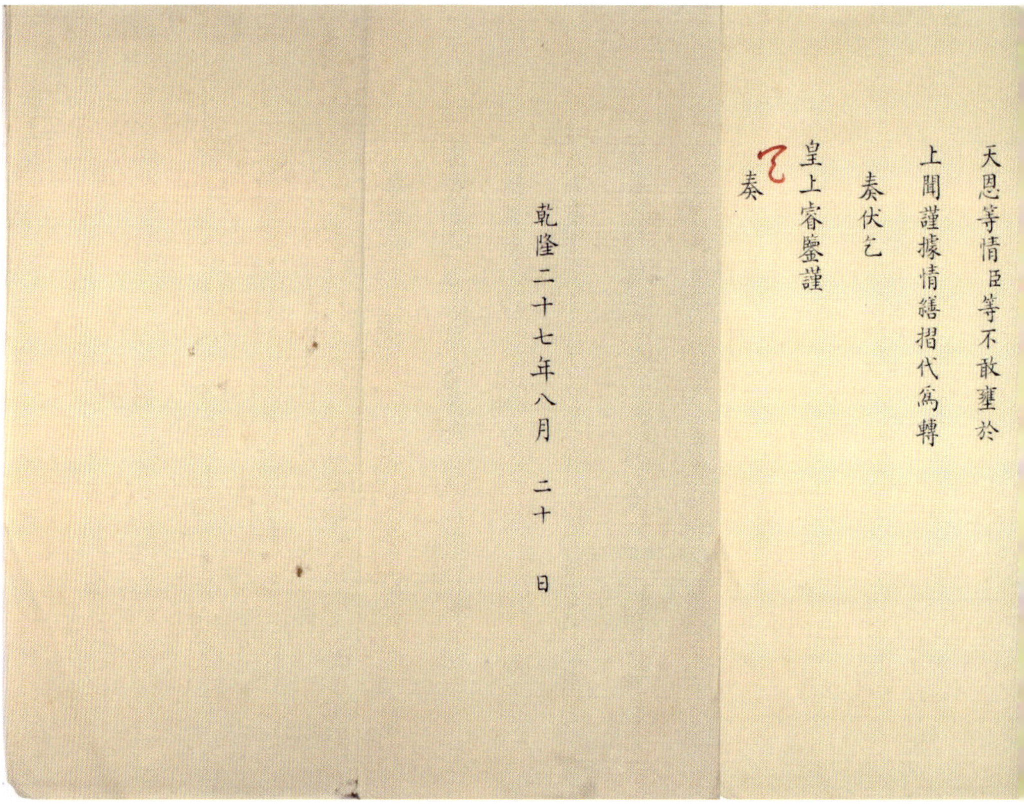
天恩等情臣等不敢壅於
上聞謹據情繕摺代爲轉
奏伏乞
皇上睿鑒謹
奏
乾隆二十七年八月 二十 日

两广总督苏昌等奏折（乾隆二十七年八月二十日）

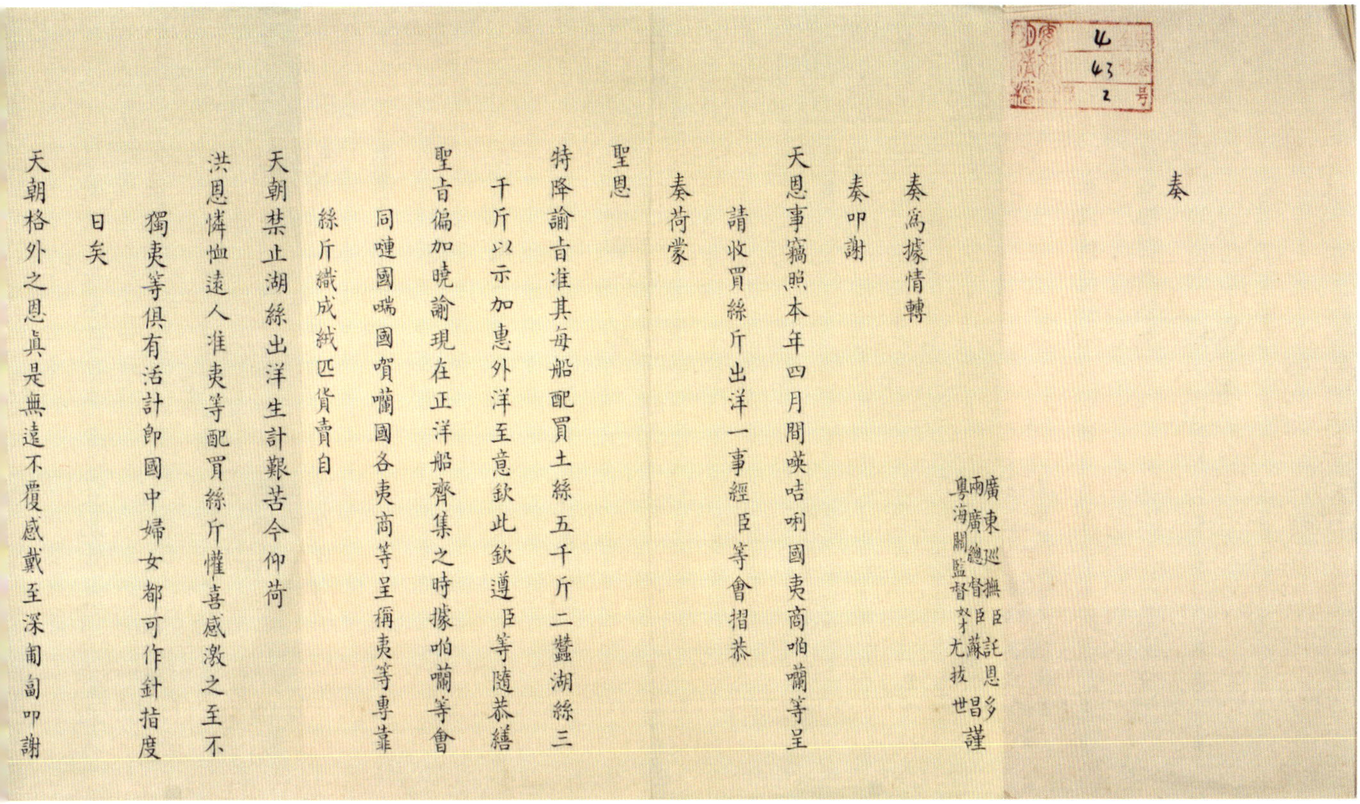
4
43
2 号

奏

廣東巡撫臣託恩多
兩廣總督臣蘇昌
粵海關監督奴才尤拔世 謹

奏為據情轉

奏叩謝

天恩事竊照本年四月間嘆咭唎國夷商啪㘓等呈

請收買絲斤出洋一事經臣等會摺恭

奏荷蒙

聖恩

特降諭旨准其每船配買土絲五千斤二蠶湖絲三

千斤以示加惠外洋至意欽此欽遵臣等隨恭繕

聖旨徧加曉諭現在正洋船齊集之時據啪㘓等會

同嗹國喘國嗬㘓國各夷商等呈稱夷等專靠

絲斤織成絨匹貨賣自

天朝禁止湖絲出洋生計艱苦今仰荷

洪恩憐恤遠人准夷等配買絲斤懽喜感激之至不

獨夷等俱有活計即國中婦女都可作針指度

日矣

天朝格外之恩真是無遠不覆感戴至深匍匐叩謝

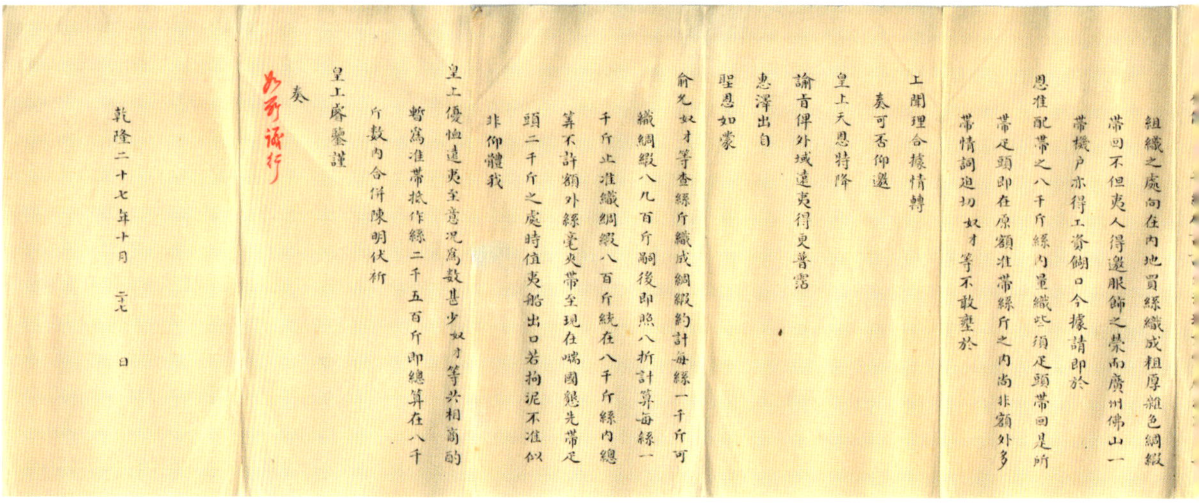
組織之處向在內地買絲織成粗厚雜色綢緞
帶回不但夷人得邀服飾之榮而廣州佛山一
帶機戶亦得工資餬口今據請即於
恩准配帶之八千斤絲內量織些須足頭帶回是所
帶足頭即在原額准帶絲斤之內尚非額外多
帶情詞迫切奴才等不敢壅於
上聞理合據情轉
奏可否仰邀
皇上天恩特降
諭旨俾外域遠夷得更普霑
惠澤出自
聖恩如蒙
俞允奴才等查絲斤織成綢緞約計每絲一千斤可
織綢緞八九百斤嗣後即照八折計算每絲一
千斤止准織綢緞八百斤統在八千斤絲內總
算不許額外絲毫夾帶至現在端國懇先帶足
頭二千斤之處時值夷船出口若拘泥不准似
非仰體我
皇上優恤遠夷至意況爲數甚少奴才等共相商酌
暫爲准帶抵作絲二千五百斤即總算在八千
斤數內合併陳明伏祈
皇上睿鑒謹
奏
如所議行
乾隆二十七年十月　二十七　日

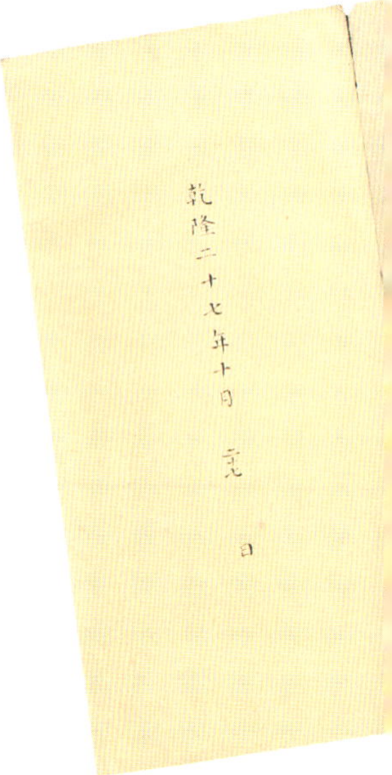
乾隆二十七年十月　二十七　日

两广总督苏昌等奏折：

为请准瑞典商船夹带绸缎回国事

乾隆二十七年十月二十七日（1762 年 12 月 12 日）

西洋通商各国以不同的姿态出现在广州口岸，瑞典虽是小国寡民，却是波罗的海之滨的文明之邦。瑞典通商风格别具一格，没有列强蛮横无理的扩张行动，也没有炮舰和鸦片相伴，清政府对他们也以礼相待。在乾隆朝实行禁止丝货出口期间，瑞商却享受优惠的待遇。两广总督苏昌在奏折中说：瑞典是“不善织造之国”，若只准带生丝回去，仍然无法制成服装。瑞典国内丝织品缺乏已有二三年，瑞商恳请携带广东佛山出品的绸缎 2000 斤回国。乾隆帝当即批示：“如所议行。”当其他外商要按定例，每船只准装生丝 8000 斤，禁止夹带绸缎出洋的时候，乾隆却破例特许配给瑞商定额丝绸。

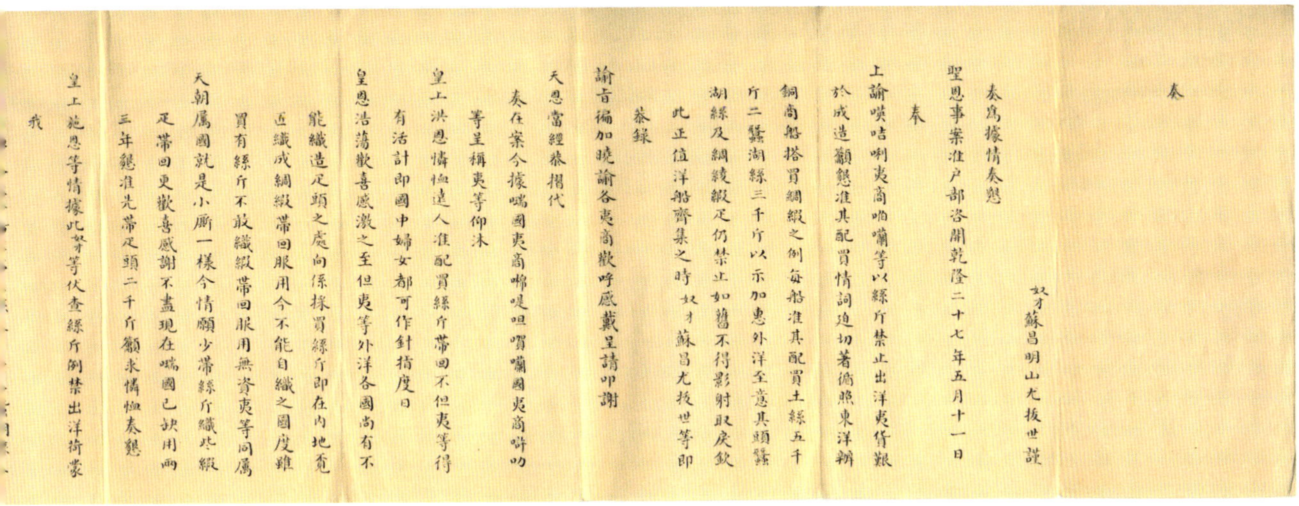

奏

奴才蘇昌明山尤拔世謹

奏為據情奏懇

聖恩事案准戶部咨開乾隆二十七年五月十一日

奉

上諭嘆咭唎夷商啪㘓等以絲斤禁止出洋夷貨艱

於成造籲懇准其配買情詞迫切著循照東洋辦

銅商船搭買綢緞之例每船准其配買土絲五千

斤二蠶湖絲三千斤以示加惠外洋至意其頭蠶

湖絲及綢綾緞疋仍禁止如舊不得影射取戾欽

此正值洋船齊集之時奴才蘇昌尤拔世等即

恭錄

諭旨徧加曉諭各夷商歡呼感戴呈請叩謝

天恩當經恭摺代

奏在案今據𠯿國夷商啡嘅呾嘪㘓國夷商嗎叻

等呈稱夷等仰沐

皇上洪恩憐恤遠人准配買絲斤帶回不但夷等得

有活計即國中婦女都可作針指度日

皇恩浩蕩歡喜感激之至但夷等外洋各國尚有不

能織造疋頭之處向係採買絲斤即在內地覔

匠織成綢緞帶回服用今不能自織之國度雖

買有絲斤不敢織緞帶回服用無資夷等同屬

天朝屬國就是小廝一樣今情願少帶絲斤織成緞

疋帶回更歡喜感謝不盡現在𠯿國已缺用兩

三年懇准先帶疋頭二千斤籲求憐恤奏懇

皇上施恩等情據此奴才等伏查絲斤例禁出洋倚蒙

我

两广总督苏昌等奏折（乾隆二十七年十月二十七日）

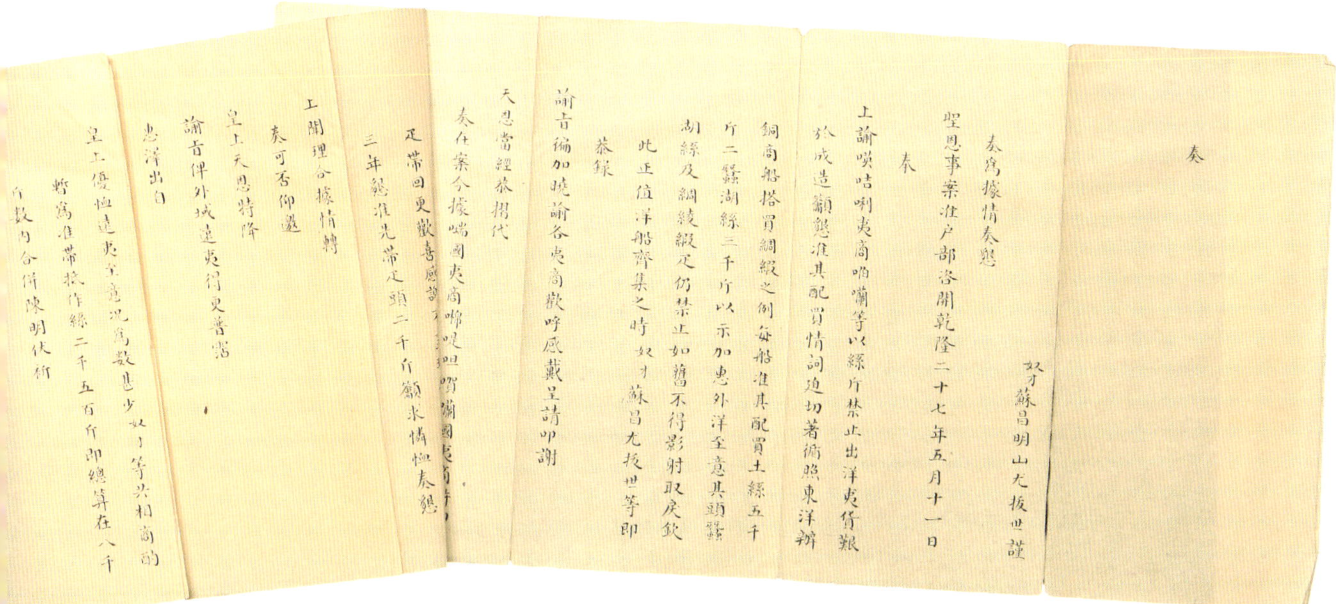

奏

奴才蘇昌明山尤拔世謹

奏為據情奏懇

聖恩事案准戶部咨開乾隆二十七年五月十一日

奉

上諭嘆咭唎夷商啪㘓等以絲斤禁止出洋夷貨艱

於成造籲懇准其配買情詞迫切著循照東洋辦

銅商船搭買綢緞之例每船准其配買土絲五千

斤二蠶湖絲三千斤以示加惠外洋至意其頭蠶

湖絲及綢綾緞疋仍禁止如舊不得影射取戾欽

此正值洋船齊集之時奴才蘇昌尤拔世等即

恭錄

諭旨徧加曉諭各夷商歡呼感戴呈請叩謝

天恩當經恭摺代

奏在案今據𠯿國夷商啡嘅呾嘪㘓國夷商

疋帶回更歡喜感

三年懇准先帶疋頭二千斤籲求憐恤奏懇

上聞理合據情轉

奏可否仰邀

皇上天恩特降

諭旨俾外域遠夷得更普霑

惠澤出自

皇上優恤遠夷之意況為數甚少奴才等共相商酌

暫為准帶按作絲二千五百斤即總算在八千

斤數內合併陳明伏祈

署理两广总督杨廷璋等致军机处咨呈：

为法国承做《平定西域战图》铜版画事

乾隆三十一年二月二十七日（1766 年 4 月 6 日）

两广总督李侍尧等奏折：

为法船带到部分铜版图进缴事

乾隆四十一年十月初二日（1776 年 11 月 12 日）

广东巡抚李质颖等奏折：

为得胜图铜版、原稿及刷印图足数呈缴事

乾隆四十二年九月二十日（1777 年 10 月 20 日）

《平定西域战图》

郎世宁、王致诚、艾启蒙、安泰绘

乾隆二十九年至四十二年（1764—1777）

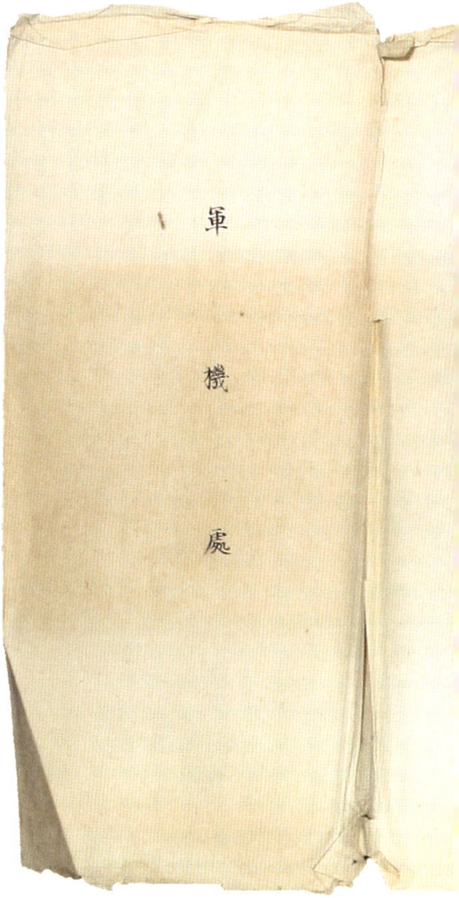

西方传教士带来的绘画技巧、天文知识等都深得清朝统治者的欢心，清朝皇帝对域外物质文化及生活方式的向往也进一步促成中西文化交流。铜版画的引进是清代中西文化交流比较有代表性的事件之一。铜版画指在金属版上用腐蚀液腐蚀或直接用针或刀刻制而成的一种版画，因较常用的金属版是铜版，故称铜版画。其起源于欧洲，至今已有六百余年历史。《平定西域战图》应是中国较早引进的铜版画。乾隆帝取得平定准噶尔部的胜利后，命西方传教士、宫廷画家郎世宁等人绘制《平定西域战图》，共 16 幅原稿，后委托法国做成铜版画。法国承做的《平定西域战图》铜版画不仅记录了清朝政府平定准噶尔部的盛大状况，也是中国美术发展史上的一个里程碑，更是中西双方文化交流的历史见证。

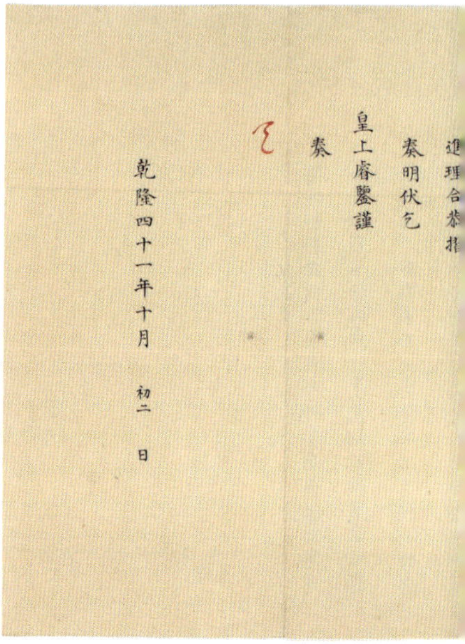

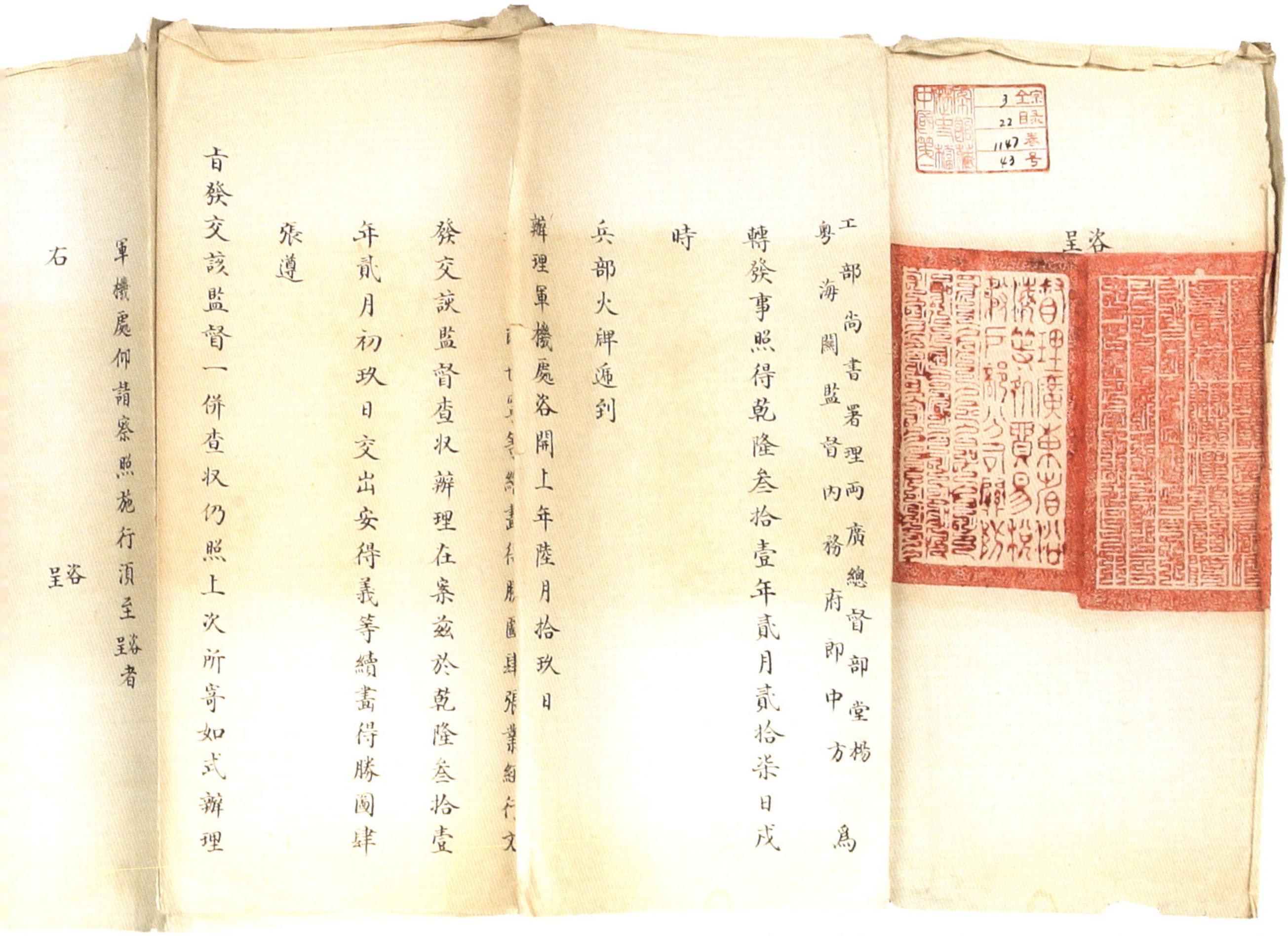

咨呈

工部尚書署理兩廣總督部堂楊　為

粵海關監督內務府郎中方

轉發事照得乾隆叁拾壹年貳月貳拾柒日戌

時

兵部火牌遞到

辦理軍機處咨開上年陸月拾玖日

[illegible]畫得勝圖肆張業經行文

發交該監督查收辦理在案茲於乾隆叁拾壹

年貳月初玖日交出安得義等續畫得勝圖肆

張遵

旨發交該監督一併查收仍照上次所寄如式辦理

軍機處仰祈察照施行須至咨者

右

咨呈

署理两广总督杨廷璋等致军机处咨呈（乾隆三十一年二月二十七日）

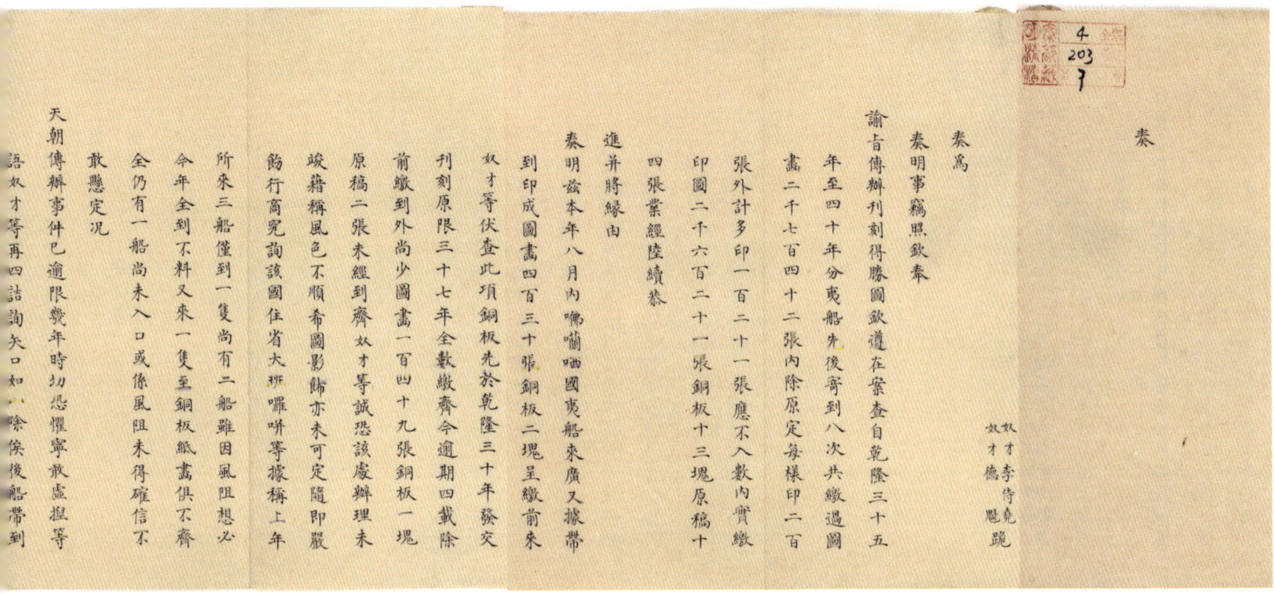

奏

奴才李侍堯

奴才德魁　跪

奏為

奏明事竊照欽奉

諭旨傳辦刊刻得勝圖欽遵在案查自乾隆三十五

年至四十年分夷船先後寄到八次共繳過圖

畫二千七百四十二張內除原定每樣印二百

張外計多印一百二十一張應不入數內實繳

印圖二千六百二十一張銅板十三塊原稿十

四張業經陸續恭

進并將緣由

奏明茲本年八月內嘣嚙晒國夷船來廣又據帶

到印成圖畫四百三十張銅板二塊呈繳前來

奴才等伏查此項銅板先於乾隆三十年發交

刊刻原限三十七年全數繳齊今逾期四載除

前繳到外尚少圖畫一百四十九張銅板一塊

原稿二張未經到齊奴才等誠恐該處辦理未

竣藉稱風色不順希圖影飾亦未可定隨即嚴

飭行商究詢該國住省大班囉咁等據稱上年

所來三船僅到一隻尚有二船雖因風阻想必

今年全到不料又來一隻至銅板紙畫俱不齊

全仍有一船尚未入口或係風阻未得確信不

敢懸定况

天朝傳辦事件已逾限數年時切恐懼寧敢虛揑等

語奴才等再四詰詢矢口如一除俟後船帶到

两广总督李侍尧等奏折（乾隆四十一年十月初二日）

軍機處陸續發到得勝圖稿樣拾陸幅每幅印
刷壹百張當經遵照飭發外洋行商等轉交咈
𠽄哂大班帶回該國敬謹刊刻並據洋行商人
與該國大班議定銅板每幅工價銀貳百兩共
計銀叁千貳百兩印畫壹千陸百張每張工價
銀伍錢共計銀捌百兩業經貳次發過銀肆千
兩嗣因圖畫每幅須刷印貳百張應添找銀捌
百兩共銀肆千捌百兩當將議給工價緣由于
乾隆叁拾捌年叁月內會摺具
奏伍月初捌日奉到
硃批如此工價也不爲不足矣欽此欽遵各在案爲
查得勝圖銅板並刷印圖畫自乾隆叁拾伍年
起至肆拾壹年止計玖次共繳到銅板拾伍塊
原稿拾肆張尚少銅板壹塊原稿貳張又繳到

奏報外至於工價一項除從前給過銀肆千兩尚
應找銀捌百兩照數給領一併列冊
奏銷並咨
造辦處查照外擬合咨呈爲此咨呈
軍機處請煩查照施行
右　咨
軍　機　處
乾隆 …… 貳拾日

广东巡抚李质颖等奏折（乾隆四十二年九月二十日）

咨呈

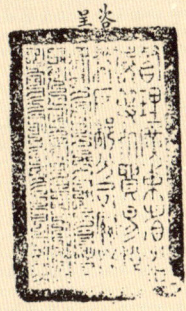

兵部侍郎兼都察院右副都御史巡撫廣東地方提督軍務兼理糧餉李
粤海關監督内務府郎中兼佐領銜德　爲
移會事案照乾隆叁拾年貳月初陸日准
造辦處移開乾隆貳拾玖年拾壹月初伍日郎
中德　員外郎李　抄帖内開拾月貳拾伍日
奉
旨平定伊犂等處得勝圖拾陸張著郎世寧起稿得
時呈覽陸續交粤海關監督轉交法郎西雅國著
好手人照稿刻做其如何做法即著郎世寧寫明
一併發去欽此又於乾隆叁拾年柒月初拾日承
准
軍機處抄奉
諭旨一道内開乾隆叁拾年伍月貳拾陸日奉
旨平定準噶爾回部等處得勝圖拾陸幅著郎世寧
等繪畫底稿發往西洋揀選能藝依稿刻做極細
圖畫叁千壹百柒拾貳張除多印壹百貳拾壹
張不計外仍少每樣貳百張數内圖畫壹百肆
拾玖張茲據該國夷商將前項未繳到銅板原
稿圖畫足數呈繳前來查原發得勝圖底稿拾
陸幅刊刻銅板拾陸塊圖畫每樣刷印貳百張
共叁千貳百張前後拾次已遵照辦足謹將現
繳到銅板壹塊原樣貳張圖畫壹百肆拾玖張
開列清单專差賫送

《平定西域战图》局部（乾隆二十九年至四十二年）

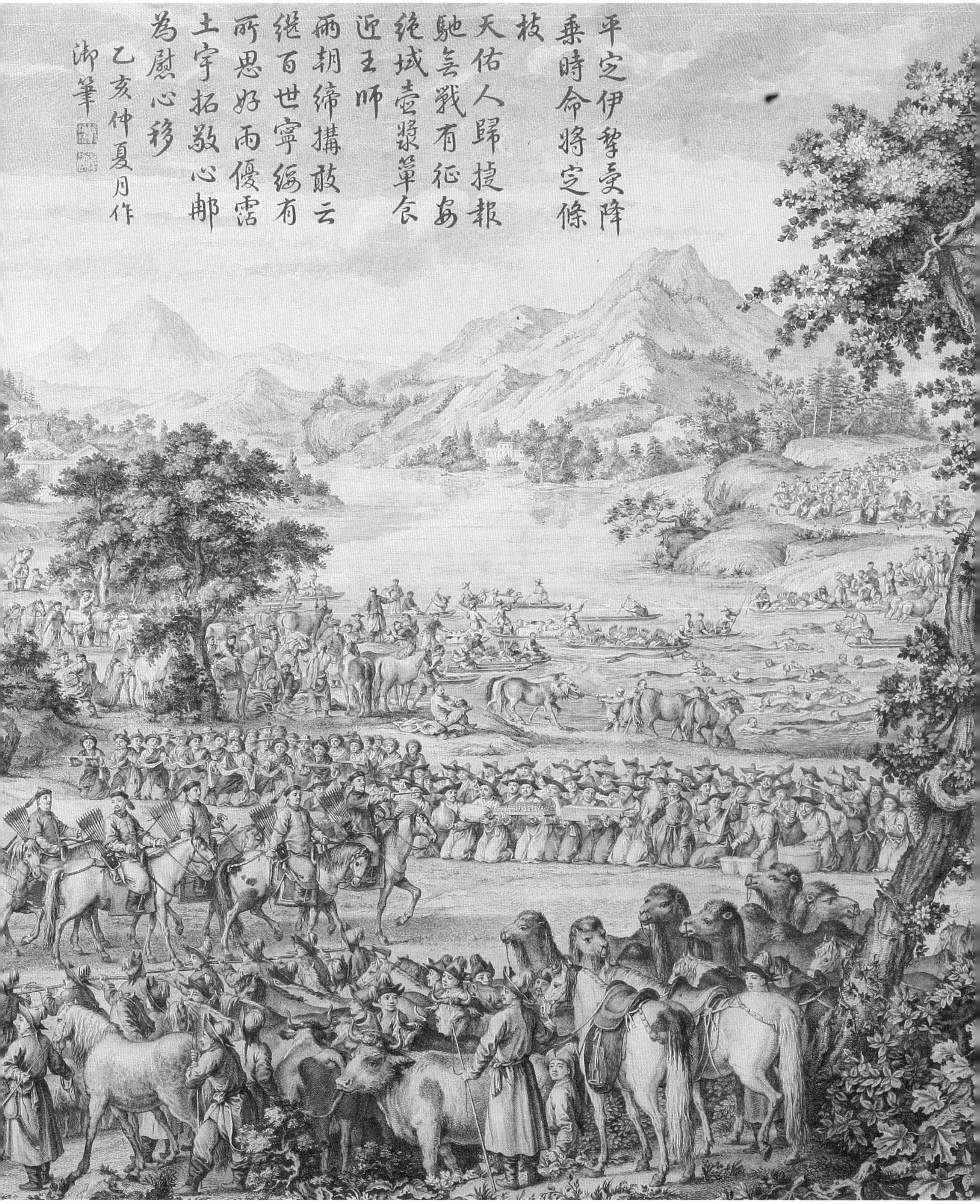
平定伊犁受降
乘時命將定條
枝
天佑人歸捷報
馳無戰有征安
絕域壺漿簞食
迎王師
兩朝締構敢云
繼百世寧綏有
所思好雨優霑
土宇拓敬心那
為慰心移
乙亥仲夏月作
御筆

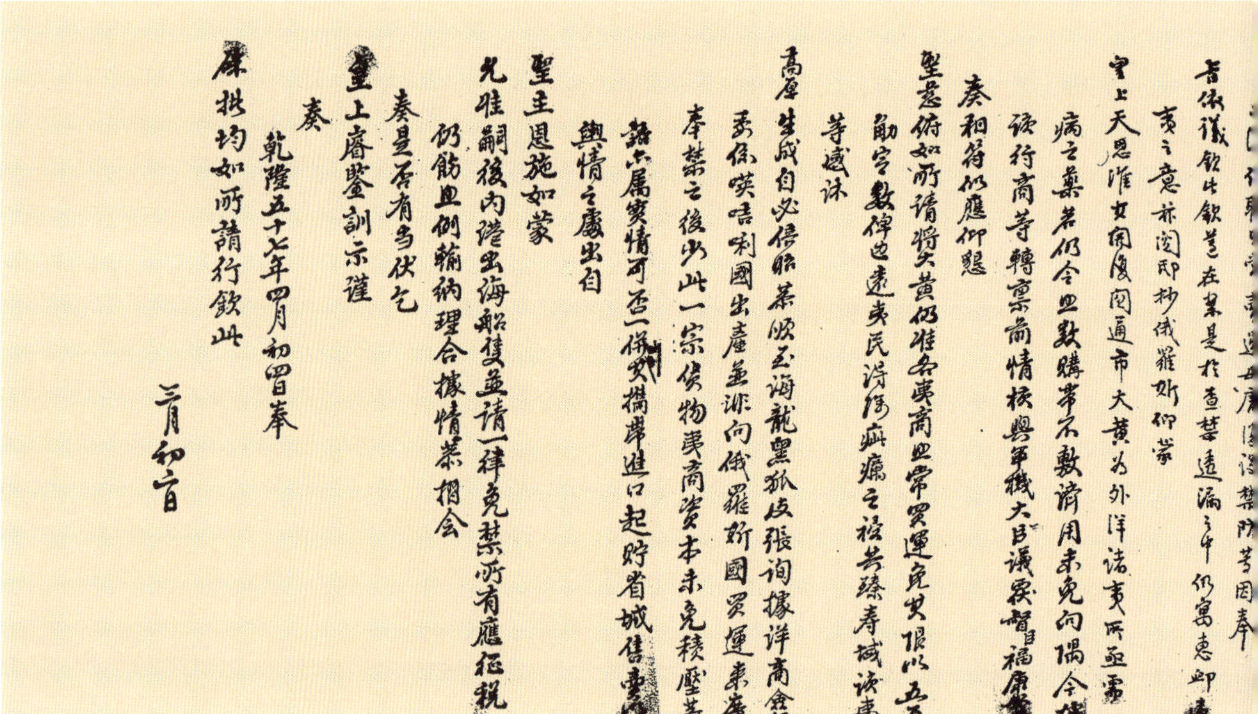

旨依議欽此欽遵在案是於查禁透漏之中仍寓恵卹
夷之意亦因即抄俄羅斯仰蒙
皇上天恩准其開關通市大黃為外洋諸夷所亟需
病之藥若仍令照數購買不敷濟用未免向隅今據
該行商等轉稟前情核與軍機大臣議覆督臣福康安
奏相符仍應仰懇
聖慈俯如所請將大黃仍准各夷商照常買運免其限以五百
斤之數俾邊遠夷民得除痢癘之疾共臻壽域該夷
等感沐
高厚生成自必倍形恭順至海龍黑狐皮張詢據洋商僉稱
系係暎咭唎國出產並非向俄羅斯國貿運來廣
奉禁之後止此一宗貨物夷商資本未免積壓等
語亦屬實情可否一併准其攜帶進口起貯省城售賣
與情之處出自
聖主恩施如蒙
允准嗣後內港出海船隻並請一律免禁所有應征稅
仍飭照例輸納理合據情恭摺會
奏是否有當伏乞
皇上睿鑒訓示謹
奏
乾隆五十七年四月初四日奉
硃批均如所請行欽此
三月初二日

署理两广总督郭世勋等奏折：

为外商恳请照常买运大黄事

乾隆五十七年三月初二日（1792 年 3 月 24 日）

《西洋药书》

在清代对外贸易中，丝绸、茶叶、瓷器是主要出口商品。而大黄一向是民间治病要药，各国也有很大需求。大黄本不在查禁之例，但因清廷曾不准恰克图与俄罗斯通市，而外洋各国皆与俄罗斯海道可通，为严禁私贩大黄，清朝规定西洋各国每年贩买大黄不得超过五百斤，以杜绝漏入俄罗斯境内。现乾隆帝准许与俄罗斯开关通市，郭世勋奏请货物自应一体流通，大黄应像从前一样照常买运，免受限制。乾隆帝朱批："均如所请行。"

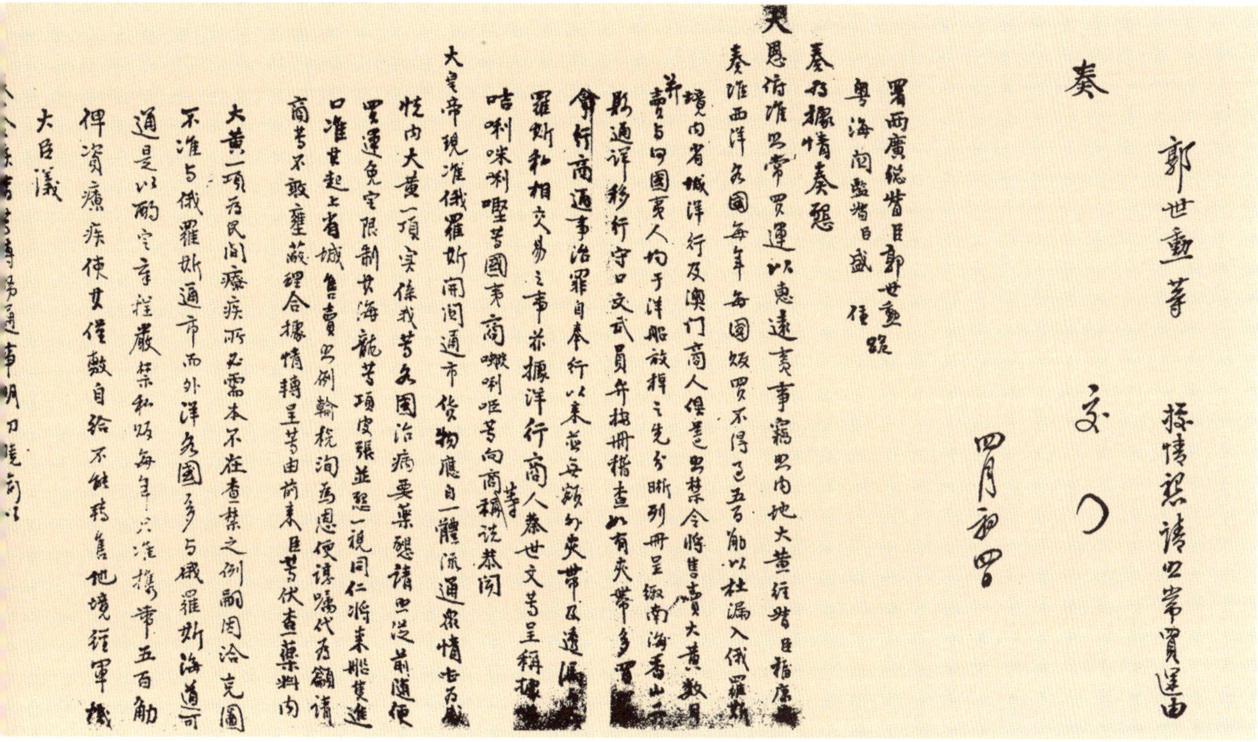

郭世勳等 據情懇請照常買運由

奏

署兩廣總督臣郭世勳跪

粵海關監督臣盛住

奏爲據情奏懇

天恩俯准照常買運以惠遠夷事竊照內地大黃經臣福康

奏准西洋各國每年每國販買不得過五百觔以杜漏入俄羅斯

境內省城洋行及澳門商人俱遵照禁令將售賣大黃數目

并賣與何國夷人均於洋船放行之先分晰列冊呈繳南海香山二

縣通詳移行守口文武員弁按冊稽查以有夾帶多買

飭行商通事治罪自奉行以來並無額外夾帶及透漏

羅斯私相交易之事茲據洋行商人蔡世文等呈稱據

咭唎咪唎嘡等國夷商嘰唎哐等向商等稱說恭閱

大皇帝現准俄羅斯開關通市貨物應自一體流通衆情也爲欣

悅內大黃一項實係我等各國治病要藥懇請照從前通便

買運免定限制其海龍等項皮張並懇一視同仁將來船隻進

口准其起上省城售賣照例輸稅洵爲恩便該代爲籲請

商等不敢壅蔽理合據情轉呈等由前來臣等伏查藥料內

大黃一項爲民間療疾所必需本不在查禁之例嗣因恰克圖

不准與俄羅斯通市而外洋各國多與俄羅斯海道可

通是以酌定章程嚴禁私販每年止准携帶五百觔

俾資療疾使其僅敷自給不能轉售他境經軍機

大臣議

署理两广总督郭世勋等奏折（乾隆五十七年三月初二日）

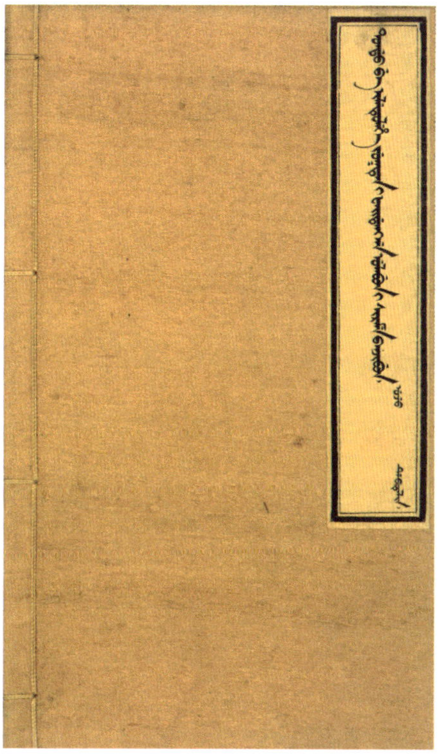

《西洋药书》（故宫博物院藏）

英王乔治三世致乾隆帝的信函：

为请允许英国商民进入中国海岸居住贸易事

乾隆五十七年（1792）

英王乔治三世致乾隆帝表文：

为遣马戛尔尼进贡并请留人住京事

乾隆五十八年八月十九日（1793年9月23日）

乾隆帝致英王乔治三世敕谕：

着断不可开口贸易

乾隆五十八年八月三十日（1793年10月4日）

乾隆帝谕旨：

着钦差侍郎松筠传知英贡使可赴黄埔看望本国商人但不许盖房筑炮

乾隆五十八年九月二十八日（1793年11月1日）

御制英王差使臣奉表贡至诗以志事册

清代雍乾年间，最先开始工业革命的英国在葡萄牙、西班牙两国衰落后迅速崛起。对利益的追逐和权利的扩张使其将目光投向了东亚地区。乾隆年间，英王乔治三世派遣马戛尔尼使团访华是中英交往史上不可忽略的事件。乾隆五十七年（1792），英王乔治三世致信乾隆帝，请允许英国商民进入中国海岸居住贸易。乾隆帝在致英王的敕谕中认为天朝物产丰盈，无所不有，开口贸易断不可行。这次英使马戛尔尼访华仅仅是个序幕，数十年后中西交往冲突不断，直到鸦片战争的战火纷飞。

by the attack of an ambitious neighbour, even when it was in our power to destroy him. We have the happiness of being at peace with all the World; no time can be so propitious for extending the bounds of friendship and benevolence, and for proposing to communicate and receive those benefits which must result from an unreserved and amicable intercourse between such great and civilized Nations as China and Great Britain. Many of our Subjects have also frequented for a long time past a remote part of your Majesty's Dominions for the purpose of Trade. No doubt the interchange of Commodities between Nations distantly situated tends to their mutual convenience, industry and wealth, as the blessings which the Great God of Heaven has conferred upon various soils and Climates are thus distributed among his Creatures scattered over the Surface of the Earth. But such an intercourse requires to be properly conducted, so as that the New Comers may not infringe the Laws and Customs of the Country they visit, and that on the other hand they may be received on terms of hospitality and meet the Justice and protection due to Strangers. We are indeed equally desirous to restrain our Subjects from doing evil or even of shewing ill example in any foreign Country, as we are that they should receive no injury in it. There is no method of effectuating so good a purpose, but by the residence of a proper person authorized by Us, to regulate their

Conduct

英王乔治三世致
乾隆帝的信函
（乾隆五十七年）

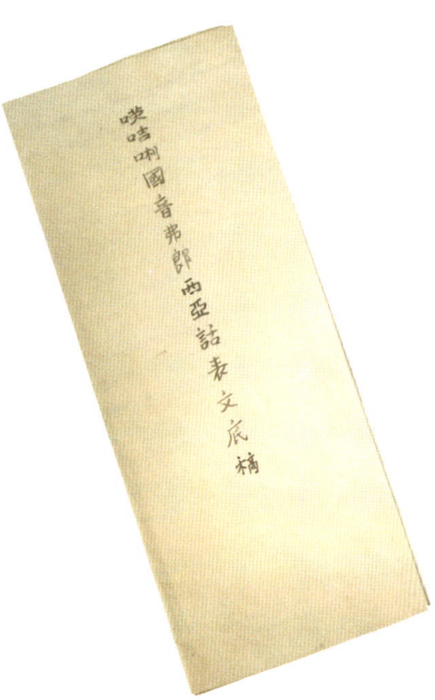

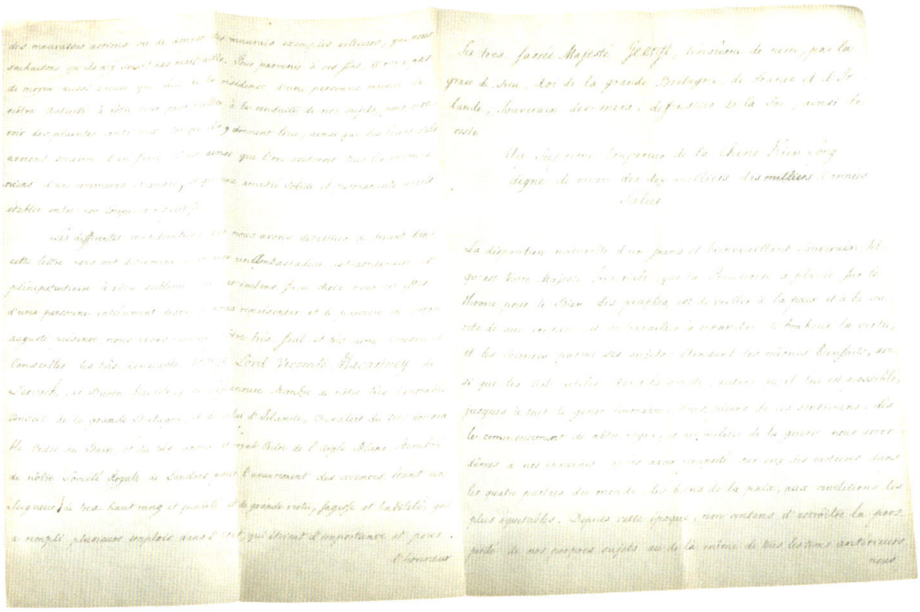

嘆咭唎國音弗郎西亞話表文底稿

英王乔治三世致乾隆帝表文（乾隆五十八年八月十九日）

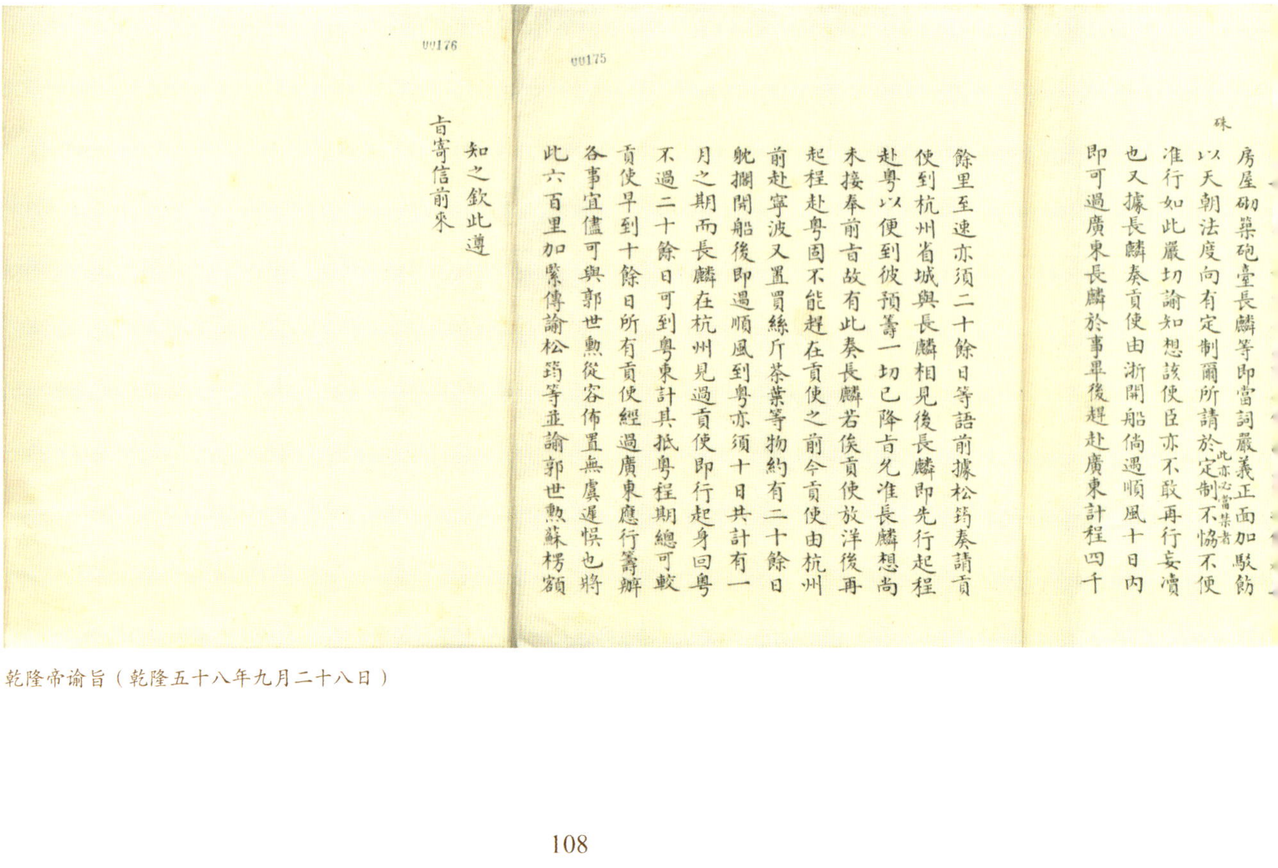

00176

00175

硃

房屋砌築砲臺長麟等即當詞嚴義正面加駁飭以天朝法度向有定制爾所請於定制不協不便准行如此嚴切諭知想該使臣亦不敢再行妄瀆也又據長麟奏貢使由浙開船倘遇順風十日內即可過廣東長麟於事畢後趕赴廣東計程四千餘里至速亦須二十餘日等語前據松筠奏請貢使到杭州省城與長麟相見後長麟即先行起程赴粵以便到彼預籌一切已降旨允准長麟想尚未接奉前旨故有此奏長麟若俟貢使放洋後再起程赴粵固不能趕在貢使之前今貢使由杭州前赴寧波又置買絲斤茶葉等物約有二十餘日耽擱開船後即遇順風到粵亦須十日共計有一月之期而長麟在杭州見過貢使即行起身回粵不過二十餘日可到粵東計其抵粵程期總可較貢使早到十餘日所有貢使經過廣東應行籌辦各事宜儘可與郭世勳從容佈置無虞遲悞也將此六百里加緊傳諭松筠等並諭郭世勳蘇楞額知之欽此遵

旨寄信前來

乾隆帝谕旨（乾隆五十八年九月二十八日）

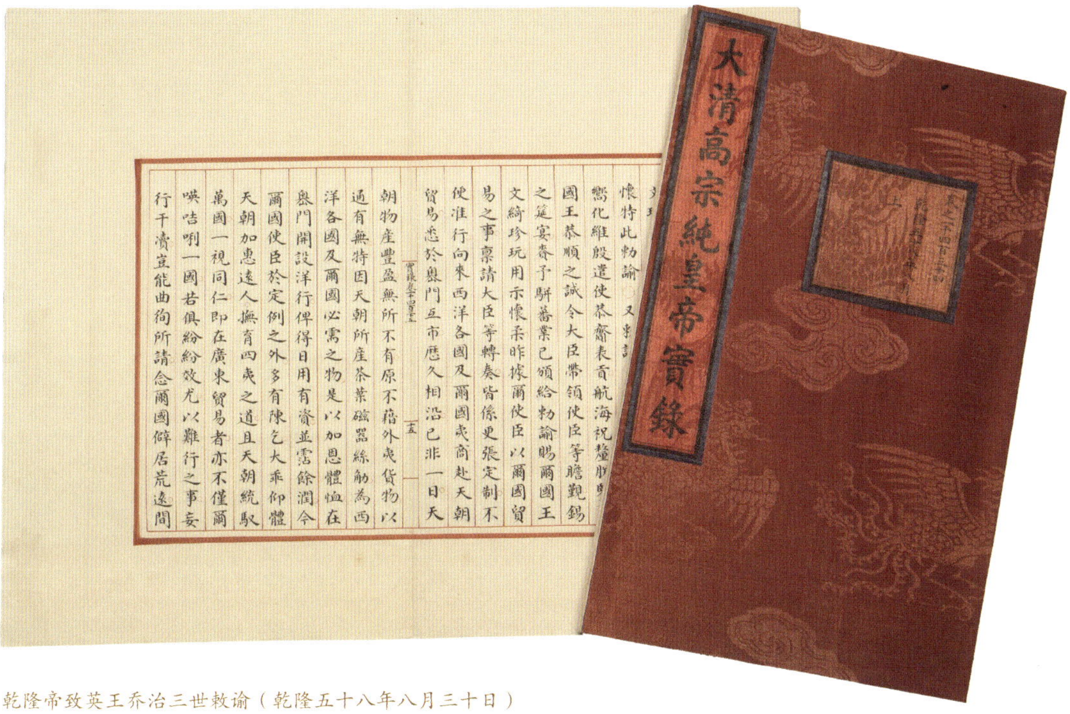

懷特此勅諭
嚮化維殷遣使恭齎表貢航海祝釐朕鑒
國王恭順之誠令大臣帶領使臣等瞻覲錫
之筵宴賚予駢蕃業已頒給勅諭賜爾國王
文綺珍玩用示懷柔昨據爾使臣以爾國貿
易之事禀請大臣等轉奏皆係更張定制不
便准行向來西洋各國及爾國夷商赴天朝
貿易悉於澳門互市歷久相沿已非一日天
朝物產豐盈無所不有原不藉外夷貨物以
通有無特因天朝所產茶葉磁器絲觔為西
洋各國及爾國必需之物是以加恩體恤在
澳門開設洋行俾得日用有資並霑餘潤今
爾國使臣於定例之外多有陳乞大乖仰體
天朝加惠遠人撫育四夷之道且天朝統馭
萬國一視同仁即在廣東貿易者亦不僅爾
嘆咭唎一國若俱紛紛效尤以難行之事妄
行干瀆豈能曲徇所請念爾國僻居荒遠間

乾隆帝致英王乔治三世敕谕（乾隆五十八年八月三十日）

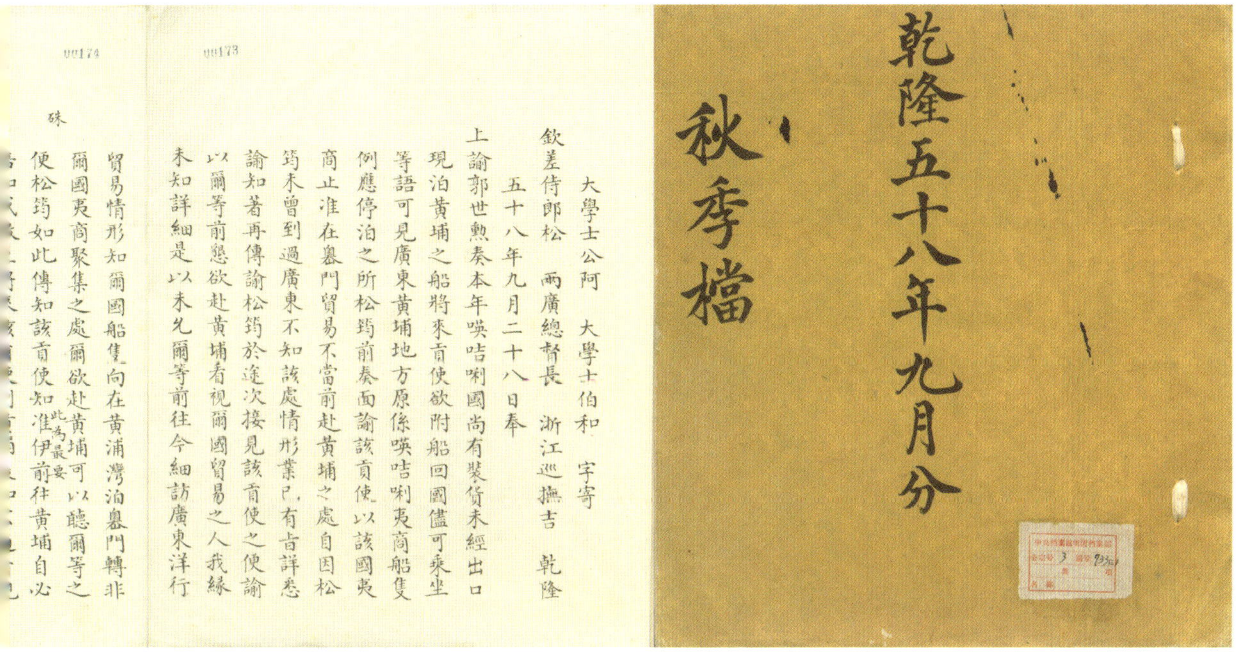

00173

大學士公阿　大學士伯和　字寄
欽差侍郎松　兩廣總督長　浙江巡撫吉　乾隆
五十八年九月二十八日奉
上諭郭世勳奏本年嘆咭唎國尚有裝貨未經出口
現泊黃埔之船將來貢使欲附船回國儘可乘坐
等語可見廣東黃埔地方原係嘆咭唎夷商船隻
例應停泊之所松筠前奏面諭該貢使以該國夷
商止准在澳門貿易不當前赴黃埔之處自因松
筠未曾到過廣東不知該處情形業已有旨詳悉
諭知著再傳諭松筠於途次接見該貢使之便諭
以爾等前懇欲赴黃埔看視爾國貿易之人我緣
未知詳細是以未允爾等前往今細訪廣東洋行

00174

硃

貿易情形知爾國船隻向在黃浦灣泊澳門轉非
爾國夷商聚集之處爾欲赴黃埔可以聽爾等之
便松筠如此傳知該貢使知准伊前往黃埔自必

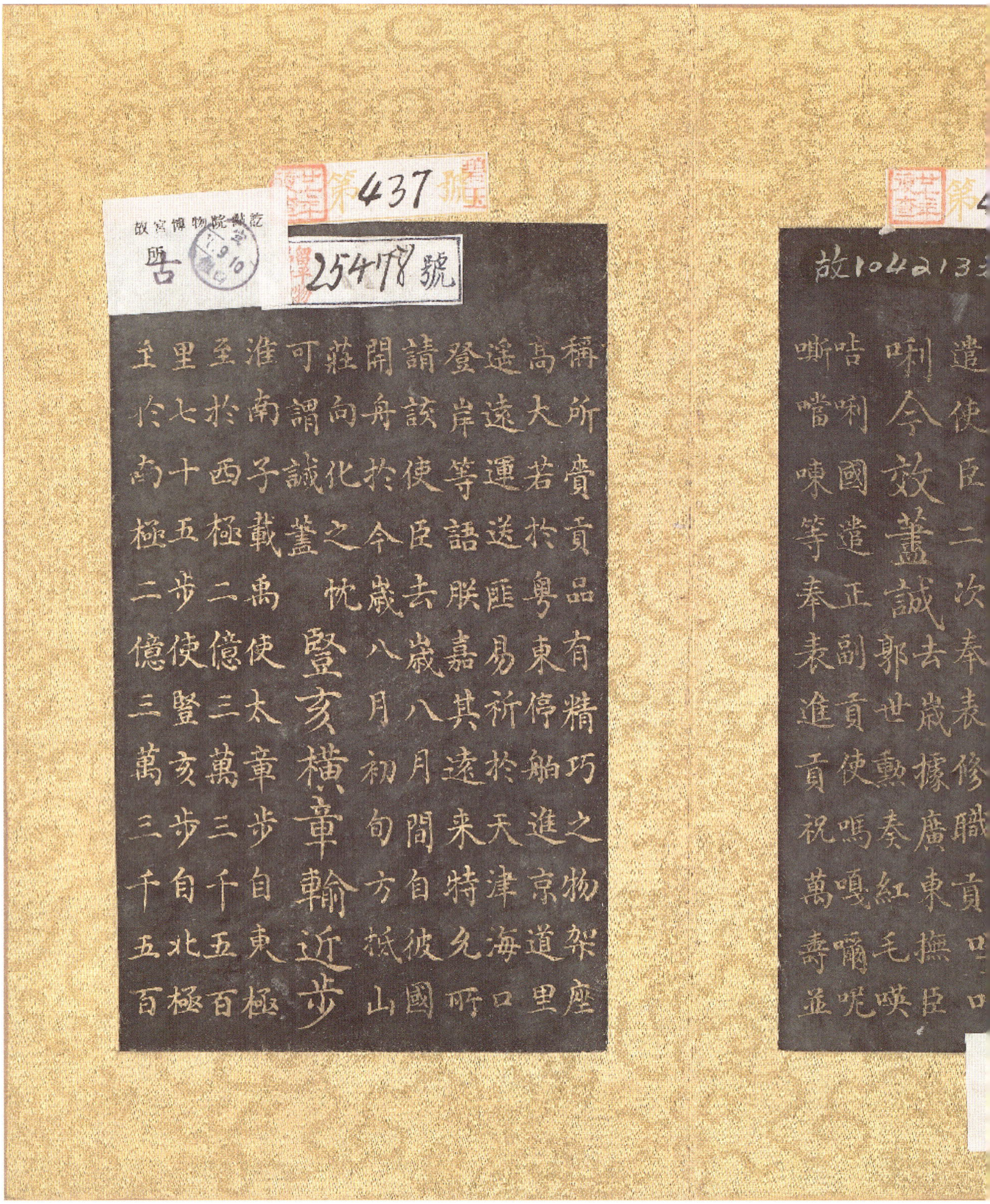

御制英王差使臣奉表贡至诗以志事册（故宫博物院藏）

御製紅毛暎咭唎國王差使臣嗎嘎
嘓呢等奉表貢至詩以誌事
御製紅毛暎咭唎國王差使臣嗎嘎
嘓呢等奉表貢至詩以誌事
以號
第二八號

北京天主教堂西洋人登记清册

乾隆朝

西方天主教在华的传教活动自16世纪80年代即已开始。意大利的耶稣会士利玛窦率先得到允许进入中国，其后更多的传教士陆续来华。康熙三十一年（1692），康熙帝曾经正式敕准可以传教。雍正二年，雍正帝出于多种考虑开始禁教。乾隆年间对北京各天主教堂西洋人都进行登记造册，注明各传教士的中文名字、擅长领域、去世原因和时间。值得注意的是有多名传教士以一技之长进入圆明园、造办处如意馆承担职务。此文献反映出乾隆朝清政府对天主教传教士的管理和掌控。

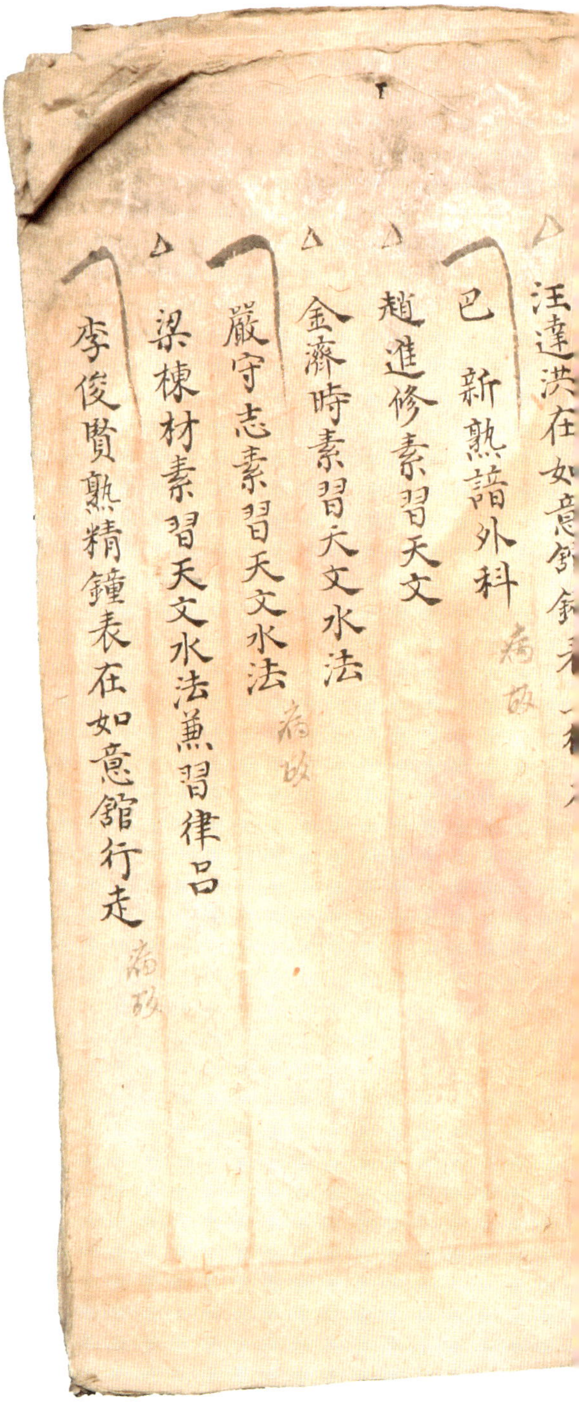
汪達洪在如意
巳 新熟諳外科 病故
趙進修素習天文
金濟時素習天文水法
嚴守志素習天文水法 病故
梁棟材素習天文水法兼習律呂
李俊賢熟精鐘表在如意館行走 病故

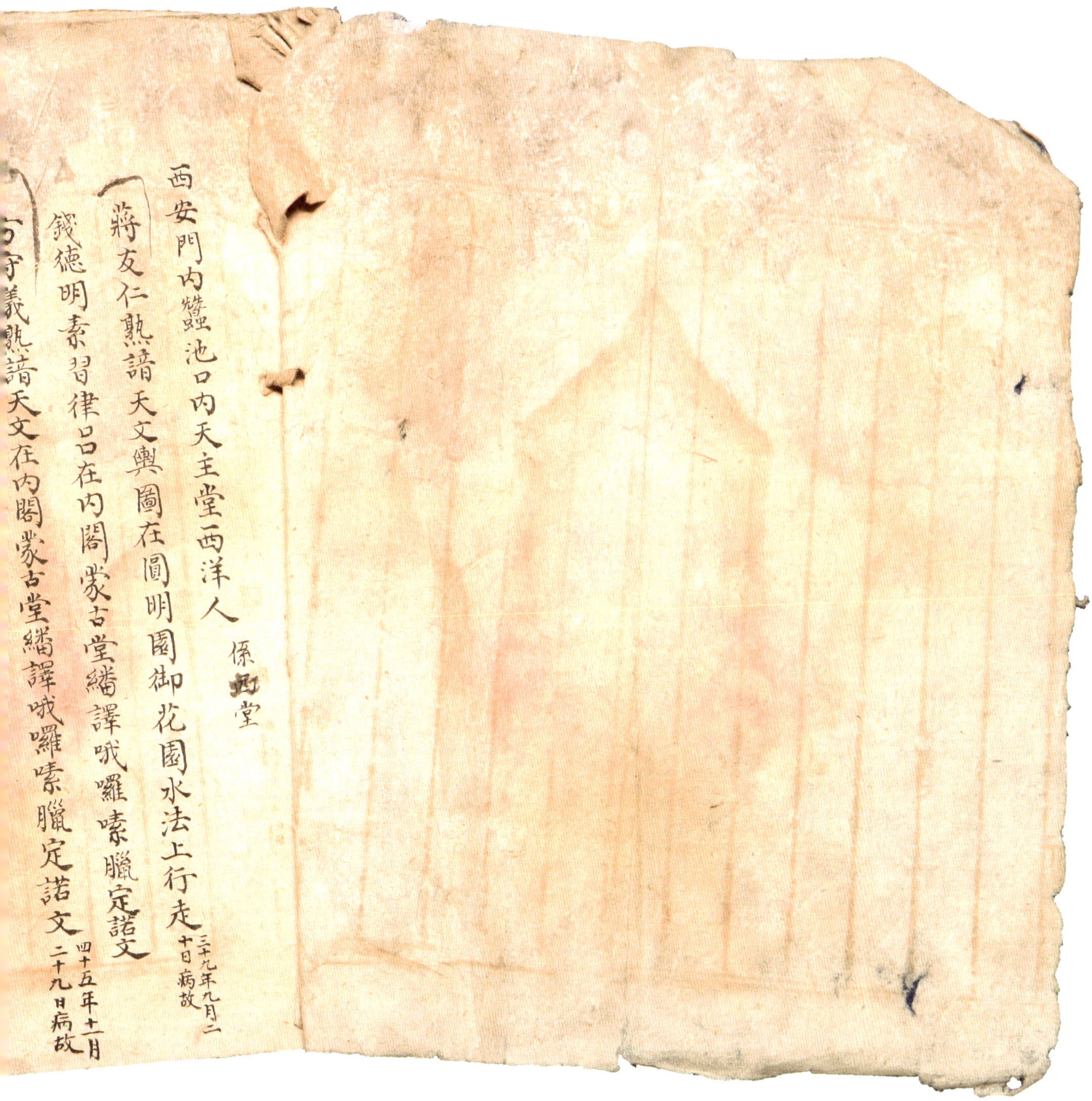

西安門内蠶池口内天主堂西洋人　係[illegible]堂

蔣友仁熟諳天文輿圖在圓明園御花園水法上行走　三十九年九月二十日病故

錢德明素習律呂在内閣蒙古堂繙譯哦囉嗦臘定諾文

[illegible]守義熟諳天文在内閣蒙古堂繙譯哦囉嗦臘定諾文　四十五年十一月二十九日病故

北京天主教堂西洋人登记清册（乾隆朝）

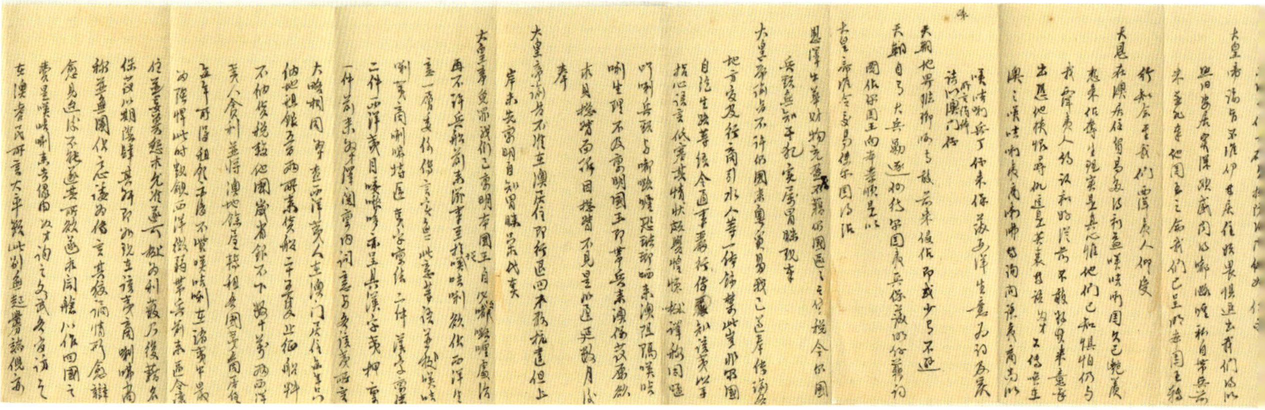

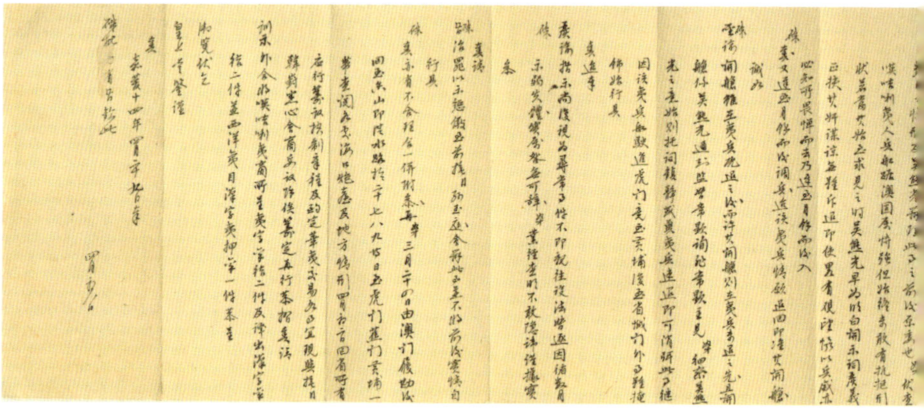

两广总督百龄奏折：

为英国兵船驶入澳门事

嘉庆十四年四月初八日（1809年5月21日）

两广总督百龄等奏折：

为酌筹华夷交易章程事

嘉庆十四年四月二十日（1809年6月2日）

两广总督百龄在奏折中奏明：因澳门一隅自明嘉靖年间西洋人纳税租住，迄今两百余年，樯帆云集贸易。嘉庆十三年（1808）英国兵擅自登岸，虽旋即撤兵，但为防微杜渐，特筹定章程。章程规定外国兵船应停泊外洋以肃边防，不许护货之兵船驶入内港；各国洋商只准留司事之人经理货账，余饬依期归国，不许在澳逗留；澳门西洋人房屋只许修葺不许添建等六项措施。该交易章程体现了清政府在嘉庆年间对洋商的约束和管理，益于维护国家主权和利益。

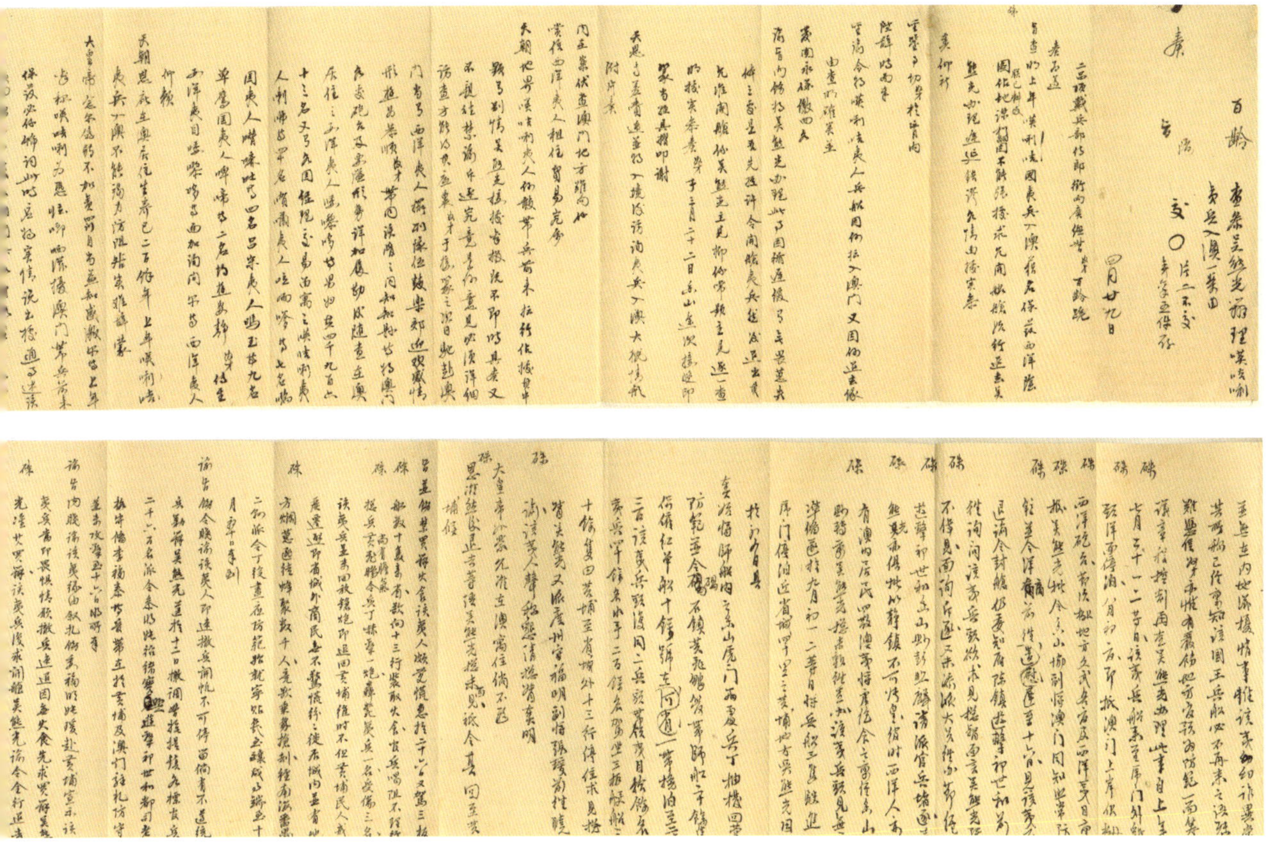

两广总督百龄奏折（嘉庆十四年四月初八日）

东印度公司大班在澳门的住宅旧址

埔河面以便查驗，閘船從不許護貨之兵船駛入內港，迩
年以來漸不恪守舊章，應請嗣後各國貨船到時無論
所帶護貨兵船大小，概不許擅入十字門及虎門各海
口，如敢違例擅進，任守口員弁報明，即行驅逐，一面停
止貿易，庶邊防嚴肅，該夷人等不敢萌覬覦之心

一、各國夷商止准暫留司事之人經理貨賬，餘俱依期歸
國，不許在澳逗遛也。查外夷商船向係每年五六月
收泊，九十月歸國，該夷商或因貨物未銷，或有行商拖
欠未清，向准在粵海關請照下澳暫寓住冬，仍俟下
年屆風即於次年偕同回國，迨來該夷等竟有在澳
久居，遷延不去者，名數較多，且種類不一，誠恐別滋事
端。嗣後各夷商如銷貨歸本後，令其依期隨同原船歸國，
不得在澳逗留。即有行欠未清，止准酌留司事者一二名在
澳住冬清理，責令西洋夷目及洋行商人將留澳夷人
姓名造冊申報，核對及粵海關衙門存案，俟次年即
令歸國，應申報查考，如敢任意久住，或人數增多，查出
立即驅逐

一、澳內華夷宜分別稽查也。查澳內西洋人房屋自乾隆
十四年議定章程，止許修葺，不許添造。嗣因西洋夷人
生齒日繁，以致屋宇遞漸增添，至澳內華人應設不
准帶夷妾，宜以杜販賣子女之弊。嗣因西洋夷目呈稱華夷
族長保鄰切結，始准詳縣給與腰牌印照，在澳門者由該
同知稽查，如在黃埔，即由番禺縣就近稽查，如敢於買
辦食物之外代買違禁貨物及勾通走私舞弊並代僱
華人服役，查出照例治罪，地方官狥縱一并查參

一、夷船起貨時，責令洋行按股交易，不准夷私自分
撥也。查夷貨到粵，向係行商公同酌議貨物之貴賤，均
勻承辦，不致多寡懸殊。近年夷商司事每竟隨意分
撥，借責內地行商因其操分撥之權，曲意逢迎，希圖多
分貨物，轉售獲利，而奸夷遂意爲肥瘠，有殷商而少
分者，有疲商而多撥者，以致年終不清，拖欠迭至
而是。嗣後夷貨到時，由監督親督洋行按商等公司
館內秉公按股分擘，均勻分撥，不得任令夷商點財
多寡，斯欠夷帳庶足以昭平允而杜爭端

以上六條，臣等詳就現在情形，悉心酌核，以期肅清積
弊，亦靖邊隅，仰副
聖主柔遠恤商至意，謹合詞具
奏，伏乞
皇上睿鑒訓示，謹
奏。嘉慶十四年五月十一日奉
硃批：軍機大臣會同長麟議奏。欽此。

四月二十日

两广总督百龄等奏折（嘉庆十四年四月二十日）

3—40
2144—10

百龄等　华夷交易章程

奏　〇　文

五月十一日

一品顶戴两广总督臣百龄、
广东巡抚臣韩封跪
奏为酌筹华夷交易章程恭折奏
闻仰祈
圣鉴事窃照澳门一隅自前明嘉靖年间大西洋人纳税租住迄
今二百余年樯帆云集贸易交通上年英吉利国夷兵擅
自登岸震慑
天威旋即退去而防微杜渐尤须筹定章程臣等悉查档案
从前议有防范外夷规条本为详备因日久玩生致滋弊
窦除再申明例禁令地方文武一切实奉行外至於今昔情形不
同有应随时增易者谨分晰数条为我
皇上陈之
一外夷兵船应停泊外洋以肃边防也查外夷来广贸易
先携货船停泊伶仃等处外洋卸货船则报明引进黄

贸易惟核服实华人方足取信若实家迁移外洋综核
定虚实难稽是以住澳华人仍准携带妻室安土重
迁亦难概令挈眷远徙惟澳门为地无多华夷杂处
若不定以限制恐日致蔓延应将西洋人现有房屋若
干户口若干逐一查明造册申报已添房屋姑免拆毁
不许再行添造寸椽华人挈眷在澳居住者亦令查
明户口造册存案止准迁移出澳不许再有增添庶於
体恤之中仍寓防闲之意
一夷船引水人等宜责令澳门同知给发牌照也查各国夷
船行抵虎门外洋向係报明澳门同知令引水人带引进
近年竟有匪徒冒充引水致滋弊窦嗣后夷船到口即令
引水先报澳门同知给予印照注明引水船户姓名由守
口营弁验照放行仍将印照移回同知衙门缴销如无印
照不准进口庶免弊混
一夷商买办人等宜责成地方官慎选承充随时稽察也
查夷商所需食用等物因言语不通不能自行采买向
设有买办之人由澳门同知给发印照近年改由粤海
关监督给照因该监督远驻省城耳目难周该买办等惟
利是图恐不免勾通外来商贩私买夷货并代夷人偷
售违禁货物并恐有无照奸民从中影射滋弊嗣后夷
商买办应令澳门同知就近选择土著殷实之人取具

粤海关监督德庆奏折：

为设立总商于洋商内择殷实公正者总理事

嘉庆十八年二月二十一日（1813 年 3 月 23 日）

广州行商在承办对外贸易中，时有因经营不善而亏欠外商货款者。旧例洋商欠饷均移会督抚，将商家家产查封变抵，其不敷银两由接办行业之新商代为补足。如行闭无人接开，众商摊赔完结。若再有亏欠洋人银两即会同督抚专折奏明，从重治罪。粤海关监督德庆认为洋商承揽进口货物动辄数额巨大，如有一商亏欠贻累通行。为有效管理洋商，建议于各行商中择身家殷实、居心公正者一二人总理洋行事务。命其率领众商与洋人交易货物，务照时价一律公平办理。同时德庆也建议将所选之人联名结保专案咨部备查，以示慎重。此奏折体现了清朝官员在对外贸易管理上的逐渐探索和实践。

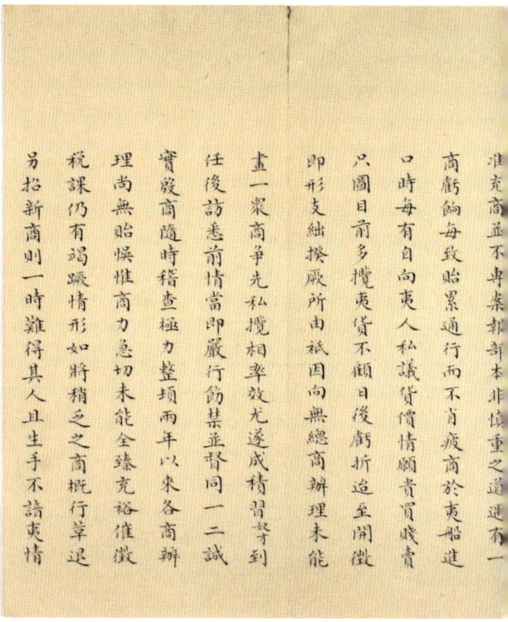
准充商並不專案報部本非慎重之道查有一
商虧餉每致貽累通行而不肖疲商於夷船進
口時每有自向夷人私議貨價情願貴買賤賣
只圖目前多攬夷貨不顧日後虧折迨至開徵
即形支絀掇厥所由祇因向無總商辦理未能
畫一衆商爭先私攬相率效尤遂成積習奴才到
任後訪悉前情當即嚴行飭禁並督同一二誠
實殷商隨時稽查極力整頓兩年以來各商辦
理尚無貽悞惟商力急切未能全臻充裕催徵
稅課仍有竭蹶情形如將稍乏之商概行革退
另招新商則一時難得其人且生手不諳夷情

奏

奴才德慶跪

奏為查辦關務情形恭摺奏

聞仰祈

聖鑒事竊照外洋夷商重譯梯航來廣貿易全賴洋

行商人妥為經理俾知樂利嚮風以昭

天朝綏懷遠夷至意奴才蒙

恩簡任以來一切俱有舊章可循尚無應須查辦之

事惟查舊案見從前辦理洋商欠餉之案俱移

會督撫將之商家產查封變抵其不敷銀兩著

落接辦行業之新商代為補足如行閉無人接

開衆商攤賠完結倘再有虧欠夷人銀兩即會

同督撫專摺

奏明從重治罪歷來辦理無異即如嘉慶十五年

間有福隆行洋商鄧兆祥虧餉潛逃經前監督

常顯移會前督臣百齡檄飭地方官一面嚴緝

一面將該逃商家產查封備抵稅餉其行業查

有職員關祥向在該行司事其子關成發亦隨

父幫辦有年經洋商黎顏裕結保關成發接辦

福隆行務即責令先行墊完鄧兆祥所欠稅餉

俟查明鄧兆祥遺產給領變抵雖經辦結在案

而鄧兆祥尚未弋獲未得即加創懲現在飭行

地方官上緊嚴緝務獲究辦奴才伏思洋商承攬

更恐辦理不善奴才與督臣蔣攸銛再四講求與

其紛更而無當不若因時以制宜商人之弊巧

雖多同行之耳目難掩祇以向無董率之責殷

商避怨而隱容之商效尤而競利遂致積習難

返關務日疲今欲整關務須察商情欲除弊端

須專責任惟有於各行商中擇其身家殷實居

心公正者一二人飭令總理洋行事務率領衆

商與夷人交易貨物務照時價一律公平辦理

不得任意高下私向爭攬倘有陽奉陰違總商

據實稟究奴才仍不時勉諭各商崇儉黜華各顧

大體以期積弊盡除商力漸裕並嗣後如遇選

充新商責令通關總散各商公同慎選殷實公

正之人聯名結保專案咨部備查倘所舉不實

或有虧欠餉項情事著落原保商賠繳其因事

革退者亦隨時咨部註銷每年滿關後仍將商

名造冊隨同各冊檔送部查考以昭慎重如此

立定章程庶現在各商可望日有起色將來亦

不致濫用非人貽累關務奴才愚昧之見是否有

當謹將辦理緣由恭摺具

奏伏乞

皇上睿鑒訓示謹

奏

另有旨

嘉慶十八年二月　二十一　日

粤海关监督德庆奏折（嘉庆十八年二月二十一日）

直隶总督那彦成奏折：

为英国派遣使臣阿美士德进贡依例预备事

嘉庆二十一年六月初三日（1816年6月27日）

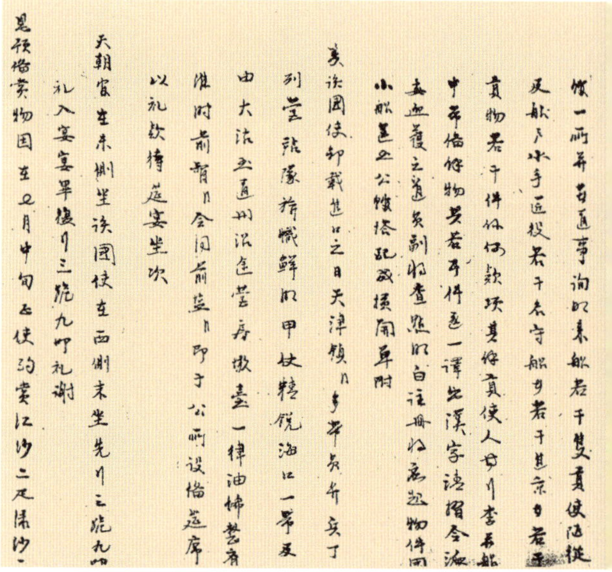

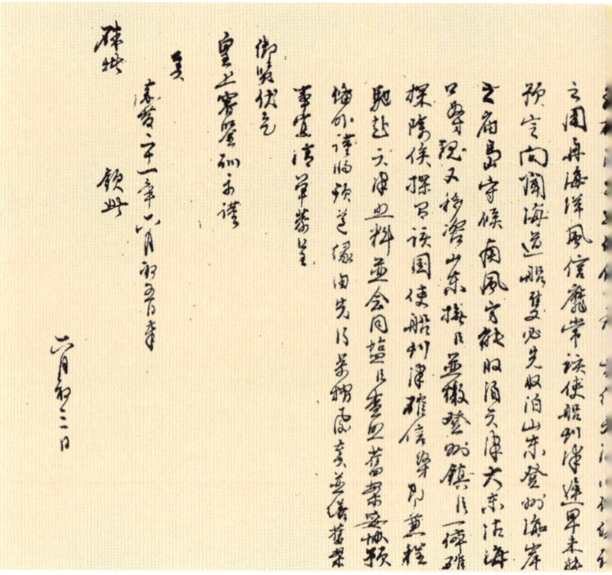

嘉庆二十一年（1816），英国再次派阿美士德使团来华。直隶总督那彦成在奏折中强调此次接待参照乾隆五十八年马戛尔尼使团访华的旧例，并秉明使团规模、接待使团的日常赏赐和礼物、宴请礼仪等事项。阿美士德使团于闰六月二十日抵达天津，后因双方就觐见清朝皇帝的礼仪产生分歧，滞留通州。七月初七日，嘉庆帝决定在圆明园接见使臣，使团连夜赶路，主持觐见的官员未能详细秉明情况令嘉庆帝误会，取消觐见，将使团驱逐离京。

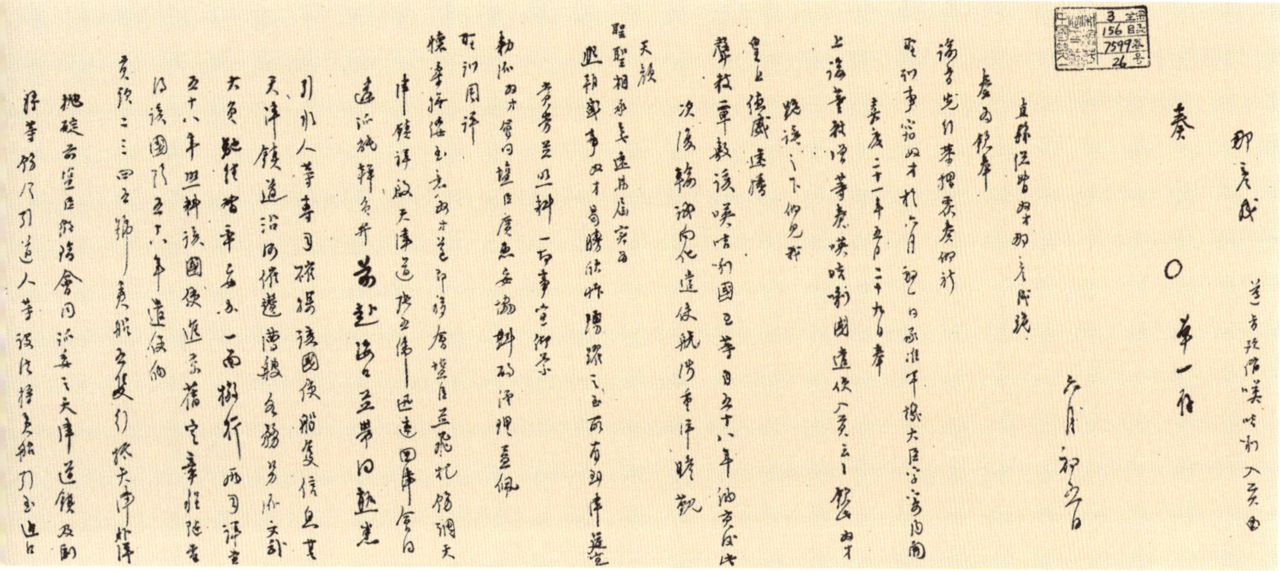

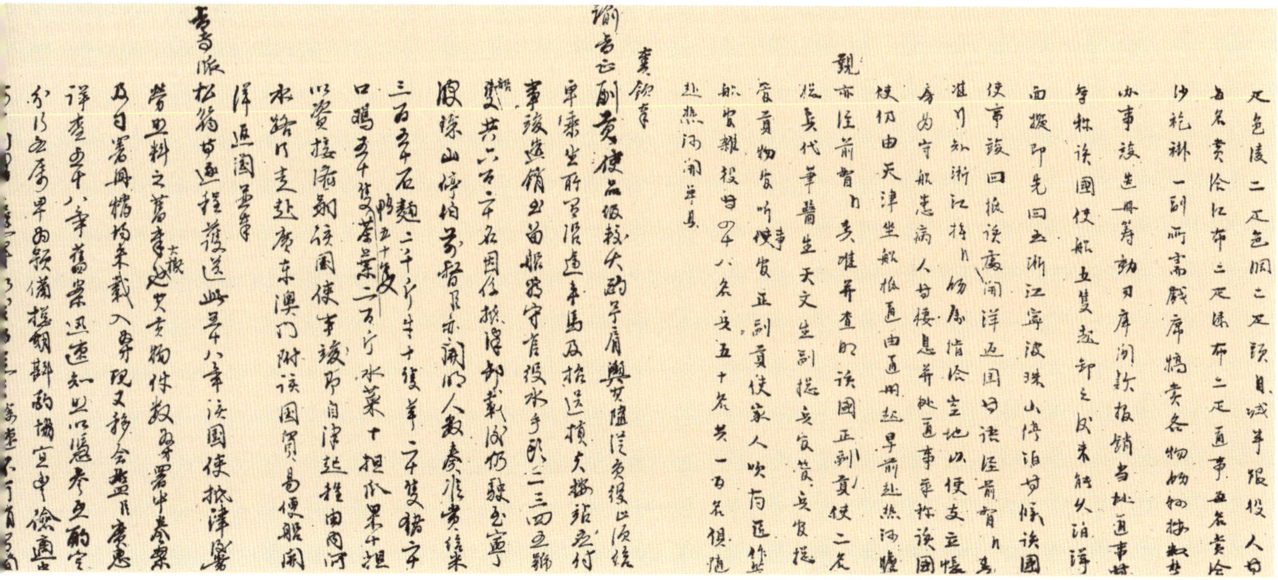

直隶总督那彦成奏折（嘉庆二十一年六月初三日）

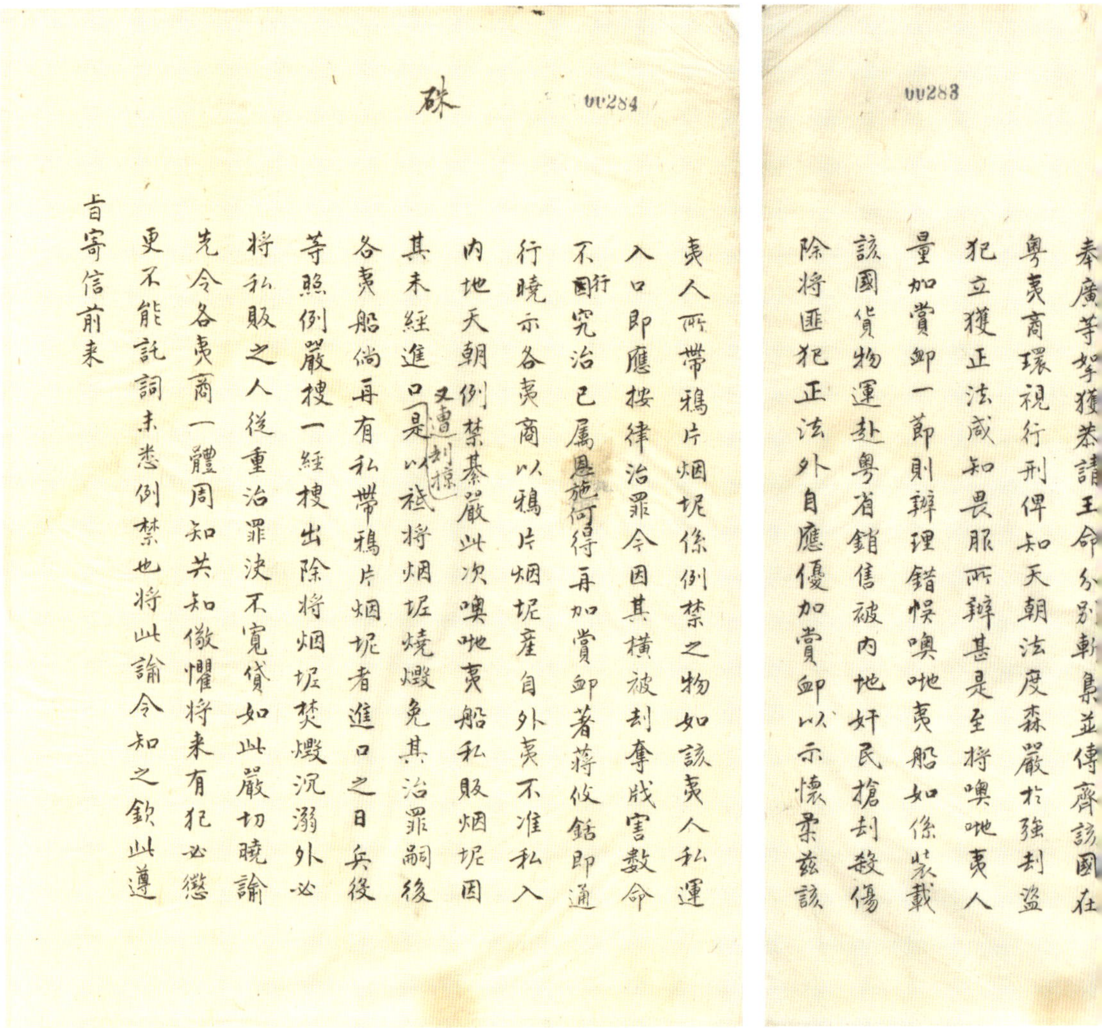

00283

奉廣等拏獲恭請王命分別斬梟並傳齊該國在
粵夷商環視行刑俾知天朝法度森嚴於強刦盜
犯立獲正法咸知畏服所辦甚是至將噢咃夷人
量加賞卹一節則辦理錯悞噢咃夷船如係裝載
該國貨物運赴粵省銷售被內地奸民搶刦殺傷
除將匪犯正法外自應優加賞卹以示懷柔茲該

硃　00284

夷人所帶鴉片烟坭係例禁之物如該夷人私運
入口即應按律治罪今因其橫被刦奪戕害數命
不行究治已屬恩施何得再加賞卹著蔣攸銛即通
行曉示各夷商以鴉片烟坭產自外夷不准私入
內地天朝例禁綦嚴此次噢咃夷船私販烟坭因
其未經進口又遭刦掠是以祗將烟坭燒燬免其治罪嗣後
各夷船倘再有私帶鴉片烟坭者進口之日兵役
等照例嚴搜一經搜出除將烟坭焚燬沉溺外必
將私販之人從重治罪決不寬貸如此嚴切曉諭
先令各夷商一體周知共知儆懼將來有犯必懲
更不能託詞未悉例禁也將此諭令知之欽此遵
旨寄信前來

嘉庆帝谕旨：

着两广总督蒋攸铦禁绝鸦片

嘉庆二十二年六月二十八日（1817 年 8 月 10 日）

道光帝谕旨：

着两广总督阮元禁绝鸦片

道光二年十二月初八日（1823 年 1 月 19 日）

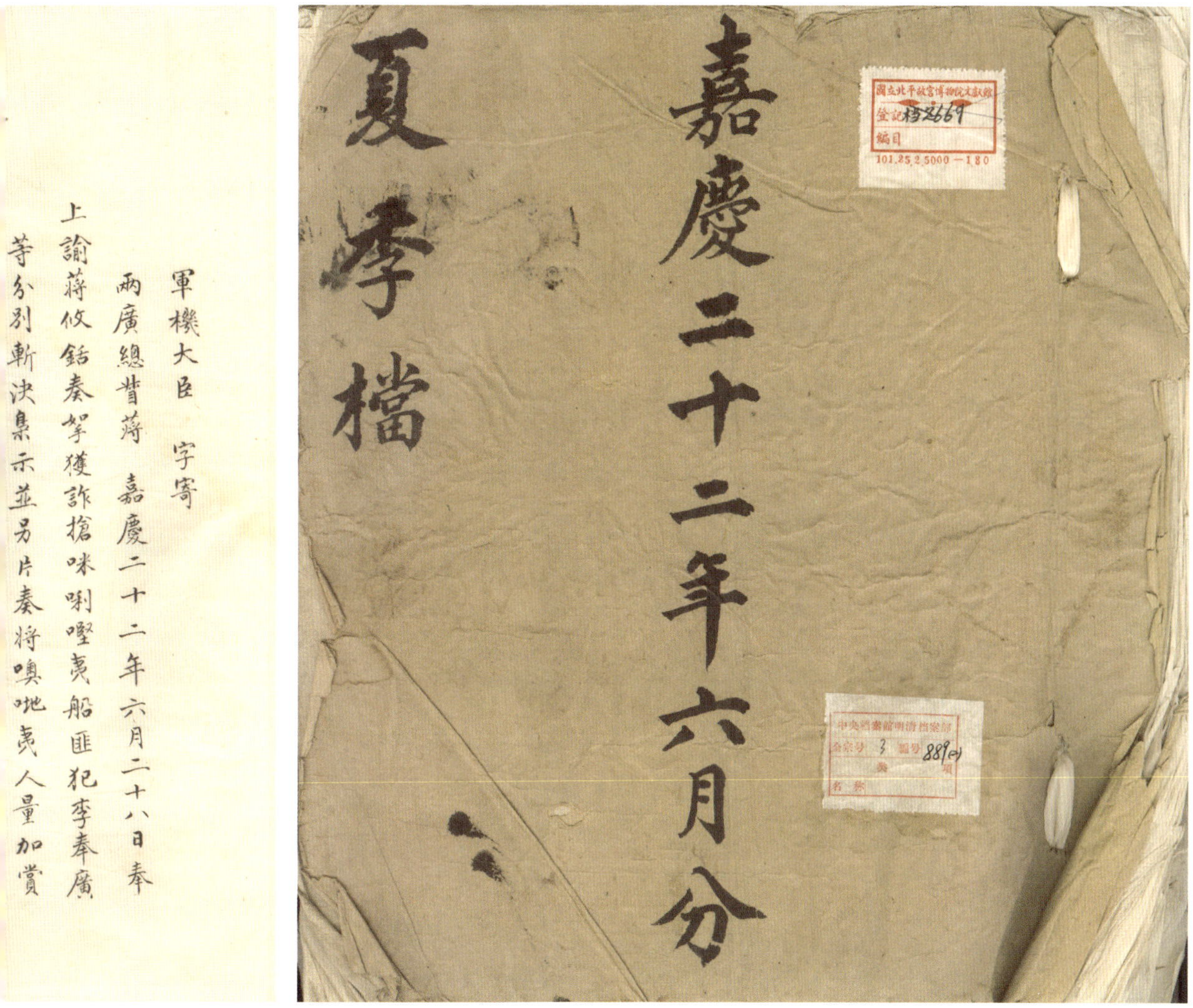

軍機大臣 字寄
兩廣總督蔣 嘉慶二十二年六月二十八日奉
上諭蔣攸銛奏拏獲詐搶咪唎嘡夷船匪犯李奉廣
等分別斬決梟示並另片奏將嗅咃夷人量加賞

嘉庆帝谕旨（嘉庆二十二年六月二十八日）

自雍正七年（1729）起，清政府认定鸦片是违禁物品，但鸦片的巨大利润使其屡禁不绝。以英国为首的西方资本主义列强向中国贩卖鸦片极其猖獗，从中渔利。嘉道时期，白银外流加剧，清政府对持续了一百多年的鸦片走私不再容忍。嘉庆二十二年，嘉庆帝寄谕两广总督蒋攸铦要其禁绝鸦片。道光二年，御史尹佩棻称鸦片来自福建、浙江、江南通海口地方，尤以广东为甚，奏请严禁私食鸦片。道光帝因此寄谕两广总督阮元禁绝鸦片。但从其结果来看，两道谕旨没有得到严格执行，鸦片贻害无穷。

00067

烟之来福建浙江江南通海口地方俱有私帶摠以来自廣東者為最一由於地方官不認真查拏或差一二武弁巡查徒為該弁肥囊之計一由於粤海關之包稅洋船一到即有包攬上稅者將烟雇載漁船先行寄頓然後查船且聞鴉片非數換、不賣獨巡海兵丁不惜減價賣給居心尤為可惡等語鴉片烟流行内地大為風俗人心之害民間私販私食久干例禁節經降旨嚴飭稽查而此風

00068

未盡革除總由海口守巡員弁賣放偷漏以致蔓延滋甚著阮元達三於通海各口岸地方並関津渡口無論官船民載逐一認真查拏毋任員弁稍有捏飾倘查有奸民以多金包攬上稅及私運夾帶進口等弊立即從嚴懲辦以除積蠹摠在有犯必懲慎勿日久生懈仍歸具文也將此諭知阮元並傳諭達三知之欽此遵

旨寄信前来

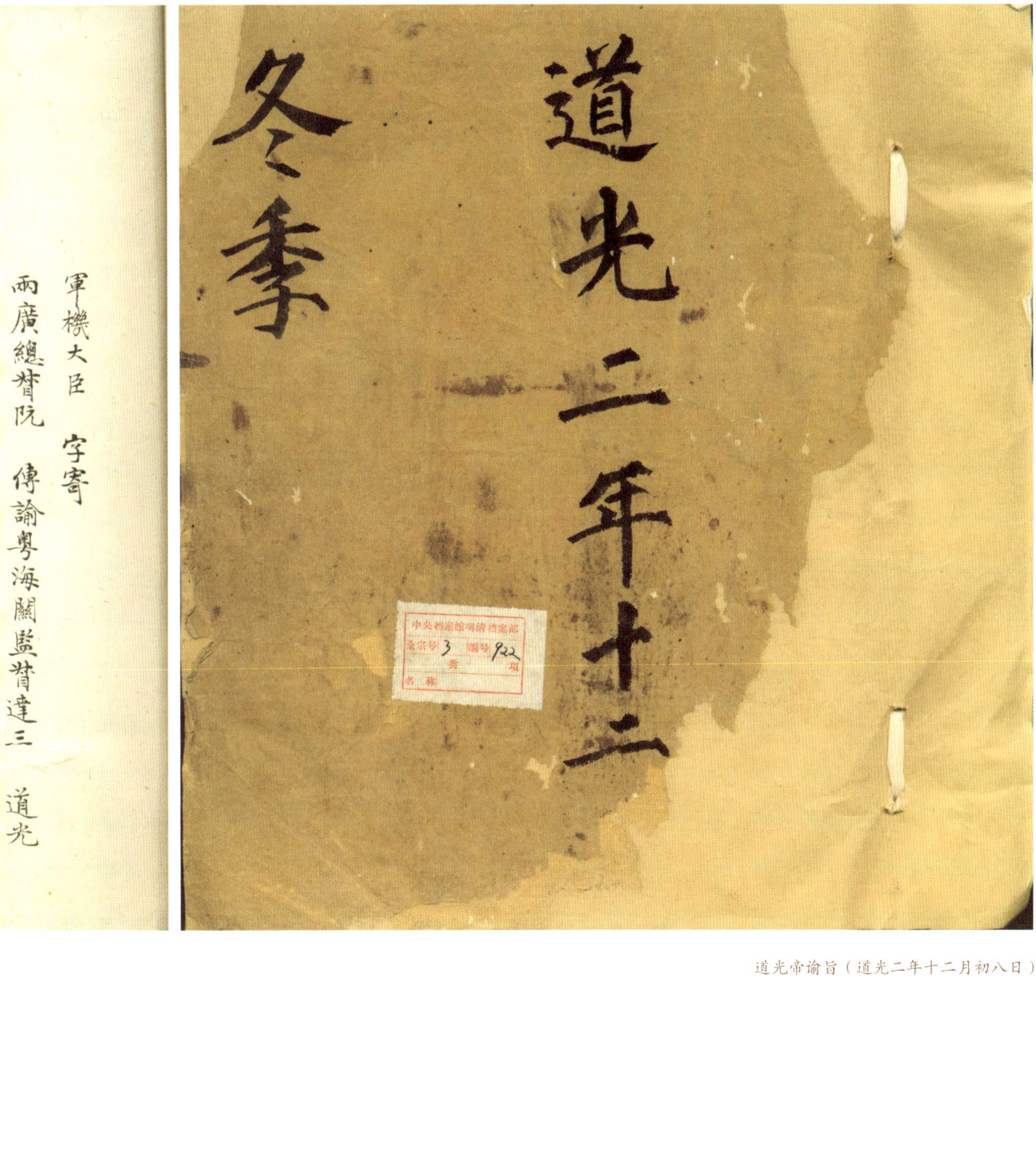

道光帝谕旨（道光二年十二月初八日）

道光帝谕旨：

广东洋行被烧着两广总督阮元减免外商应缴粤海关税银

道光二年十二月十二日（1823 年 1 月 23 日）

道光二年（1822）九月广东省城西关地区发生火灾殃及洋行，受灾颇重。两广总督阮元将灾情上报朝廷，道光帝据此发布谕旨：令粤海关将道光二年的出口饷银和各口征银并船钞银两收齐解部。进口饷银总额为 664400 两，豁免洋行应交税银 140243 两，“以示体恤”。剩余应交税银 524000 余两，于次年先交一半，剩余税银自道光四年起按各洋行受灾情况的不同给予不同期限交清。同时，在谕旨中命粤海关当年应交内务府和造办处的银两照数缴纳。

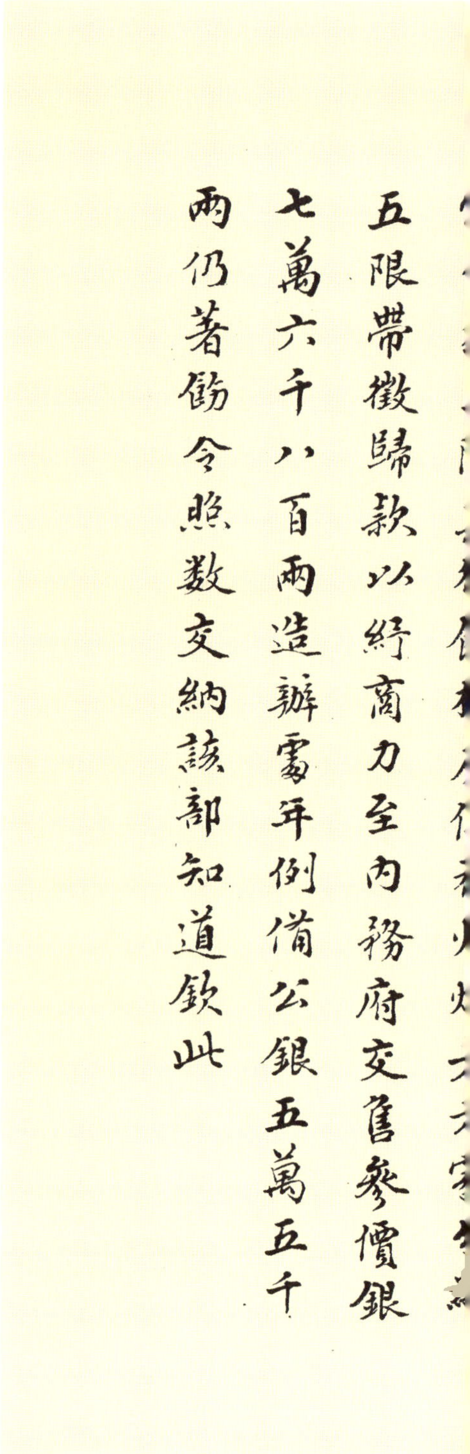
五限帶徵歸款以紓商力至內務府交售參價銀
七萬六千八百兩造辦處年例備公銀五萬五千
兩仍著飭令照數交納該部知道欽此

道光二年十二月十二日内閣奉

上諭阮元等奏商夷被災懇恩調劑一摺廣東省城
西關本年九月内不戒於火延燒洋行夷館據該
督等查明被災情形較重商夷拮据所有粤海關
本年徵收税銀除出口餉銀及各口徵銀並船鈔
銀兩仍著飭徵齊解部外其進口餉銀六十六萬
四千四百兩零若照例於滿關後徵齊起解實屬
力有不逮著照所請加恩將該夷人應交税銀十
四萬二百四十三兩零全行豁免以示體恤其該
商等應交税銀五十二萬四千一百五十六兩零
著於明年先交銀二十六萬二千七十八兩零所
餘一半自道光四年起于[illegible]

道光帝谕旨（道光二年十二月十二日）

广州将军庆保等奏折：

为英国大班违反禁令带洋妇进城并将黄埔船上炮位运进商馆事

道光十年九月十二日（1830 年 10 月 28 日）

道光帝谕旨：

着晓谕外商遵守旧制不得将洋妇及枪炮带入省城

道光十年十月二十四日（1830 年 12 月 8 日）

清政府规定外国人航海来粤贸易，春夏可寓居澳门，秋冬可移住省城商馆，但所携洋妇只准居住本国船上。乾隆十六年（1751）准许洋妇寄住澳门，但依旧不可入省城。两广总督李鸿宾等奏称，现英国大班携洋妇坐轿进城，并率停泊黄埔湾洋船上的水手百余人乘夜将炮位数座及鸟枪等件偷运进省城商馆。道光帝为此谕令广州将军庆保等人将洋妇押往澳门，炮位运回各船，如英国人延抗就设法驱逐，不可迁就。此事件也催生了日后《防范夷人章程》的出台。

英国东印度公司大班和他的家人在澳门（油画）

該大班等因聞外間訛言有派兵圍逐夷商番
婦之說心懷疑畏通信黃埔灣泊各夷船令水
手百餘人乘夜將砲位數座及鳥鎗等件收藏
小船艙內偷運省城夷館隨經營汛訪知稟報
臣等即一面密飭水陸各營將弁不動聲色嚴
加防範並切諭府縣暨委員等分派妥役留心
稽查彈壓毋許內地漢奸勾串教唆播弄滋事
免致商民驚疑一面飭令洋商通事等嚴詰該
夷何以私運砲座等物至館其意何居據稱實
因聞得即日派兵將夷人番婦一併攆逐一時
惶懼情急將船上隨帶防身鎗砲夜閒運來實

上年
諭旨嚴行驅逐絕其貿易大加懲辦斷不敢稍從遷
就致長頑夷刁風臣等伏思夷人此次違禁之
咎尚不至遽加以兵但該夷素本不馴性情叵
測倘須示以兵威臣慶保即當酌派八旂水陸
官兵會同臣李鴻賓所派官兵妥協辦理再行
由驛具
奏事因交涉外夷有關
國體不敢不據實陳明謹會同右翼副都統臣與
住合詞密
奏伏乞
皇上聖鑒謹
奏
另有旨
道光十年九月　十二　日

广州将军庆保等奏折（道光十年九月十二日）

奏

奏為奏

聞事查各國夷人航海來粵交易貨物每年春夏皆寓居澳門至秋冬間因出進貨物均在省城洋行交兑即移住省中夷館其隨帶番婦向只准居住夷船乾隆十六年始准寄住澳門仍不許攜帶進省迨乾隆三十四年有暎咭唎國夷商啡咂私帶番婦來省居住經將該番婦押往澳門出示嚴禁現尚有案可查三十四年以後傳聞間有私攜番婦來省或潛住數日無人知覺旋即回澳此則無案可稽本年春間訪有番婦到省潛住之事正在諭飭洋商驅逐即已回澳現在暎咭唎國大班盼師復攜帶番婦來至省城到公司夷館居住又該夷商由船登岸坐轎進館經臣李鴻賓諭飭洋商即將番婦驅令回澳並嗣後夷商進館不許乘坐肩輿隨據該大班等赴臣等四衙門各遞稟函懇求番婦住館

廣東巡撫臣盧坤
廣州將軍臣慶保
兩廣總督臣李鴻賓
粵海關監督臣中祥 跪

不知砲位係不准攜帶之物等語臣等伏查該夷等乘坐三板小船上省下澳向准其攜帶鳥鎗二三桿以防盜賊固屬不禁若船上砲位歷來不准移至省館又經嚴飭該夷速將砲位鳥鎗刻即運回本船水手人等速歸黃埔閱日該夷等將鳥鎗搬去水手散回惟砲位尚藏放夷館門內並浼洋商代求稍寬時日再令番婦回澳臣等以該夷盼師始則私帶番婦住館繼復潛運船中砲械預防圍逐均屬擅違舊制狂悖妄為現仍嚴飭即日速將番婦押往澳門存留砲位悉運回各船防守如果遵辦無違臣等仰

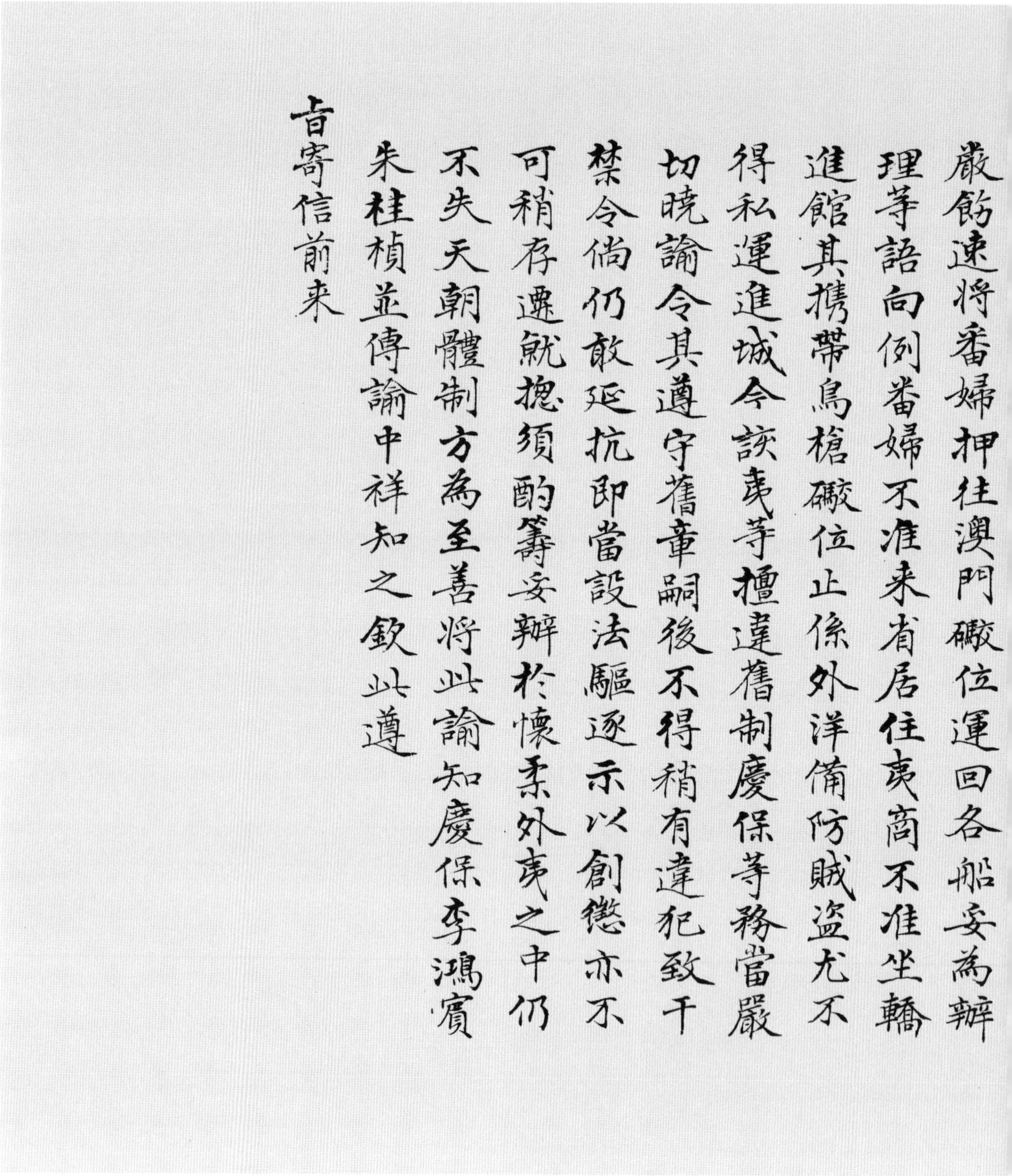
嚴飭速將番婦押往澳門礮位運回各船妥為辦
理等語向例番婦不准來省居住夷商不准坐轎
進館其携帶鳥槍礮位止係外洋備防賊盜尤不
得私運進城今該夷等擅違舊制慶保等務當嚴
切曉諭令其遵守舊章嗣後不得稍有違犯致干
禁令倘仍敢延抗即當設法驅逐示以創懲亦不
可稍存遷就總須酌籌妥辦於懷柔外夷之中仍
不失天朝體制方為至善將此諭知慶保李鴻賓
朱桂楨並傳諭中祥知之欽此遵
旨寄信前來

道光帝谕旨（道光十年十月二十四日）

軍機大臣　字寄
廣州将軍慶　協辦大學士兩廣總督李　廣
東巡撫朱　傳諭粵海關監督中祥　道光十
年十月二十四日奉
上諭據慶保等奏查有𠸄咭唎國大班[口盼][口師]携帶番
婦来至省城到公司夷館居住又該夷商由船登
岸坐轎進館並因訛言有派兵圍逐之説心懷疑
畏通信黃埔灣泊各夷船令水手百餘人乘夜將
礮位數座及鳥槍等件收藏艙內偷運省城夷館
經慶保等密飭文武員弁留心防範彈壓該夷等
業將鳥槍搬去水手散回其礮位尚藏放夷館門
內並浼洋商代求稍寬時日再令番婦回澳現在

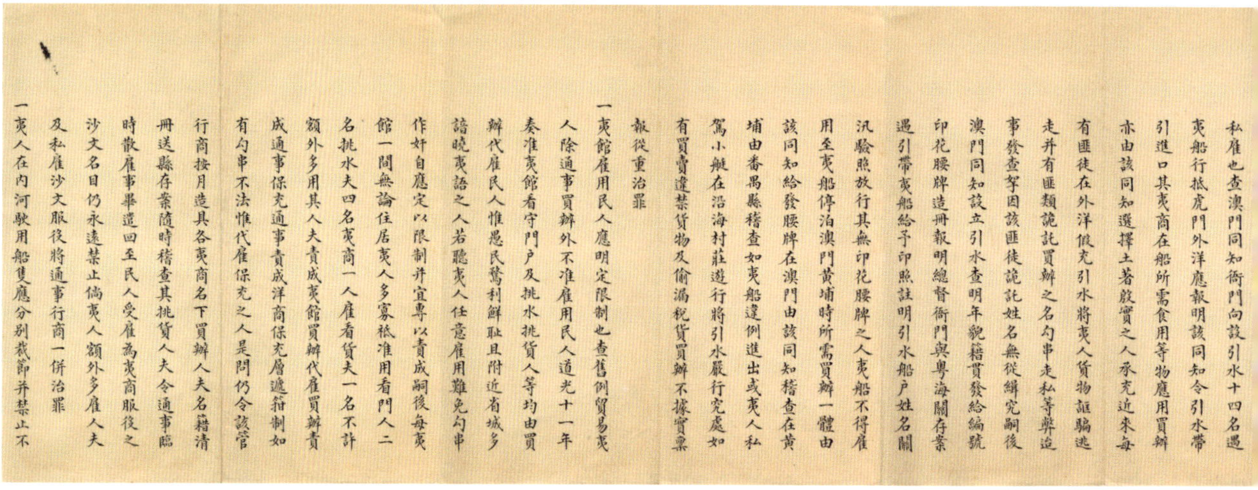

私雇也查澳門同知衙門向設引水十四名遇
夷船行抵虎門外洋應報明該同知令引水帶
引進口其夷商在船所需食用等物應用買辦
亦由該同知選擇土著殷實之人承充近來每
有匪徒在外洋假充引水將夷人貨物誆騙逃
走并有匪類詭託買辦之名勾串走私等弊迨
事發查拏因該匪徒詭託姓名無從緝究嗣後
澳門同知設立引水查明年貌籍貫發給編號
印花腰牌造冊報明總督衙門與粵海關存案
遇引帶夷船給予印照註明引水船户姓名關
汛驗照放行其無印花腰牌之人夷船不得雇
用至夷船停泊澳門黃埔時所需買辦一體由
該同知給發腰牌在澳門由該同知稽查在黃
埔由番禺縣稽查如夷船違例進出或夷人私
駕小艇在沿海村莊遊行將引水嚴行究處如
有買賣違禁貨物及偷漏稅貨買辦不據實稟
報從重治罪
一夷館雇用民人應明定限制也查舊例貿易夷
人除通事買辦外不准雇用民人道光十一年
奏准夷館看守門户及挑水挑貨人等均由買
辦代雇民人惟愚民鶩利鮮恥且附近省城多
諳曉夷語之人若聽夷人任意雇用難免勾串
作奸自應定以限制并宜專以責成嗣後每夷
館一間無論住居夷人多寡祗准用看門人二
名挑水夫四名夷商一人雇看貨夫一名不許
額外多用其人夫責成夷館買辦代雇買辦責
成通事保充通事責成洋商保充層遞箝制如
有勾串不法惟代雇保充之人是問仍令該管
行商按月造具各夷商名下買辦人夫名籍清
冊送縣存案隨時稽查其挑貨人夫令通事臨
時散雇事畢遣回至民人受雇為夷商服役之
沙文名目仍永遠禁止倘夷人額外多雇人夫
及私雇沙文服役將通事行商一併治罪
一夷人在內河駛用船隻應分別裁節并禁止不

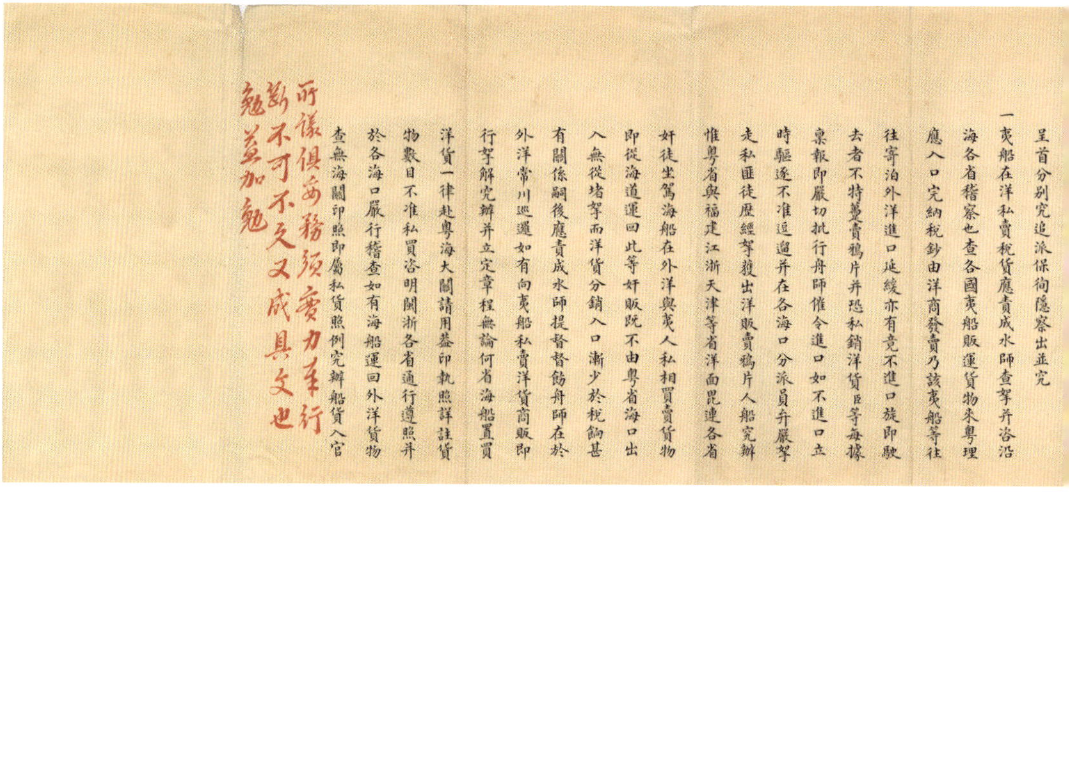

呈首分別究追派保徇隱察出並究
一夷船在洋私賣稅貨應責成水師查拏并咨沿
海各省稽察也查各國夷船販運貨物來粵理
應入口完納稅鈔由洋商發賣乃該夷船等往
往寄泊外洋進口延緩亦有竟不進口旋即駛
去者不特夾賣鴉片并恐私銷洋貨臣等每據
稟報即嚴切批行舟師催令進口如不進口立
時驅逐不准逗遛并在各海口分派員弁嚴拏
走私匪徒歷經拏獲出洋販賣鴉片人船究辦
惟粵省與福建江浙天津等省洋面毘連各省
奸徒坐駕海船在外洋與夷人私相買賣貨物
即從海道運回此等奸販既不由粵省海口出
入無從堵拏而洋貨分銷入口漸少於稅餉甚
有關係嗣後應責成水師提督督飭舟師在於
外洋常川巡邏如有向夷船私賣洋貨商販即
行拏解究辦并立定章程無論何省海船置買
洋貨一律赴粵海大關請用蓋印執照詳註貨
物數目不准私買咨明閩浙各省通行遵照并
於各海口嚴行稽查如有海船運回外洋貨物
查無海關印照即屬私貨照例究辦船貨入官
所議俱要務須實力奉行
斷不可不又成具文也
勉益加勉

两广总督卢坤清单：

《增易防范夷人章程》

道光十五年正月二十八日（1835年2月25日）

道光十四年（1834），英国首任驻广州商务总监律劳卑为打开广州贸易之门，炮轰虎门。清政府在震惊之余采取严厉措施，除申明原有旧规依然有效，又制定《增易防范夷人章程》。其主要内容有外国兵船不准驶入内

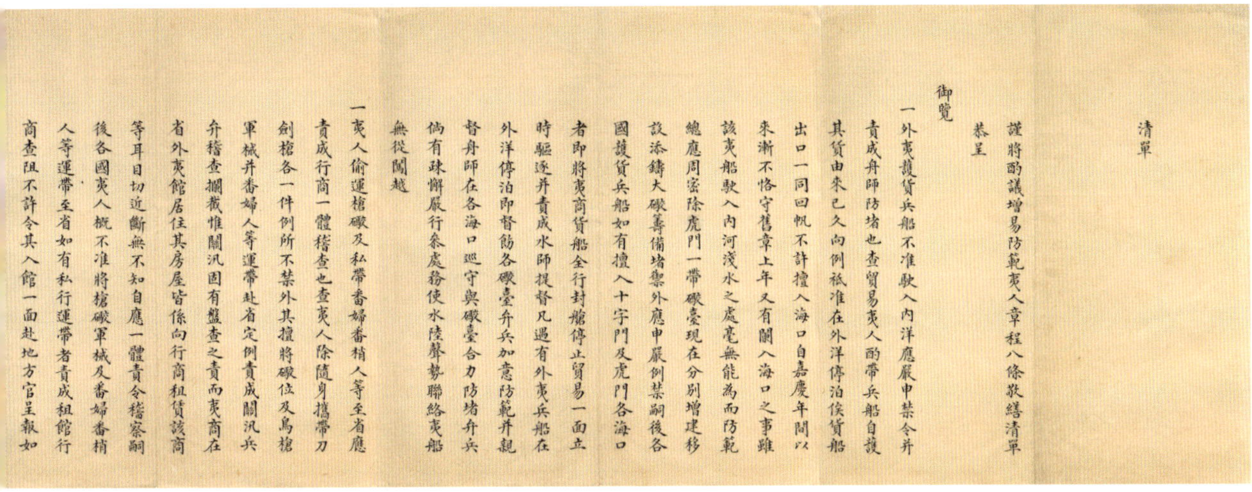
清單

謹將酌議增易防範夷人章程八條敬繕清單

恭呈

御覽

一外夷護貨兵船不准駛入內洋應嚴申禁令并
責成舟師防堵也查貿易夷人酌帶兵船自護
其貨由來已久向例祇准在外洋停泊俟貨船
出口一同回帆不許擅入海口自嘉慶年間以
來漸不恪守舊章上年又有闖入海口之事雖
該夷船駛入內河淺水之處毫無能為而防範
總應周密除虎門一帶礮臺現在分別增建移
設添鑄大礮籌備堵禦外應申嚴例禁嗣後各
國護貨兵船如有擅入十字門及虎門各海口
者即將夷商貨船全行封艙停止貿易一面立
時驅逐并責成水師提督凡遇有外夷兵船在
外洋停泊即督飭各礮臺弁兵加意防範并親
督舟師在各海口巡守與礮臺合力防堵弁兵
倘有疎懈嚴行叅處務使水陸聲勢聯絡夷船
無從闖越

一夷人偷運槍礮及私帶番婦番梢人等至省應
責成行商一體稽查也查夷人除隨身攜帶刀
劍槍各一件例所不禁外其擅將礮位及鳥槍
軍械并番婦人等運帶赴省定例責成關汛兵
弁稽查攔截惟關汛固有盤查之責而夷商在
省外夷館居住其房屋皆係向行商租賃該商
等耳目切近斷無不知自應一體責令稽察嗣
後各國夷人概不准將槍礮軍械及番婦番梢
人等運帶至省如有私行運帶者責成租館行
商查阻不許令其入館一面赴地方官呈報如

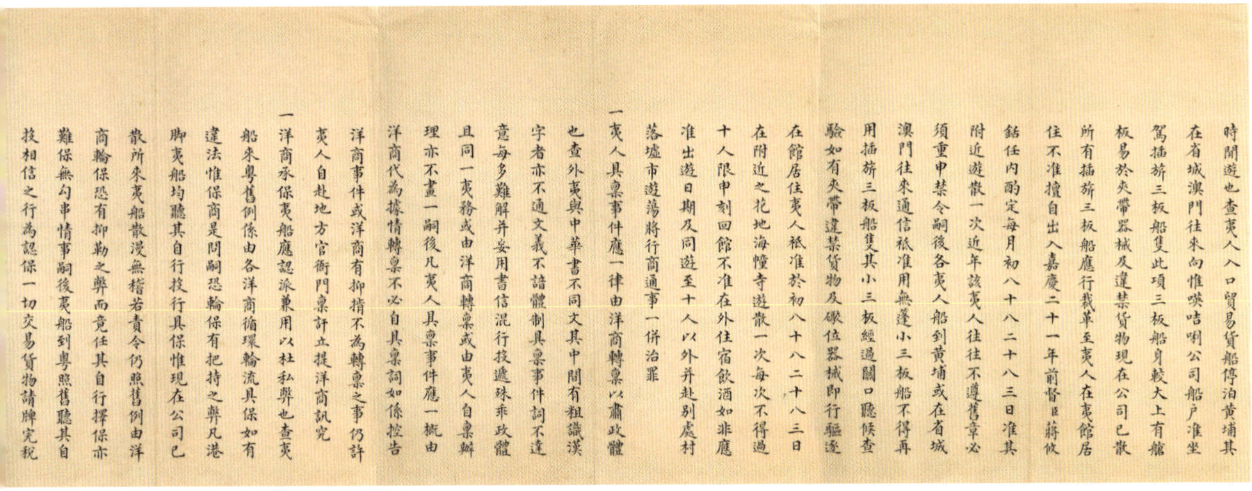
時間遊也查夷人入口貿易貨船停泊黃埔其
在省城澳門往來向惟暎咭唎公司船戶准坐
駕插旂三板船隻此項三板船身較大上有艙
板易於夾帶器械及違禁貨物現在公司已散
所有插旂三板船應行裁革至夷人在夷館居
住不准擅自出入嘉慶二十一年前督臣蔣攸
銛任內酌定每月初八十八二十八三日准其
附近遊散一次近年該夷人往往不遵舊章必
須重申禁令嗣後各夷人船到黃埔或在省城
澳門往來通信祇准用無蓬小三板船不得再
用插旂三板船隻其小三板經過關口聽候查
驗如有夾帶違禁貨物及礮位器械即行驅逐
在館居住夷人祇准於初八十八二十八三日
在附近之花地海幢寺遊散一次每次不得過
十人限申刻回館不准在外住宿飲酒如非應
准出遊日期及同遊至十人以外并赴別處村
落墟市遊蕩將行商通事一併治罪

一夷人具稟事件應一律由洋商轉稟以肅政體
也查外夷與中華書不同文其中間有粗識漢
字者亦不通文義不諳體制具稟事件詞不達
意每多難解并妄用書信混行投遞殊乖政體
且同一夷務或由洋商轉稟或由夷人自稟辦
理亦不畫一嗣後凡夷人具稟事件應一概由
洋商代為據情轉稟不必自具稟詞如係控告
洋商事件或洋商有抑揹不為轉稟之事仍許
夷人自赴地方官衙門稟訴立提洋商訊究

一洋商承保夷船應認派兼用以杜私弊也查夷
船來粵舊例係由各洋商循環輪流具保如有
違法惟保商是問嗣恐輪保有把持之弊凡港
脚夷船均聽其自行投行具保惟現在公司已
散所來夷船散漫無稽若責令仍照舊例由洋
商輪保恐有抑勒之弊而竟任其自行擇保亦
難保無勾串情事嗣後夷船到粵照舊聽其自
投相信之行為認保一切交易貨物請牌完稅

两广总督卢坤清单（道光十五年正月二十八日）

洋；稽查外国人私带枪炮和洋妇进省城等共八条。这个章程是对外国人在广州的一切活动进行管理和约束。道光帝朱批："所议俱妥，务须实力奉行，断不可不久又成具文也，勉益加勉。"这一时期，西方资本主义国家对中国市场的饥渴与清政府对西方商人的防范形成不可调和的矛盾。

两广总督卢坤等奏片：
为密访黄埔等地代洋人刊印书籍店铺事

道光十五年闰六月二十日
（1835 年 8 月 14 日）

道光十五年（1835）四月，英国商船闯入闽省海面，用小船窜入内港，并散布英文书籍。道光帝将所获书籍详加披阅，认为该书由内地刊印。因英国在粤东有贸易来往，据此认为粤省必有内地奸民勾引刊刻，特命两广总督严查。卢坤秘密调查后未发现代刻之人。道光帝朱批：“务要访获代刊之人，不准松懈。”此事说明英国不再满足于与清朝的商贸往来，开始从思想和文化上向中国渗透。

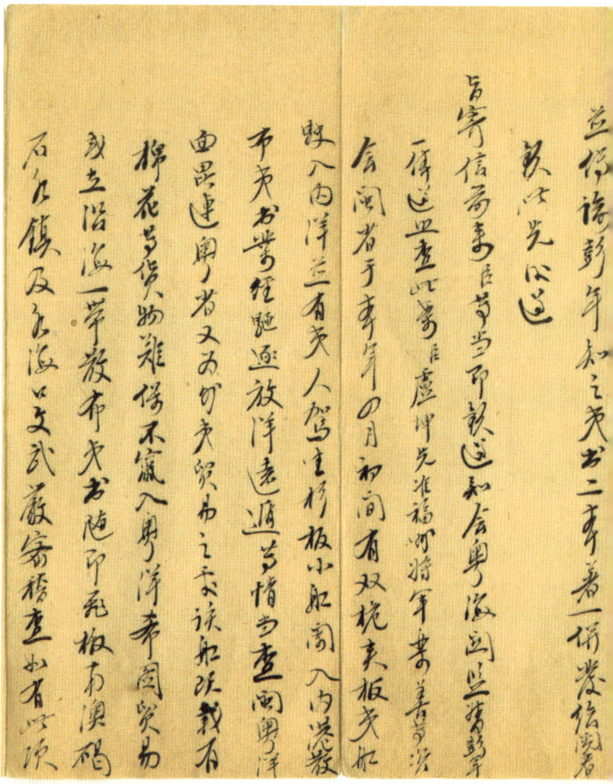

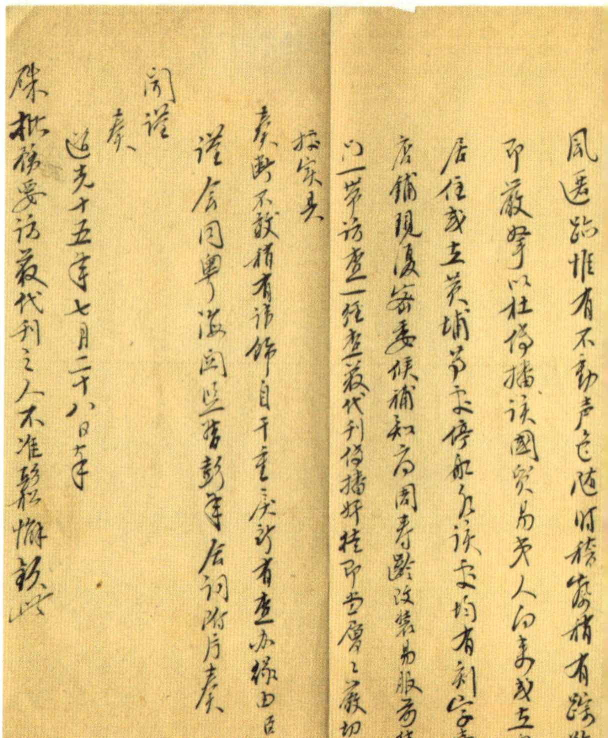

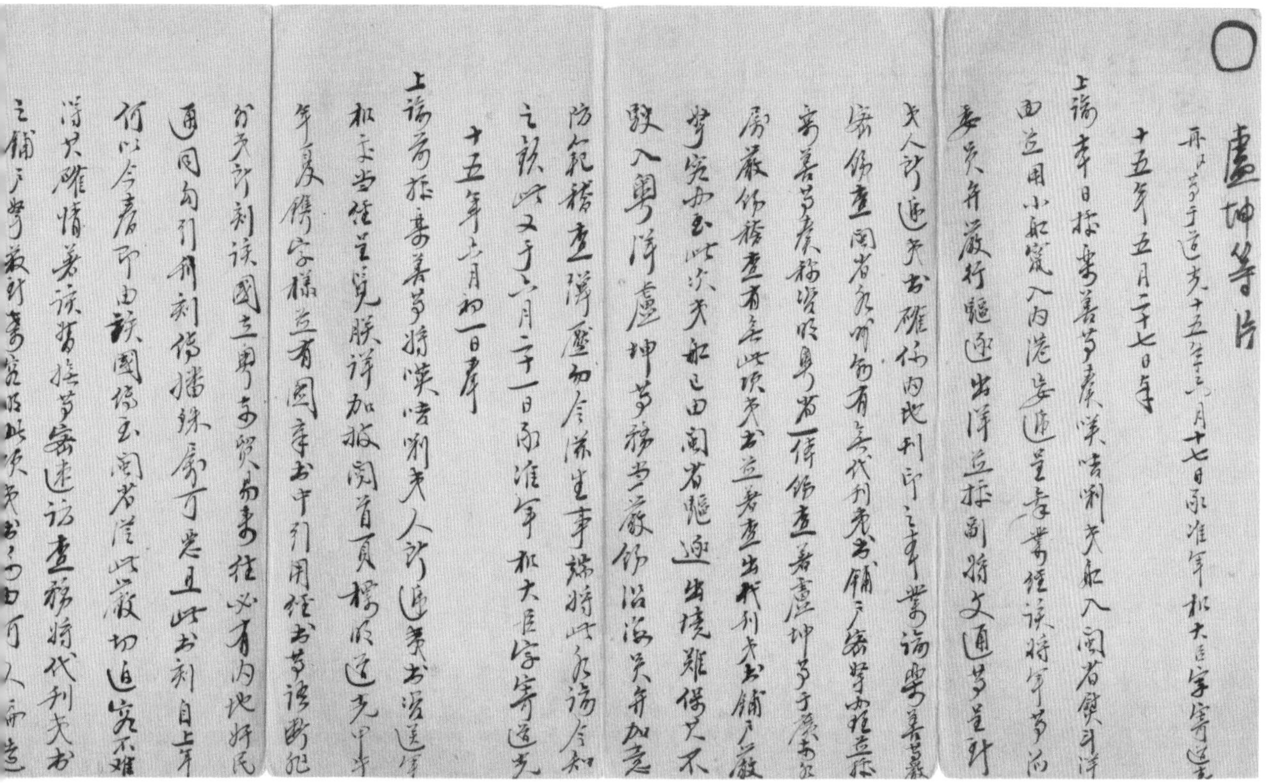

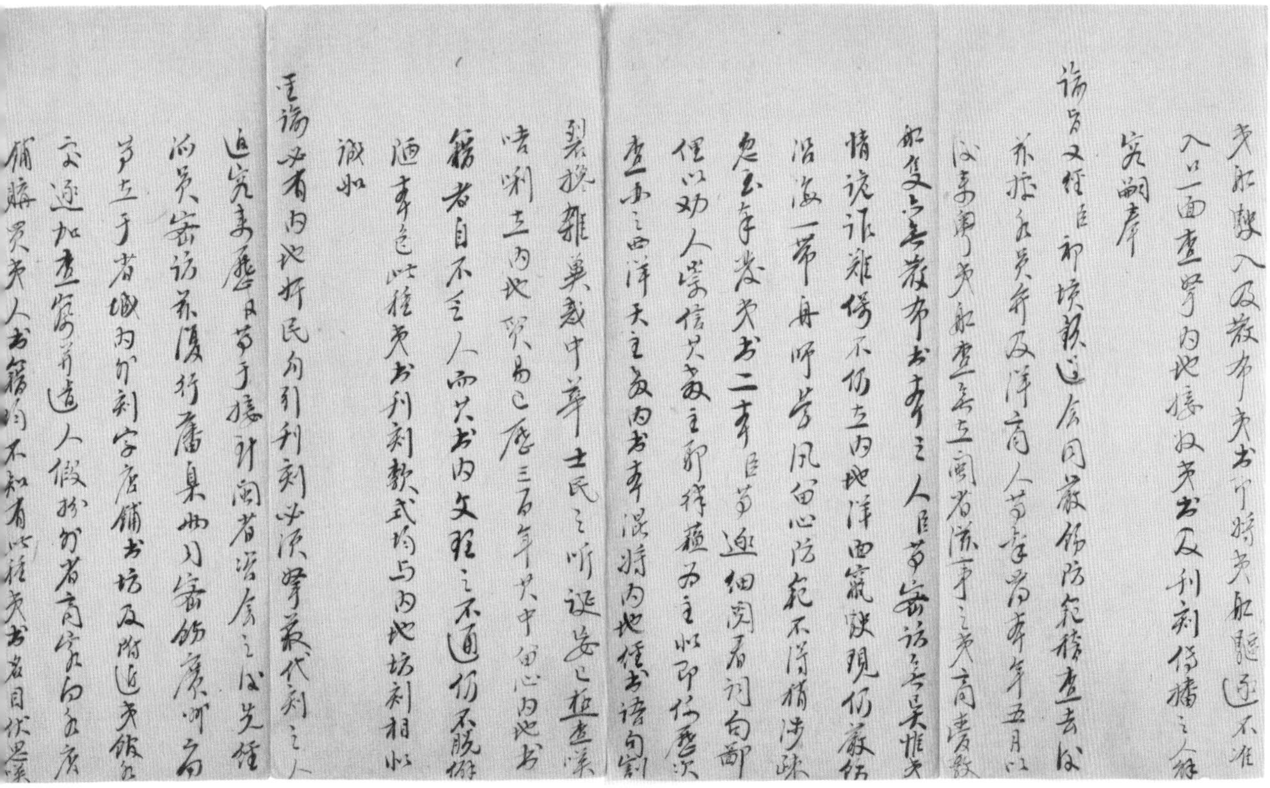

两广总督卢坤等奏片（道光十五年闰六月二十日）

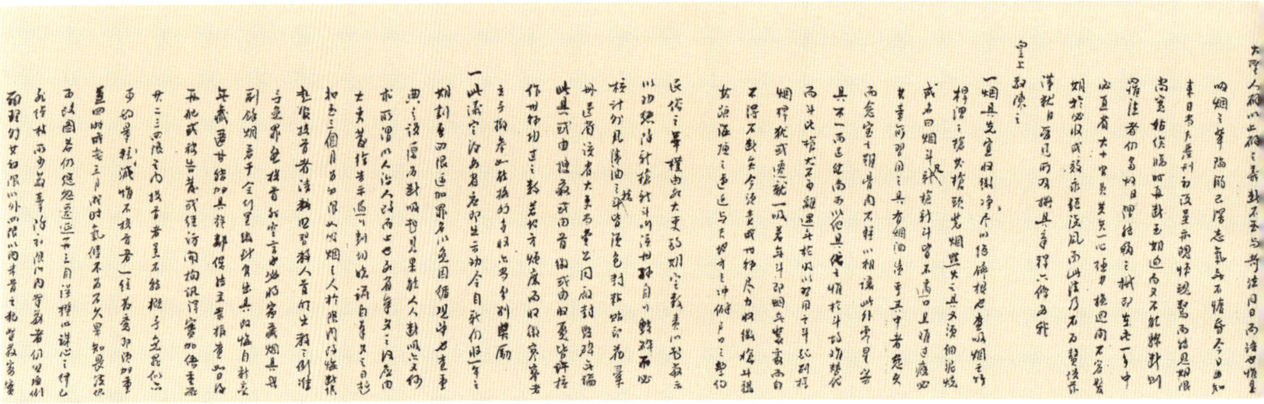

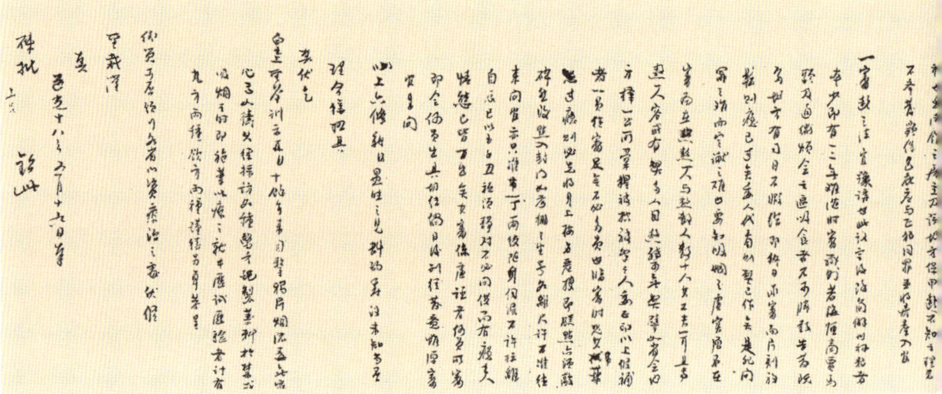

湖广总督林则徐奏折：

为筹议严禁鸦片章程事

道光十八年五月十九日（1838 年 7 月 10 日）

道光年间，因鸦片烟流毒于中国，纹银潜耗于外洋，致使国内银价递增，道光十八年（1838）已至每银一两易制钱一千六百有零。道光帝因鸿胪寺卿黄爵滋奏请严塞漏卮以培国本一折，着各将军、督抚直抒己见，妥议章程。时任湖广总督林则徐遵旨筹议禁烟章程六条并附戒烟药方，林则徐提出收缴烟具；将一年断吸之期划分四限，递加罪名；对开馆兴贩以及制造烟具者，加重刑罚等建议。清朝政府的禁烟运动自此拉开序幕。

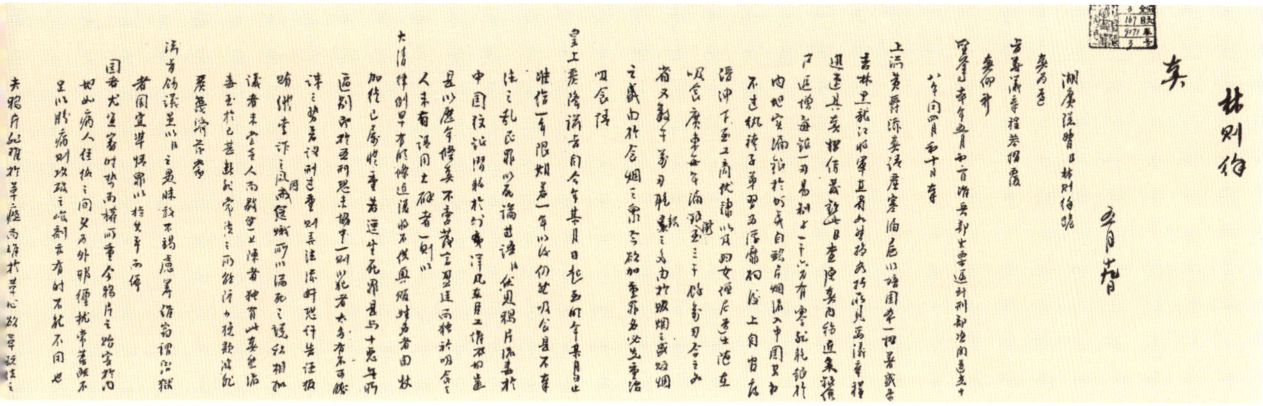

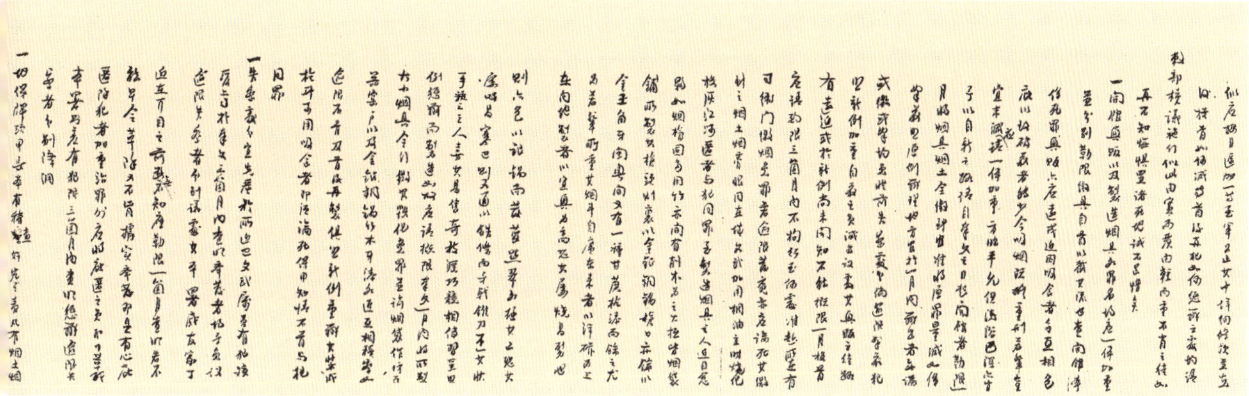

湖广总督林则徐奏折（道光十八年五月十九日）

虎门销烟池旧址

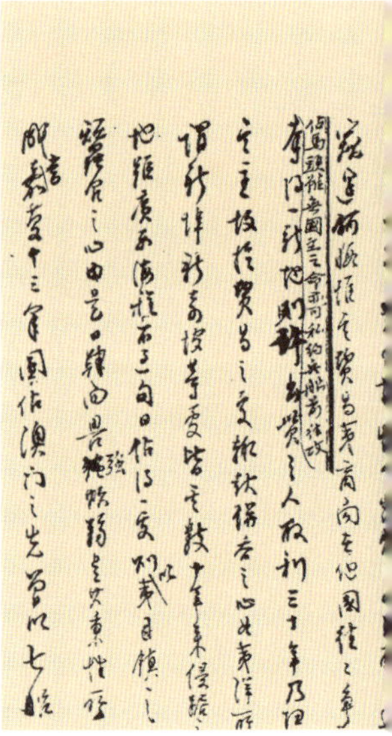

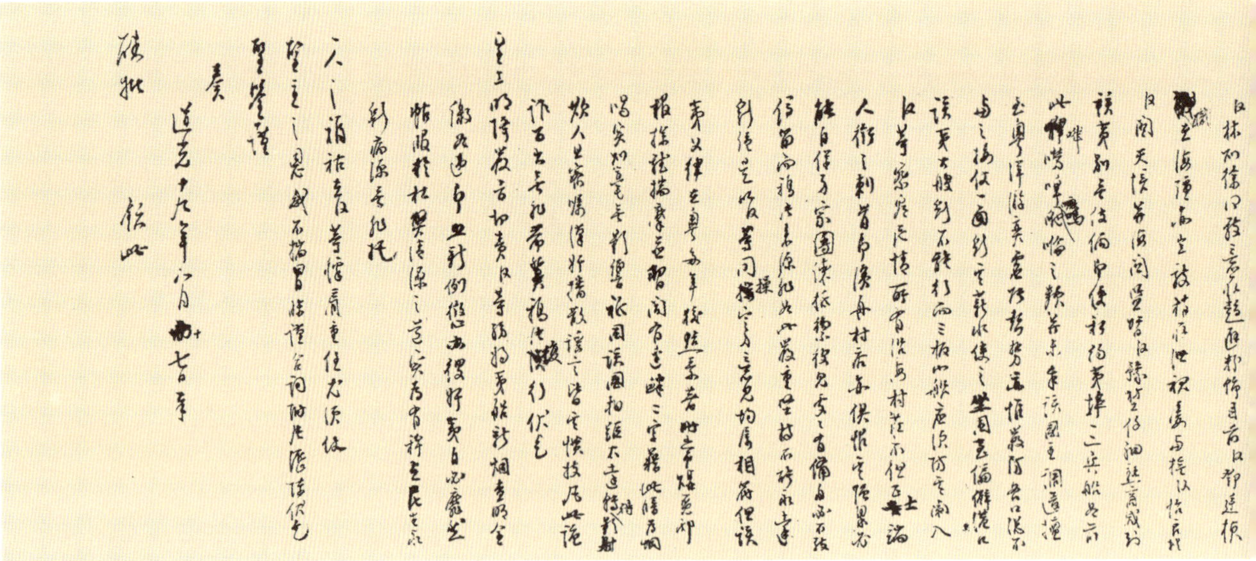

钦差大臣林则徐奏片（道光十九年七月二十四日）

钦差大臣林则徐奏片：

为请严谕将英船新到烟土查明全缴事

道光十九年七月二十四日（1839 年 9 月 1 日）

道光年间，国内银价腾贵，有识之士指出“非耗银于内地，实漏银于外夷”。湖广总督林则徐因禁烟章程六条得道光帝赏识，故被任命为钦差大臣到粤禁烟。林则徐抵粤

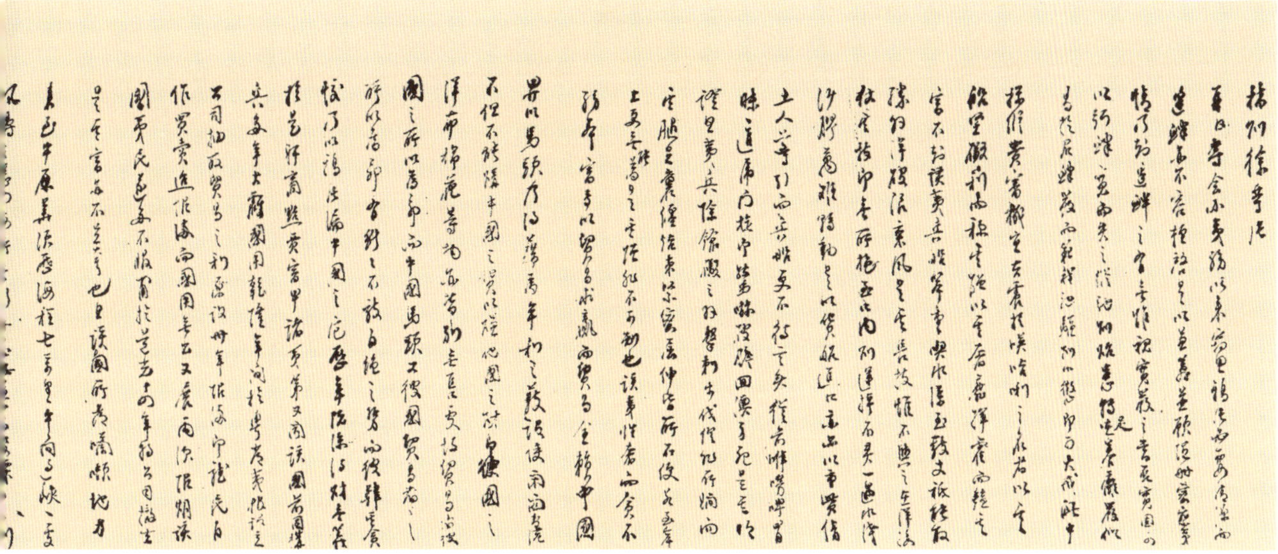

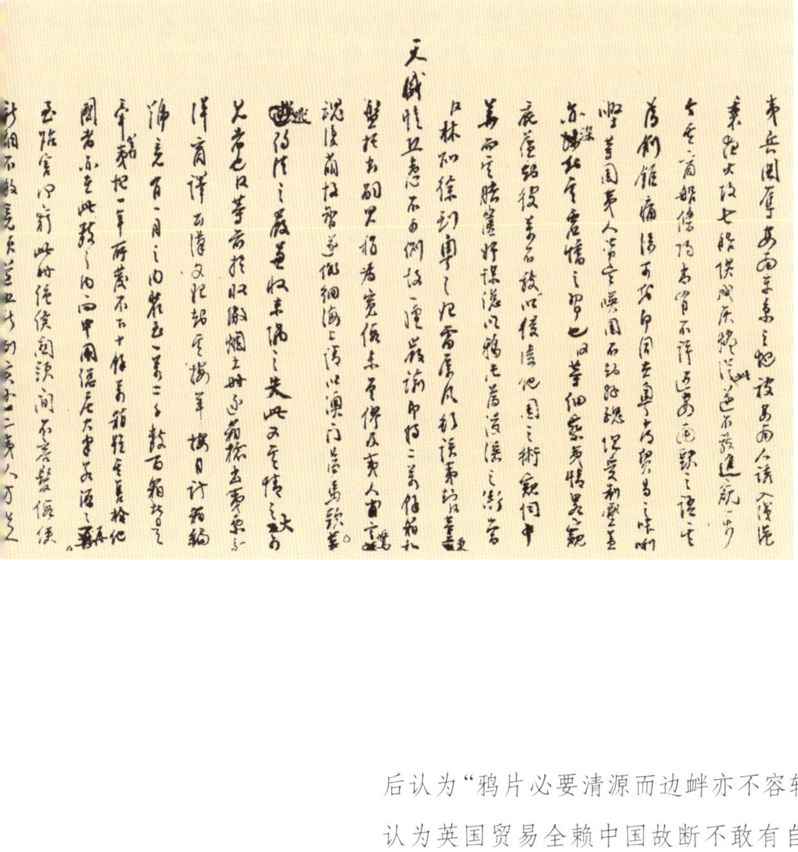

后认为“鸦片必要清源而边衅亦不容轻启”，细察英商情形，认为英国贸易全赖中国故断不敢有自绝之势。他首先严令收缴其二万余箱烟土，并查明英国一年所发烟土不下十余万箱，大部分售到中国，贻害无穷！林则徐遂请皇上降旨，务必将英船新到烟土查明全缴，如有违犯即要严惩，以杜弊清源！

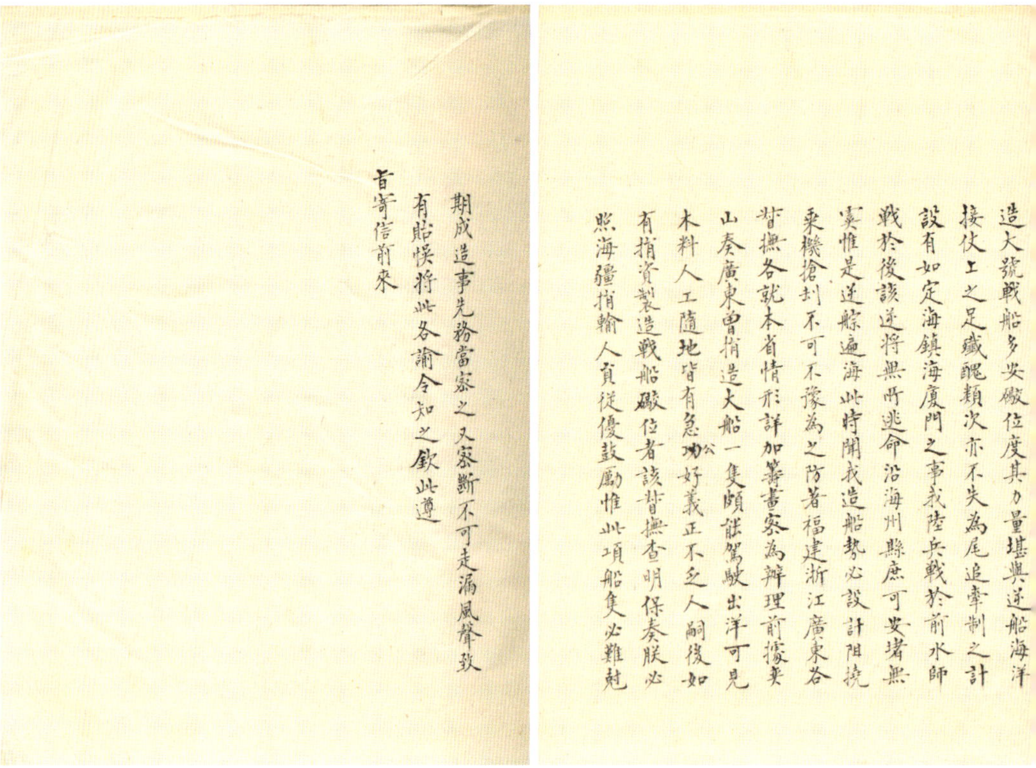
造大號戰船多安礮位度其力量堪與逆船海洋
接仗上之足殲醜類次亦不失為尾追牽制之計
設有如定海鎮海廈門之事我陸兵戰於前水師
戰於後該逆將無所逃命沿海州縣庶可安堵無
虞惟是逆艘遍海此時聞我造船勢必設計阻撓
乘機搶劫不可不豫為之防著福建浙江廣東各
督撫各就本省情形詳加籌畫密為辦理前據奕
山奏廣東曾捐造大船一隻頗能駕駛出洋可見
木料人工隨地皆有急公好義亦不乏人嗣後如
有捐資製造戰船礮位者該督撫查明保奏朕必
照海疆捐輸人員從優鼓勵惟此項船隻必難剋
期成造事先務當密之又密斷不可走漏風聲致
有貽悮將此各諭令知之欽此遵
旨寄信前來

道光帝谕旨：

着成造战船炮位断不可走漏风声

道光二十二年六月十四日（1842 年 7 月 21 日）

道光帝谕旨：

着广东赶紧制造大号战船

道光二十二年七月十五日（1842 年 8 月 20 日）

粤海关监督文丰奏折：

为洋行商人购买黄埔外国兵船事

道光二十二年九月三十日（1842 年 11 月 2 日）

靖逆将军奕山奏折：

为行商伍秉鉴、潘仕成捐造船炮请奖事

道光二十二年十月十九日（1842 年 11 月 21 日）

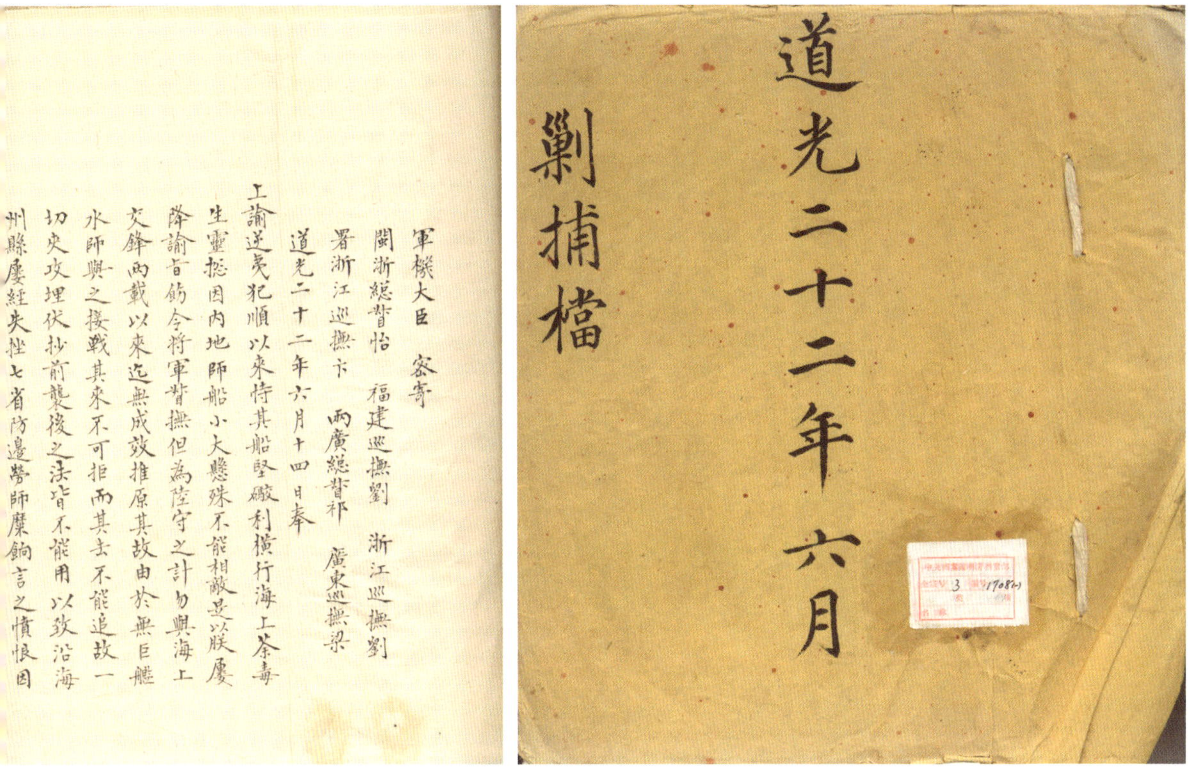
道光二十二年六月

剿捕檔

軍機大臣 密寄
閩浙總督怡 福建巡撫劉 浙江巡撫劉
署浙江巡撫卞 兩廣總督祁 廣東巡撫梁
道光二十二年六月十四日奉
上諭逆夷犯順以來恃其船堅礮利橫行海上荼毒
生靈總因內地師船小大懸殊不能相敵是以朕屢
降諭旨飭令將軍督撫但為陸守之計勿與海上
交鋒兩載以來迄無成效推原其故由於無巨艦
水師與之接戰其來不可拒而其去不能追故一
切夾攻埋伏抄前襲後之法皆不能用以致沿海
州縣屢經失挫七省防邊勞師糜餉言之憤恨因

道光帝谕旨（道光二十二年六月十四日）

清朝是由满族建立起来的封建王朝，擅陆战，重骑射。清初，出于多种原因，清政府实行严厉的禁海、迁海政策。甚至在解除海禁后，清政府对民船的规模也进行严格限制，禁造大船，这阻碍了中国造船和航海事业的发展，也带来了灾难性的后果。道光二十年（1840）第一次鸦片战争期间，英国海军就已部分使用蒸汽舰船，中英双方军备相差悬殊。道光二十二年，西方列强屡犯清朝海疆，横行海上，究其原因是中国战船不能远涉外洋与入侵船只交战。道光帝认为，福建、浙江、广东等省若能建造大号战船，并多安炮位，就能与敌船相抗衡，遂谕令福建、广州等地秘密筹划办理，并鼓励私人捐资建造。广州洋行商人先后捐巨资购买大号战船，雇佣外国人自己建造火轮船和手雷，广东地方官员上奏为其请旨封赏，道光帝朱批“该部速议具奏”。其急于壮大军事力量，改变外交困局的迫切心情流露笔端。但“人操舟而我结筏”，为时晚矣！

先行繪圖貼說馳奏呈覽如木料不能堅實製造
不能如法將來経朕派員查出唯奕山等是問倘
一時不克湊集如有可購買之處著先行設法購
買再閒推升遊擊李致和現在廣東當差即選知
縣馬永熾亦在廣東帶勇該二員習知修築礮臺
訓練藤牌等事著祁𡊮飭令該二員挑帶藤牌手
三四名酌帶藤牌數十面來京聽用並著文豐辦
理堅厚竹盔一百頂解交內務府造辦處毋稍遲
誤將此諭知奕山祁𡊮梁寶常吳建勳並傳諭
文豐知之欽此遵
旨寄信前來

軍機大臣　字寄
靖逆將軍奕　兩廣總督祁　廣東巡撫梁
水師提督吳　傳諭粵海關監督文豊　道光
二十二年七月十五日奉
上諭沿海向備戰船原以為巡哨禦侮之需近來各
省多半廢弛不能適用是以海氛不靖禦寇無資
廣東為沿海首要之區必應先行整頓前經降
旨諭令該省製造大號戰船自必早為籌畫妥密
辦理惟此項戰船無論大小總以堅固適用為主
並能於中間安設礮位若僅依向來水師戰船修
造仍屬有名無實著該將軍等極力講求雇覓工
匠迅將各項大小戰船趕緊製造其式樣如何著

道光帝谕旨（道光二十二年七月十五日）

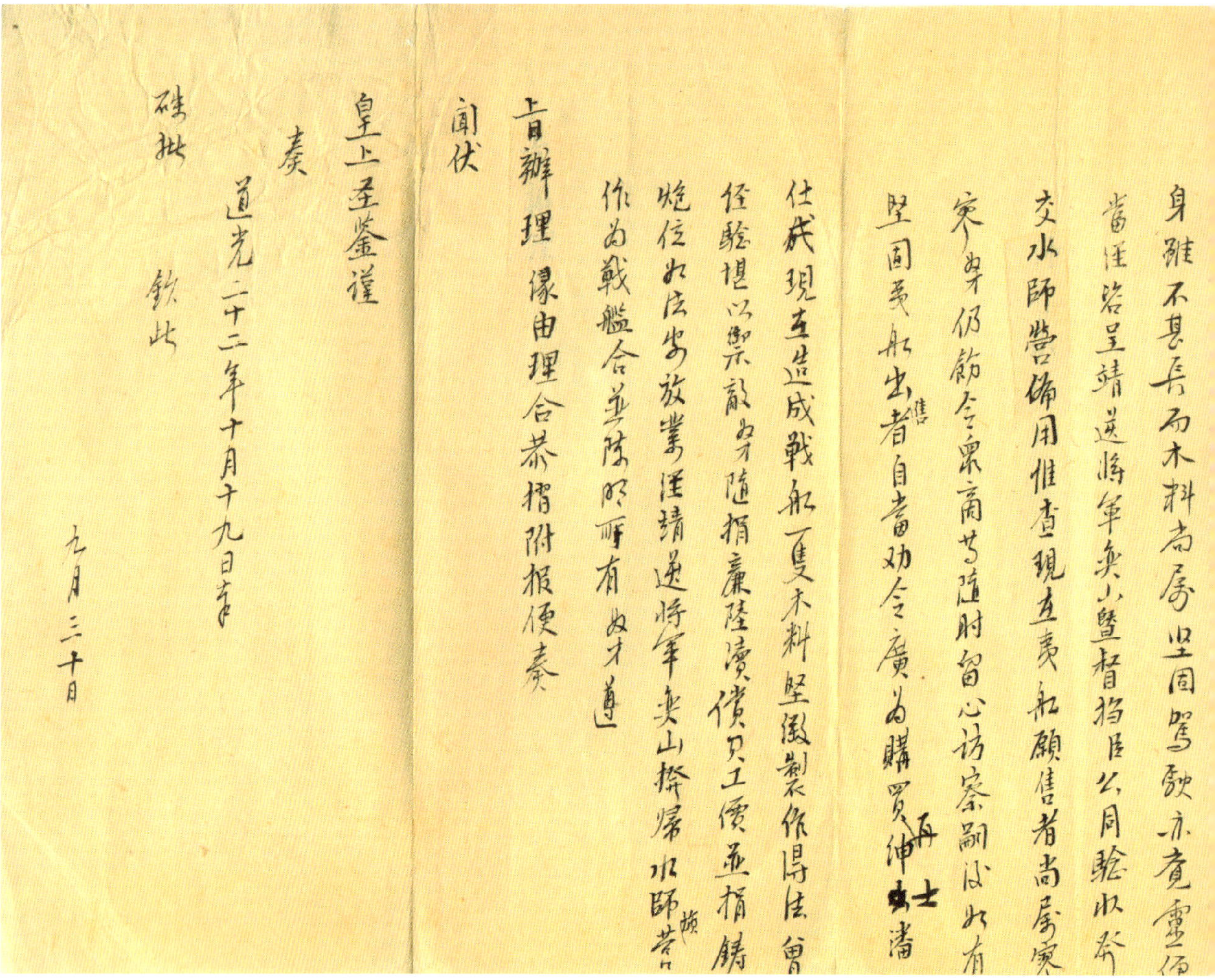
身雖不甚長而木料尚屬堅固駕駛亦覺靈便
當經咨呈靖逆將軍奕山暨督撫臣公同驗收發
交水師營備用惟查現在夷船願售者尚屬寥
寥奴才仍飭令眾商等隨時留心訪察嗣後如有
堅固夷船出售者自當劝令廣為購買紳士潘
仕成現在造成戰船一隻木料堅緻製作得法曾
經驗堪以禦敵奴才隨捐廉陸續償其工價並捐鑄
炮位以備安放業經靖逆將軍奕山撥歸水師營領
作為戰艦合並陳明所有奴才遵
旨辦理緣由理合恭摺附報便奏
聞伏
皇上聖鑒謹
奏
道光二十二年十月十九日奉
硃批 欽此
九月三十日

粤海关监督文丰奏折（道光二十二年九月三十日）

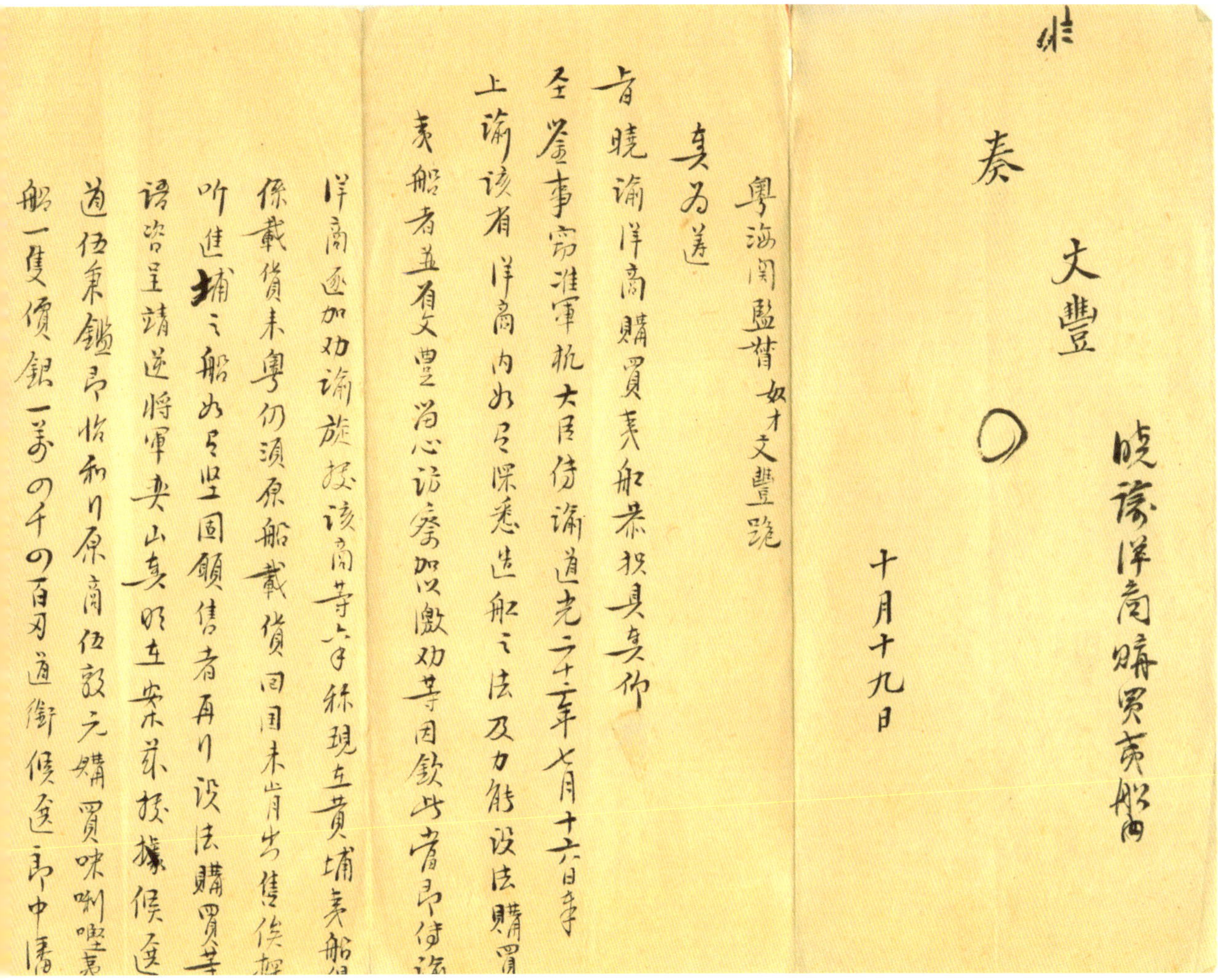
硃

奏　文豐　○　曉諭洋商購買夷船摺

十月十九日

粤海關監督奴才文豐跪

奏為遵

旨曉諭洋商購買夷船恭摺具奏仰

聖鑒事竊准軍機大臣傳諭道光二十二年七月十六日奉

上諭該省洋商內如有深悉造船之法及力能設法購買

夷船者並著文豐留心訪查加以激勸等因欽此當即傳諭

洋商逐加勸諭旋據該商等公稟稱現在黃埔夷船俱

係載貨來粵仍須原船載貨回國未肯出售俟探

聽進埔之船如有堅固願售者再行設法購買等

語咨呈靖逆將軍奕山奏明在案茲據候選

道伍秉鑑即怡和行原商伍敦元購買咪唎㗆夷

船一隻價銀一萬〇千〇百兩道銜候選郎中潘

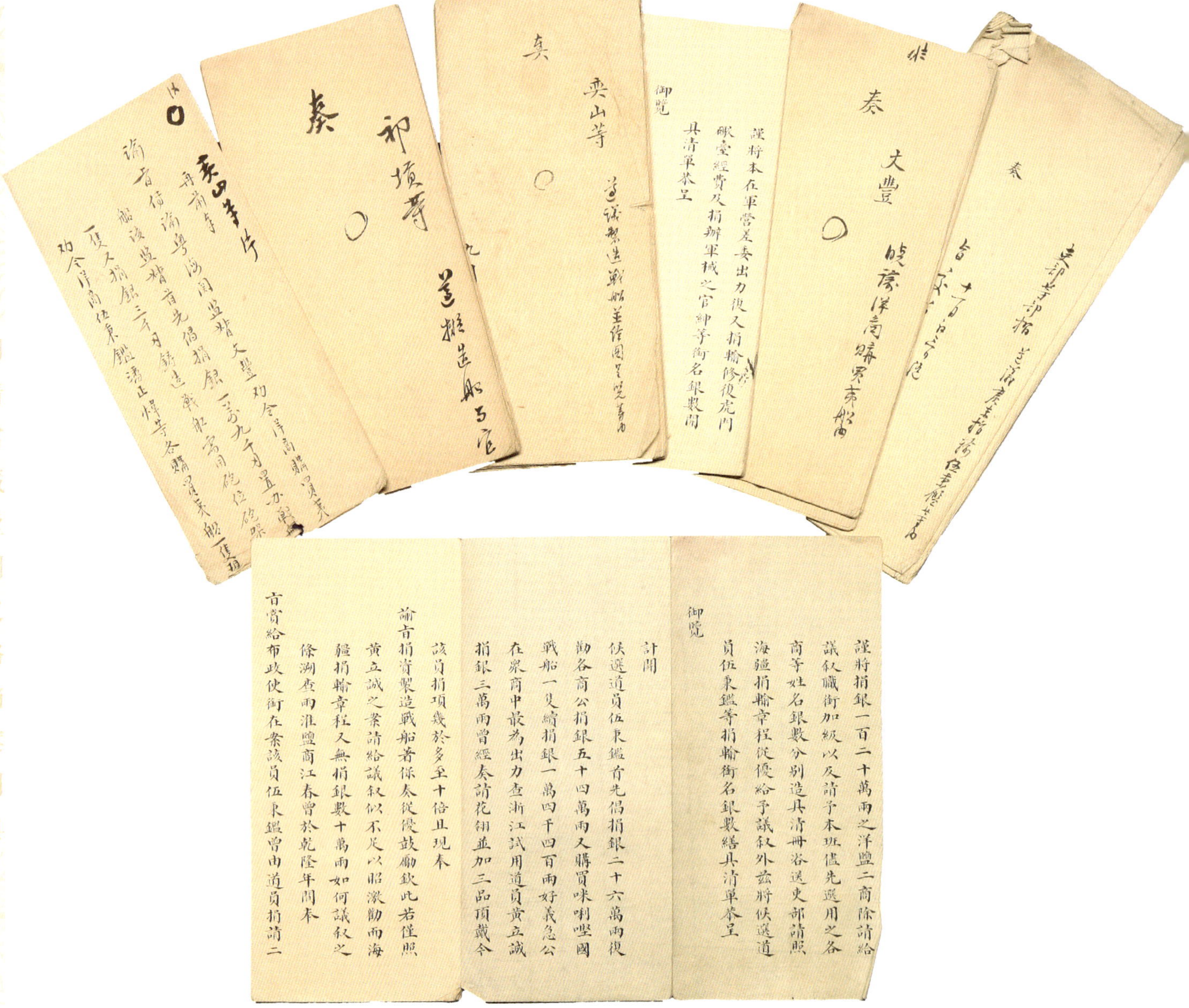
謹將本在軍營差委出力及又捐輸修復虎門
砲臺經費及捐辦軍械之官紳等銜名銀數開
具清單恭呈
御覽
謹將捐銀一百二十萬兩之洋鹽二商除請給
議叙職銜加級以及請予本班儘先選用之各
商等姓名銀數分別造具清冊咨送吏部請照
海疆捐輸章程從優給予議叙外茲將候選道
員伍秉鑑等捐輸銜名銀數繕具清單恭呈
御覽
計開
候選道員伍秉鑑前先倡捐銀二十六萬兩復
勸各商公捐銀五十四萬兩又購買咪唎堅國
戰船一隻續捐銀一萬四千四百兩好義急公
在衆商中最為出力查浙江試用道員黃立誠
捐銀三萬兩曾經奏請花翎並加三品頂戴今
該員捐項幾於多至十倍且現奉
諭旨捐資製造戰船者俱著從優鼓勵欽此若僅照
黃立誠之案請給議叙似不足以昭激勵而海
疆捐輸章程又無捐銀數十萬兩如何議叙之
條溯查兩淮鹽商江春曾於乾隆年間奉
旨賞給布政使銜在案該員伍秉鑑曾由道員捐請二

虎门炮台十三行商人捐购的铁炮

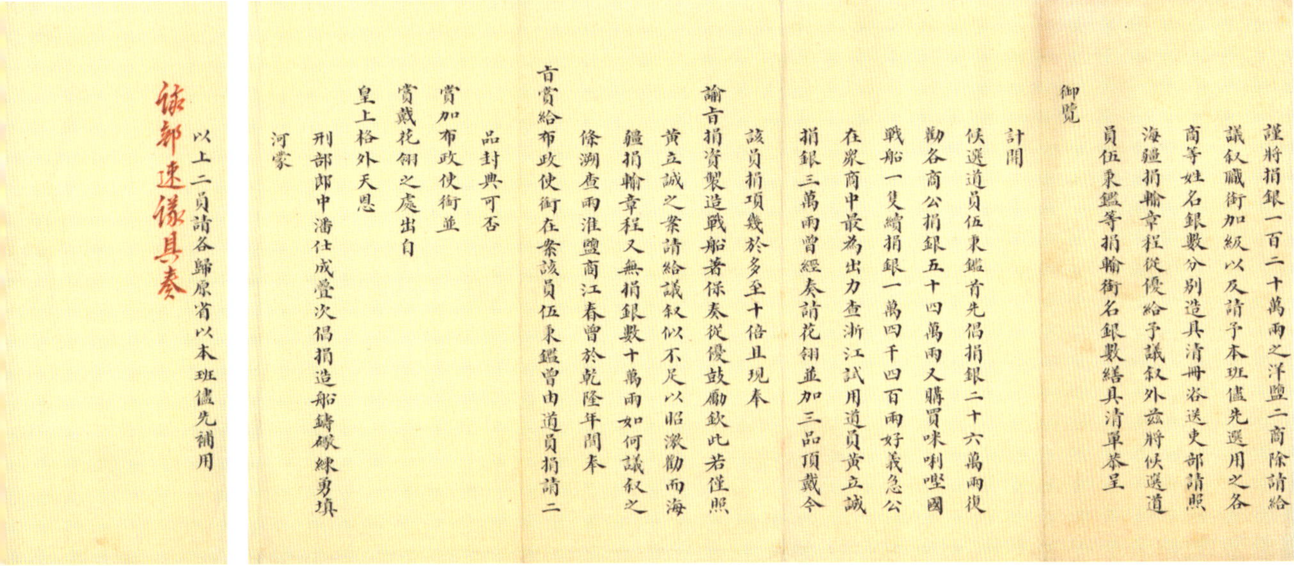

謹將捐銀一百二十萬兩之洋鹽二商除請給
議叙職銜加級以及請予本班儘先選用之各
商等姓名銀數分別造具清冊咨送吏部請照
海疆捐輸章程從優給予議叙外謹將伏選道
員伍秉鑑等捐輸銜名銀數繕具清單恭呈
御覽
計開
伏選道員伍秉鑑首先倡捐銀二十六萬兩復
勸各商公捐銀五十四萬兩又購買咪唎堅國
戰船一隻續捐銀一萬四千四百兩好義急公
在衆商中最為出力查浙江試用道員黃立誠
捐銀三萬兩曾經奏請花翎並加三品頂戴令
該員捐項幾於多至十倍且現本
諭旨捐資製造戰船著條奏從優鼓勵欽此若僅照
黃立誠之案請給議叙似不足以昭激勸而海
疆捐輸章程又無捐銀數十萬兩如何議叙之
條溯查兩淮鹽商江春曾於乾隆年間本
旨賞給布政使銜在案該員伍秉鑑曾由道員捐請二
品封典可否
賞加布政使銜並
賞戴花翎之處出自
皇上格外天恩
刑部郎中潘仕成疊次倡捐造船鑄礮練勇塡
河蒙
以上二員請各歸原省以本班儘先補用
該部速議具奏

靖逆将军奕山奏折局部（道光二十二年十月十九日）

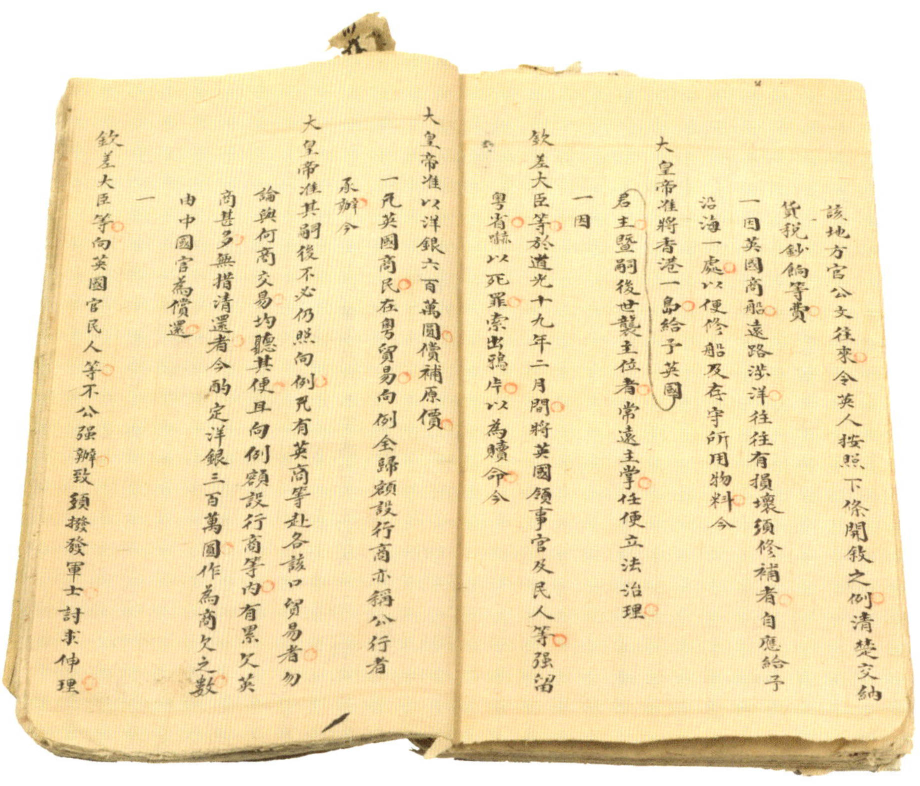

中英《南京条约》稿本

道光二十二年七月二十四日（1842 年 8 月 29 日）

第一次鸦片战争后，清政府被迫与英、法、美等国签订一系列不平等条约。道光二十二年（1842）签订的中英《南京条约》，是中国近代史上第一个不平等条约。主要内容包括准许英国商人在广州、福州、厦门、宁波、上海进行通商贸易，准许英国在上述五口派驻领事；割让香港岛给英国；赔偿英国 2100 万元等 13 款。从此条约稿本中可以看到条约条件苛刻，主要条款没有丝毫修改的余地，作为战败国的清王朝，只能在个别字词、格式上稍有斟酌。档案反映了清政府“人为刀俎，我为鱼肉”的无奈，国家和人民的利益被极大损害。从此中国被迫纳入世界殖民体系之中。

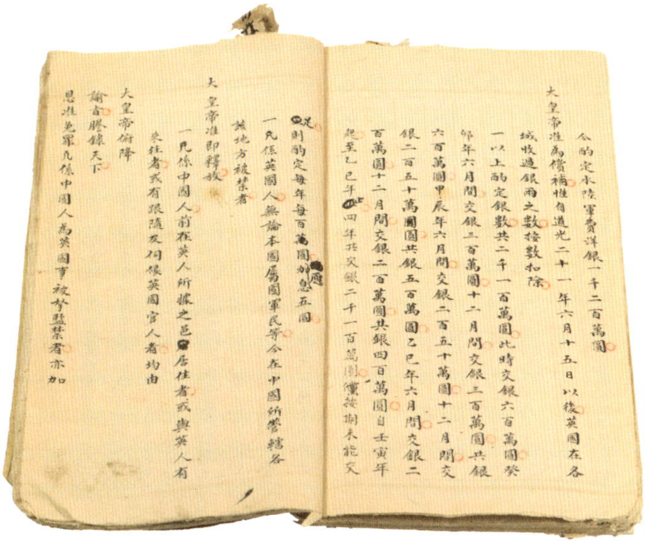

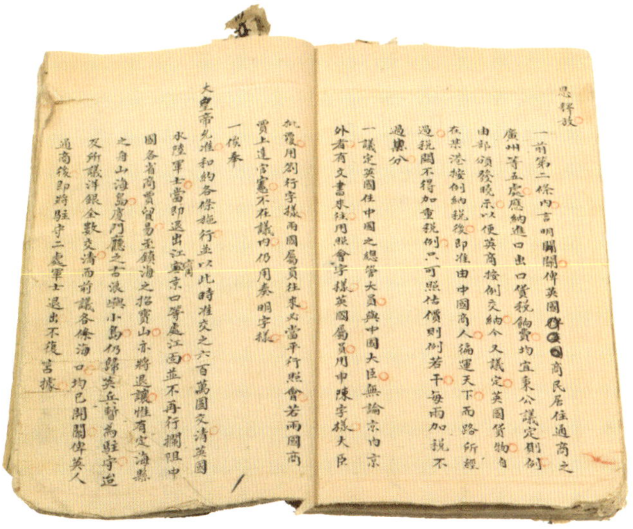

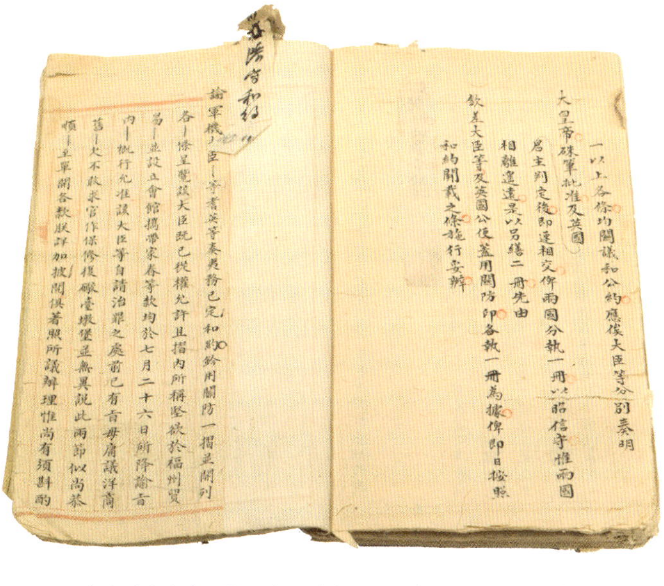

中英《南京条约》稿本（道光二十二年七月二十四日）

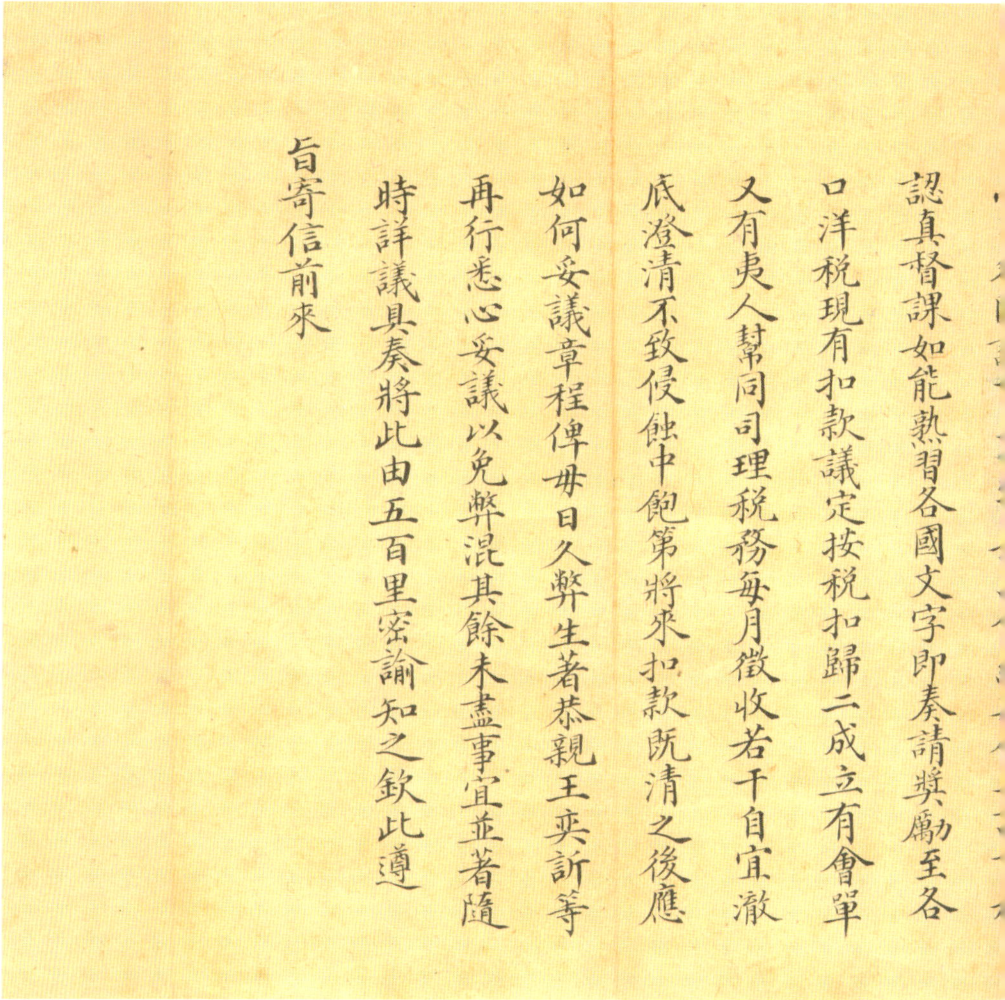
認真督課如能熟習各國文字即奏請獎勵至各
口洋稅現有扣款議定按稅扣歸二成立有會單
又有夷人幫同司理稅務每月徵收若干自宜澈
底澄清不致侵蝕中飽第將來扣款既清之後應
如何妥議章程俾毋日久弊生著恭親王奕訢等
再行悉心妥議以免弊混其餘未盡事宜並著隨
時詳議具奏將此由五百里密諭知之欽此遵
旨寄信前來

咸丰帝谕旨：

着广东、上海选拔通晓外语人员到京差委

咸丰十年十二月初十日（1861 年 1 月 20 日）

恭亲王奕䜣等奏折：

为筹设总理各国事务衙门事（附章程）

咸丰十年十二月二十一日（1861 年 1 月 31 日）

广州副都统库克吉泰奏折：

为广东设立同文馆选拔学生事

同治二年三月二十八日（1863 年 5 月 10 日）

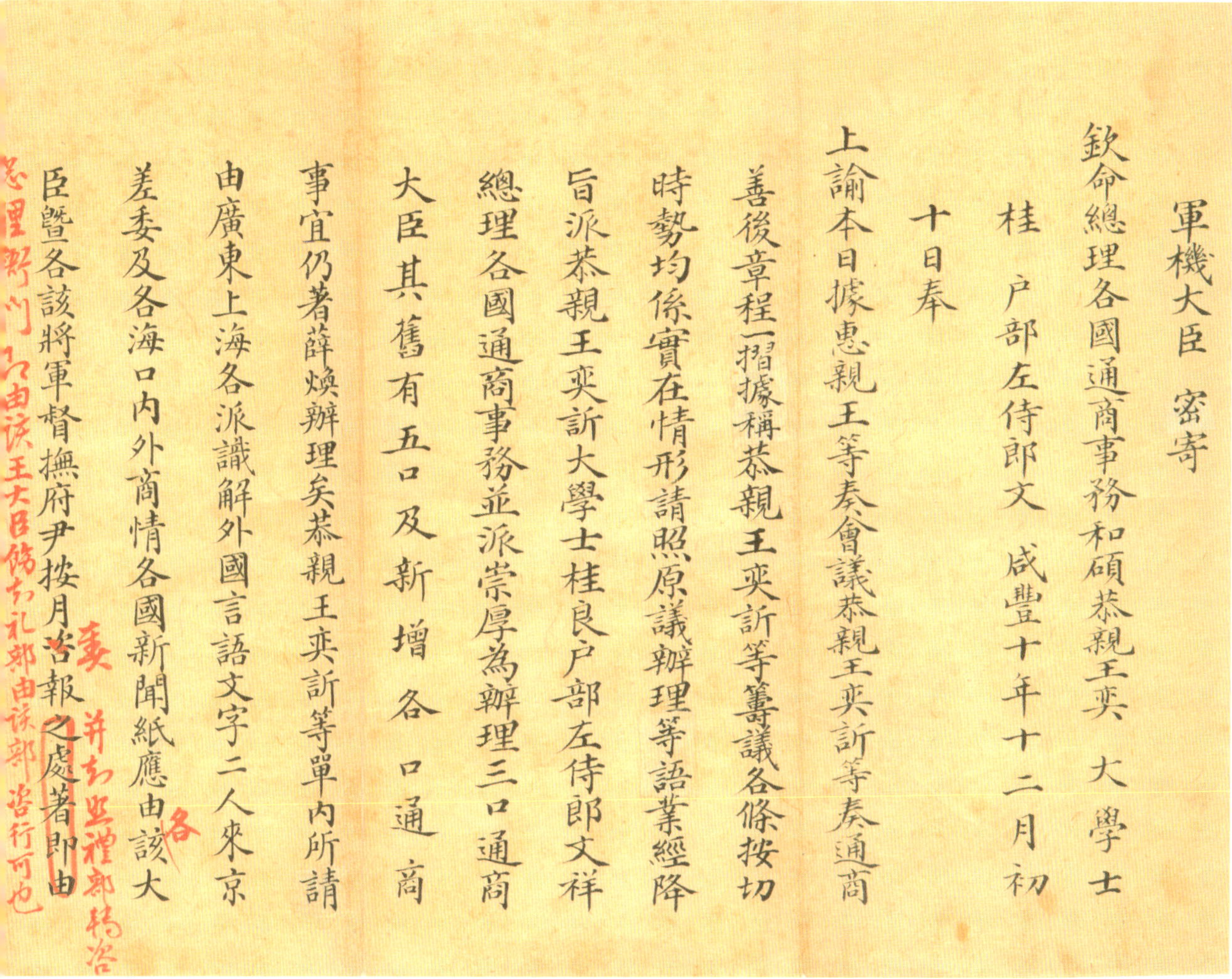
軍機大臣 密寄
欽命總理各國通商事務和碩恭親王奕 大學士
桂 户部左侍郎文 咸豐十年十二月初
十日奉
上諭本日據惠親王等奏會議恭親王奕訢等奏通商
善後章程一摺據稱恭親王奕訢等籌議各條按切
時勢均係實在情形請照原議辦理等語業經降
旨派恭親王奕訢大學士桂良户部左侍郎文祥
總理各國通商事務並派崇厚為辦理三口通商
大臣其舊有五口及新增各口通商
事宜仍著薛煥辦理矣恭親王奕訢等單內所請
由廣東上海各派識解外國言語文字二人來京
差委及各海口內外商情各國新聞紙應由該大
臣暨各該將軍督撫府尹按月咨報之處著即由

咸丰帝谕旨（咸丰十年十二月初十日）

在中国传统观念中，“君权神授”，对外没有平等国家和平等外交的概念，清政府将“朝贡”等外交事务安排礼部或理藩院管理。第二次鸦片战争后，清朝中央政府成立专门的外交机构已是形势所迫。恭亲王奕䜣等人奏请成立“总理各国事务衙门”，专理对外事务，以亲王、军机大臣等领之。咸丰十年（1860）十二月，咸丰帝批准设立。这是中国历史上第一个具有近代色彩的外交机构，在及时了解外部世界、进行中外交涉和处理中外纠纷方面发挥重要作用。总理各国事务衙门筹议设立学习外国语言文字学馆为同文馆，因广东、上海是中外交涉事件总汇之所，在上海已设立同文馆后，广州副都统库克吉泰认为广州事同一例，应仿照办理。库克吉泰将具体落实措施在奏折中一一秉明。清政府设立总理各国事务衙门、同文馆，从政治制度上改变了对外体制，有利于中国近代化的发展。

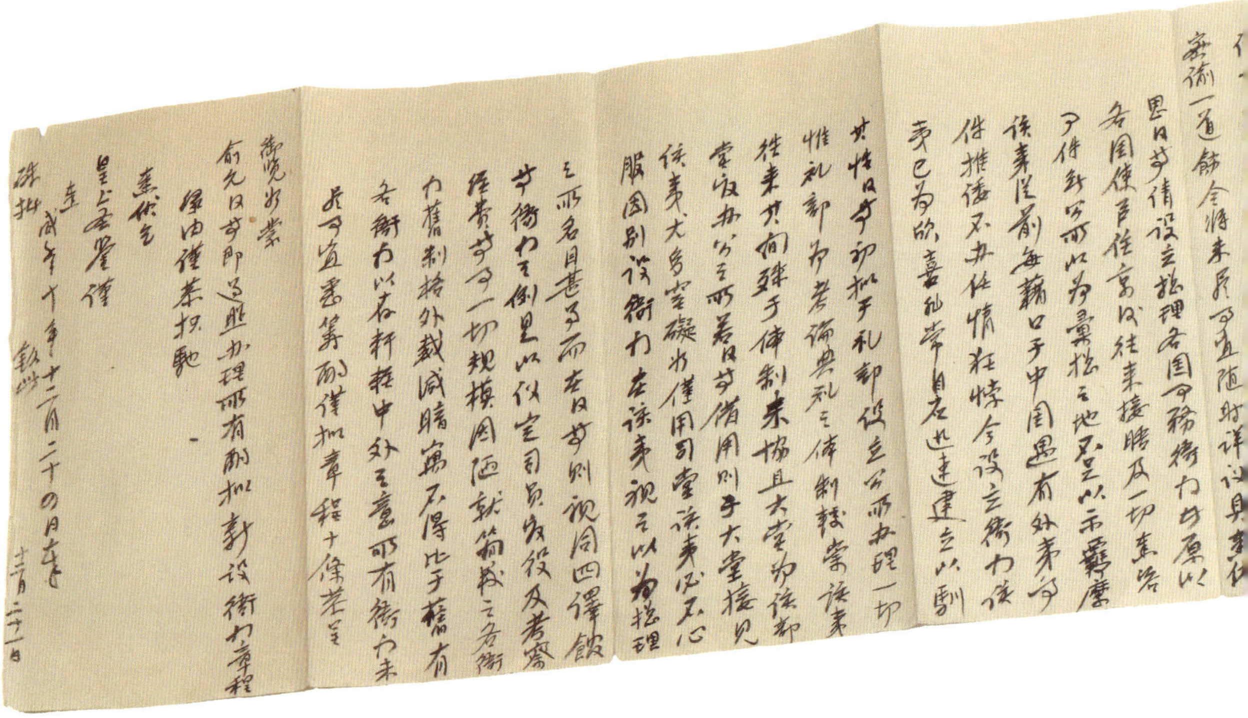

恭亲王奕訢等奏折（咸丰十年十二月二十一日）

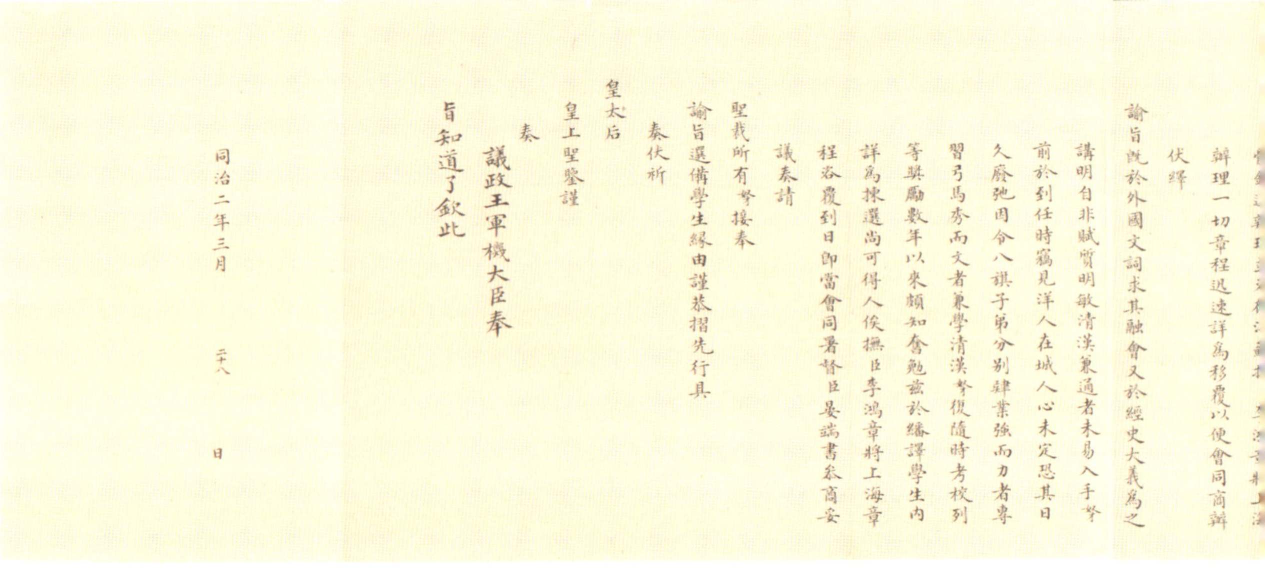

广州副都统库克吉泰奏折（同治二年三月二十八日）

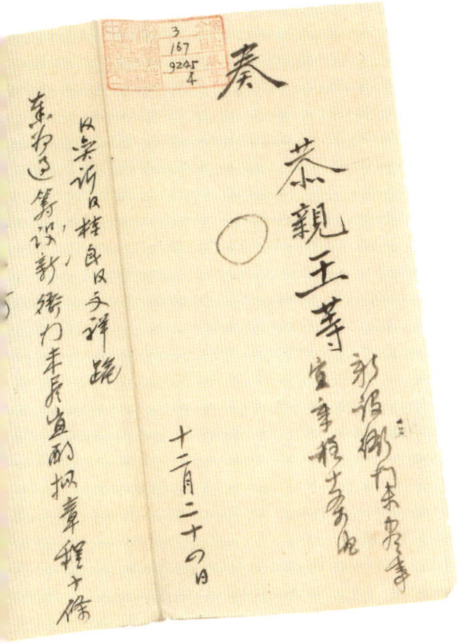

奏

恭親王等 新設衙門未盡事宜章程十条由

十二月二十〇日

臣奕訢臣桂良臣文祥跪

奏爲遵籌設新衙門未盡事宜酌擬章程十條

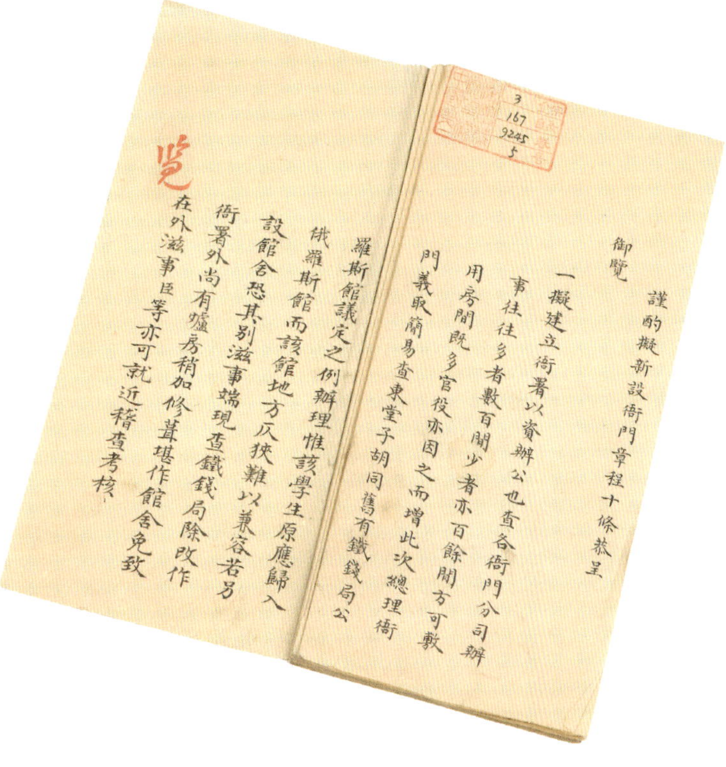

謹酌擬新設衙門章程十條恭呈

御覽

一擬建立衙署以資辦公也查各衙門公司辦
事往往多者數百間少者亦百餘間方可敷
用房間既多官役亦因之而增此次總理衙
門義取簡易查東堂子胡同舊有鐵錢局公

羅斯館議定之例辦理惟該學生原應歸入
俄羅斯館而該館地方仄狹難以兼容若另
設館舍恐其別滋事端現查鐵錢局除改作
衙署外尚有爐房稍加修葺堪作館舍免致
在外滋事臣等亦可就近稽查考核

覽

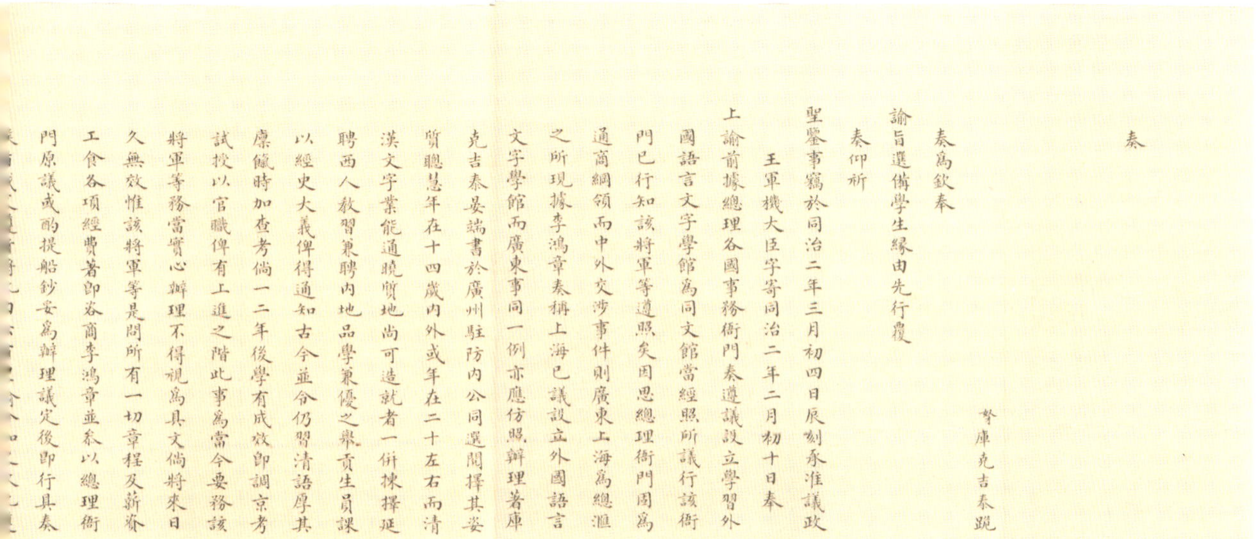

奏

奴才庫克吉泰跪

奏爲欽奉
諭旨選備學生緣由先行覆
奏仰祈
聖鑒事竊於同治二年三月初四日辰刻承准議政
王軍機大臣字寄同治二年二月初十日奉
上諭前據總理各國事務衙門奏遵議設立學習外
國語言文字學館爲同文館當經照所議行該衙
門已行知該將軍等遵照矣因思總理衙門因爲
通商綱領而中外交涉事件則廣東上海爲總滙
之所現據李鴻章奏稱上海已議設立外國語言
文字學館而廣東事同一例亦應仿照辦理著庫
克吉泰晏端書於廣州駐防内公同選擇其資
質聰慧年在十四歲内外或年在二十左右而清
漢文字業能通曉質地尚可造就者一併揀擇延
聘西人教習兼聘内地品學兼優之舉貢生員課
以經史大義俾得通知古今並令仍習清語厚其
廩餼時加查考倘一二年後學有成效即調京考
試授以官職俾有上進之階此事爲當今要務該
將軍等務當實心辦理不得視爲具文倘將來日
久無效惟該將軍等是問所有一切章程及薪水
工食各項經費著即咨商李鴻章並咨以總理衙
門原議或酌提船鈔妥爲辦理議定後即行具奏

海关总税务司赫德禀文：

为粤海关茶叶税饷事

咸丰十一年五月三十日（1861 年 7 月 7 日）

小种花香茶

清朝在沿海省份设有海关监督管理关税事务，如广东之粤海关、江苏之江海关等。但从咸丰三年（1853）起外国人开始染指海关权利。咸丰十一年总理各国事务衙门正式成立，下设总税务司，成为由外国人管理中国海关的前所未有的机构。英国人赫德全权管理总税务司，清政府无权过问内部事务，这是对中国主权的严重破坏。此件禀文中赫德认为对产自广东鹤山县的土茶征税是粤海关出口税饷的重要部分。咸丰十年六月，粤海关扣押三艘向广东总厘局驻鹤山的抽茶厘局缴税而未向粤海关缴税的茶船，引起纷争。赫德指责该厘局所行法令违背律例，滋生事端，造成粤海关税饷流失。实际上此事反映了外国人对清政府内部事务的野蛮干预，也反映了清政府关税自主权的丧失。

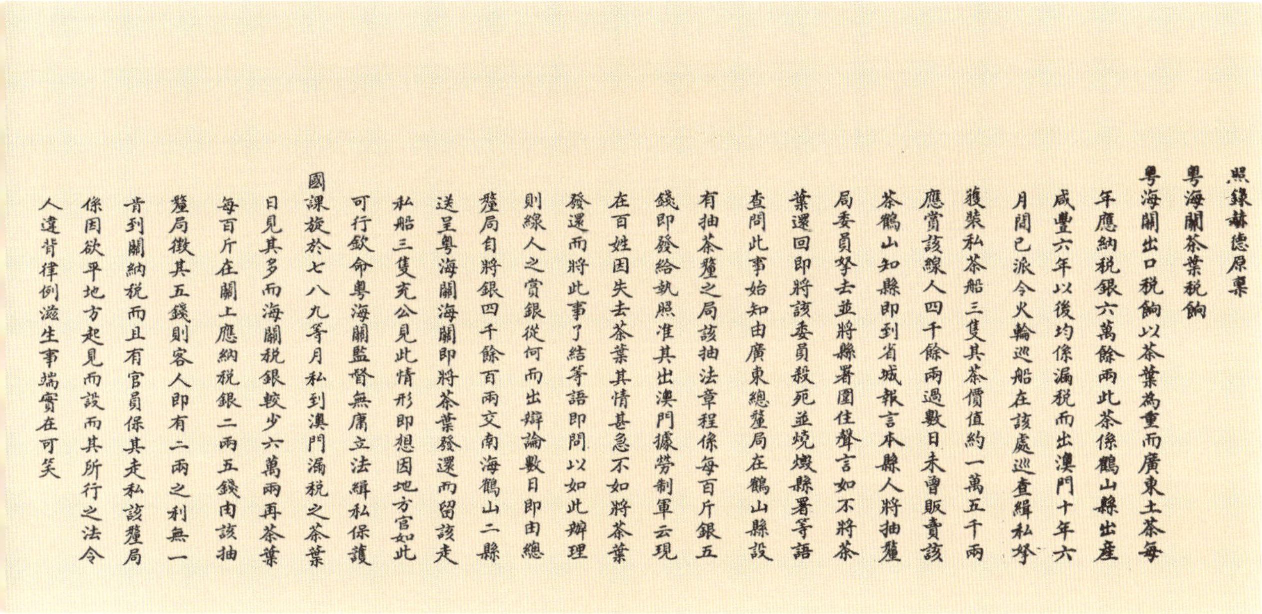
照錄赫德原稟
粵海關茶葉稅餉
粵海關出口稅餉以茶葉為重而廣東土茶每
年應納稅銀六萬餘兩此茶係鶴山縣出產
咸豐六年以後均係漏稅而出澳門十年六
月間已派令火輪巡船在該處巡查緝私拏
獲裝私茶船三隻其茶價值約一萬五千兩
應賞該線人四千餘兩過數日未曾販賣該
茶鶴山知縣即到省城報言本縣人將抽釐
局委員拏去並將縣署圍住聲言如不將茶
葉還回即將該委員殺死並燒燬縣署等語
查問此事始知由廣東總釐局在鶴山縣設
有抽茶釐之局該抽法章程係每百斤銀五
錢即發給執照准其出澳門據勞制軍云現
在百姓因失去茶葉其情甚急不如將茶葉
發還而將此事了結等語即問以如此辦理
則線人之賞銀從何而出辯論數日即由總
釐局自將銀四千餘百兩交南海鶴山二縣
送呈粵海關海關即將茶葉發還而留該走
私船三隻充公見此情形即想因地方官如此
可行欲命粵海關監督無庸立法緝私保護
國課旋於七八九等月私到澳門漏稅之茶葉
日見其多而海關稅銀較少六萬兩再茶葉
每百斤在關上應納稅銀二兩五錢由該抽
釐局徵其五錢則客人即有二兩之利無一
肯到關納稅而且有官員保其走私該釐局
係因欲平地方起見而設而其所行之法令
人違背律例滋生事端實在可笑

海关总税务司赫德禀文（咸丰十一年五月三十日）

小种花香茶（故宫博物院藏）

《奥国通商条款》

同治八年七月二十六日（1869年9月2日）

第二次鸦片战争后，英、法等国通过缔结不平等条约在中国获得多项特权。西方国家以英、法为例纷纷效仿。此《奥国通商条款》即是同治年间清政府与西方各国缔结的诸多不平等条约中的一个。该条约正式条款共45条，对奥地利在中国获得片面最惠国待遇、领事裁判权、协定关税等权益做了详尽的规定，中国的国家利益和民族利益再次受到损害。片面最惠国待遇使西方国家联合起来，一国获利，他国均沾。清政府在不平等的条约中愈陷愈深，积重难返。

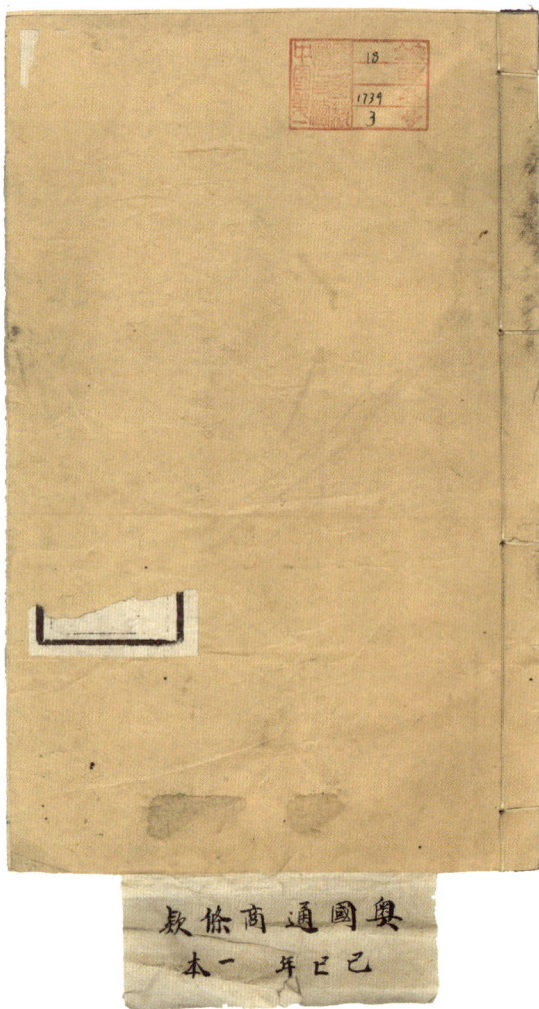

大清國與
大奧斯馬加國切願彼此意存友睦定議和好通商和約章
程俾兩國人民均獲裨益因此
大清國
大皇帝特簡
欽差全權大臣戶部尚書總理各國事務董
欽差全權大臣太子少保兵部侍郎鑲紅旗漢軍副都統辦
理三口通商事務崇
大奧斯馬加國

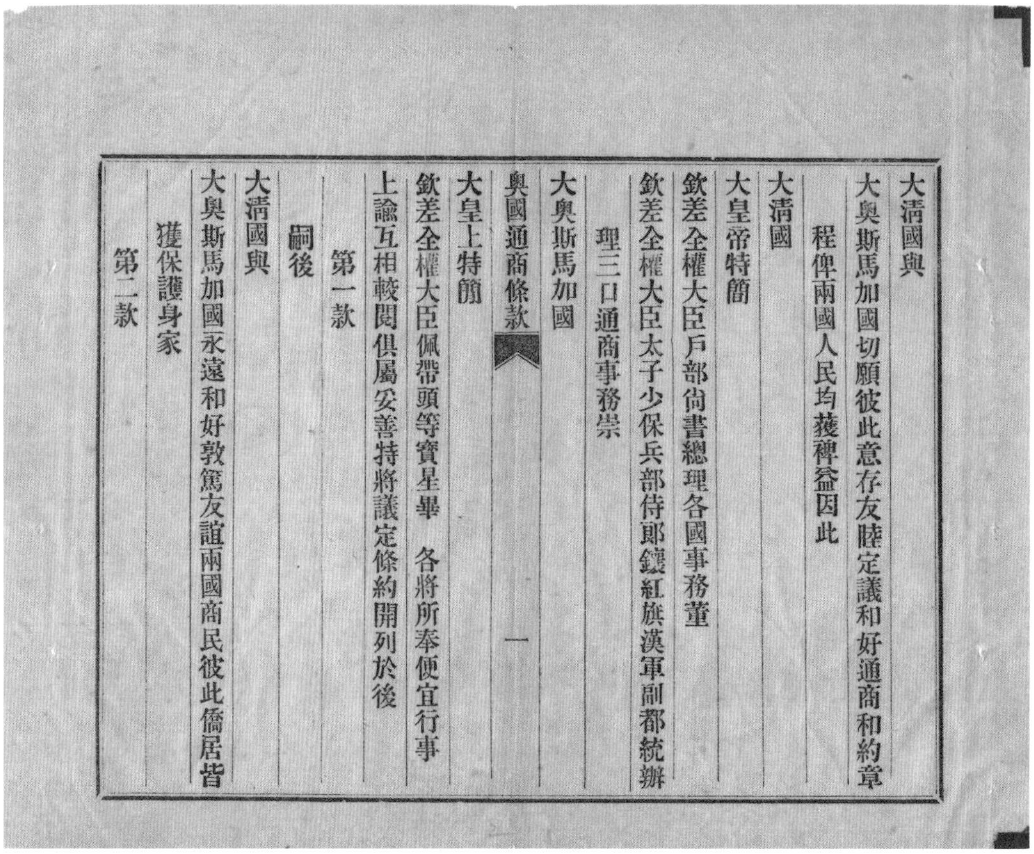

大清國與
大奥斯馬加國切願彼此意存友睦定議和好通商和約章
程俾兩國人民均獲裨益因此
大清國
大皇帝特簡
欽差全權大臣戶部尚書總理各國事務董
欽差全權大臣太子少保兵部侍郎鑲紅旗漢軍副都統辦
理三口通商事務崇
大奥斯馬加國
奥國通商條款 一
大皇上特簡
欽差全權大臣佩帶頭等賓星畢 各將所奉便宜行事
上諭互相較閱俱屬妥善特將議定條約開列於後
第一款
嗣後
大清國與
大奥斯馬加國永遠和好敦篤友誼兩國商民彼此僑居皆
獲保護身家
第二款

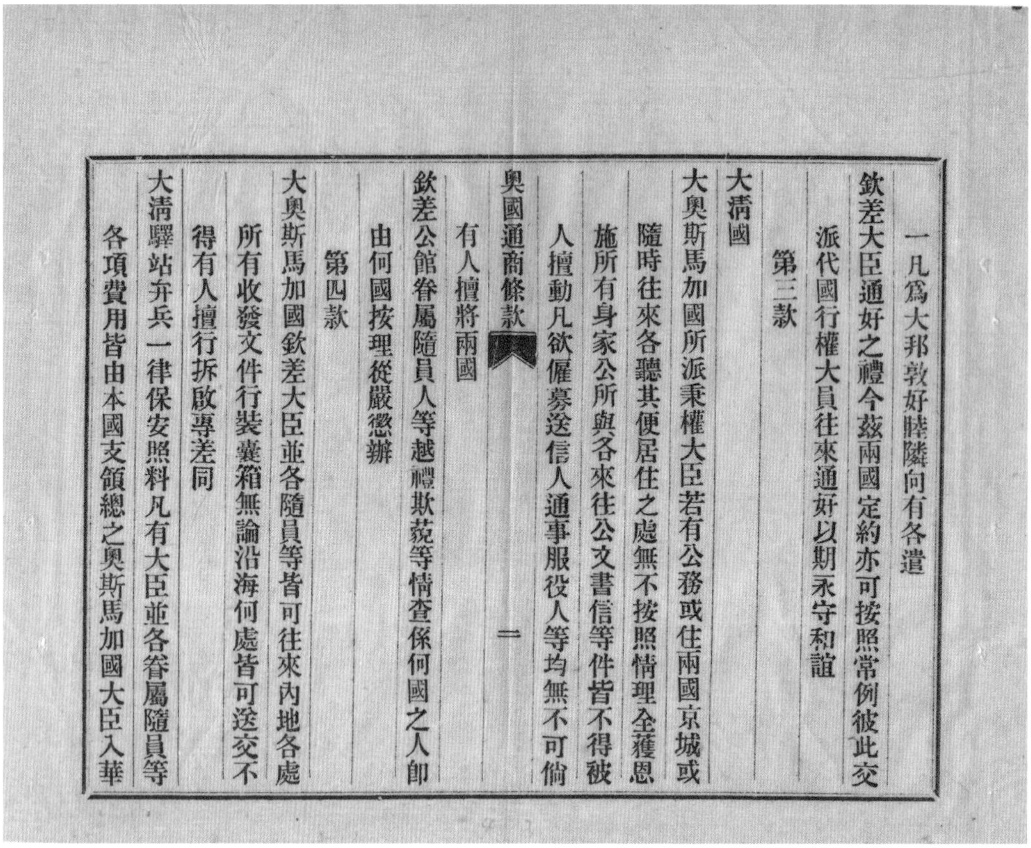

一凡爲大邦敦好睦鄰向有各遣
欽差大臣通好之禮今玆兩國定約亦可按照常例彼此交
派代國行權大員往來通好以期永守和誼
第三款
大清國
大奥斯馬加國所派秉權大臣若有公務或住兩國京城或
隨時往來各聽其便居住之處無不按照情理全獲恩
施所有身家公所與各來往公文書信等件皆不得被
人擅動凡欲僱募送信人通事服役人等均無不可倘
奥國通商條款 二
有人擅將兩國
欽差公館眷屬隨員人等越禮欺藐等情查係何國之人即
由何國按理從嚴懲辦
第四款
大奥斯馬加國欽差大臣並各隨員等皆可往來內地各處
所有收發文件行裝囊箱無論沿海何處皆可送交不
得有人擅行拆啟專差同
大清驛站弁兵一律保安照料凡有大臣並各眷屬隨員等
各項費用皆由本國支領總之奥斯馬加國大臣入華

《奥国通商条款》（同治八年七月二十六日）之一

當照泰西各國於代國大臣向爲合宜優待之處同一
優禮相待
第五款
凡有奥斯馬加國事務均歸
大奥斯馬加國欽差大臣與
大清中國大臣會議商辦無論文移會晤皆應按照平儀相
待
第六款
奥斯馬加國設立總領事一員並領事副領事署領事

等官前往已通商各口辦理本國商民交涉事件中國
官員於該領事等均應從優款待與相待諸國領事官
最優者無異如奥斯馬加國於各口不派領事官可以
相託別國真正領事官代爲料理
第七款
大奥斯馬加國大臣並領事官等員所有行知
大清國大臣官員等公文各件俱用德意志字書寫仍以漢
文譯錄暫爲配送中國官員有公文照會奥國官員亦
用漢字書寫倘日後有辯論之處各以本國文字爲正

此次議定條約漢洋文字詳細校對以期無訛亦依此例
第八款
各國議定通商口岸如牛莊天津烟台上海甯波福州
厦門台灣淡水廣州汕頭瓊州及長江之漢口九江鎮
江江甯各口奥斯馬加國商民亦可攜眷前往居住貿
易工作平安無碍常川不輟如入內地販運貨物須按
照各國章程辦理不准在內地開設行店
第九款
凡奥斯馬加國人按照第八款至通商各口地方居住

無論日期多寡聽其租賃房屋及行棧存貨或租地自
行建屋建行奥斯馬加國人亦一體可以建造禮拜堂
醫人院周急院學房墳地各項地方官會同領事官酌
議奥斯馬加國人宜居住宜建造之地凡地租房租多
寡之處彼此在事務須按照地方價值定議中國官阻
止內地民人高抬租值奥斯馬加國領事官亦謹防本
國人誆買迫受租值
第十款
奥斯馬加國商船准在條約內列通商各口往來運貨

《奥国通商条款》（同治八年七月二十六日）之二

总理各国事务王大臣奕䜣等奏折：
为简派郭嵩焘为出使英国大臣事

光绪元年八月初一日（1875年8月31日）

晚清时期，经过两次鸦片战争的挫折，清政府中的有识之士意识到传统的朝贡体制已无法面对列强环伺的局面，建立近代外交体系的需求变得十分迫切。光绪元年（1875），在洋务派官员奕䜣、李鸿章等的推动下，清廷第一次选派出使大臣常驻欧洲。郭嵩焘成为首任出使英、法大臣，并撰写了《伦敦与巴黎日记》，高度评价西方的政教制度，认为是其富强之根本，坚船利炮、商业贸易反而是其末节。

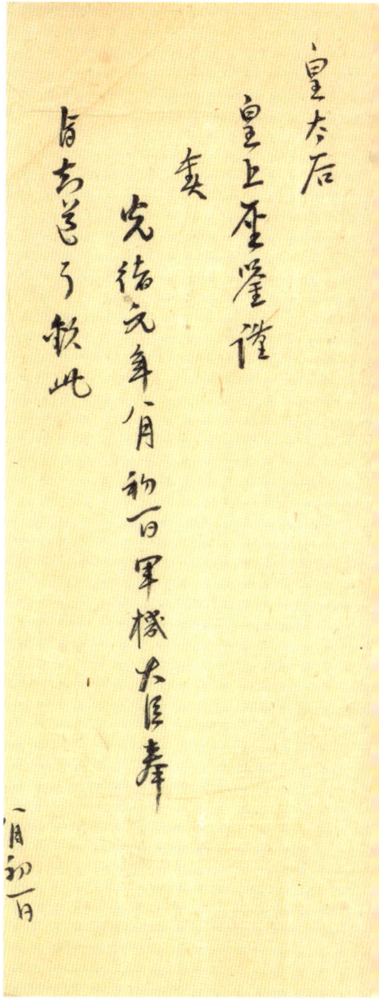
皇太后
皇上圣鉴谨
奏
光绪元年八月初一日军机大臣奉
旨知道了钦此
八月初一日

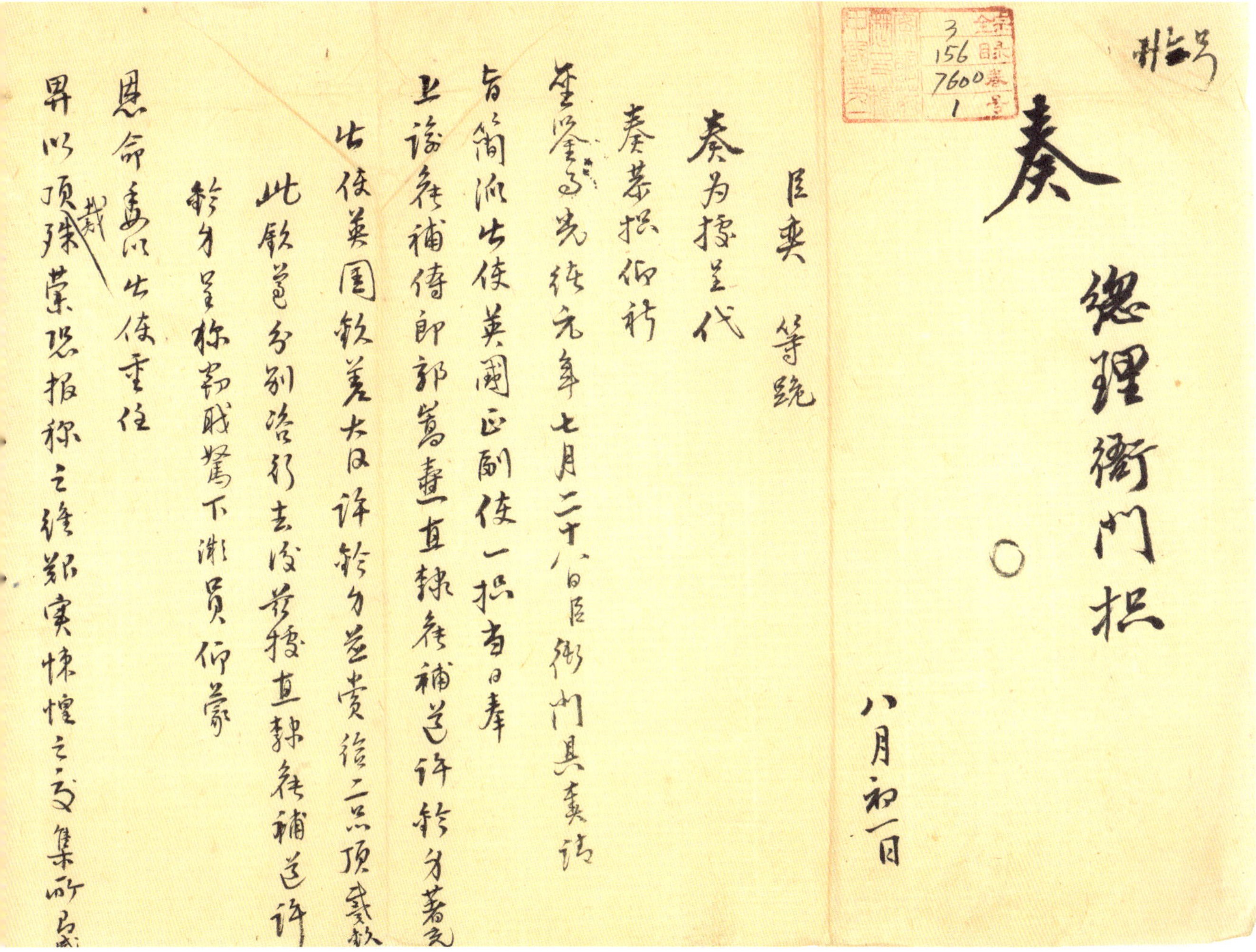

奏

總理衙門摺 ○

八月初一日

臣奕　等跪

奏為據呈代

奏恭摺仰祈

聖鑒事竊光緒元年七月二十八日臣衙門具奏請

旨簡派出使英國正副使一摺當日奉

上諭候補侍郎郭嵩燾直隸候補道許鈐身著充

出使英國欽差大臣許鈐身並賞給二品頂戴欽

此欽遵分別咨行去後茲據直隸候補道許

鈐身呈稱竊職駑下謭質仰蒙

恩命並以出使重任

畀以頂戴殊榮恐報稱之維艱實悚惶之交集所宜

总理各国事务王大臣奕䜣等奏折（光绪元年八月初一日）

总理各国事务衙门奏片：

为设九龙及拱北海关事

光绪十三年二月二十三日（1887年3月17日）

在晚清洋务运动的背景下，清政府借鉴西方（尤其是英国）的经验，建立了近代海关制度。总税务司虽然受总理衙门任命，但都由西方人担任，英国人赫德更是垄断此职长达47年。这件档案记录了早期香港、澳门两地九龙、拱北海关名称的由来。

奏稿

總理衙門片

再香港澳門兩處現既創設粤海分關應定新
關之名查附近香港設關在九龍灣擬即名曰九
龍關附近澳門設關於對面山在澳門之南拱北
灣擬即名曰拱北關仍歸粤海關監督兼轄現
據總稅務司申請定於三月初九日開辦該關
稅釐併徵章程由臣衙門劄飭趕緊派定
稅務司前往駐紮以期此程妥速理合附片陳
明謹
奏
光緒十三年二月廿三日奉
硃批依議欽此

总理各国事务衙门奏片（光绪十三年二月二十三日）

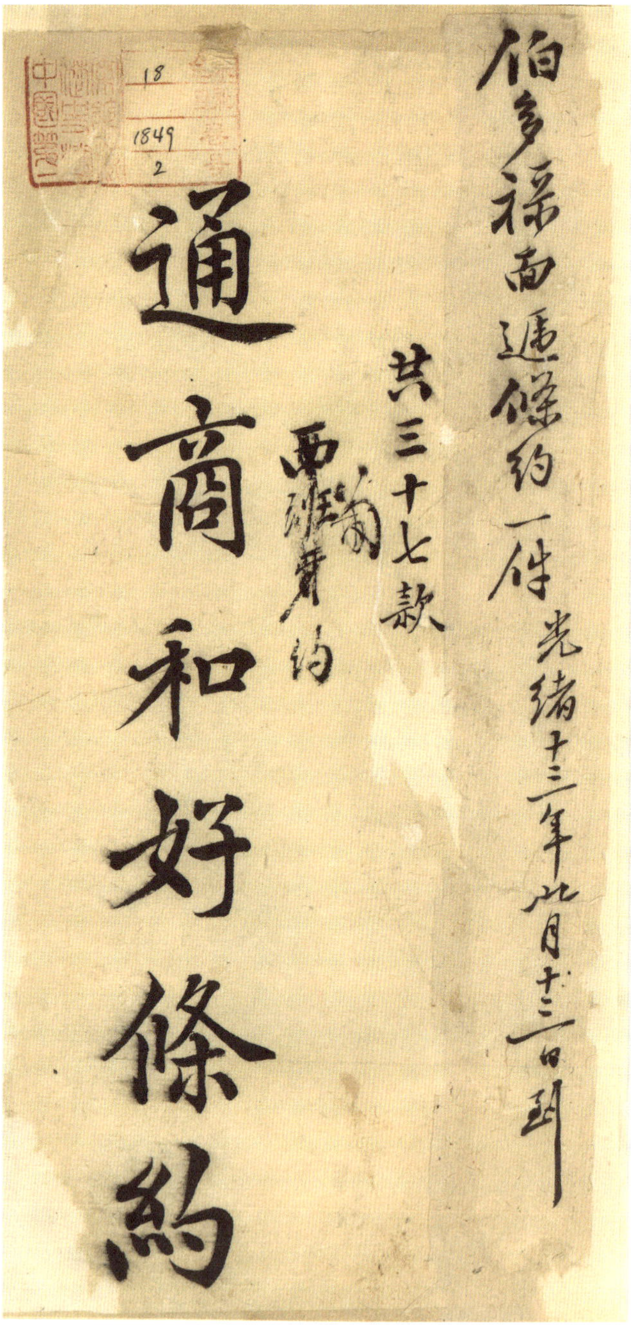

中葡《通商和好条约》草案

光绪十三年（1887）

明末葡萄牙就已窃据澳门，但此后相当长的时间内澳门并未完全脱离明、清政府的管辖，即使在第二次鸦片战争后中葡签署《和好贸易条约》中，也未涉及澳门的法律地位。但是，到了19世纪80年代，葡萄牙在英国的支持下试图通过正式条约使其对澳门的占据“合法化”。这份档案就是葡方提出的包括澳门地位事宜的《通商和好条约》草案，共37款，而最终的正式条约为54款，主要是增加了具体的通商和税务征收细则。关于澳门地位，该草案已经确定，即“大西洋国（葡萄牙）永居、管理澳门”。当然，从具体的历史环境看，该条约关于澳门转口贸易税则的条款，规定葡萄牙“一如英国在香港帮助中国征收”，在一定程度上增加了清政府的财政收入。

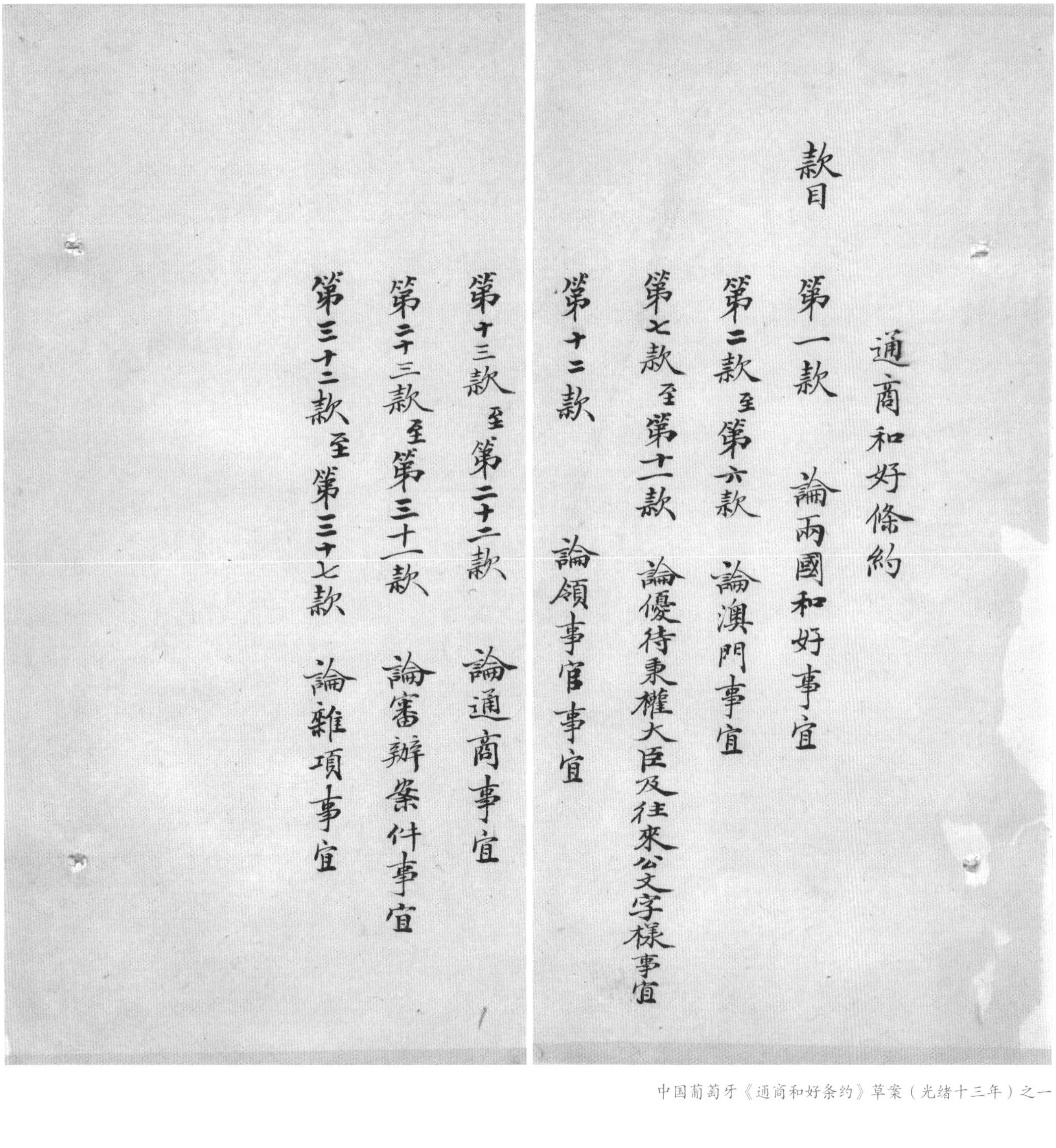

通商和好條約

款目

第一款　論兩國和好事宜

第二款至第六款　論澳門事宜

第七款至第十一款　論優待秉權大臣及往來公文字樣事宜

第十二款　論領事官事宜

第十三款至第二十二款　論通商事宜

第二十三款至第三十一款　論審辦案件事宜

第三十二款至第三十七款　論雜項事宜

中国葡萄牙《通商和好条约》草案（光绪十三年）之一

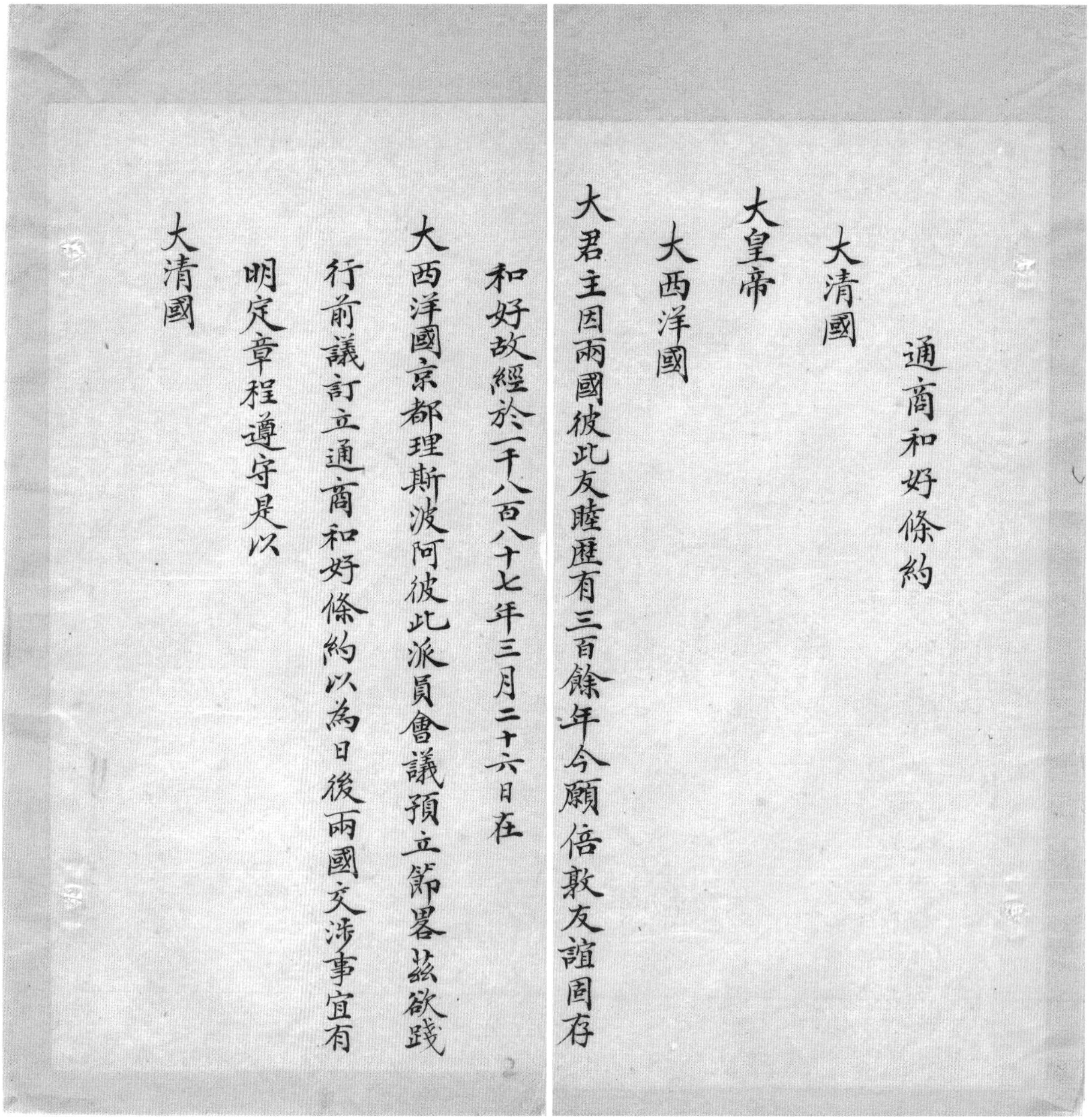

通商和好條約

大清國

大皇帝

大西洋國

大君主因兩國彼此友睦歷有三百餘年今願倍敦友誼固存

和好故經於一千八百八十七年三月二十六日在

大西洋國京都理斯波阿彼此派員會議預立節畧茲欲踐

行前議訂立通商和好條約以為日後兩國交涉事宜有

明定章程遵守是以

大清國

中国葡萄牙《通商和好条约》草案（光绪十三年）之二

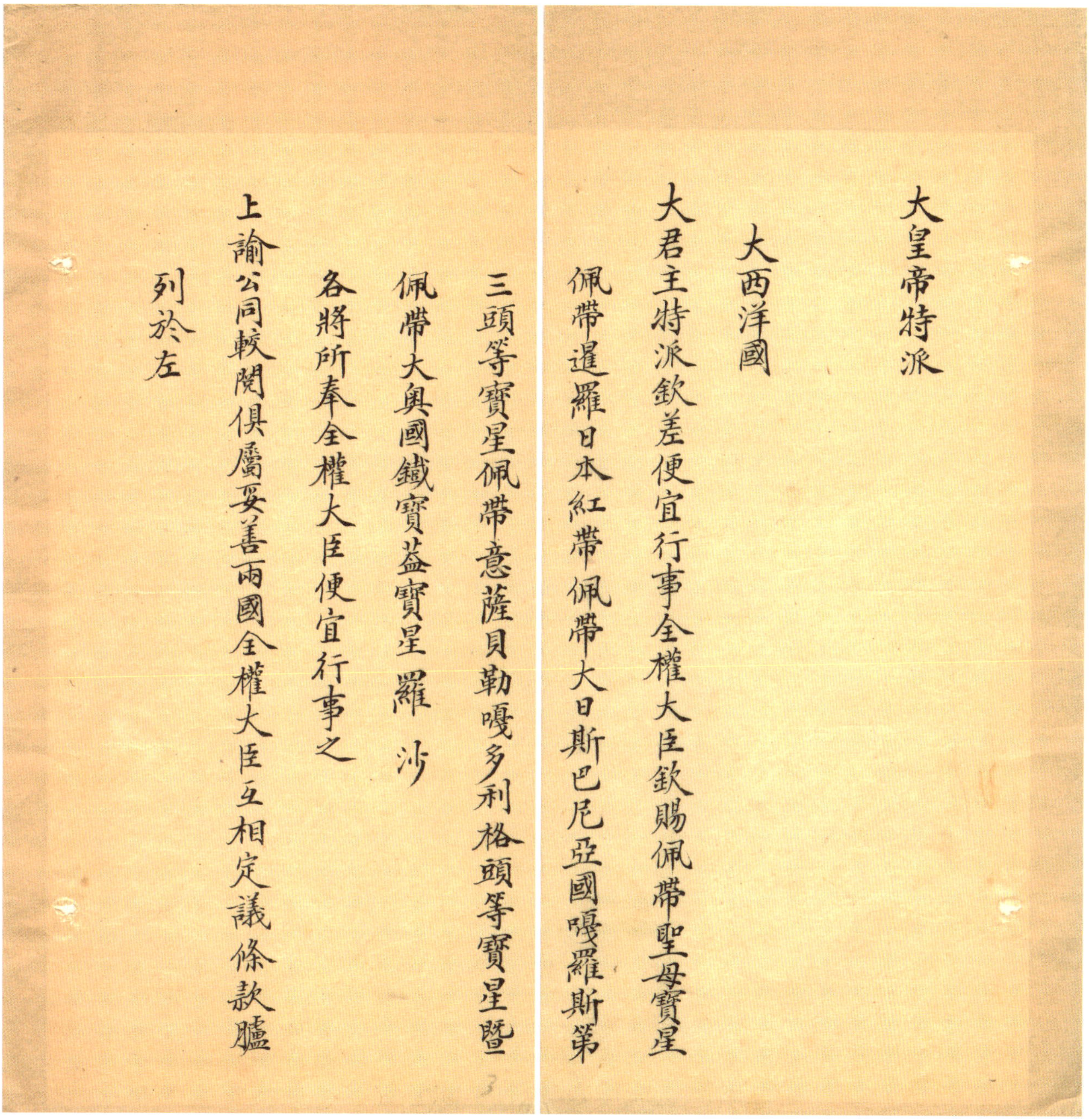
大皇帝特派
大西洋國
大君主特派欽差便宜行事全權大臣欽賜佩帶聖母寶星
佩帶暹羅日本紅帶佩帶大日斯巴尼亞國嘎羅斯第
三頭等寶星佩帶意薩貝勒嘎多利格頭等寶星暨
佩帶大奥國鐵寶益寶星羅　沙
各將所奉全權大臣便宜行事之
上諭公同較閱俱屬妥善兩國全權大臣互相定議條款臚
列於左

中国葡萄牙《通商和好条约》草案（光绪十三年）之三

出使比利时大臣杨兆鋆致清外务部咨文：

为中国参加列日博览会获奖事

光绪三十二年五月初三日（1906 年 6 月 24 日）

现代意义上的世界博览会始自 1851 年伦敦世博会，主要展示人类科技、文明、商业等领域的最新成果。中国人从当年便开始参会。1905 年，比利时政府在列日举行世博会，也邀请清政府派团参加，清政府于是责成中国海关负责组织此事。这份档案是列日世博会召开次年，比利时政府发放给中国代表团的各种奖状、奖牌的记录。中国展品和人员获得各种奖励多达百余种。获奖产品主要是丝绸、茶叶等传统商品，与现代科技、工业文明无缘，这也是当时中国经济发展的真实状态。不过，从中还是可以看出，当时无论是清政府，还是普通商人，都在努力参与和融入世界物质文明的发展潮流。

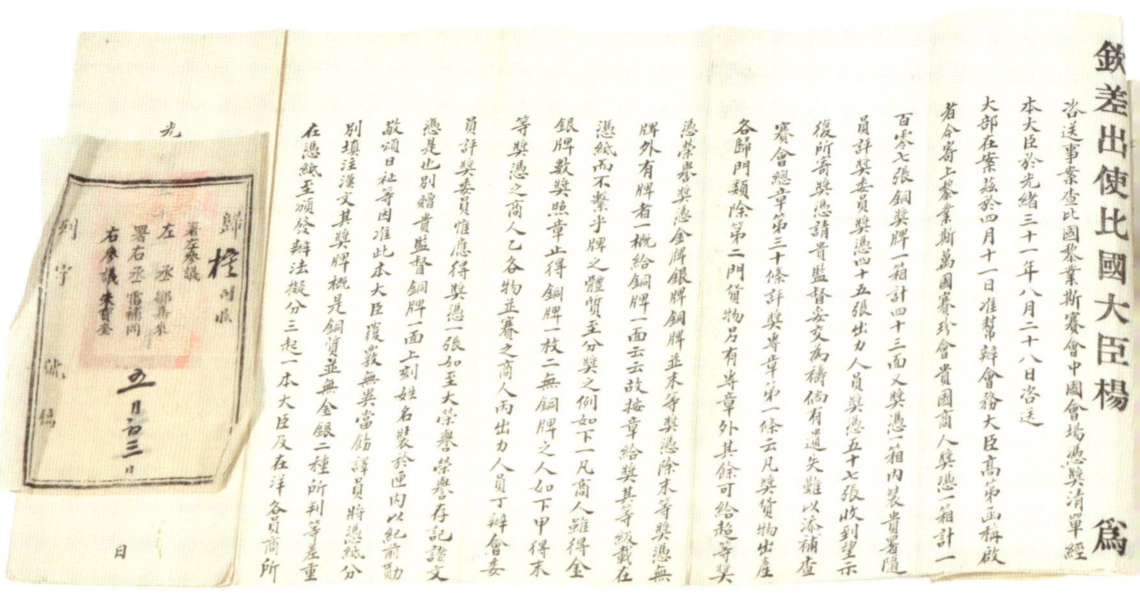
欽差出使比國大臣楊　爲
咨送事案查比國黎業斯賽會中國會場憑奬清單經
本大臣於光緒三十一年八月二十八日咨送
大部在案兹於四月十一日准幫辦會務大臣高第函稱啟
者今寄上黎業斯萬國賽珍會貴國商人奬憑一箱計一
百零七張銅奬牌一箱計四十三面又奬憑一箱内裝貴署隨
員評奬委員奬憑四十五張出力人員奬憑五十七張收到望示
復所寄奬憑請貴監督妥交爲禱倘有遺失難以添補查
賽會總章第三十條評奬專章第一條云凡奬貨物出產
各歸門類除第二門貨物另有專章外其餘可給超等奬
憑榮譽奬憑金牌銀牌銅牌並末等奬憑除末等奬憑無
牌外有牌者一概給銅牌一面云云故按章給奬其等級載在
憑紙而不繫乎牌之體質至分奬之例如下一凡商人雖得金
銀牌數奬照章止得銅牌一枚二無銅牌之人如下甲得末
等奬憑之商人乙各物並賽之商人丙出力人員丁辦會委
員評奬委員惟應得奬憑一張如至大榮譽榮譽存記諸文
憑是也別贈貴監督銅牌一面上刻姓名裝於匣内以紀前勛
敬頌日祉等因准此本大臣覆覈無異當飭譯員將憑紙分
別填注漢文其奬牌概是銅質並無金銀二種所判等差重
在憑紙至頒發辦法擬分三起一本大臣及在洋各員商所

光
歸檔
署左參議
左丞　鄒嘉來
署右丞　雷補同
右參議　朱實棻
列字　號稿
五月初三日
日

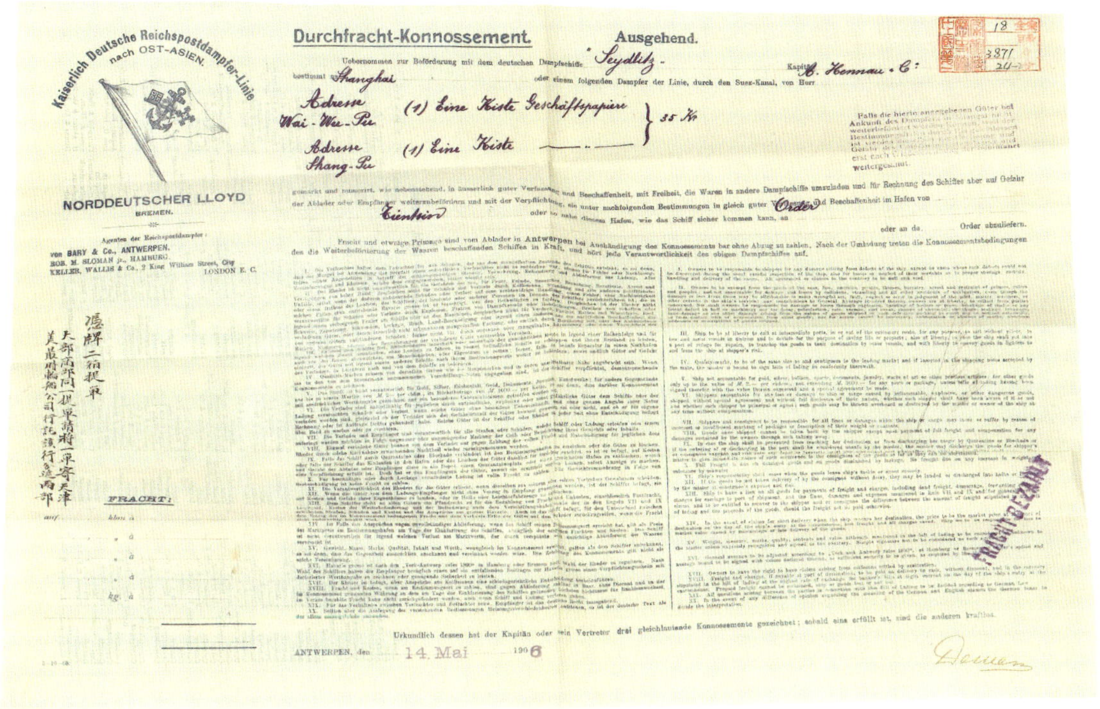

Kaiserlich Deutsche Reichspostdampfer-Linie nach OST-ASIEN.

NORDDEUTSCHER LLOYD
BREMEN.

Agenten der Reichspostdampfer:
von BARY & Co., ANTWERPEN.
ROB. M. SLOMAN jr., HAMBURG.
KELLER, WALLIS & Co., 2 King William Street, City LONDON E. C.

憑牌二箱提單
大部兩部同一提單請將一單寄天津
美最時輪船公司行託讓行送兩部

Durchfracht-Konnossement. Ausgehend.

Uebernommen zur Beförderung mit dem deutschen Dampfschiffe "Seydlitz" Kapitän H. Hennau · C:
bestimmt nach Shanghai oder einem folgenden Dampfer der Linie, durch den Suez-Kanal, von Herr

Adresse Wai-Wu-Pu (1) Eine Kiste Geschäftspapiere } 35 Ko
Adresse Shang-Pu (1) Eine Kiste

Falls die hierin angegebenen Güter bei Ankunft des Dampfers in Shanghai nicht weiterbefördert werden können, ... weitergesandt.

gemarkt und numerirt, wie nebenstehend, in äusserlich guter Verfassung und Beschaffenheit, mit Freiheit, die Waren in andere Dampfschiffe umzuladen und für Rechnung des Schiffes aber auf Gefahr der Ablader oder Empfänger weiterzubefördern und mit der Verpflichtung, sie unter nachfolgenden Bestimmungen in gleich guter Verfassung und Beschaffenheit im Hafen von Tientsin oder so nahe diesem Hafen, wie das Schiff sicher kommen kann, an Order oder an da. Order abzuliefern.

Fracht und etwaige Primage sind vom Ablader in Antwerpen bei Aushändigung des Konnossements bar ohne Abzug zu zahlen. Nach der Umladung treten die Konnossementsbedingungen des die Weiterbeförderung der Waaren beschaffenden Schiffes in Kraft, und hört jede Verantwortlichkeit des obigen Dampfschiffes auf.

FRACHT:

Urkundlich dessen hat der Kapitän oder sein Vertreter drei gleichlautende Konnossemente gezeichnet; sobald eins erfüllt ist, sind die andern kraftlos.

ANTWERPEN, den 14. Mai 1906

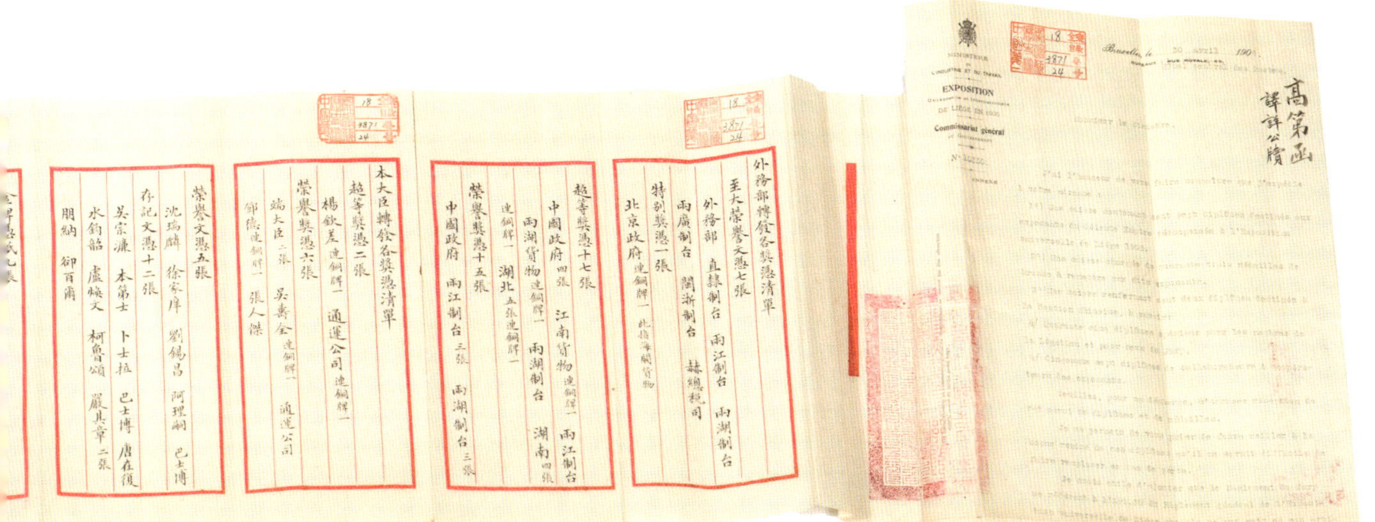

外務部轉發各獎憑清單
至大榮譽文憑七張
外務部 直隸制台 兩江制台 兩湖制台
兩廣制台 閩浙制台 赫總稅司
特別獎憑一張
北京政府連銅牌一 此指海關貨物

超等獎憑十七張
中國政府四張 江南貨物連銅牌一 兩江制台
兩湖貨物連銅牌一 兩湖制台 湖南四張
連銅牌一 湖北五張連銅牌一
榮譽獎憑十五張
中國政府 兩江制台三張 兩湖制台三張

本大臣轉發各獎憑清單
超等獎憑二張
楊欽差連銅牌一 通運公司連銅牌一
榮譽獎憑六張
端大臣二張 吳壽全連銅牌一 通運公司
鄒德連銅牌一 張人傑

榮譽文憑五張
沈瑞麟 徐家庠 劉錫昌 阿理嗣 巴士博
存記文憑十二張
吳宗濂 本第士 卜士拉 巴士博 唐在復
水鈞韶 盧楨文 柯魯頌 嚴其章二張
朋納 御百爾

EXPOSITION DE LIÈGE EN 1905
Commissariat général
Bruxelles, le 30 avril 1906

高第函
譯詳公牘

出使比利时大臣杨兆鋆致清外务部咨文（光绪三十二年五月初三日）

清政府致比利时国书：

为特派大臣考察比国政治事

光绪三十一年八月初九日（1905 年 9 月 7 日）

庚子事变之后，面对惨痛的教训，清朝的实际统治者慈禧太后及保守派官僚才开始认识到政治变革的必要性，逐渐采取了一系列变革措施，试行君主立宪是其中最重要的变革。光绪三十一年（1905），慈禧太后和光绪帝决定委派五大臣出洋考察政治，实际上是为实行君主立宪政体做准备。这份国书是光绪帝致比利时国王利奥波德二世，请其接待特派大臣载泽、徐世昌、绍英的来访考察，但徐、绍二位并未成行。作为满洲亲贵的载泽，在历时半年的对日、英、法、比诸国的政治考察之后，向慈禧和光绪帝建议实行日本模式的君主立宪制。清政府虽然在第二年宣布“预备立宪”，但由于有长达九年的预备期，让国内对清政府抱有希望的人士也高度怀疑清政府的立宪诚意，使得“预备立宪”几乎成了一场政治骗局。五年之后，清王朝便走向灭亡，中国迎来了共和体制。

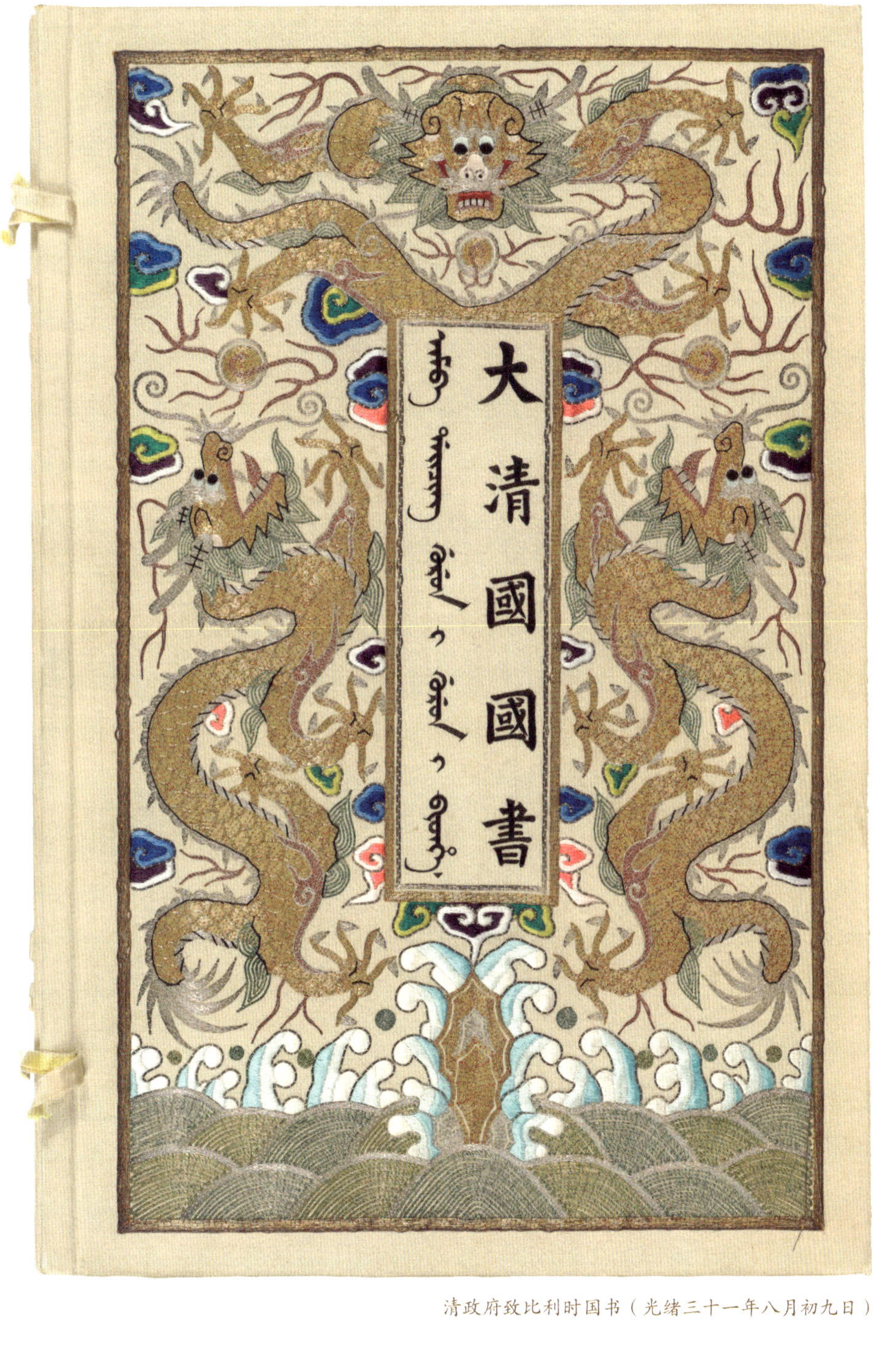

清政府致比利时国书（光绪三十一年八月初九日）

酌施行實感
大君主嘉惠友邦之厚誼
大清光緒三十二年八月初九日
大清國國書

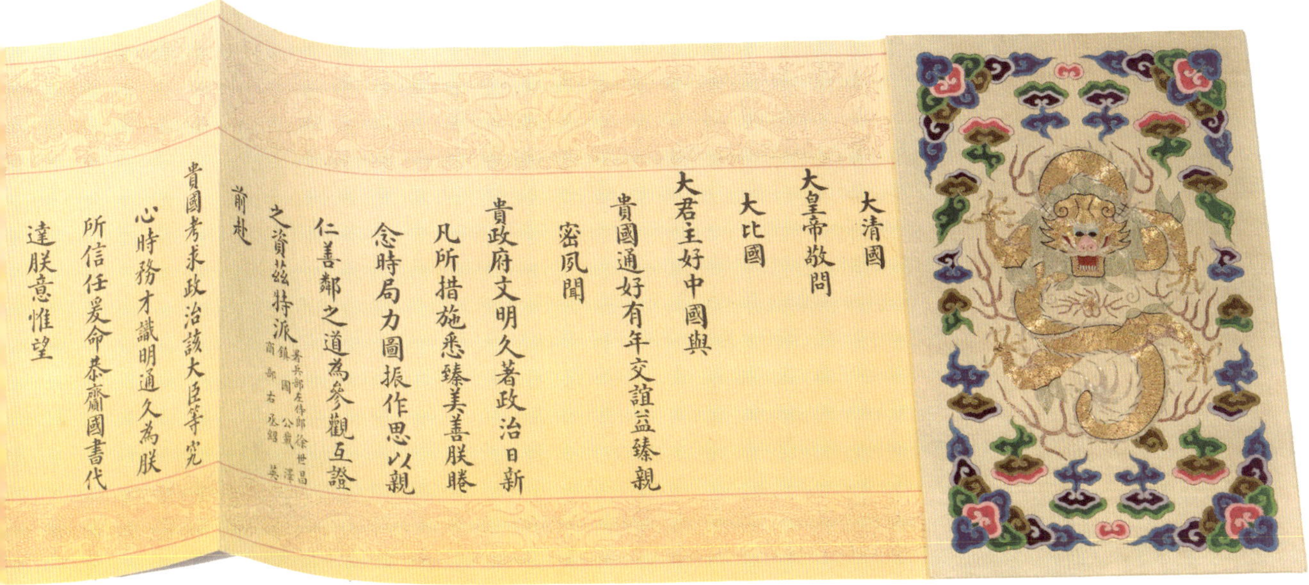
大清國
大皇帝敬問
大比國
大君主好中國與
貴國通好有年交誼益臻親
密夙聞
貴政府文明久著政治日新
凡所措施悉臻美善朕睠
念時局力圖振作思以親
仁善鄰之道為參觀互證
之資茲特派署兵部左侍郎徐世昌鎮國公載澤商部右丞紹英
前赴
貴國考求政治該大臣等究
心時務才識明通久為朕
所信任爰命恭齎國書代
達朕意惟望

清政府致比利时国书（光绪三十一年八月初九日）

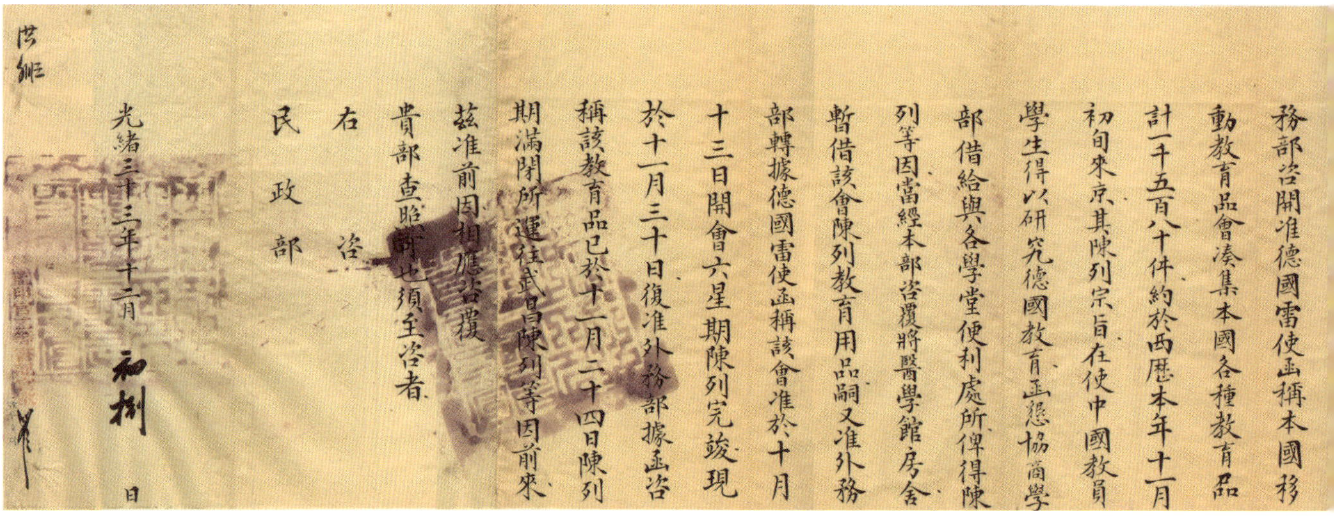
務部咨開准德國雷使函稱本國移
動教育品會湊集本國各種教育品
計一千五百八十件約於西歷本年十月
初旬來京其陳列宗旨在使中國教員
學生得以研究德國教育函懇協商學
部借給與各學堂便利處所俾得陳
列等因當經本部咨覆將醫學館房舍
暫借該會陳列教育用品嗣又准外務
部轉據德國雷使函稱該會准於十月
十三日開會六星期陳列完竣現
於十一月三十日復准外務部據函咨
稱該教育品已於十一月二十四日陳列
期滿閉所運往武昌陳列等因前來
茲准前因相應咨覆
貴部查照可也須至咨者
右 咨
民政部
光緒三十三年十二月 初捌 日

学部致民政部咨文：
为八角琉璃井地方所开德国教育品会期满闭所事

光绪三十三年十二月初八日（1908 年 1 月 11 日）

清末，特别是学部成立以来，中外教育交流日趋频繁。这份档案反映的就是在一次具体的交流活动中，各部门的协调配合。光绪三十三年（1907）十月十三日，德国教育用品展在八角琉璃井一个“已停课之医学馆”开始展出，“陈列各品均系科学仪器、图解”，而且“任人浏览，不取分文”。这次活动是由德国驻华使馆向外务部提出，后者转咨学部后，学部允准并“借给与各学堂、便利处所”。不过，展出地点是由民政部外城巡警总厅右分厅第三区管辖，对于这次展览是“暂时开设”还是“长久经营”，总厅“并未奉文知照”。因此民政部就此事咨询学部，学部在与外务部确认后，咨复该展览“已于十一月二十四日期满闭所，运往武昌陈列”。

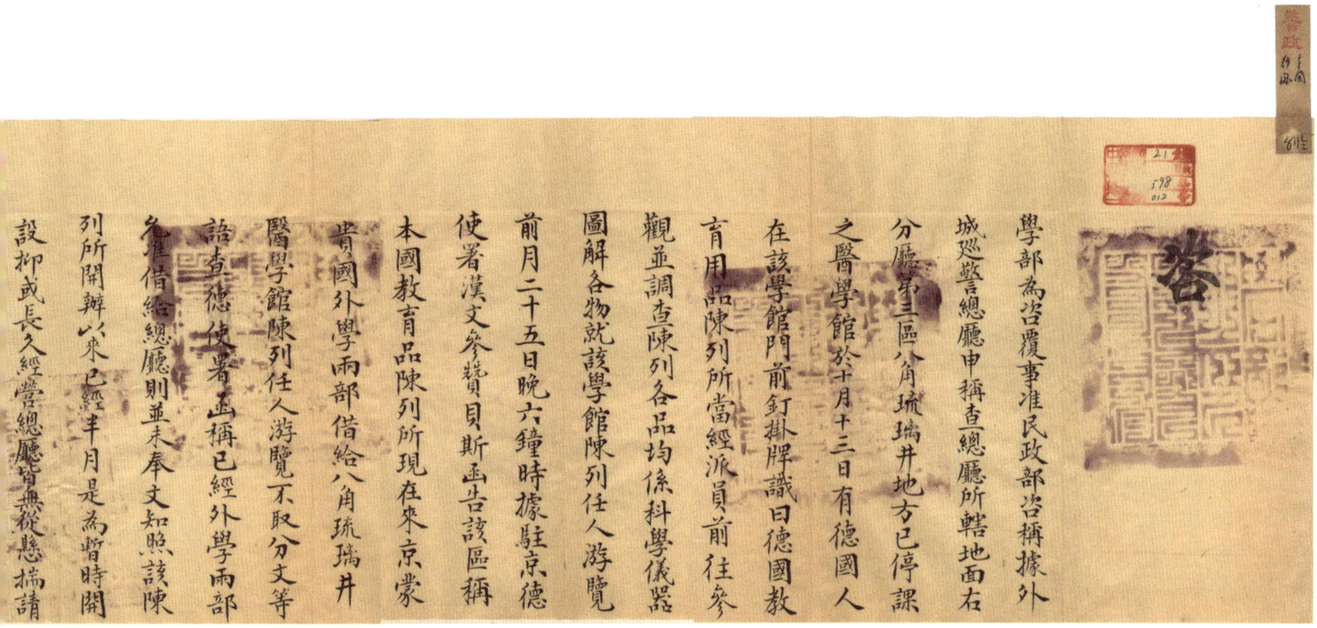

學部為咨覆事准民政部咨稱據外
城巡警總廳申稱查總廳所轄地面右
分廳第三區八角琉璃井地方已停課
之醫學館於十月十三日有德國人
在該學館門前釘掛牌識曰德國教
育用品陳列所當經派員前往參
觀並調查陳列各品均係科學儀器
圖解各物就該學館陳列任人游覽
前月二十五日晚六鐘時據駐京德
使署漢文參贊貝斯函告該區稱
本國教育品陳列所現在來京蒙
貴國外學兩部借給八角琉璃井
醫學館陳列任人游覽不取分文等
語查德使署函稱已經外學兩部
允准借給總廳則並未奉文知照該陳
列所開辦以來已經半月是為暫時開
設抑或長久經營總廳皆無從懸揣請

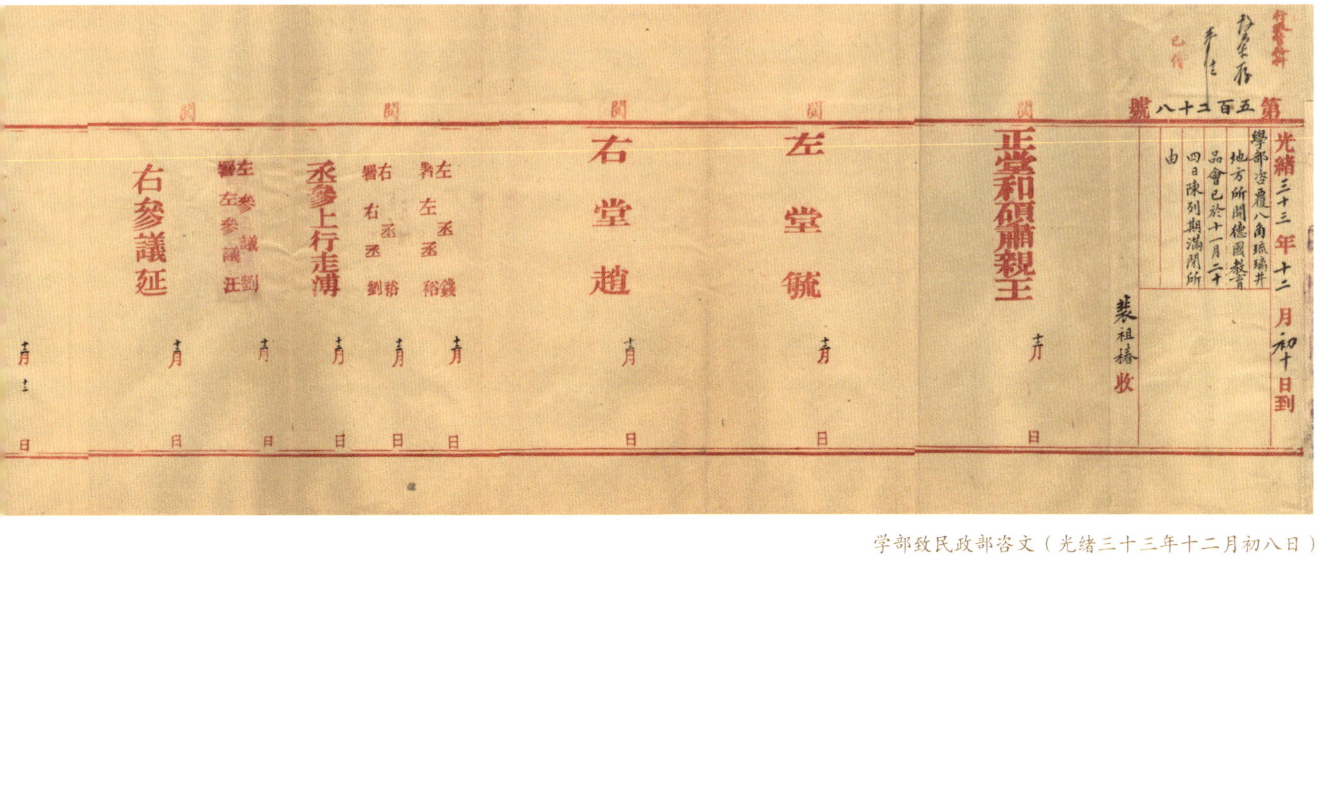

第五百二十八號
光緒三十三年十二月初十日到
學部咨覆八角琉璃井地方所開德國教育品會已於十一月二十四日陳列期滿閉所由
裴祖楷收
正堂和碩肅親王
左堂毓
右堂趙
左丞 左丞錢 署左丞裕
右丞 右丞裕 署右丞劉
左參上行走溥
左參議劉 署左參議汪
右參議延

学部致民政部咨文（光绪三十三年十二月初八日）

外务部致民政部片：

为准欧洲四国使臣赴三海瞻仰事

光绪三十四年四月三十日（1908 年 5 月 29 日）

经过庚子一役，清帝国“瓜分豆剖”之势已成，慈禧太后对于东西方列强的态度也从“痛恨至极”一变而为“畏惧至极”，开始利用各种机会笼络、讨好洋人。为了表示自己与列强的友好关系，她多次在宫中接见列强驻华公使夫人及其他女眷，对国人一向宫禁森严的内廷三海（中、南、北海），也允准驻华使节参观游览。这份行文即是有关德、法、意、瑞典四国使臣被允许参观三海的文献。

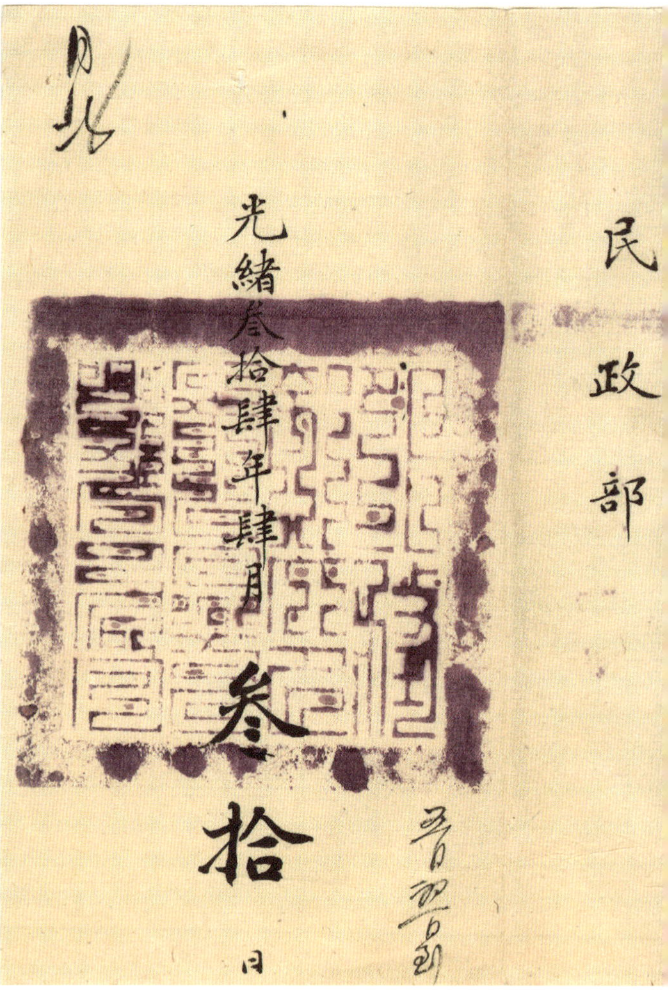

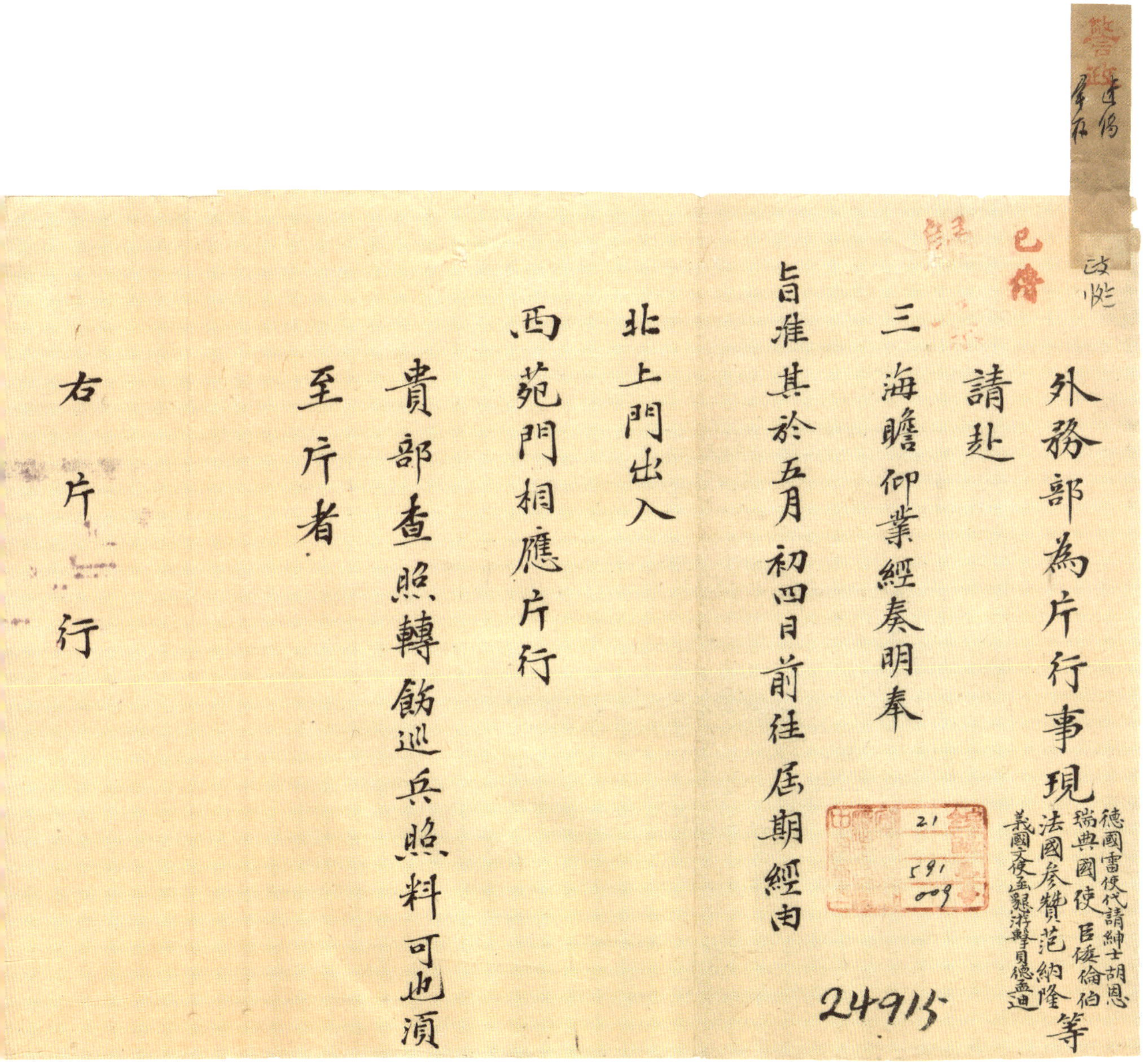

外務部為片行事現德國雷使代請紳士胡恩、瑞典國使臣倭倫伯、法國參贊范納隆、義國文使孟懇游擊員德孟迪等
請赴
三海瞻仰業經奏明奉
旨准其於五月初四日前往居朝經由
北上門出入
西苑門相應片行
貴部查照轉飭巡兵照料可也須
至片者
右片行

24915

外务部致民政部片（光绪三十四年四月三十日）

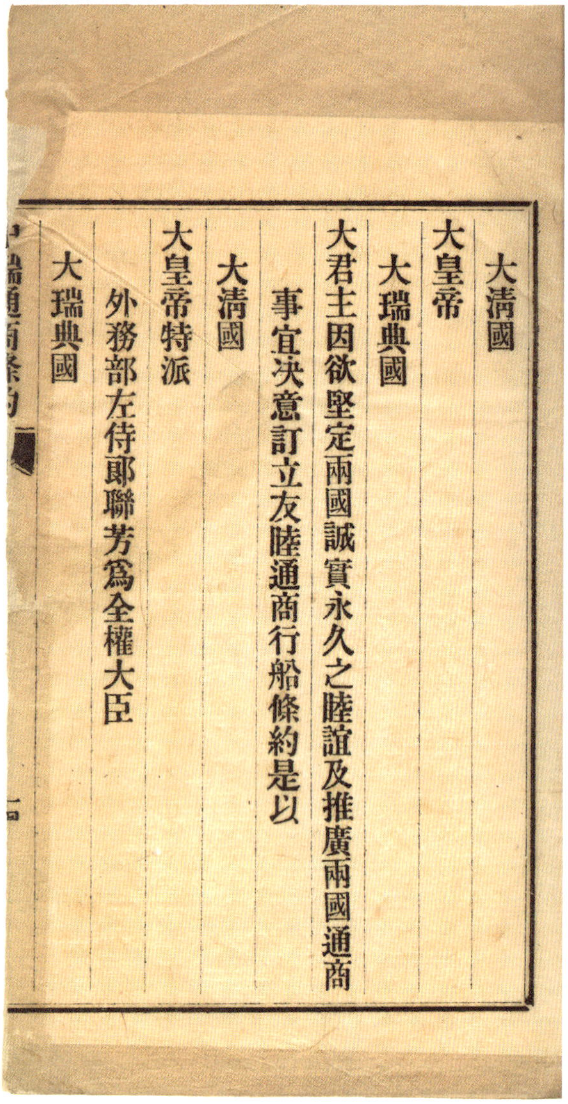

大清國
大皇帝
大瑞典國
大君主因欲堅定兩國誠實永久之睦誼及推廣兩國通商
事宜決意訂立友睦通商行船條約是以
大清國
大皇帝特派
外務部左侍郎聯芳爲全權大臣
大瑞典國

中瑞通商條約

《中瑞通商条约》

宣统元年四月二十七日（1909 年 6 月 14 日）

瑞典虽然并非欧洲主要列强，但早在广州一口通商之时，就和中国建立了贸易联系。道光二十七年（1847），清政府和瑞典挪威联盟签订了《五口通商章程：海关税则》。此后，双边交往进一步增多，清政府也开始有多批次的官员和民间人士访问瑞典，并留有《游历瑞典那（挪）威闻见录》等多部关于中瑞交往的著作。随着瑞典挪威联盟的解体和条约体制在中国的形成，清政府和瑞典正式签订《通商条约》。虽然这份条约仍有领事裁判权等不平等条款，但在很多方面已具有明显的互惠性，规定“于两国通商行船及所有关于商业、工业”之事，双方均“完全无缺”地享有对各自有约国的最惠国待遇。另外，本档案中所标明的时间是双方最终换约时间，签约日期在此一年之前。

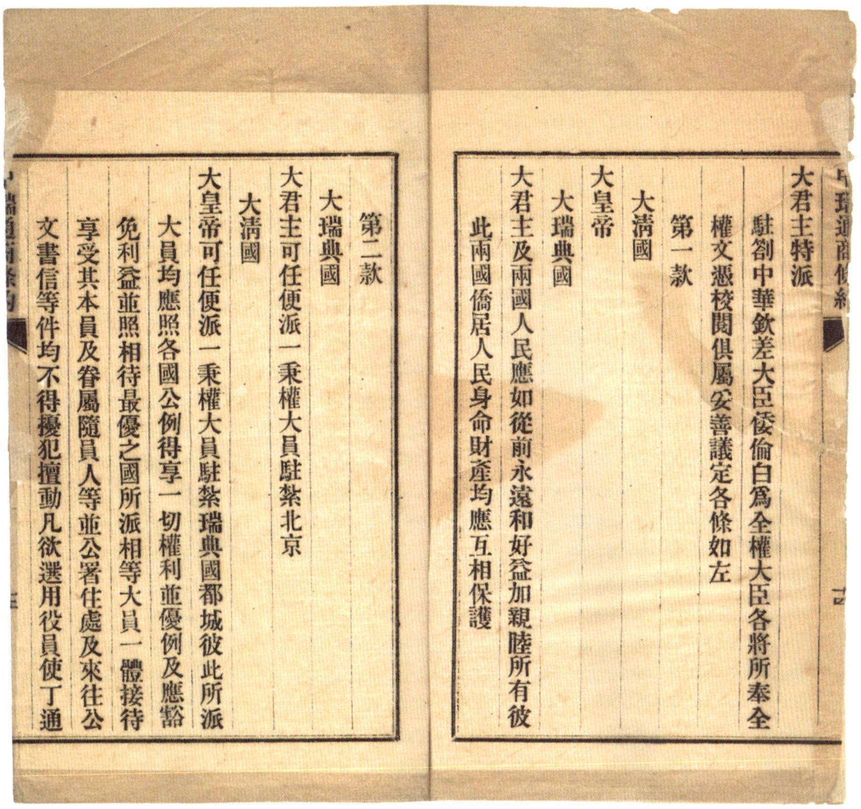

中瑞通商條約

大君主特派
駐劄中華欽差大臣倭倫白爲全權大臣各將所奉全
權文憑校閱俱屬妥善議定各條如左
第一款
大清國
大皇帝
大瑞典國
大君主及兩國人民應如從前永遠和好益加親睦所有彼
此兩國僑居人民身命財產均應互相保護

第二款
大瑞典國
大君主可任便派一秉權大員駐紮北京
大清國
大皇帝可任便派一秉權大員駐紮瑞典國都城彼此所派
大員均應照各國公例得享一切權利並優例及應豁
免利益並照相待最優之國所派相等大員一體接待
享受其本員及眷屬隨員人等並公署住處及來往公
文書信等件均不得擾犯擅動凡欲選用役員使丁通

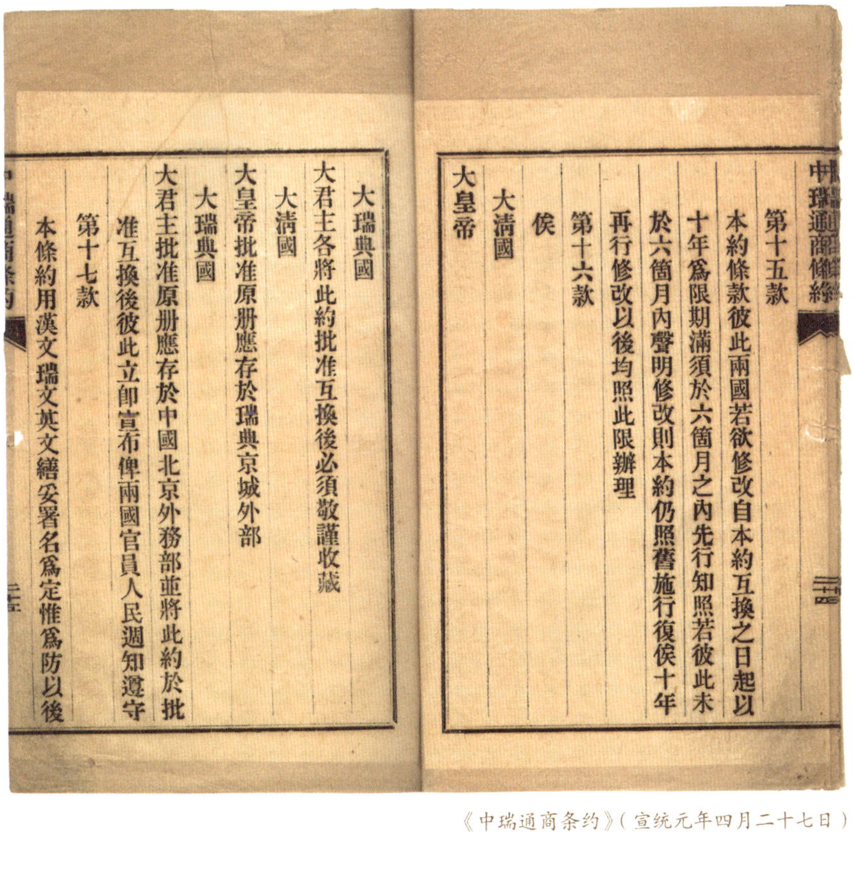

中瑞通商條約

第十五款
本約條款彼此兩國若欲修改自本約互換之日起以
十年爲限期滿須於六個月之內先行知照若彼此未
於六個月內聲明修改則本約仍照舊施行復俟十年
再行修改以後均照此限辦理
第十六款
俟
大清國
大皇帝
大瑞典國
大君主各將此約批准互換後必須敬謹收藏
大清國
大皇帝批准原册應存於瑞典京城外部
大瑞典國
大君主批准原册應存於中國北京外務部並將此約於批
准互換後彼此立即宣布俾兩國官員人民週知遵守
第十七款
本條約用漢文瑞文英文繕妥署名爲定惟爲防以後

《中瑞通商条约》（宣统元年四月二十七日）

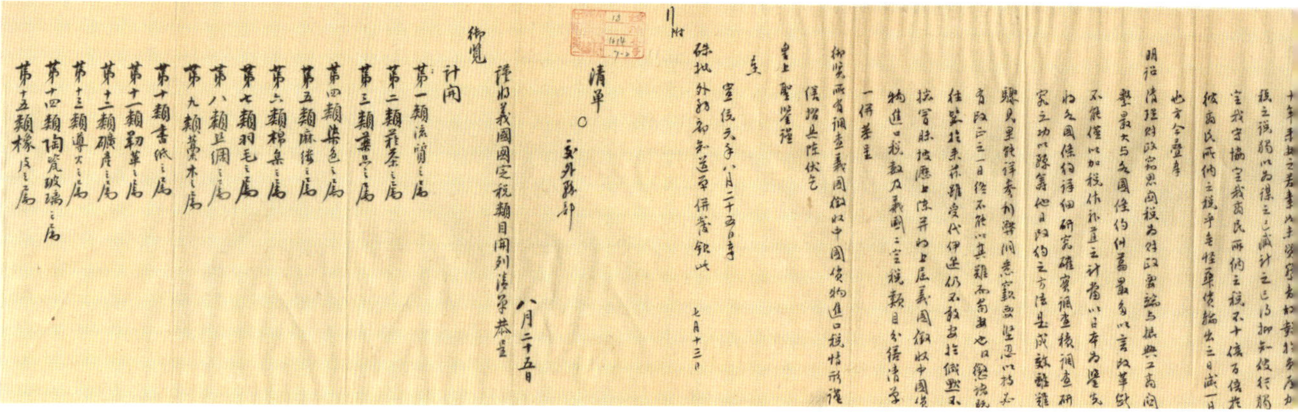

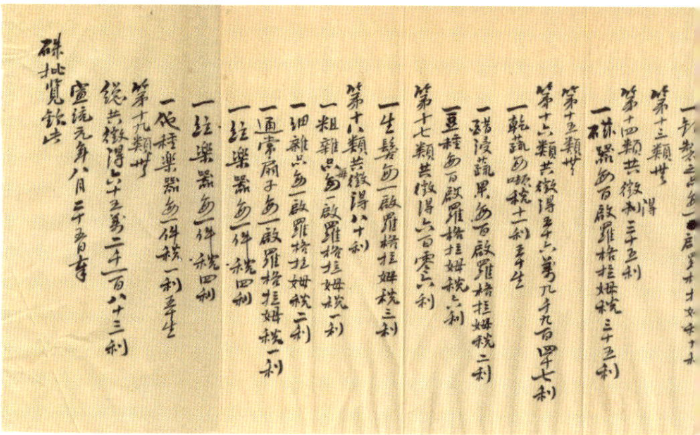

出使意大利大臣钱恂奏折
（宣统元年八月二十五日）

出使意大利大臣钱恂奏折：

为调查意大利对华货物进口征税情形事

宣统元年八月二十五日（1909 年 10 月 8 日）

中国与意大利的商约，最早可追溯到同治五年（1866）所订《中意商约》。清政府当时与西方国家订立条约，多是出于被动要求，勉强为之，所以《中意商约》中只规定了中国向意大利进口货物的税则，而没有规定意大利向中国的进口税则。四十余年后，到了清末，中国向意大利出

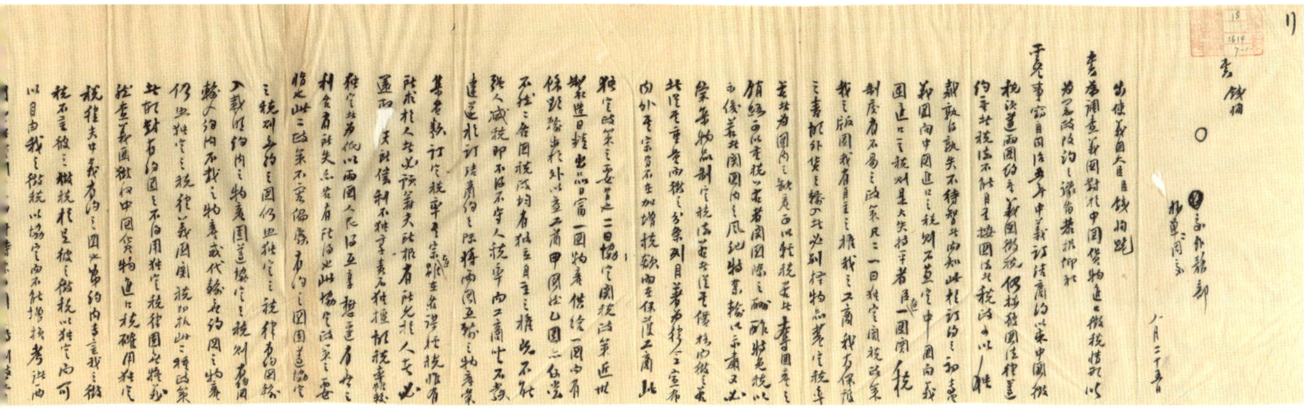

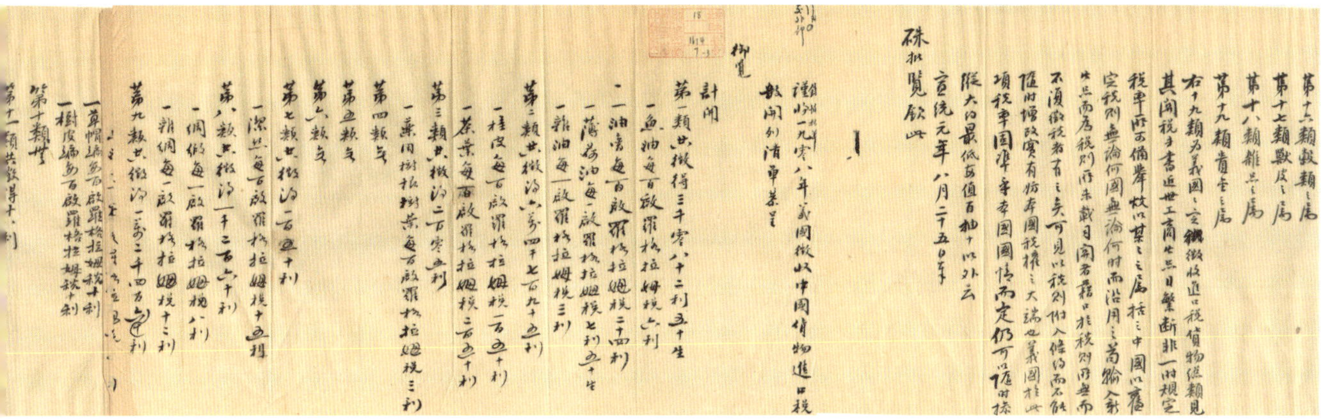

口货物增多，由于没有两国商定税则的保护，意方可以随意向中国货物征税，严重损害中国商人的利益。作为思想开明的外交官和出使意大利大臣，钱恂深知此中弊端，因此他奏请清政府不仅要调查意大利对华货物进口征税情况，还要审查中国与其他国家的商约，了解其中不利于中国商人的条款，以期未来与这些国家谈判改订。

出使英国大臣李经方致外务部咨呈：

为英国出口中国货物事

宣统二年六月十九日（1910 年 7 月 25 日）

李经方是清末重臣李鸿章的长子，自幼学习英文，又随侍其父左右，是晚清深通洋务的官员。宣统二年（1910），清朝已处于风雨飘摇之中，李经方此时任出使英国大臣。这份档案是其就福士达来函呈递外务部的咨文。福氏时任中国驻伦敦名誉总领事，是清朝聘任的洋员，他将《英国海关册报》中 1906—1909 年出口中国货物清单抄录下来，转交中方，为的是与中国海关的有关记录相互核对。

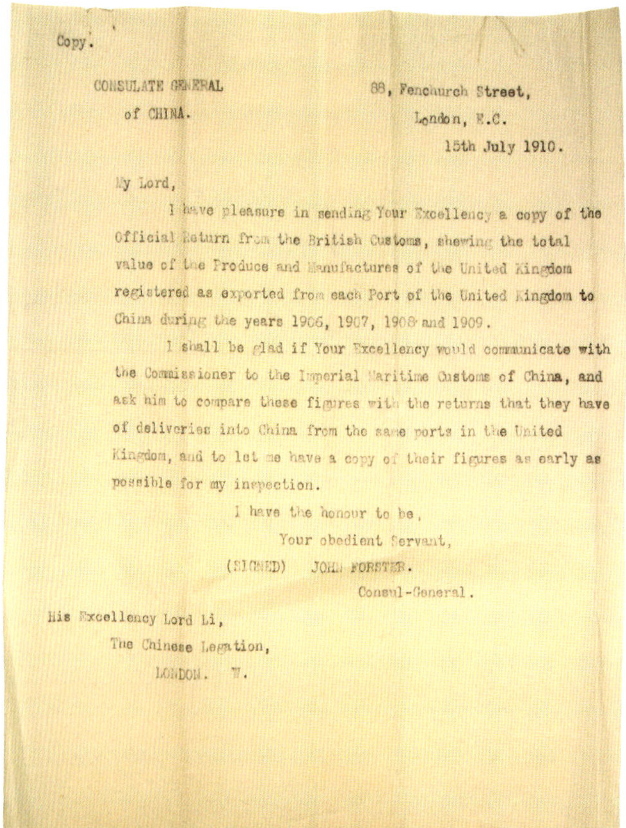
Copy.

CONSULATE GENERAL
of CHINA.

88, Fenchurch Street,
London, E.C.
15th July 1910.

My Lord,

I have pleasure in sending Your Excellency a copy of the Official Return from the British Customs, shewing the total value of the Produce and Manufactures of the United Kingdom registered as exported from each Port of the United Kingdom to China during the years 1906, 1907, 1908 and 1909.

I shall be glad if Your Excellency would communicate with the Commissioner to the Imperial Maritime Customs of China, and ask him to compare these figures with the returns that they have of deliveries into China from the same ports in the United Kingdom, and to let me have a copy of their figures as early as possible for my inspection.

I have the honour to be,
Your obedient Servant,
(SIGNED) JOHN FORSTER.
Consul-General.

His Excellency Lord Li,
The Chinese Legation,
LONDON. W.

Copy.

S T A T E M E N T .

Shewing the TOTAL VALUE of the Produce and Manufactures of the UNITED KINGDOM, registered as EXPORTED from each Port of the UNITED KINGDOM to CHINA during each of the years 1906. 1907. 1908 and 1909.

Port of Shipment.	1906	1907	1908	1909
LONDON	3.877.320	3.334.804	2.615.593	2.393.128
Liverpool	7.123.376	7.383.585	5.575.664	5.172.554
Barrow	-	46.326	-	-
Bristol	261	14	-	-
Cardiff	5.625	26.520	17.460	3.968
Dover	4.971	5.960	5.848	6.577
Goole	-	15	41	-
Grimsby	2.806	677	169	481
Harwich	205	80	93	59
Hull	267.679	229.645	370.588	167.272
Manchester	1.650	407	-	700
Middlesborough	85.919	166.459	116.995	202.201
Newcastle	2.035	1.478	332	1.092
Newport	65.971	35.105	21.335	25.664
Southampton	292	437	30	10.944
Swansea	92,131	83.492	66.584	87.181
Dundee	670	302	249	132

Statement continued.

Port of Shipment.	1906.	1907.	1908.	1909.
Glasgow	665,197	713.075	424.939	369.592
Greenock	1.930	-	-	-
Leith	1.942	5.133	192	4.387
TOTALS.	£12.199.880	12.033.514	9.216.112	8.445.832

(SIGNED) JOHN FORSTER.

Consul-General.

July 15th 1910.

出使英国大臣李经方致外务部咨呈（宣统二年六月十九日）之一

貨物入口清冊抄給一份俾資查核等情前
來本大臣准此相應照譯原稟並粘單附
印原底備文咨呈
大部謹請查照轉飭施行須至咨呈者
右咨呈
外務部
宣統年六月十九日

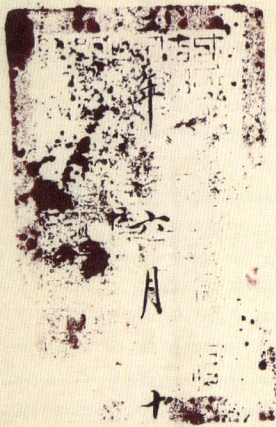

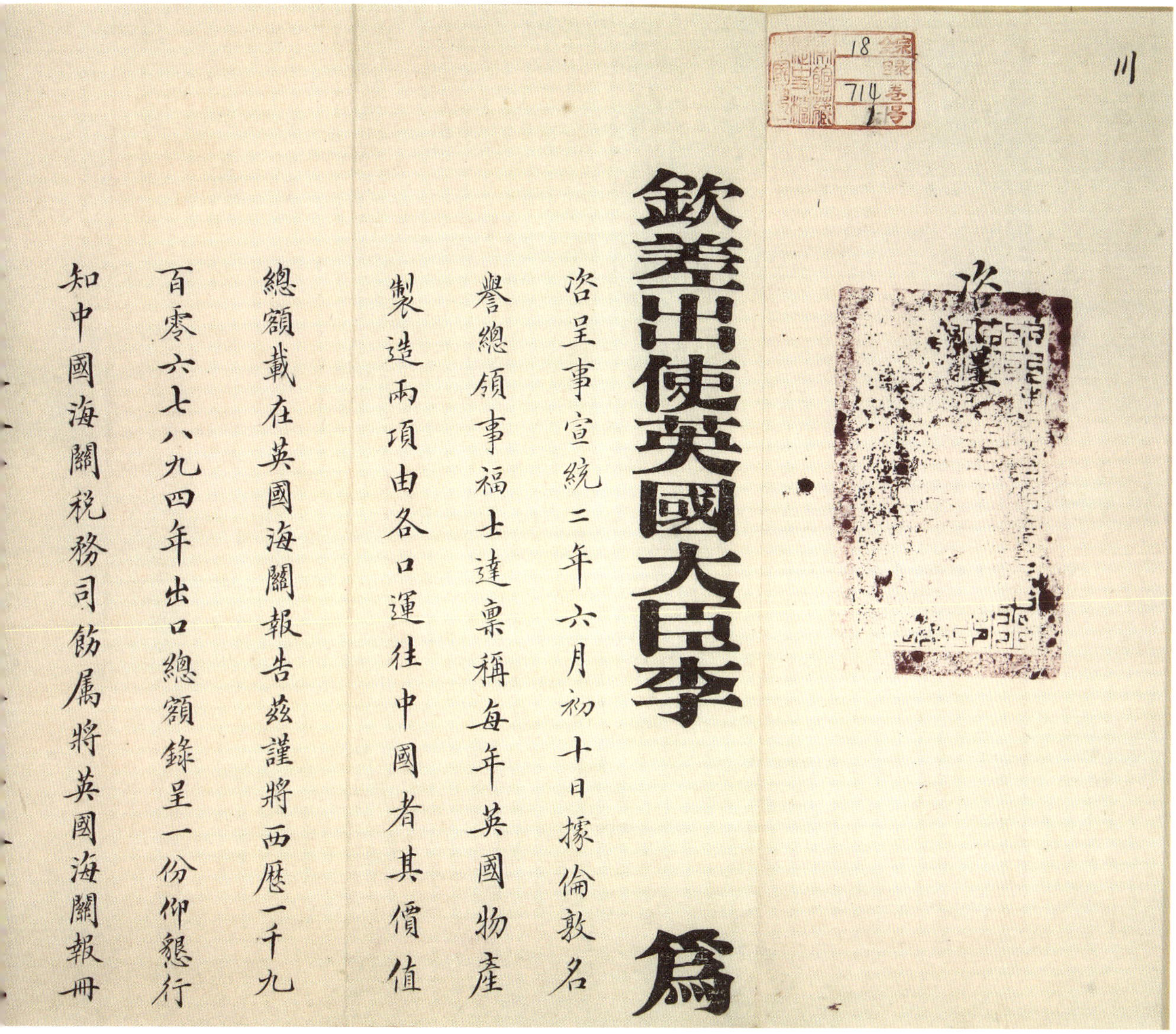

川

咨

欽差出使英國大臣李　爲

咨呈事宣統二年六月初十日據倫敦名
譽總領事福士達稟稱每年英國物產
製造兩項由各口運往中國者其價值
總額載在英國海關報告玆謹將西歷一千九
百零六七八九四年出口總額錄呈一份仰懇行
知中國海關稅務司飭屬將英國海關報冊

出使英国大臣李经方致外务部咨呈（宣统二年六月十九日）之二

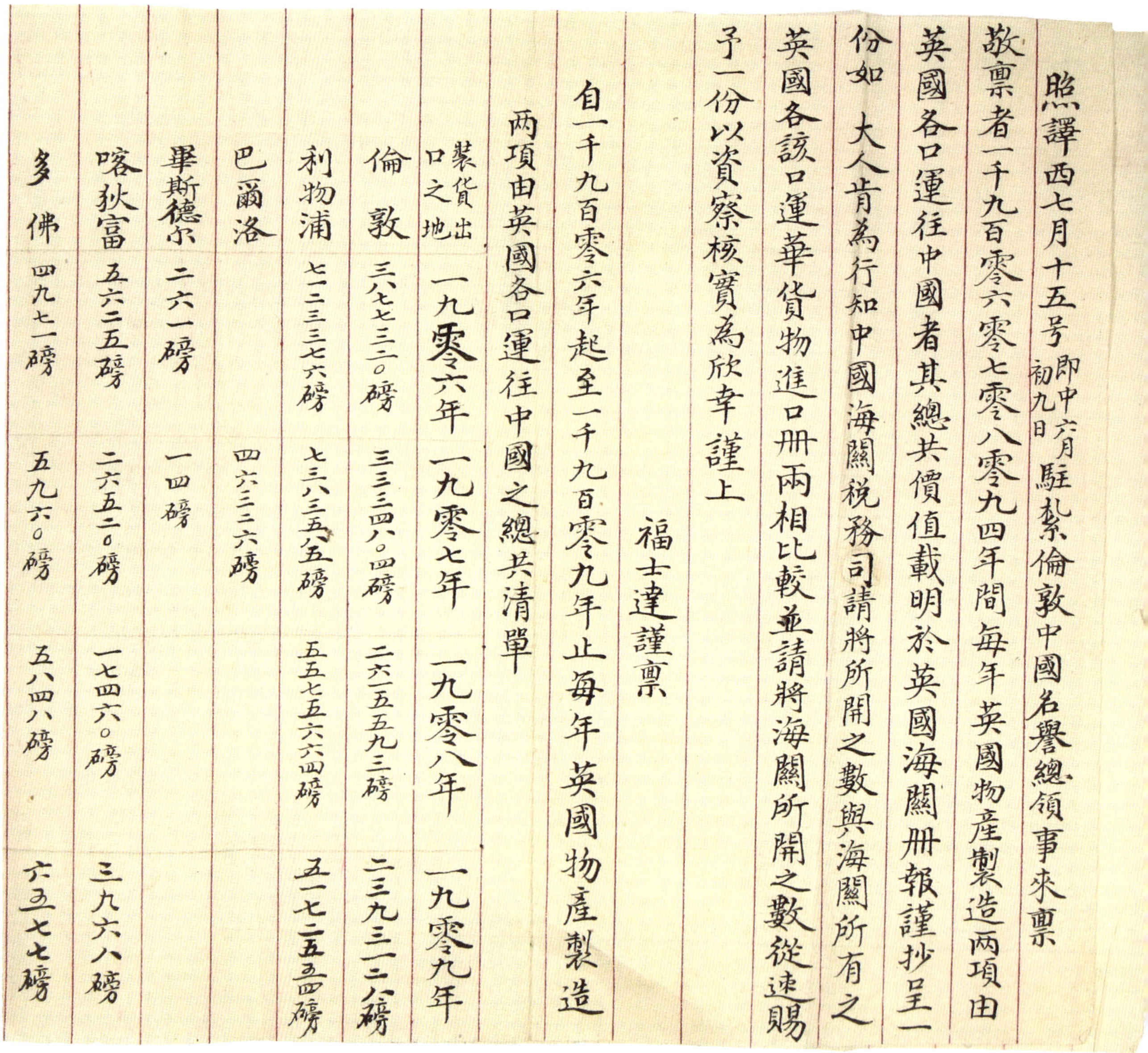

照譯西七月十五号即中六月初九日駐紮倫敦中國名譽總領事來稟

敬稟者一千九百零六零七零八零九四年間每年英國物產製造兩項由英國各口運往中國者其總共價值載明於英國海關冊報謹抄呈一份如 大人肯為行知中國海關稅務司請將所開之數與海關所有之英國各該口運華貨物進口冊兩相比較並請將海關所開之數從速賜予一份以資察核實為欣幸謹上

福士達謹稟

自一千九百零六年起至一千九百零九年止每年英國物產製造兩項由英國各口運往中國之總共清單

裝貨出口之地	一九零六年	一九零七年	一九零八年	一九零九年
倫敦	三八七七三二〇磅	三三三四八〇四磅	二六一五五九三磅	二三九三一二八磅
利物浦	七一二三三七六磅	七三八三五八五磅	五五七五六六四磅	五一七二五五四磅
巴爾洛		四六三二六磅		
畢斯德爾	二六一磅	一四磅		
喀狄富	五六二五磅	二六五二〇磅	一七四六〇磅	三九六八磅
多佛	四九七一磅	五九六〇磅	五八四八磅	六五七七磅

全宗 18 目錄 714 卷號 1

古爾		一五磅	四一磅	
格里斯備	二八〇六磅	六七七磅	一六九磅	四八一磅
哈爾烈次	二〇五磅	八〇磅	九三磅	五九磅
赫爾	二六七六七九磅	二三九六四五磅	三七〇五八八磅	一六七二七二磅
孟鳩斯德	一六五〇磅	四〇七磅		七〇〇磅
密德布洛	八五九一九磅	一六六四五九磅	一一六九九五磅	二〇二二〇一磅
紐喀斯爾	二〇三五磅	一四七八磅	三三二磅	一〇九二磅
紐波德	六五九七一磅	三五一〇五磅	二一三三五磅	二五六六四磅
蘇思海敦	二九二磅	四三七磅	三〇磅	一〇九四四磅
思皇西	九二一三一磅	八三四九二磅	六六五八四磅	八七一八一磅
德恩第	六七〇磅	三〇二磅	二四九磅	一三二磅
格蘭思谷	六六五一九七磅	七一三〇七五磅	四二四九三九磅	三六九五九二磅
格里諾克	一九三〇磅			
利思	一九四二磅	五一三三磅	一九二磅	四三八七磅
共計	一三一九九八八〇磅	一二〇三三五一四磅	九二六一一二磅	八四四五八三二磅

出使英国大臣李经方致外务部咨呈（宣统二年六月十九日）之三

意大利驻华公使巴厘纳理照会：

为意大利举行利玛窦三百周年纪念会请派员与会事

宣统二年七月二十五日（1910 年 8 月 29 日）

明末入华的耶稣会士利玛窦把欧洲的天文、数学、地理等知识传播到中国，被誉为“沟通中西文化第一人”。1910 年 9 月 25—27 日，在利玛窦故乡意大利马哆拉达城举办了利玛窦逝世三百周年纪念活动。为纪念利玛窦在中国传教之盛绩，意大利方面特发照会，请“亚东之国，熟悉言语文学诸位”参会。清政府迅速致电驻意使馆知会此事，并要求驻意大臣吴宗濂派员与会。这次的纪念会邀请了欧洲及远东国家代表参加，可谓是一次纪念利玛窦的国际性会议。会议给予了中国方面特殊的礼遇，不仅在介绍出席贵宾时将中国代表列在首位，而且在会场悬挂象征友好的意中两国国旗，由此可见利玛窦在推动中西文明交往方面所起的重要作用。

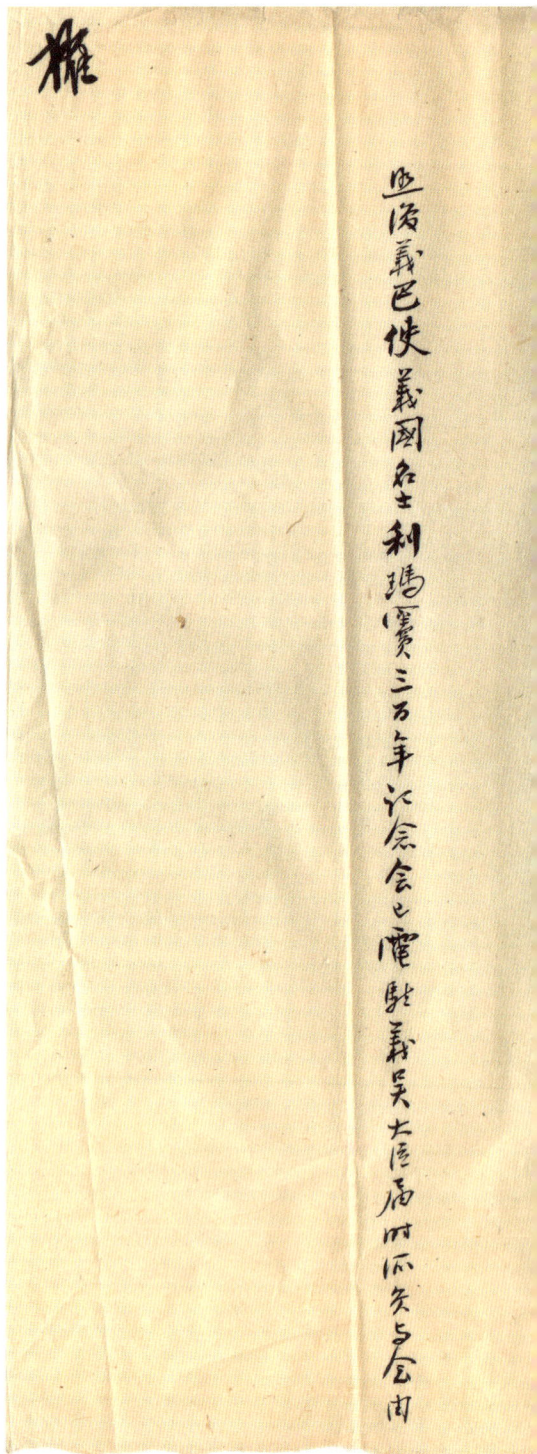

照復義巴使義國名士利瑪竇三百年紀念會已電駐義吳大臣屆時派員與會由

全宗 18 目錄 1603 卷號 2-2

堂批 閱

七月二十八日

為照會事宣統二年七月二十六日接准

照稱本國名士利瑪竇曾在中華傳教所編漢文教卷

概為中國文人所深佩該員於萬曆三十八年物故現已

屆三百年之期且所生處馬啰拉達城之紳民提倡籌

此年期大開盛會以追念本地名哲特請亞東之國熟

習言語文學諸位於西歷本年九月二十五二十六二十

七等日在義國馬啰拉達城開紀念會用表揚利

瑪竇之盛績請行知駐義使館派員前往入會以表

同情等因前來除由本部電達駐義

貴國吳大臣屆時派員與會外相應照會

貴大臣查照可也須至照會者

意大利驻华公使巴厘纳理照会（宣统二年七月二十五日）之一

員生前殁後、明神宗皇帝恩禮有加、深表愛慕之意、
本大臣務請
貴爵費神、行知駐義吳欽使、以便
貴使館員前往入會、用表中國同情、以弗忘三百年
前名臣之勞績、則曷勝感謝也、特此照知
貴爵查照、須至照會者
右　照　會
大清欽命總理外務部事務和碩慶親王
大清宣統二年七月二十五日
大義一千九百十年八月二十九日

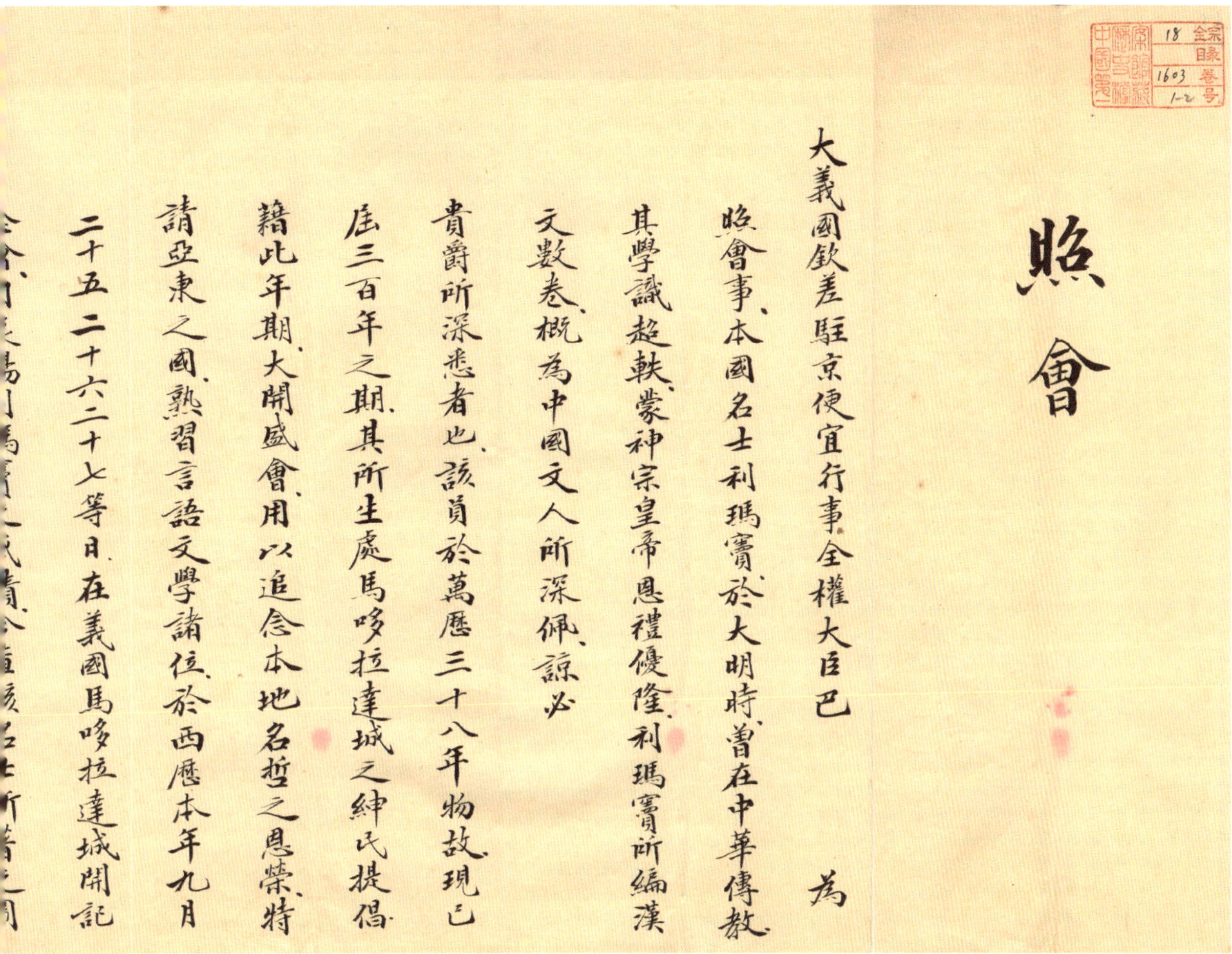

照會

大義國欽差駐京便宜行事全權大臣巴　為

照會事、本國名士利瑪竇於大明時、曾在中華傳教、

其學識超軼、蒙神宗皇帝恩禮優隆、利瑪竇所編漢

文數卷、概為中國文人所深佩、諒必

貴爵所深悉者也、該員於萬歷三十八年物故、現已

屆三百年之期、其所生處馬啰拉達城之紳民提倡

藉此年期、大開盛會、用以追念本地名哲之恩榮、特

請亞東之國、熟習言語文學諸位、於西歷本年九月

二十五二十六二十七等日、在義國馬啰拉達城開記

意大利驻华公使巴厘纳理照会（宣统二年七月二十五日）之二

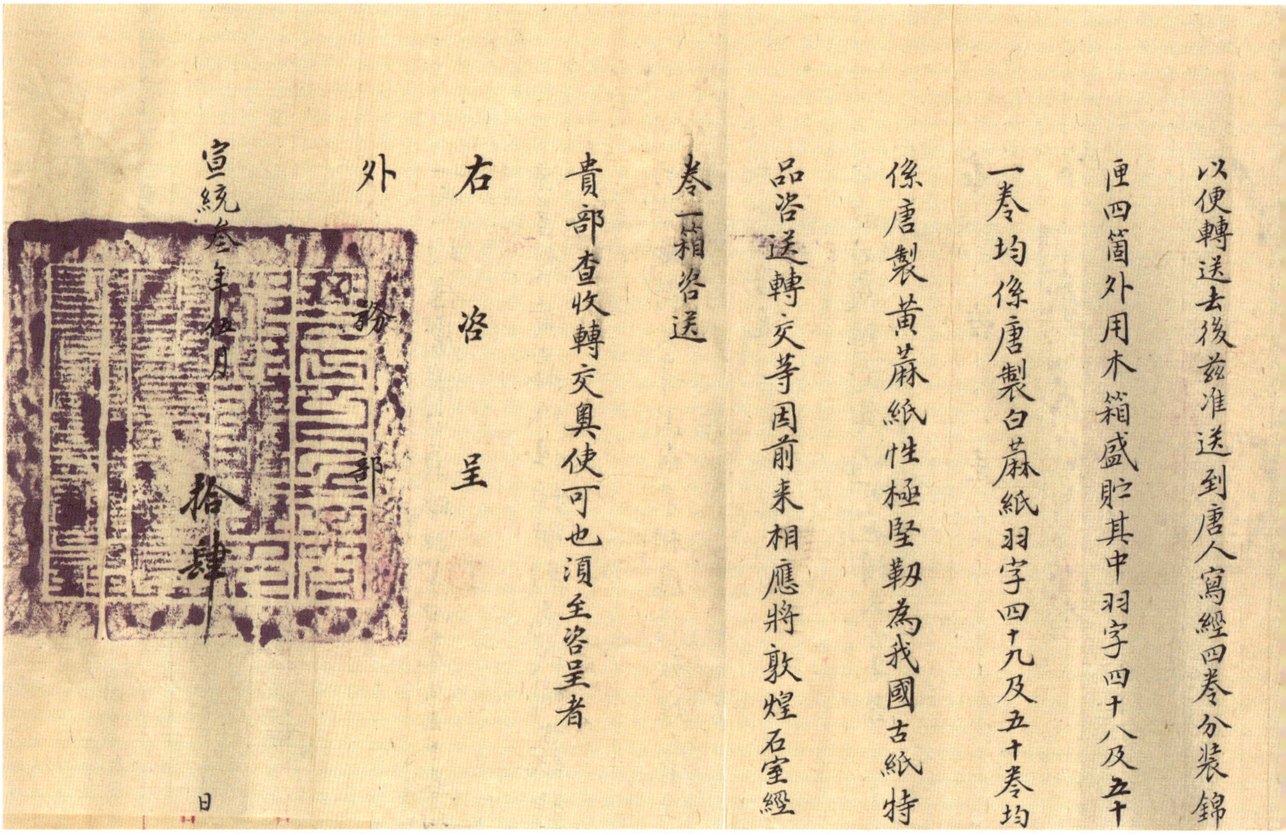
以便轉送去後茲准送到唐人寫經四卷分裝錦
匣四箇外用木箱盛貯其中羽字四十八及五十
一卷均係唐製白麻紙羽字四十九及五十卷均
係唐製黃麻紙性極堅韌為我國古紙特
品咨送轉交等因前來相應將敦煌石室經
卷一箱咨送
貴部查收轉交奧使可也須至咨呈者
右咨呈
外務部
宣統叁年伍月 拾肆 日

农工商部咨呈：

为奥地利皇帝八旬万寿转送敦煌石室经卷陈列事

宣统三年五月十四日（1911 年 6 月 10 日）

光绪二十六年（1900）五月二十六日，道士王圆箓在敦煌莫高窟一洞窟甬道的墙中发现一个废弃的耳窟，其中装满了古代的遗书与文物。这个耳窟，就是后来举世闻名的藏经洞。在这之后，清政府学部咨行甘肃学台，令其将洞中残卷悉数解京，移藏京师图书馆。宣统三年，奥地利皇帝八旬万寿，准备在首都维也纳城

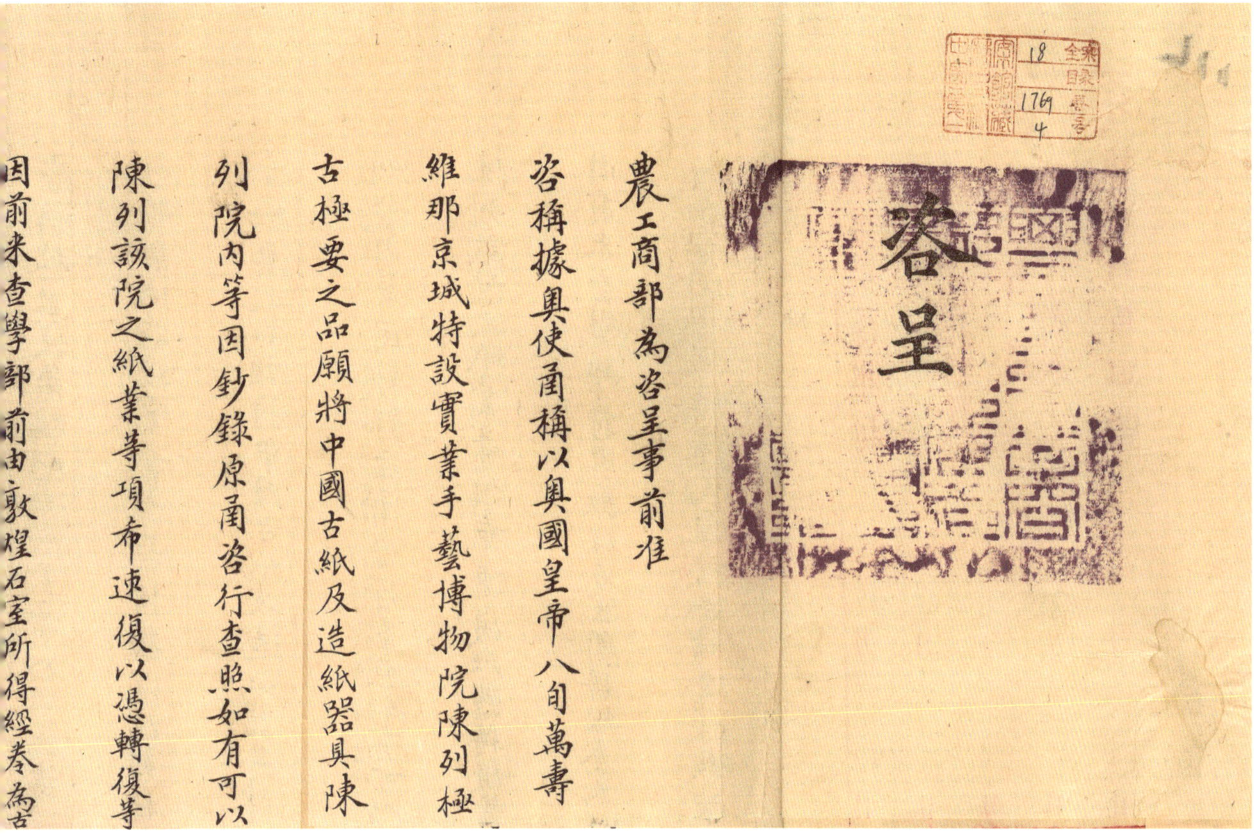
咨呈

農工商部為咨呈事前准
咨稱據奧使函稱以奧國皇帝八旬萬壽
維那京城特設實業手藝博物院陳列極
古極要之品願將中國古紙及造紙器具陳
列院內等因鈔錄原函咨行查照如有可以
陳列該院之紙業等項希速復以憑轉復等
因前來查學部前由敦煌石室所得經卷為

农工商部咨呈（宣统三年五月十四日）

设实业手艺博物院，“陈列极古、极要之品”，该国使臣致函清政府农工商部，希望能“将中国古纸及造纸器具陈列院内”。经查，敦煌经卷“为古纸特品，堪以陈列”。于是，京师图书馆正监督缪荃孙组织将馆藏敦煌写经中“唐人写经四卷分装锦匣四个，外用木箱盛贮（其中羽字四十八及五十一卷均系唐制白蔴纸，羽字四十九及五十卷均系唐制黄蔴纸）”送维也纳参展，积极宣传中华典籍。

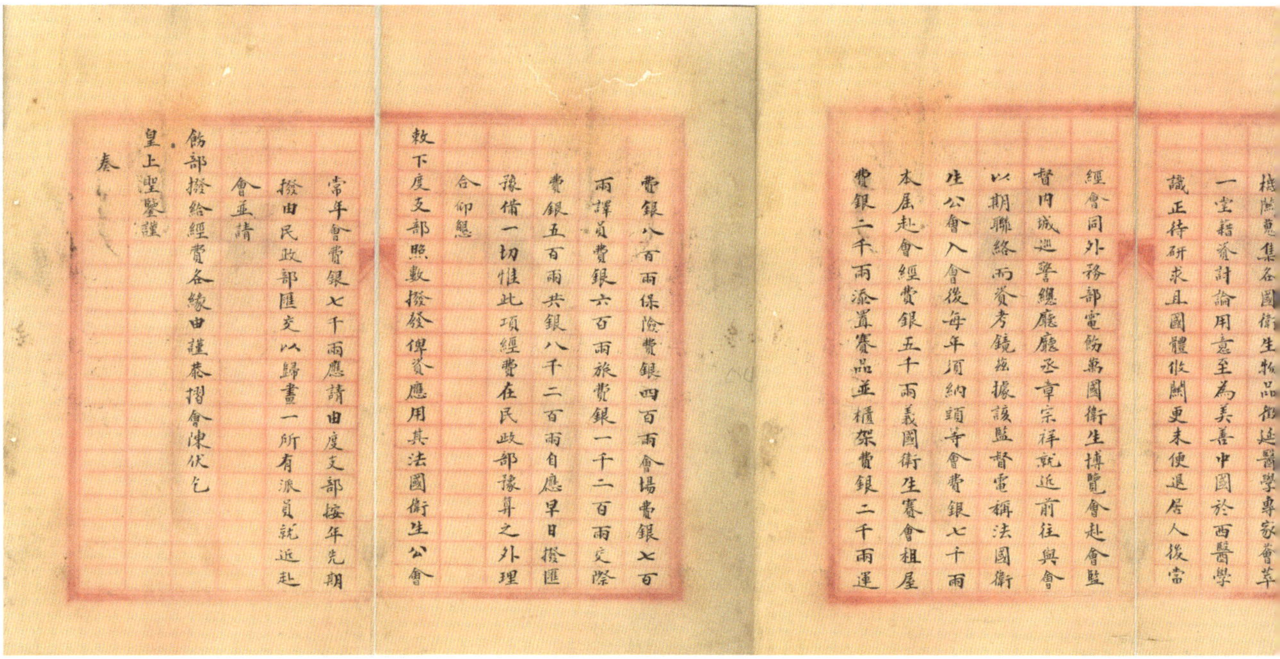
擷閱蒐集各國衛生物品徵延醫學專家薈萃
一堂藉資討論用意至為美善中國於西醫學
識正待研求且國體攸關更未便退居人後當
經會同外務部電飭萬國衛生博覽會赴會監
督內城巡警總廳廳丞章宗祥就近前往與會
以期聯絡而資考鏡茲據該監督電稱法國衛
生公會入會後每年須納頭等會費銀七千兩
本屆赴會經費銀五千兩義國衛生賽會租屋
費銀二千兩添置賽品並櫃架費銀二千兩運
費銀八百兩保險費銀四百兩會場費銀七百
兩譯員費銀六百兩旅費銀一千二百兩交際
費銀五百兩共銀八千二百兩自應早日撥匯
豫備一切惟此項經費在民政部豫算之外理
合仰懇
敕下度支部照數撥發俾資應用其法國衛生公會
常年會費銀七千兩應請由度支部按年先期
撥由民政部匯交以歸畫一所有派員就近赴
會並請
飭部撥給經費各緣由謹恭摺會陳伏乞
皇上聖鑒謹
奏

民政部奏底：

为法意两国举行万国卫生会派员与会并拨赴会经费事

宣统三年五月二十一日（1911年6月17日）

根据清末官制改革的内容，民政部负责卫生事务，而光绪三十二年（1906）颁布的《出洋赛会章程》则对赴外参加各类展会的流程做出了详细的规定。宣统二年十月和宣统三年二月，意大利和法国通过外交途径正式邀请中国参加在罗马举办的万国卫生赛会和在巴黎举办的万国卫生公会。在刚刚经历了宣统年间东北地区的鼠疫大爆发后，民政部在奏折中指出，“所有卫生规则、防疫方法，亦随科学进步时有变更”，“中国于西医，学识正待研求，且国体攸关，更未便退居人后”，因此，建议正在欧洲出访的“监督内城巡警总厅厅丞章宗祥就近前往与会”。同时，奏折还对参加这两次活动所需费用进行了详细列支，但由于在民政部预算经费之外，因此奏请“敕下度支部照数拨发”。

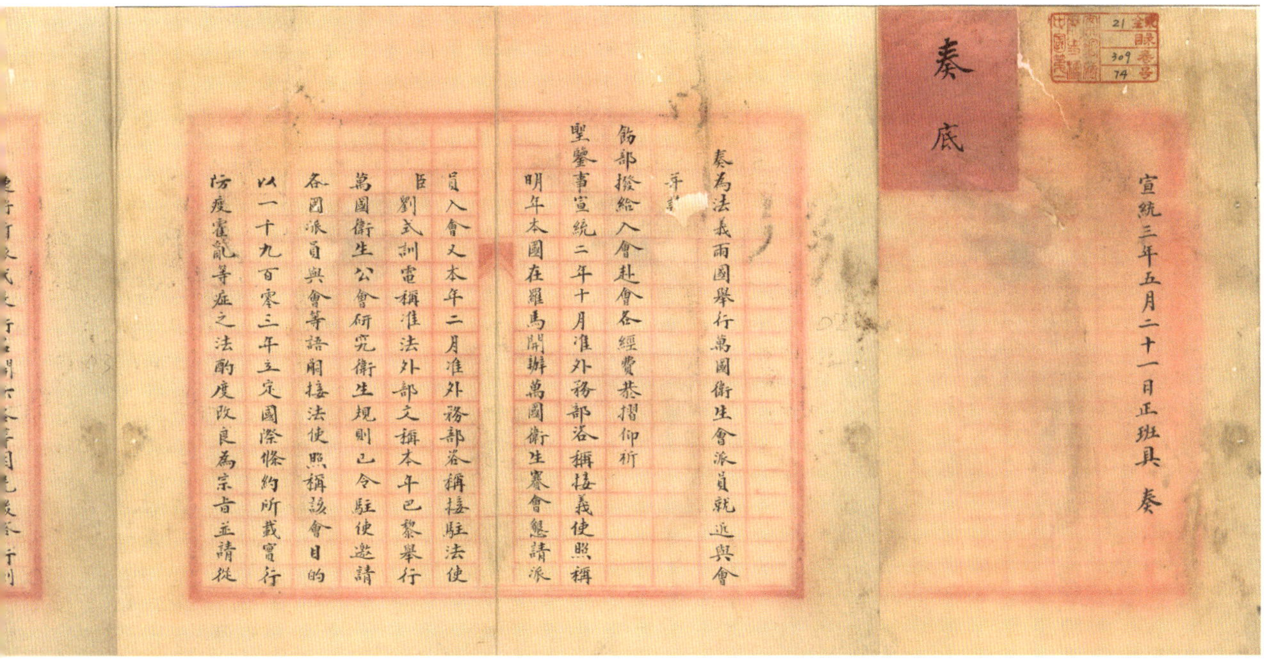

民政部奏底（宣统三年五月二十一日）

經會同外務部電飭萬國衛生博覽會赴會監
督內城巡警總廳廳丞章宗祥就近前往與會
以期聯絡而資考鏡茲據該監督電稱法國衛
生公會入會後每年須納頭等會費銀七千兩
本屆赴會經費銀五千兩義國衛生賽會租屋
費銀二千兩添置賽品並櫃架費銀二千兩運

速將所派代表銜名開示各等因先後咨行到
部查各國醫科學術日益發達所有衛生規則
防疫方法亦隨科學進步時有變更是以特設
機關蒐集各國衛生物品徵延醫學專家薈萃
一堂藉資討論用意至為美善中國於西醫學
識正待研求且國體攸關更未便退居人後當